부를 창출하는 경제 사이클의 비밀

당신 앞에 다가온 마지막 기회 ──

CYCLE

── 부를 창출하는
경제 사이클의 비밀

아킬 파텔 지음 · 홍석윤 옮김

SECRET

시목 始木

《부를 창출하는 경제 사이클의 비밀》에 대한 찬사

이것은 보통의 눈에는 잘 안 보이는 비밀이다. 수많은 기업 창업자가 자본주의 경제의 순환적 함정에서 자신과 가족을 구할 지식을 갖지 못해 집을 잃었다. 소위 전문가들도 이런 위기가 닥칠 것을 예상하지 못했으며, 지금도 마찬가지다. 그러나 누구도 다음 붕괴의 희생양이 될 필요는 없다. 아킬 파텔은 여전히 의도적으로 모른 체하고 있는 사람들 중 누가 치명적인 상처를 입고 있고 누가 부를 이루는지 그 차이를 만드는 추세를 일목요연하게 설명하면서 내부 이야기를 상세히 기록하고 있다.

───── 프레드 해리슨, 《부동산 권력》, 《호황과 불황》(Boom and Bust) 저자

저자는 금융 및 경제사에 대한 깊은 이해를 바탕으로, 우리 중 많은 사람이 여러 차례 경험한 바 있는 호황과 불황의 주기를 주도하는 두 요인인 시장의 힘과 투자자 감정 간의 상호작용에 대한 다채로운 그

림을 그리고 있다. 그뿐만 아니라, 호황과 불황을 탐색하는 방법에 대한 실용적인 아이디어도 함께 제시한다. 모든 투자자의 필독서다.

극심한 불황 상태이든 투자 열풍이 몰아칠 때든, 1000억 원 이상의 자산을 투자하는 우리로서는 우리의 투자가 어떤 결과를 낳을지 혼란스럽기는 매한가지다. 매일, 매주, 매월, 매년 시장 주기가 왜 그렇게 돌아가는지에 대한 새로운 설명들이 넘쳐나지만, 지금까지 세월의 시험을 견디는 사람을 찾기는 힘든 것 같다. 이 책을 통해 당신은 시장이 왜 그렇게 움직이는지 그 이유를 지적으로 이해할 뿐만 아니라, 그런 시장의 움직임을 최대한 활용하는 방법을 알게 될 것이다. 이 책은 모든 투자자의 필독서다.

이 책은 30년 넘게 나를 괴롭혀온 투자 퍼즐에서 놓치고 있었던 큰 조각을 채워주었다. 투자를 처음 시작할 때 이 책을 읽었다면 좋았을 것이다. 이제 이 책은 지금까지 내 최고의 투자 추천서였던《제시 리버모어의 회상》의 자리를 차지했다. 나는 이런 일이 생길 수 있으리라고는 생각하지도 못했다. 아킬의 책은 책 가격의 1000배에 달하는

부를 창출하는 경제 사이클의 비밀

가치가 있다.

——— 폴 로드리게즈, 씽크드레이딩닷컴의 이사이자 팟캐스트 스테이트오브더마켓 운영자

나는 수년 동안 아킬의 연구를 따라왔고, 그의 연구는 투자에 대한 내 생각을 완전히 바꿔 놓았다. 이런 아이디어가 더 널리 알려지지 않았다는 것이 놀라울 따름이다. 이 책은 매우 유익할 것이다.

——— 롭 딕스, 《돈의 가치》(The Price of Money) 저자

아킬 파텔의 책에는 정말로 비밀이 숨어 있다! 나는 파텔이 시장의 신호와 혼란스러운 잡음 사이에서 몇 가지 상관관계를 발견한 것을 보고 완전히 매료되었다. 이 책은 오늘날의 불안정한 경제 환경에 대한 해설자를 옆에 두는 것과 같으며, 특히 당신의 장기 계획과 관련해 불확실성을 명확하게 바꾸는 데 결정적 도움을 줄 것이다. 당신이 이 책을 읽지 않는 건 내 책임이 아니다.

——— 루이스 쉬프, 《상식 밖의 부자들》 저자

이 책은 실제 사례를 들어가며 부의 사이클의 각 단계를 설명하고, 이를 실시간으로 추적할 수 있는 데이터와 부를 만드는 실전 가이드를 제공하는 아름다운 책이다. 이 책은 사이클이 어떻게, 왜 발생하는

7

지, 그리고 대부분의 사람들이 왜 그것을 보지 못하는지 명확히 설명한다. 수년간 시행착오를 겪으며 돈을 낭비하고 싶지 않다면, 이 책을 읽어라. 남녀노소를 막론하고 모든 투자자가 꼭 읽어야 할 책이다. 멋진 책입니다, 아킬!

———— 제이슨 피지노, 암호화폐 강사

저자의 생각을 명확하고 설득력 있게 너무나 잘 쓴 책이다. 저자의 조언대로 18년 주기를 앞으로 확실하게 이용할 것이다.

———— 토니 플러머, 《금융 시장 예측과 진동의 법칙》(Forecasting Financial Markets and The Law of Vibration) 저자

기업가는 비즈니스 세계의 록스타로서 산업을 혁신하고 부를 창출한다. 그러나 성공한 최고의 기업가라도 기회를 놓치는 경우가 종종 있다. 많은 기업가가 수익에만 지나치게 집중하는 나머지 경제 사이클의 경고 신호를 알아차리지 못하고, 이는 유망한 사업에도 큰 타격을 줄 수 있다. 이것이 내가 이 책을 적극 추천하는 이유다. 이 책은 내게 거시경제 모델을 처음 알게 해주었으며, 기업가로서 시대를 앞서 나가는 데 도움을 주었다. 이 책을 무시하면 위험을 맞이할 수도 있을 것이다.

———— 페리 마샬, 《80/20 영업 및 마케팅》(80/20 Sales and Marketing) 저자

　부를 창출하는 경제 사이클의 비밀

이 책을 읽으면서 "우리는 우리가 무엇을 모르는지를 모른다."라는 말이 계속 머릿속을 맴돌았다. 그동안 잘 알고 있다고 생각했던 금융 시스템, 호황과 불황 주기, 신용 거래 등 돈에 관해 모르는 것이 너무나 많다는 것을 알게 되었다! 무엇이 상황을 복잡하게 하고 위기를 야기하는가? 무엇이 차이를 만드는가? 아킬은 이 모든 것을 깊이 있으면서도 간결하게 설명한다. 이 책은, 투자 초보자든 전문가든 생각하는 방식을 바꾸고 부를 창출하는 근본적인 통찰력을 얻는 데 도움이 되는 시의적절한 중요한 책이다.

——— 아다피아 데리코, 알파인베스팅의 부사장, 우먼오브웰스의 공동 설립자

이 책은 계몽적이며, 한번 손에 들면 내려놓을 수 없는 훌륭한 책이다. 경제에서 토지 거래가 왜 중요한지, 무엇이 경제 사이클을 주도하고 언제 전환될 것인지를 분명하게 보여준다. 부동산이나 주식 투자에 관심 있는 사람이라면 반드시 읽어야 할 책이다.

——— 캐롤라인 워드, 부동산 중개인

일러두기

1. 이 책에 나온 정보, 도표 및 자료에 대한 추가 정보를 원하시면
   www.thesecretwealthadvantage.com을 방문하십시오.
2. 각주는 모두 옮긴이 주입니다.
3. 미주는 모두 지은이 주입니다.

1막 ————————————— 회복

4막 ——————————— 위기

왜 아무도 위기가 다가오는 것을 보지 못했을까?

> 위기가 닥치자 현행 경제 및 금융 모델의 심각한 한계가 즉시 드러났다. … 거시적 모델은 위기를 예측하지 못했고 경제에 무슨 일이 일어나고 있는지 전혀 설명하지 못하는 것처럼 보였다.
>
> _장 클로드 트리셰, 유럽중앙은행 총재, 2010년 11월 18일

여왕의 질문

2008년, 최고의 호황기가 갑자기 최악의 시기로 변모했다. 끝없이 확장할 것 같던 시대가 부지불식간에 파멸적 위기의 시대로 변해버린 것이다.[1] 1년 내내 은행과 기업의 도산이 줄줄이 이어지며 세계 경제를 뒤흔들었고, 이들의 잇따른 도산은 더 큰 파괴를 가져왔다. 마침내 9월, 월가의 대표적 투자회사인 리먼 브라더스가 파산하면서 금융시장은 붕괴 직전에 이르렀다. 주식시장은 이미 40퍼센트나 하락

했지만, 여전히 하락세를 멈추지 않았다. 부동산 가격이 50퍼센트나 폭락한 곳도 있었다. 국제 교역은 정체되고 기업의 신용 대출은 동결됐다. 석유 가격이 75퍼센트 하락한 것은 심각한 경제 불황이 다가오고 있다는 신호였다. 세계 최대 중앙은행인 미국 연방준비제도 벤 버냉키(Ben Bernanke) 총재는 "세계 역사상 최악의 금융 위기"라고 말했다.

엘리자베스 2세(Elizabeth Ⅱ) 여왕이 런던정치경제대학(LSE)을 방문한 것도 바로 이런 불안한 세계 정세를 반영한 것이었다. 대학의 한 건물 준공식에 초대받은 여왕은, 자신이 최근의 국제 정세에 큰 우려를 표하고 있으며 무슨 일이 일어나고 있는지 알고 싶다는 것을 세상에 알리고자 했다. 현재의 혼란에 대한 명확한 설명을 어디선가 찾을 수 있다면, 그것은 세계에서 가장 유서 깊은 경제학 연구소인 LSE가 될 테니까 말이다. 이 연구소의 창립 신조도 바로 '상황에 대한 근본적 원인 규명(Rerum cognoscere causas)'이 아니던가. 준공식 공식 행사가 끝나자 여왕은 LSE의 경제학 및 전략 교수인 루이스 가리카노(Luis Garicano)로부터 브리핑을 받았다. 그는 짧은 프레젠테이션을 통해 상황이 얼마나 악화되었는지 설명했다.

"정말 끔찍하군!"

프레젠테이션이 끝나자 여왕이 소리쳤다.

그러고는 이렇게 물었다.

"그렇게 심각한데, 왜 아무도 그게 오는 걸 보지 못한 겁니까?"

경제학 교수의 답변

가리카노 교수는 다음 날 아침 잠에서 깨어나 어제 여왕과의 만남이 전 세계 뉴스 헤드라인을 장식했다는 사실을 알게 되었다. 이것이 바로 여왕의 의도였다. 위기에 대해 여왕이 처음으로 공개적 발언을 하는 자리에서, 모두가 답을 알고 싶어 하는 질문을 던진 것이다.

이 이야기가 많은 이들의 관심을 끌면서, 영국의 대표적인 인문사회과학 기관인 영국학술원(British Academy)은 여왕의 질문에 대해 논의하기 위해 전문가 원탁회의를 소집했다. 이 회의에는 최고의 학자, 산업계의 수장, 경험 많은 은행가, 국회의원, 최고 정부 관료 등 영국에서 내로라하는 최고의 두뇌들이 소집되었다. 그중에는 대학 교수 11명, 고위 공무원 7명, 경(Knight) 칭호를 받은 저명인사 7명이 포함되어 있었다. 그리고 마침내 2009년 6월, 영국학술원은 여왕 폐하에게 공식적인 답변서를 제출했다.

그들의 답변을 요약하면 '위기가 닥칠 수 있다는 것을 안 사람들도 더러 있었지만 그 위기가 언제 일어날지, 어떤 모습으로 나타날지 그리고 얼마나 심각할지 아는 사람은 없었다'였다. 위험을 관리하는 사람들을 포함해 모든 사람이 자신의 일을 열심히 하는 듯이 보였고, 그 당시에는 모든 것이 꽤 잘 되어가는 듯했기 때문에 그들에게 굳이 위기에 대해 질문할 이유가 없었다는 것이다. 게다가 인도, 중국 등 거대 개발도상국들이 이전과는 비교할 수 없을 정도로 번창하면서 세계 경제의 상당 부분을 차지하고 있었다. 일자리는 넘쳐났고 상품과 서비스 소비가 늘어나면서 그들의 삶은 더욱 풍족해졌다. 기업들은 확장일로에 있었고, 정부는 세수가 넘쳐나 병원과 학교처럼 사람들이 원하는 일에 적극적으로 투자하고 나섰다.

만일 어떤 문제가 발생한다 해도 그 정도의 상황은 충분히 처리할 수 있다고 생각했다. 학술원은 이 모든 것들이 매우 낙관적이었기 때문에 아무도 더 큰 그림을 볼 수 없었다는 사실을 기꺼이 인정했다. 그들은 위기가 그렇게 커질 것이라곤 생각하지 못했으며, 실제로 위기의 조짐이 보이지 않았기 때문에 위기가 다가오는 것을 볼 수도 없었다. 누구도 실제로 위기를 예측할 어떤 동기도 없었다. 그러면서 학술원은 이번 사태에서 교훈을 얻었기 때문에 다음번에는 더 잘할 수 있으리라고 희망했다.

학술원 발표의 결론은 다음과 같았다. "위기의 원인은 다양하지만, 주원인을 따지자면 그 방면에 밝은 영리한 사람들의 집단적 상상력이 실패했기 때문이다."

집단적 상상력의 실패

이 얼마나 충격적인 말인가?

도대체 어떤 다른 과학 분야에서, 소위 전문가라는 사람들이 자신들이 연구해야 할 가장 중요한 현상을 집단적 상상력의 실패로 돌리면서 책임을 회피할 수 있단 말인가? 그것도 수조 달러에 달하는 가계 자산을 파괴하고, 수백만 명이 집과 직장을 잃게 만들고, 연금 수급자의 은퇴 후 삶에 대한 꿈을 한순간에 허공으로 날려버리며, 지구상의 모든 사람에게 영향을 미친 현상을 말이다.

그렇지 않아도 그 속을 알 수 없는 것으로 유명한 여왕 폐하가 위와 같은 답변을 받고 어떻게 생각했는지 우리가 알 길은 없다. 하지만 여왕이 오랜 통치 기간에서 수많은 경제 호황과 파산의 반복을 목격했음을 고려할 때, 그 답변을 몹시 불만족스럽게 생각했을 가능성이 높다.

이는 학자들이 끝없이 논쟁할 수 있는 추상적인 문제도 아니었다. 이 경제적 붕괴는 현실 세계에 즉각적인 혼란을 불러일으켰다. 이후 몇 년 동안 세계 주요 대도시에서 광범위한 폭동, 공공장소 점거, 대규모 시위로 이어졌다. 위기를 전혀 예상하지 못했기에 준비도 못했고 탈출도 할 수 없었던 대중들의 분노, 수백만 명이 직접 겪어낸 고통의 깊이를 보여주는 증거였다. 그들의 분노는 투표함에서도 드러났다.

한 유권자에게 노동자 출신의 95세 아버지가 있었다. 그는 여왕이 LSE를 방문했을 즈음, TV에 금융 전문가가 나와서 상황이 훨씬 더 나빠질 것이라 선언하는 것을 듣고는 자신의 주식 포트폴리오 전체를 매각했다. 그 주식은 그가 평생 열심히 일하고, 세금을 내고, 검소하게 생활하면서 겨우 마련한 여윳돈을 투자하여 모은 전 재산이었다. 그러나 전문가들은 위기를 예측하지 못했을 뿐만 아니라 이후의 회복세도 예측하지 못했다. 이 가난한 아버지는 거의 바닥에 가까운 가격으로 주식을 팔았고, 결국 평생 모은 돈을 대부분 날려버리고는 뇌졸중으로 쓰러졌다. 아버지의 불행에 대한 아들의 분노는 시스템에 대한 깊은 증오로 바뀌었고, 마침내 내부에서 이 시스템을 무너뜨리겠다고 다짐했다. 그는 나중에 이렇게 말했다. "이후에 일어난 모든 것이 이 시스템에서 나왔습니다. 모든 것이요." 실제로 그 이후에도 많은 일이 일어났다. 그로부터 7년 후인 2015년, 스티브 배넌(Steve Bannon)이라는 이름을 가진 이 유권자는 당시 민주당 정권에 맞서 미국 대통령 선거에 출마한 호전적인 부동산 거물이자 리얼리티 TV쇼 스타인 도널드 트럼프(Donald Trump)의 참모가 되었다.[2]

위기는 내게도 영향을 미쳤다. 2009년에 우리 가족의 사업은 거의 망하다시피 했다. 내 아버지와 삼촌 같은 영세 기업가들은 자본주의 체제의 최말단에 있는 사람들이다. 당시 그들의 회사는 혁신적이고 부채도 없고 탄력성이 넘쳤다. 당시 영국 경제가 생존을 위해 끊임없이 적응하는 역동성을 띠었기 때문이다. 어느 나라에서든 이런 중소기업들이 대부분의 일자리를 창출했으며, 중소기업 특유의 기업가와 직원들이 맺는 돈독한 관계는 대기업들이 흉내 낼 수 없는 것이었다. 중소기업들은 대개 운전자본(Working capital)*을 마련하거나 공장과 장비를 확충하기 위해 은행 대출에 의존한다. 이들에게 은행은 공장에 필요한 자금을 신용으로 미리 대출해 주는 존재다. 그러나 호황기에 은행 대출은 더 많은 공장을 지원하기보다는, 부동산 투기자금에 과도하게 몰렸다. 중소기업에 대한 신용 대출보다는 부동산 투기자금 대출이 더 높은 수수료와 대출 이자를 받을 수 있었기 때문이다. 위기 상황이 오자 은행들은 대차대조표를 유지하기 위해 신용 대출을 줄일 수밖에 없었고, 그에 따라 경제의 중추인 중소기업들은 그들의 지속적인 생존을 떠받쳐 온 신용 대출을 받지 못해 어려움이 가중되기 시작했다.

결과적으로 경제에 재앙을 가져왔을 뿐 아니라 그 영향을 받은 기업들도 종말을 맞이하는 상황을 초래했다. 우리 가족도 이를 피할 수 없었다. 은행은 멀쩡히 잘나가는 한 제약회사로부터 자금을 회수한다는 구차한 변명을 내세웠다. 사실 우리 제약회사는 불경기를 충분히 이겨낼 수 있는 건전한 회사였다. 은행의 이런 어이없는 행동은 우리 같은 중소기업들에게 치명적이었다. 결과적으로 우리 회사는

---

* 기업의 일상적인 운영(영업활동 등)을 하기 위해 필요한 자본이다. 유동성이 있으며 영업이 지속되는 동안에는 계속 필요하다.

부를 창출하는 경제 사이클의 비밀

겨우 살아남았지만, 10년이 지난 지금까지도 그 후유증이 남아 있다.

솔직히 나도 배넌에게 연민을 느낀다. 부모님이 평생 모은 돈을 날리는 과정을 지켜보는 것은 매우 가슴 아픈 경험이었을 것이다. 배넌의 말대로, 그 이후의 모든 것이 그 위기에서 비롯되었다. 그러나 나의 경우는 배넌과 달리, 시스템을 무너뜨려야 한다는 미친 충동을 느끼지는 않았다. 오히려 그 시스템으로부터 더 나은 것을 만들어야겠다는 결심으로 이어졌다. 나는 도대체 어떤 일이, 왜 일어났는지, 앞으로 위기가 다시 일어날 것인지, 일어난다면 언제 일어날 것인지, 다음에 우리 가족이나 우리 같은 다른 가족이 다시는 이런 문제를 겪지 않도록 안전을 유지하려면 무엇을 해야 할 것인지 제대로 이해할 때까지 모든 노력을 다하겠다고 다짐했다.

진정한 원인을 찾아서

초기 탐구는 쉽지 않았다. 위기가 왜 발생했는지에 대해 사람들은 할 말이 많았다. 미국(또는 서구) 자본주의의 문화 때문이라든지, 부패한 은행가들 때문이라든지, 금융산업에 정치적 영향력이 개입되었기 때문이라든지, 정치인들의 위기 대응 능력이 부족했기 때문이라든지, 사람들이 대출에 중독된 데다가 정부 정책이 그들에게 주택담보대출을 받아 집을 사도록 부추겼기 때문이라든지, 더 나아가 중국인들이 저축을 너무 많이 해서 세계 금리를 떨어뜨렸기 때문이라고 주장하는 사람들도 있었다. 이처럼 많은 설명들이 제시되었지만, 내 생각에 그것들은 모두 부분적일 뿐만 아니라, 원인이 아닌 증상에 초점을 맞춘 해석으로 보였다. 그리고 이런 설명 중 그 어느 것도 우리가 다음 위기에는 대비할 수 있으리라는 확신을 주지 못했다.

하지만 이런 초기의 좌절에도 불구하고 나는 끈질기게 파고들었다. 내가 찾고 있던 답이 어딘가에 있을 것이라는 직감 때문이었다. 위기가 발생한 2008년으로부터 약 18년 전인 1990년대 초에도 많은 국가에서 은행 위기, 부동산시장 폭락, 심각한 경기 침체를 경험했었다. 공교롭게도 우리 가족의 사업 역시 그 당시에 심각한 어려움을 겪었다. 그때 나는 10대 청소년이었는데, 그 시절에 대한 나의 기억은 온통 불안한 것들뿐이다. 내가 어린 시절에 보았던 안전한 세계는 신기루에 불과했다. 실제 세상은 변덕스럽고 불확실했다.

불안한 어른들은 지출을 줄여야 했다. 주변 사람들은 직장과 사업, 심지어 살던 집마저 잃고 있었다. 2008년의 위기를 되돌아보니, 1990년 초의 위기와 여러 가지 측면에서 비슷한 것 같았다. 하지만 왜 어떤 전문가도 그 두 사건을 연결하지 않는지, 그리고 이 18년의 기간이 과연 어떤 의미가 있는지 궁금했다.

나는 1990년대 초반에도 한 가지 단서를 얻었지만 당시에는 그 의미를 이해하지 못했다. 우리는 학교에 가면 매일 아침 기도 모임에 참석해 학교 일에 대한 최신 정보도 얻고 성경, 문학, 철학의 한 구절

부를 창출하는 경제 사이클의 비밀

을 듣곤 했다. 뭐, 항상 열심히 귀 기울이지는 않았던 것 같다. 그런
데 어느 날 아침, 19세기 미국 경제학자가 쓴 책에서 발췌한 내용을
듣고는 깜짝 놀랐다. 그 책의 저자는 미국 식민지 개척의 정착 과정
을 설명하면서 정착지가 마을이 되고, 마을이 커져 도시가 되면서 토
지의 가치가 높아지는 과정을 설명하고 있었다. 나는 그 기억을 되살
리고서, 내가 지금 찾으려는 답을 찾을 수 있을까 싶어서 헨리 조지
(Henry George)의 책을 다시 펼쳐보았다. 그러고는 그가 벌써 1870년
대에, 오늘날 영국 여왕과 내가 묻고 있는 것과 같은 질문들을 했었
다는 것을 알게 되었다.

- 왜 우리는 호황과 위기를 주기적으로 계속 겪는가?
- 무엇이 호황과 위기를 가져오는가?
- 왜 아무도 예측하지 못하는 걸까?
- 안전해지기 위해 무엇을 할 수 있을까?

헨리 조지의 책《진보와 빈곤》(Progress and Poverty)은 설명이 명확
하고 의미가 심오한 걸작이다. 그는 경제의 보편적인 법칙을 명확하
게 설명하고, 경제가 어떻게 성장에서 호황, 불황으로 계속 이동하는
지를 이 법칙을 통해 정밀하게 정리했다. 나는 그 어디서도 이런 훌
륭한 통찰력을 보지 못했다.

소위 위기에 대해 연구한다는 사람들이 어떻게 그처럼 모든 답을 가진 사람을 제대로 언급하지 않았는지 도저히 이해되지 않을 정도였다. 헨리 조지가 이 책을 출판한 것은 1879년이다. 그의 탁월한 통찰력이 세월이 지나면서 잊힌 것일까?

경제의 숨은 질서

수십 년이 지난 후 비로소 소수의 탁월한 연구자들이 조지의 생각을 현대 경제에 적용하기 시작했다. 조지의 생각은 놀라웠다. 그는 위기를 예측했고 그 위기에 앞서 호황이 일어난다는 것도 예측했다. 그뿐만 아니라 일단 상황이 어떻게 진행되는지 이해하기만 하면 오늘날의 복잡하고 상호 연결된 세상에서도 경제 상황의 변화를 쉽게 이해할 수 있다는 것을 보여주었다. 그에 따르면 이런 위기에는 매우 구체적인 원인이 있다. 그 원인은 부동산, 더 정확하게는 토지시장에서 발견된다. 소수의 연구자가 2008년의 위기가 오고 있다는 것을 몇 년 전에 미리 보았다는 것이 바로 그 증거다.

여왕에게 답변서를 쓴 학자들은 틀렸다. 그것은 상상력의 실패로 말미암은 문제가 아니었다. 그 위기는 이미 수백 년 동안 지속되어오면서 우리 경제에 뿌리를 내린 일반적 패턴의 일부였다. 앞서 내가 궁금했던 18년이라는 기간은 중요한 의미가 있었다. 이 기간이 전체 경제 사이클(Economic cycle)을 측정하는 척도가 되기 때문이다. 그러니까 우리가 그 주기 안의 어디에 있는지 알면 다음에 무엇이 올 가능성이 있는지 알 수 있다.

소수의 연구자들은 우리 경제 세계의 리듬을 정확하게 확인하고 이를 구체적으로 표현했다. 대부분의 사람이 복잡하게만 보았던 곳에서 그들은 경제의 숨겨진 질서를 찾아냈다. 나도 그 질서를 보았기 때문에, 다시는 예전과 같은 방식으로 세상을 보지 않을 것이었다. 나는 혼란스럽게 보이던 세상을 비로소 제대로 이해할 수 있다고 확신하게 되었다.

내 탐구는 그 후 몇 년 동안 계속되었다. 위기의 원인을 설명하는 것만으로는 만족할 수 없었다. 나는 위기를 예측하고 앞으로 그런 위기가 다시 찾아올 때 무엇을 해야 할지에 대한 아이디어를 사람들에게 주고 싶었다. 그래서 사람들이 내 예측을 직접 볼 수 있도록 공개 뉴스레터를 쓰기 시작했다. 나는 투자 아이디어에 대한 광범위한 책들을 탐구하면서, 무엇을 해야 할지뿐만 아니라 언제 그런 일을 해야 할 것인지 등, 우리의 현실적인 금융 결정에 경제 사이클에 대한 지식을 적용할 수 있는 실용적인 방법을 찾았다. 한마디로 말하자면, 내 목표는 미래를 위한 투자 가이드를 구축하는 것이었다.

이 책이 바로 그 가이드이며, 수년 전에 나 자신과 했던 약속을 이행한 결과물이다.

이제 막 사회생활을 시작하거나 경력을 개발하려는 직장인에서부터, 자신의 회사를 성장시키려는 기업가, 투자 포트폴리오를 구축하려는 투자자, 평생 모은 저축으로 생활하는 퇴직자 등에 이르기까지 모든 사람이 경제 사이클의 영향을 받는다. 당신이 이 책의 교훈을 무시한다면, 주기적으로 찾아오는 위기로부터 겪을 고통을 영원히 피할 수 없을 것이다. 반면 당신이 이 책의 교훈을 올바로 잘 배우면, 그 주기의 순환을 당신에게 유리하게 활용할 수 있을 것이다. 앞으로 다가올 호황에서는 이익을 취할 수 있을 것이고, 다음 위기가 닥치면 이를 극복할 준비가 되어 있을 것이다. 다음번에도 같은 주기가 반복될 것이기 때문이다.

여왕 폐하가 LSE를 방문한 지 몇 년 후, 나는 유럽의회 의원이 된 가리카노 교수를 인터뷰했다. 그는 정부의 각종 부양책과 혜택들(정부가 사람들에게 주택담보대출을 받아 집을 사도록 부추긴 것 등)이 2008년 위기의 핵심이었으며 여전히 아무것도 변한 게 없다고 말했다. 나는 그에게 영국 학술원이 희망했던 교훈을 얻었는지 물었다.

그의 대답은 단호했다. "아니요, 그렇지 않았습니다."

이 책의 구성

이 책은 18년 경제 사이클이라는 경로를 통해 당신을 과거, 현재, 미래로 안내할 것이다. 이 책에서 '18년 주기', '경제 사이클', '부동산 주기', '토지시장 주기' 등의 용어는 같은 의미로 사용된다.

경제가 빈사 상태에 이르고 사람들이 두려워하며 무엇을 할지 망설이는 초창기가 새로운 사이클이 시작되는 시점이다. 그리고 우리는 확장의 시기를 거치는데, 그 과정에서 충격과 가벼운 침체를 만날 수도 있다. 이 시기가 지나면 호황과 엄청난 투기의 광풍을 거치며 정점으로 향한다. 그리고 마침내 재앙적 위기와 최악의 불황으로 치닫는다. 이렇게 한 사이클이 끝나는 데 18년이 걸린다.

하나의 사이클은 다음과 같은 4개의 커다란 막으로 구성된다.

1막. 회복

앞 주기의 잿더미에서 새로운 주기가 탄생한다. 자신감이 되살아나면서 경제가 회복되고, 6~7년 동안 서서히 확장한다.

2막. 사이클 중반

약간의 침체가 발생하면서 두려움이 다시 찾아오지만, 둔화 기간
은 비교적 짧으며 큰 위기를 수반하지는 않는다.

3막. 호황

6~7년에 걸쳐 훨씬 더 광범위한 호황이 이어진다. 더 높은 성장,
풍부한 신용, 주식시장과 부동산시장의 급등이 나타난다. 약 2년 동
안 과잉 성장으로 이어지다가 사이클이 시작된 지 14년 차에 최고점
에 도달한다.

4막. 위기

끔찍한 붕괴와 침체가 이어지며 사이클의 끝으로 내달린다. 깊은
침체에서 좀처럼 헤어나기 힘들다. 이런 심한 침체가 거의 4년간 지
속된 후에야 걷힌다. 이렇게 해서 18년 주기가 끝나고 새 주기가 시
작된다.

이 책은 정확히 이 4막을 기준으로 구성했다.
당신은 이 4막의 경로를 따라 펼쳐지는 완전한 18년 주기를 차근

차근 살펴보게 될 것이다. 각 막은 여러 단계로 구성되어 있고, 각 단계가 하나의 장(章)을 이루고 있다. 각 장에서는 사이클의 해당 단계에서 무슨 일이 일어나는지 특정 역사적 에피소드(사례)를 들어 설명할 것이다. 이 장들은 다양한 분석으로 뒷받침되기 때문에, 글을 읽을 때마다 당신이 속한 시대에 전개되는 사이클이 어디인지 추적할 수 있을 것이다.

하지만 이 책은 단순히 순차적인 단계를 안내하는 것 이상의 역할을 할 것이다. 큰 막 속의 각 장은 전체 사이클에 대한 맥락을 자세히 설명해 줄 것이다. 원인이 무엇인지, 왜 그것이 눈에 보이지 않게 숨겨진 채 지속되는지, 무엇이 호황과 불황의 규모를 결정하는지 그리고 주기가 진행되는 동안 전문 조언자들은 의도하지 않고, 사기꾼들은 의도적으로 당신의 투자 결정을 잘못된 방향으로 이끄는 이유가 무엇인지 등을 설명할 것이다.

순차적이고 친절하게 설명하는 이 장들을 종합해 보면 비로소 경제의 숨겨진 질서에 대해 완전히 이해할 수 있게 될 것이다. 이를 이해하고 나면 무슨 일이 왜 일어나는지, 우리가 사이클의 어디에 있는지, 그리고 다음에는 어떤 주기가 다가올 것인지에 대한 명확한 그림을 갖게 될 것이다.

이 책 구성의 마지막 요소는 실용적 지침이다. 당신이 어떤 것에 새롭게 투자하고 위험을 감수할 것인지, 또는 안전을 위해 보유하고 있던 자산을 매각할 것인지, 당신이 처한 주기에 대응해 언제 적절한 조치를 취할 것인지를 배우게 될 것이다. 각 장의 마지막에 제공되는 시크릿 핸드북은 사실상 책 속의 책으로 '부를 축적하기 위한 요약본'이라고 할 수 있다. 이 지침을 잘 따른다면, 적시에 더 나은 재정적 결정을 내릴 수 있고 노련한 전문가만이 꿈꿀 수 있는 투자의 비결을 얻게 될 것이다.

그리고 이것이 바로 당신이 '남보다 돈을 더 잘 버는 비결'이 될 것이다.

··········

우리의 여정을 준비하면서 18년 주기에 대한 간략한 개요부터 시작할 것이다. 프롤로그에서는 아마도 역사상 가장 유명했던 주기, 즉 1911년경에 시작되어 세계대전, 팬데믹과 광란의 1920년대를 거쳐 1929년 월가의 붕괴로 정점에 이르고 마침내 대공황으로 치달은 위기에 대해 개략적으로 살펴볼 것이다. 또한 18년 주기가 어떻게 발견되었는지에 대한 이야기, 그리고 그 주기를 통해 당신을 안내할 로드맵도 함께 제공할 것이다.

부를 창출하는 경제 사이클의 비밀

호황과 불황에 관한 오랜 이야기

… 과거에 일어났던 (인간의 본성을 고려하면 미래에도 다시 일어날) 사건들의 진실을 조사하기를 바라는 모든 사람은 내 책이 가치 있다는 것을 알게 될 것이다. 이 책은 [대중의 찬사를 받기 위해 쓴 것이] 아니라 영원한 지식의 보고로 남기 위해 쓰였기 때문이다….

_투키디데스, 《펠로폰네소스 전쟁의 역사》에서

광란의 1920년대(Roaring Twenties)는 경제 역사상 가장 기념비적인 시대일 것이다. 세상이 전기화된 빛의 시대, 저렴한 자동차가 가족을 먼 곳까지 데려다 주고 비행기가 대서양을 횡단한 여행의 시대, 여성이 투표권을 획득하고 공직에 진출한 평등의 시대, 찰스턴 춤을 추며 주류 밀매점에서 무선 라디오로 재즈를 듣던 문화의 시대, 초고층 빌딩이 등장한 시대, 번영과 사치스러운 생활의 시대였으니까.

그러나 그 시대의 전반부는 좋게 말해도 재앙이었다.

1막. 회복

사이클의 시작

언제나 그렇듯이 새로운 사이클은 위기 속에서 시작된다. 바로 1907년 대침체에서 새 주기가 시작되었다. 사실 이런 스토리는 이로부터 약 120년 전인 미국 건국 이후 어김없이 20년마다 반복된 미국 경제의 일반적인 특징이었다. 그러나 이번 위기는 미국 내뿐 아니라 전 세계로 확산되었다. 1907년에 독일, 일본, 이탈리아, 칠레, 이집트 등에서 은행들이 연쇄적으로 파산하는 일이 발생했다.[1]

당시만 해도 미국에는 경제 시스템을 뒷받침할 중앙은행이 존재하지 않았다. 은행의 파산이 전 세계적으로 광범위하게 확산될 것으로 예상하는 가운데, 세계 최고의 산업가인 위대한 존 피어폰트 모건(John Pierpont Morgan)은 은행 연합회를 조직해 부실 사태를 겪고 있는 금융기관에 자금을 공급하는 구제금융을 운영해야 한다는 요청을 받았다. 이 일을 추진하는 과정에서 여러 명의 은행가가 한 방에 모여 합의에 도달할 때까지 장시간 토론을 해야 했지만, 마침내 그는 그 일을 해냈다. 모건은 동료들에게 이 고무적인 소식을 언론에 발표하고, 종교 지도자들에게 이 공황을 진정시키기 위해 낙관적인 설교를 하도록 격려해야 한다고 설득했다.[2] 그는 이런 관대한 조치를 한 대가로 미국 정부로부터 막대한 보상을 받았다. 미국 정부가 그에게 철강산업의 독점권을 승인해 준 것이다.

한편 일반 국민들은 위기의 원인이 정부의 잘못된 정책 탓이라거나 부패한 은행가 때문이라거나 여성들의 무분별한 소비 때문이라는 설명을 듣는 데 만족했다.[3]

부동산시장 침체와 토지 거래의 부진 같은 진짜 원인을 찾는 사람은 아무도 없었다.

다행히 이때의 위기는 사람들이 가장 최근의 위기로 기억하는 1893년의 대침체처럼 오래 지속되지는 않았다. 곧 자신감과 기업 신용이 빠르게 회복되었다. 1909년에 부동산시장은 저점을 기록했다. 주식시장은 1908년이 매우 좋은 해로 47퍼센트 상승하며 회복을 전망했다.[4]

미국 정부는 은행들이 서로 간의 대출을 중단하면서 패닉을 야기한 문제들을 조사하기 위해 위원회를 도입했다. 은행 시스템의 이 같은 대출 중단 사태는 1819년, 1837년, 1857년, 1873년, 1893년 등 이전 위기 상황에서도 발생한 바 있었다. 따라서 위기 상황에서 유동성을 제공하기 위해 국가 중앙은행을 설립한다는 새로운 규정이 필요했다(정부가 이번 사태에서처럼 노쇠한 모건에게 영원히 의존할 수는 없었으니까). 마침내 1913년에 미국 연방준비제도(Fed, 연준)가 설립되었다. 정부는 주기적으로 경제에 타격을 주는 호황과 불황으로 인한 피해를 영구적으로 제거할 수 있기를 바랐다.

그러나 은행 시스템을 넘어 더 넓은 경제가 미래를 향해 나가면서 흥미진진한 새로운 발전이 나타났다. 바로 우리가 사는 사회를 완전히 변화시킬 새로운 대량 생산 기술이 등장한 것이다.

1908년 헨리 포드(Henry Ford)는 모델 T를 세상에 선보였다. 최초의 저렴한 자동차였다. 그는 자랑스럽게 이렇게 선언했다. "다양한 사람들을 위한 자동차입니다. … 한 가족이 탈 만큼 충분히 크면서도, 개인이 운전하고 관리할 수 있을 만큼 작습니다. … 가격이 저렴해서 웬만한 월급쟁이면 한 대 정도 갖게 될 수 있을 것입니다." 포드 모터 컴퍼니는 자동차를 빠르게 제작할 수 있는 생산 공정을 설계했다. 그로부터 10년도 채 되지 않아 포드는 미시간 공장에서 1500만 번째 모델 T가 생산되는 모습을 볼 수 있었다.

확장

대침체가 발생한 지 약 4년 후인 1911년부터 경제가 회복되기 시작했다. 비록 제한적이긴 하지만 새로운 건축이 다시 시작되고 1913년과 1914년에 강력한 회복세를 보이면서 경제 활동의 증가 신호가 나타났다.[5] 언제나 그렇듯이 아무도 몰랐지만, 건설업계에 다음 침체는 적어도 14년 안에는 오지 않을 것이었다.

이 기간에 유럽의 국가들도 호황의 정점을 향해 치달렸다. 그런데 그들 간의 밀집된 무역 관계에도 불구하고, 독일과 영국 사이에 수년 동안 긴장이 고조되고 (석유 공급 확보 경쟁을 포함한) 각 나라의 지정학적 전략들이 얽히면서 1914년 8월에 제1차 세계대전이 발발했다. 이른바 '패닉 매도'를 피하기 위해 전 세계 주식시장은 몇 달 동안 문을 닫았다.

회복기 정점

제1차 세계대전의 교전국이 아닌 산업 강국, 특히 미국(1917년에 뒤늦게 참전했지만)과 일본은 교전국에 무기와 식량을 공급하는 쪽으로 눈을 돌리면서 경제 호황을 누렸고 이 와중에 농지 가격이 급등했다. 영국과 프랑스가 무기와 식량을 구매하기 위해 보유하고 있던 금을 매각하면서 미국 금융 시스템도 덩달아 이익을 누렸다.

2막. 사이클 중반

침체

'모든 전쟁을 끝내기 위한 전쟁'은 공식적으로 1918년 11월에 끝났다. 무려 2000만 명이 사망한 대재앙이었다. 그런데 또 다른 비극이 기다리고 있었다. 전쟁이 치러진 참호에서 치명적인 독감균이 배양되었는데, 군인들이 그것을 고스란히 집으로 가져온 것이다. 독감은 곧 전 세계적으로 유행했고, 전쟁으로 파탄 난 세대에 평화가 가져다 준 첫 번째 결과는 수백만 명의 추가적인 죽음이었다.

전쟁이 끝나자 전쟁 물자에 대한 수요가 사라지고 비축해 두었던 보급품이 시장에 투매되면서 물가가 폭락했다. 세계는 새 주기가 시작된 지 약 7~8년 후인 1919~1920년에 다시 깊은 불황에 빠졌다.

온 세상이 황폐해졌다. 세계의 모든 주요 경제권에서 노동 연령의 남성 세대는 거의 전멸 상태였다. 독일은 전쟁에서 패한 대가로 국외 영토를 잃었을 뿐만 아니라 승전국에게 엄청난 배상금을 지급하는 등 큰 대가를 치러야 했다.

세상은 이 상황에서 회복할 수 없을 것 같았다.

3막. 호황

토지 붐

그러나 아직 18년 주기의 중간 지점이었기 때문에 회복이 가능했다. 전후의 깊은 혼란에 비하면, 폐허에서 벗어나려는 움직임은 놀라울 정도로 빨랐다. 먼저 이자율과 세금이 인하되었다.[6] 낮은 세금과 더 저렴한 신용 대출, 침체 기간에도 유지되었던 은행 시스템(그래서 대출도 계속되었다)을 통해 경제는 불과 60일 만에 회복되었다.[7] 그야말로 광란의 1920년대가 시작된 것이다.

엄청난 일자리가 생겨났다. 500만 명에 달하는 귀환 군인들이 살 주택이 필요했고, 많은 사람이 자동차를 소유하게 되면서 고속도로 건설이 필요해지는 등 건설 붐이 일어났다. 고속도로는 도시 변방에 있는 작은 마을(이른바 '교외' 지역)까지 이어졌다. 전쟁의 후유증으로 농업 부문이 침체되어 있었고 물가가 낮았기 때문에 많은 사람이 일자리를 찾아 농촌에서 도시로 이주했다. 유럽 전역(특히 프랑스)에서 비슷한 변화가 일어났다. 독일은 승전국들이 요구한 배상금을 충당하려면 외화를 구입해야 했기 때문에 많은 돈을 찍어냈고, 그로 인해 초인플레이션을 겪었다. 그러나 이 상황을 극복하면서 독일에도 호황이 찾아왔다. 일본에서도 도쿄, 오사카, 나가사키 등 산업도시들이 급속한 성장을 이루었다.

전기, 전화, 라디오, 자동차 등 신기술의 등장과 함께 새로운 산업과 서비스 부문이 창출되었다. 가정에 전기 조명이 보급되면서 사람들은 저녁 식사 후에도 보드 게임을 하는 등 다양하고 새로운 문화 활동이 가능해졌다. 새로 건설된 고속도로는 관광객을 시골의 오지까지 데려다 주었고, 그곳의 리조트는 기꺼이 관광객을 맞았다. 자동차를 타고 길을 따라가며 얼마든지 길가의 모텔에 머물 수 있었다.

정유 공장이 생겨났고 고속도로와 도로를 따라 주유소도 생겨났다. 헨리 포드가 개척한 '과학적' 관리 기법은 생산에 혁명을 불러일으켰고 생산성과 일자리가 모두 폭발적으로 늘어났다. 실업률은 전후인 1922년에 11.0퍼센트였지만 1920년대 말에는 3.5퍼센트로 떨어졌다. 미국 경제는 매년 5퍼센트 이상 성장하면서 활황을 누렸다.[8] 라디오는 문화를 완전히 바꾸어 놓았다. 인류 역사상 처음으로 공통의 레저 활동에 전국적인 참여가 가능해졌다. 사람들은 전국적으로 같은 음악, 같은 스타일의 춤을 추게 되었고, 전국적 체인점과 광고가 등장하면서 전국적으로 유행하는 옷을 입게 되었다. 여성들도 참정권을 갖게 되었고, 세탁기 같은 가정용 기계와 피임약 등이 개발되면서 전통적인 가사 역할에서 해방될 수 있었다. 역사상 처음으로 여성들이 사무실에서 일하게 되었다. 활동성 있는 플래퍼 드레스와 짧은 머리 같은 중성적 스타일이 그 시대의 여성 해방을 반영했다. 미국의 새로운 건축 기술은 마천루라는 새로운 건물 형태를 탄생시켰다. 고층 건물이 땅을 집약적으로 이용할 수 있다는 점 때문에, 고층 건물을 지을 수 있는 곳이면 어디든 땅값이 폭등했다. 비단 미국에서만 그런 것이 아니었다. 1920년대에 들어서 프랑스와 독일의 경제가 크게 성장하면서 이들 국가의 도시들도 우아한 아르데코 양식의 건물들로 장식되기 시작했다.

1920년대의 변화가 너무나 컸기 때문에 불과 몇 년 전에 이 세상에 끔찍한 전쟁이 있었다고는 믿을 수 없을 정도였다. 전혀 다른 시대로 느껴졌다. 미국의 30대 대통령 캘빈 쿨리지(Calvin Coolidge)는 1925년 취임사에서 "우리는 번영의 시대로 접어들고 있습니다. 이 번영은 점차 전국 각지로 퍼질 것입니다."라고 선언했는데, 이는 당시의 시대적 분위기를 그대로 반영한 것이었다.

호황을 가장 먼저 알게 한 것은 주요 도시와 그 주변의 토지 가격 상승이었다. 자동차와 기차가 발달하면서 새로운 땅에 대한 접근이 가능해졌기 때문이다. 이는 새로운 도시의 건설을 촉진했을 뿐만 아니라 완전히 새로운 삶을 살 수 있다는 환상을 창조했다. 플로리다의 영원한 햇빛 속에서 살거나, 런던에서 가장 가까운 지구(버킹엄셔, 하트퍼드셔, 미들섹스)에서의 목가적인 삶이 가능해진 것이다. 이들 지구는 기차를 타면 오래지 않아 대도시에 도착할 수 있는 거리에 위치했다. 1920년대 세계 주요 경제권에서 진행된 모든 위대한 건축 프로그램도 대도시 인근 지역에서 일어났다.

인프라에 대한 정부 투자는 도로, 철도, 관개 배수(플로리다), 전신, 전화, 전기 산업의 붐을 촉진했다. 낮은 금리와 세제 혜택으로 인해 1924년부터 토지 붐이 본격적으로 시작되었다.[*] 토지 가격이 급등하면서 건축업자들은 실제 수요보다는 장래 수요를 보고 부동산 프로젝트를 개발하기 시작했다. 너나 할 것 없이 모두가 새로운 지역으로 달려들다 보니, 그들이 떠난 지역에서는 노동자들을 거의 찾아볼 수 없는 현상도 벌어졌다.

미국 은행 시스템은 이런 건축업자들과 그 지역의 부동산을 취득하기 위해 담보대출을 원하는 가구를 대상으로 신용 대출을 크게 확장해 나갔다. 전화기, 녹음기, 계산기 등 은행 업무를 더 효율적으로 만들어 주는 다양한 기술이 발달하면서 은행들의 대출은 더욱 활성화되었다. 담보대출은 10년 동안 거의 3배 이상 증가했다. 민간부채는 1920년대에 400억 달러 증가했는데, 이는 미국 GDP의 거의 절반에 해당하는 규모였다. 1928년 무렵에는 프랑스와 독일에서도 담보대출이 급속도로 확산되었다.[10]

호황기에 사람들은 주식시장 투기에도 열정적으로 눈을 돌렸다. 가난한 집안 출신의 사람들이 거부가 된 이야기가 줄을 이었고, 가계의 주식 소유는 10년 동안 10배나 증가했다.[11] 여기에는 자기 부의 일부를 주식시장 투기로 전환한 여성들도 상당수 포함되었다. 많은 사람이 자신의 능력으로 소득을 창출하기 시작했고, 심지어 전통적인 주부들조차도 가계 예산 관리를 위해 가족의 주식 포트폴리오를 구축하는 사례도 등장했다. 주식의 40퍼센트를 여성이 소유한 회사도 있었다. 주식시장에 대한 관심은 광범위했다. 한 영국 언론인은 미국인 친구를 방문했다가, 집 아래층에 주가 변동을 테이프로 찰칵찰칵 알려주는 주식 시세 표기기를 설치해 놓고 시시각각 시장 동향을 확인하는 것을 목도하기도 했다.

투기 열풍

1925년에 미국 연방준비제도는 영국의 금본위제 재도입을 지원하기 위해 금리를 다시 인하했다. 경기 확장이 몇 년간 계속된 이후의 금리 인하는 투기 열풍을 촉발했다. 1926년에서 1929년 사이에 미국 주식시장은 200퍼센트 넘게 폭등했다. 투자자의 자본을 끌어들인 비결은 투자 신탁 제도였다. 이 제도를 통해 투자자들은 여러 회사의 주식을 동시에 소유할 수 있었고, 더 좋은 점은 투자 금액의 10퍼센트만 있으면 나머지는 빌릴 수 있다는 것이었다. 신탁 제도를 이용해 주식을 취득하기 위한 돈을 빌릴 수 있었으므로 투자자들은 자본을 두 배로 활용할 수 있었다. 이는 1920년대의 호황 시장에서 투자자들에게 적어도 서류상으로 과도한 이익을 안겨주었다. 이로 인해 저가 주식부터 대형 철도 주식에 이르기까지 주식을 매입하기만 하면 큰돈을 벌 수 있었다.[12] 거래소에서 가장 인기 있는 종목은 전력 산업 관련 주식이었다. 1929년에는 전력 산업 주식이 전체 주식시장의 5분의 1을 차지했다. 전력 산업 회사들은 마음만 먹으면 쉽게 차입금을 늘릴 수 있었다. 1920년대 말에 은행들은 어떤 해당 규정도 무시한 채 돈을 빌려주기 위해 그들을 쫓아다녔다.

그러나 투기 열풍의 가장 확실한 징후는 뭐니 뭐니 해도 토지시장에서 나타났다.[13] 건축업자들이 짓는 건물의 숫자는 실제 필요한 수보다 훨씬 많았다. 건설 부문에 대한 지출이 급격히 증가하면서 건설 산업이 미국 경제의 20퍼센트를 차지하게 되었다. 1926년 이후 도심의 아파트와 사무실 등 건물의 대부분은 순전히 투기 목적으로 지어졌다. 뉴욕 맨해튼에는 약 279만 제곱미터(약 84만 평)의 사무실 공간이 새로 지어졌는데, 이는 기존 면적의 거의 두 배에 달하는 규모였다. 이는 수요보다 훨씬 더 많은 양이었다. 그런데도 건축업자들은 유리한 세제 혜택과 신용 대출로 건축 프로젝트의 자금을 충분히 조달할 수 있었다. 은행들이 전력 산업에 제공했던 무분별한 대출은 부동산 회사에도 그대로 적용되었다. 설령 은행들이 신중한 태도를 보인다 해도, 다른 비은행 금융기관들(저축대부조합이나 부동산 채권 중개인들)이 그 자리를 대신했고, 그중 일부는 시중 은행에 적용되는 일반적인 규칙을 벗어나는 경우도 비일비재했다. 심지어 많은 부동산 개발업체들은 자체적으로 은행업 인가를 받음으로써 신용 공급을 확보하기도 했다.

절정기(호황의 끝)

허버트 후버(Herbert Hoover)는 1928년 공화당 후보 지명 수락 연설에서 다음과 같이 말했다. "오늘날 미국에 사는 우리는 역사상 그 어느 때보다 빈곤에 대한 최후의 승리에 더 가까이 와 있습니다." 그리고 선거에서 승리해 미국의 31대 대통령이 되었다. 호황은 끝없이

부를 창출하는 경제 사이클의 비밀

계속될 것 같았다.

1926년은 건축 산업, 특히 주택시장의 절정을 이룬 해였다. 새 주기가 시작된 지 14년째였다. 호황은 강하게 이어지면서 상업 및 소매 공간의 건설이 여전히 계속되었다. 하지만 상황을 주의 깊게 지켜보고 있던 사람들은 몇 가지 사건들을 다소 불안한 마음으로 바라보았을지 모른다.

1926년 1월 마이애미 항구에서 선박이 전복되는 사고가 발생했다. 이로 인해 목재 화물이 손실되는 바람에 건축 공사가 몇 주 지연되었다. 그해 여름 폭풍우 시즌에 허리케인이 발생해 내륙 48킬로미터까지 바닷물이 들이닥쳤다. 미국이 충격에 빠졌고 이로 인해 투자가 다소 둔화되었다. 1927년에 들어서면서 플로리다와 일본의 토지 붐이 정체되기 시작했고 프랑스와 독일에서도 같은 상황이 벌어졌다.[14] 주택용 토지시장은 언제 투기 열풍이 불었나 싶을 정도로 침체기에 접어들었다. 은행들은 여전히 대출에 열을 올렸고 부동산을 보유하고 있던 공동체는 여전히 토지 가치가 지속적으로 상승할 것이라는 장밋빛 꿈으로 가득 차 있었지만[15], 급성장의 시대는 이미 끝나가고 있었다. 반면 상업용 부동산은 거의 영향을 받지 않고 여전히 강한 성장을 이어갔다.

대부분의 사람에게 호황기는 계속될 것처럼 보였다. 주식시장은 1927년과 1928년에도 여전히 호황을 누리고 있었다. 이런 호황이 끝이 없을 것처럼 보이면서도 한편으로 너무 지나쳤다는 조짐이 나타나기 시작했다. 대규모 과잉 건축이 몇 년 동안 지속되었기 때문에 1920년대 말에는 건물을 사려는 사람과 임차인이 없어 수천 채의 건물이 빈 채로 방치되었다.

연준은 딜레마에 봉착했다. 금리를 인상해 호황을 멈출 것인가, 아니면 계속 낮은 금리로 호황을 유지할 것인가? 1928년에는 어떤 쪽으로든 행동을 취해야 했다. 그러나 이듬해 영국에서 해트리(Hatry) 그룹이 파산하고 시장 상황이 긴축으로 전환되면서 런던의 금리가 인상되었다. 이에 따라 영국 투자자들은 미국 시장에서 주식의 일부를 청산하기 시작했다. 결국 투자금의 흐름도 둔화되었다. 일부 투자자들은 앞으로의 성장이 지금까지처럼 강력하지 않을 수 있다고 우려하기 시작했다. 돈을 빌리는 금리도 훨씬 더 높아졌다. 시장은 좋은 소식을 무시하고 나쁜 소식에 더 주의를 기울이기 시작했다.[16]

1929년 8월, 세계에서 가장 높은 초고층 건물이 맨해튼 5번가에 세워지고 그 이름이 엠파이어 스테이트 빌딩이 될 것이라는 발표가 나왔다. 맨해튼 스카이라인을 장식하게 될 연이은 초고층 건물의 최신작이었다. 초고층 건물 건축 붐은 샌디에이고, 시카고, 미니애폴리스 등 미국 전역의 대도시들을 변화시켰다.

4막. 위기

붕괴

이때쯤에는 이미 재앙의 무대가 준비되고 있었다. 1929년 10월 24일 다우존스 산업평균지수(Dow Jones Industrial Average)가 하루 만에 9퍼센트 하락했다. 4일 후에는 17퍼센트 하락했다. 은행들은 시장을 지탱하기 위해 안간힘을 썼지만 전혀 효과가 없었다.

그러나 그것은 실제 건축물이 아니라 주식시장이었다. 더 넓은 경제에서 어느 정도의 어려움은 충분히 해결될 수 있을 것처럼 보였다. 미국 정부는 기업들에게 임금을 삭감하지 말 것, 높은 수요를 유지할 것, 건설 계획을 계속 추진할 것 등을 요청했다. 이에 부응해 일부 대기업들은 배당금 인상을 발표했다. 연준은 단기 이자율(할인율)을 4.5퍼센트로 낮추고 필요할 경우 연준의 자금을 사용할 수 있도록 허용했다. 은행들도 소비자금융회사(Consumer finance companies)*를 돕기 위해 나섰다. 주식시장은 이런 움직임에 반응해 손실의 절반을 만회했다. 예일대 교수 어빙 피셔(Irving Fisher)는 "주가가 안정적인 고점에 도달했다. … 나는 주식시장이 지금보다 훨씬 더 상승할 것이라고 예상한다."라고 선언했다.

---

*　소비자에게 상품 구입 자금을 단기 융자하는 회사이다.

그래프 1. 다우존스 산업평균지수, 1925~1933년

1929년 10~11월: 다우존스 폭락

1930년 4월: 시장이 50퍼센트 회복

1930년 11월: 1차 금융 위기 시작

1931년 4월: 2차 금융 위기 시작
5월: 오스트리아 크레디트-안슈탈트 은행 파산
7월: 독일에서 뱅크런(대규모 은행예금 인출 사태) 발생

1932년 6월: 3차 금융 위기

1931년 9월: 파운드화의 평가절하에
이어 다른 통화들도 평가절하

1933년 2월: 4차 금융 위기

출처: Optuma (출처 자료에 저자의 의견을 더함)

처음에는 문제가 진정되는 듯 보였다. 그러나 은행들은 이미 감당할 수 있는 선을 넘고 있었다. 1920년대의 호황기에도 농산물 가격은 전혀 회복되지 않았기 때문에, 전쟁으로 식량 수요가 높았을 때 대출을 받았던 농민들은 여전히 빚에 허덕이며 대출금을 갚는 데 어려움을 겪고 있었다. 1920년대에 대출 채무를 갚지 못한 농가들이 많이 발생했지만, 도시 부동산의 호황으로 이들의 손실이 드러나지 않았을 뿐이었다. 그러나 도시 부동산마저 침체에 빠지면서 부실 대출과 은행 파산 건수는 크게 늘어나기 시작했다.

1930년 상반기에 잠시 주춤한 듯했지만 결국 올 것이 오고야 말았

부를 창출하는 경제 사이클의 비밀

다. 미국 테네시주를 거점으로 남부 지역에서 사업을 확장해 온 콜드웰(Caldwell) 은행 그룹과 미합중국은행(Bank of the United States, 이름과는 달리 민간 은행이다)이 11월과 12월에 잇따라 파산했는데, 두 은행 모두 부동산 담보대출이 가장 큰 파산 원인이었다.[17]

공황 상태는 여기서 그치지 않았다.

두 번째 재앙의 물결은 1931년 4월 중서부에서 시작되었다. 시카고와 오하이오의 토지 붐에 노출된 지역 은행들의 파산이 잇따랐다. 세 번째 물결은 1932년 6월에 찾아왔다. 이번에는 시카고의 한 대형 은행이 포함되었고, 곧이어 디트로이트에서도 많은 은행이 무너졌다. 1933년 2월, 마침내 가장 치명적인 네 번째 물결이 밀어닥쳤다. 미시간주 정부가 주의 모든 은행을 폐쇄하자 도처에서 은행들이 파산하면서 은행 업계 전체로 위기가 확산되었다.

무너진 은행들의 공통점은 호황기의 과다한 부동산 대출이었다. 이 시기에 총 4800개의 은행이 파산했고 그 손실이 얼마나 클지는 아무도 알 수 없었다. 1931년 오스트리아 크레디트-안슈탈트(Credit-Anstalt) 은행의 도산은 문제가 유럽 전역으로 확산되고 있음을 보여준 사건이었고, 이 충격은 미국의 공황을 가중시켰다.

한편 그동안 선방해 오던 주식시장도 약세로 돌아섰다. 대기업들이 무너지면서 수천 명의 소규모 투자자들이 사라졌다. 은행의 신용 대출이 사라지면서 기업들의 도산이 급증했다. 게다가 호황기에 자행된 사기꾼들의 이야기가 속속 드러나면서 암울함은 더욱 커졌다. 특히 성냥사업의 독점을 바탕으로 기업 제국을 건설하는 데 성공한 '성냥왕' 이바르 크뤼케르(Ivar Kreuger)는 세계 최대의 다단계 금융사기(Ponzi schemes)를 벌인 대표적 인물이었다.

구제

시장과 경제는 이후 4년 동안 회복세를 보이지 못했다. 정부 당국은 문제를 진정시키려고 여러 시도를 했지만, 1933년 프랭클린 루스벨트(Franklin Roosevelt) 대통령이 공포의 종식을 선언하고 기한을 정하지 않은 채 전국 은행의 즉각적인 폐쇄에 들어가기까지 성공하지 못했다. 그해 봄, 여전히 경제는 어려웠지만 국민들은 그제야 비로소, 정부가 문제를 해결하기 위해 필요한 모든 조치를 취할 결심이 섰다는 것을 이해하게 되었다.

3월부터 은행업 인가가 재발급되면서 전국 은행의 4분의 3이 업무를 재개했다. 은행들은 폐쇄 기간 동안 동결된 예금을 자본금으로 충당했다. 예금보험 시스템과 도시와 농촌의 토지 가치 지원 조치를 포함한 새로운 규정들이 제정되었다. 수요를 진작시키고 경기 침체라는 최악의 상황을 극복하기 위해 루스벨트 대통령은 그 유명한 뉴딜 정책을 발표했다.[18]

대공황이 한창일 때 엠파이어 스테이트 빌딩이 문을 열었지만, 세입자를 찾을 수 없었다. 그래서 초기에 지역 주민들은 그 건물을 '엠파이어 빌딩'이 아니라 '엠프티(Empty) 빌딩'이라고 불렀다. 크라이슬러 빌딩(77층), RCA 빌딩(70층), 로스앤젤레스 시청(32층) 등 당시를 상징하는 초고층 건물들 모두 이후 10년 동안 세입자 없는 빈 건물로 남아 있었다.

미국 경제는 40퍼센트 위축되었고 노동자 10명 중 4명이 일자리를 잃었다. 주식시장은 1932년에 바닥을 치며 가치의 90퍼센트가 날아가 버렸다. 프랑스와 독일도 경제가 심각하게 황폐화되었다. 1930년대 초의 힘든 상황에서 절망에 빠진 독일 노동자들은 왜 상황이 그렇게 나빠졌는지를 설명해 주는 사람들에게 귀를 기울이기 시작했다. 그중 한 사람이 바로 아돌프 히틀러(Adolf Hitler)라는 오스트리아 사람이었다.

경제적으로 암울한 시대가 정치적으로도 암울한 시대로 이어질 것이라고는 누구도 예측하지 못했다.

반복되는 패턴

1933년, 미국 시카고대학에서 박사과정을 밟고 있던 호머 호이트(Homer Hoyt)는 지난 100년 동안에 걸쳐 도시가 어떻게 확장해 왔는지에 대한 기념비적인 연구를 끝냈다. 그는 도시의 발전을 차트로 작성하면서, 한편으로는 다른 렌즈를 통해 토지 가격이 어떻게 변화해 왔는지를 자세히 기록했다. 그것은 이제 막 태동하여 역동적으로 발전하는 도시에 대해 종합적으로 연구한 첫 번째 사례였다. 그의 논문은 《시카고 토지 가격 100년사》(One Hundred Years of Land Values in Chicago)라는 제목으로 출판되었다.

제목만 봐서는 재미없을 것 같지만, 이 논문에는 놀라울 정도로 정확한 발견이 숨겨져 있었다. 미시간 호수 기슭의 통나무집 몇 채로 시작된 마을이 어떻게 해서 지난 100년 동안 400만 명의 인구가 거주하는 대도시로 성장했는지, 그런 성장 과정에서 토지 가격과 부동산 가격이 얼마나 엄청나게 상승했는지에 대한 이야기가 고스란히 담겨 있었다.

그렇다고 해서 시카고의 토지 가격이 계속해서 상승만 한 것은 아니었다. 장기적으로 보면 토지 가격의 상승이 도시의 발전을 반영하는 것은 맞지만, 도시의 발전 속도와 달리 더 높거나 낮았던 때도 많았다. "도시 전체가 상업 중심지로 변하고 인근의 초원 지대까지 주택이나 아파트로 뒤덮이며 맹렬한 개발 열풍에 휩싸인 것처럼 보이는 시기가 지나면, 성장이 거의 감지될 수 없을 정도로 느려지는 시기가 뒤따랐습니다."[19] 느리게 성장하던 시기가 지나면 또다시 건축 열풍이 불어닥치고, 이어서 다시 붕괴와 경제 불황이 뒤따르곤 한다는 것이다.

새로운 사이클이 시작될 때마다 운하와 철도 같은 신기술에 힘입어 새로운 시대가 열렸다. 경제가 성장함에 따라 사람들이 도시로 이주하고 시 당국은 새로운 기반시설에 자금을 적극 지원하면서 새로운 사업들이 등장하고 토지 가격은 꾸준히 상승했다. 그러나 호황이 상당 기간 이어지면 투자는 투기로 바뀌었다. 주택과 상업용 건물의 개발이 이미 수요를 초과했지만, 은행 대출이 너무나 쉬웠기 때문에 토지 가격의 상승은 멈출 줄 몰랐다. 그러다 사람들은 뒤늦게 시장이 너무 과열되었다는 것을 깨닫고 손을 떼기 시작했다. 토지시장은 침체되고 부동산을 담보로 대출을 받은 사람들은 대출금을 갚지 못했으며, 일부 은행들은 자본금까지 다 날리고 파산했다. 마침내 은행과 기업들의 줄도산이 이어지며 산업 전체가 공황에 빠지고, 경제는 다시 큰 불황 속으로 빨려 들어갔다. 그러면 어려운 시기를 맞아 당국은 구제와 빚 탕감에 나서고 새로운 사이클이 다시 시작됐다.

이런 경제 사이클이 발생한 것은 비단 호이트가 논문을 썼던 1929년 이후의 몇 년 동안에만 국한된 것은 아니었다. 그가 과학적으로 치밀하게 연구한 다섯 차례의 토지 붐 이후마다 붕괴가 뒤따랐다. 그러니까 1837년, 1856년, 1888년, 1907년에 건물과 부동산 가격이 최고치를 기록한 다음, 직후에 공황 상태가 이어진 것이다.[20] 시장이 호황의 절정이었던 1925년에 본인이 직접 시카고 시세로 애비

뉴(Cicero Avenue)에 있는 땅 한 뙈기를 샀기 때문에 그 파괴적인 현상을 너무나 잘 알 수 있었다. 그는 그 투자로 많은 돈을 잃었지만, 자신의 실수로부터 교훈을 얻고 싶었다. 결국 그의 연구가 그에게 답을 주었다. 호황과 불황이 규칙적인 패턴에 의해 일어난다는 사실을 깨달은 것이다.[21] 가장 놀라운 발견은, 각 현상에는 공통된 원인이 있을 뿐 아니라 투기 열풍이 부는 시기 사이의 기간이 매우 규칙적이라는 것이었다. 그 기간은 18년이었고, 그 주기는 한 세기가 넘는 동안 거의 시계처럼 반복적으로 일어났다. 그가 1925년에 이 사실을 알았더라면 결코 그 땅을 사지 않았을 것이다. 그가 땅을 산 것은 이전에 토지 가격이 최고가를 기록한 1907년도로부터 정확히 18년 후의 일이었기 때문이다.

18년 경제 사이클

호이트가 시카고의 토지에서 관찰한 주기는 미국 전역의 다른 부동산시장에도 그대로 적용되었다.[22] 또 그가 논문을 썼을 당시 그는 시카고에서의 100년을 관찰했지만, 그 주기는 더 멀리 미국의 건국 시점까지 거슬러 올라가서도 나타났다.

새로이 수립된 미국이라는 나라가 맞이한 첫 번째 대공황은 수

년 동안 미합중국제1은행(First Bank of the United States)의 주식, 정부 채무증권, 서부 땅에 대한 투기 열풍이 분 이후인 1798년에 발생했다. 이후 1800년부터 토지매매가 정식으로 허용되면서 서부 개척이 본격화되었다. 이는 서부 지역에 마을과 주택이 들어서면서 질서 있는 정착으로 이어졌지만, 토지 매매는 곧 대규모 토지를 획득하고 이를 터무니없는 높은 가격에 파는 동부 투기꾼들의 수단이 되었다.[23] 서부 지역의 토지와 건물 투기 열풍은 호이트가 관찰한 시카고의 100년과 거의 일치했다. 그래프 2는 1800년에서 1908년 사이 108년 동안 토지 거래가 평균 18년마다 최고조에 달했고 그 이후에

그래프 2. 미국의 토지 거래, 1800~1923년

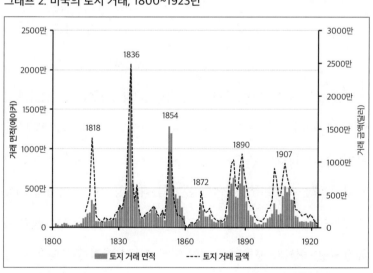

출처: Smith and Cole, McCartney, Hibbard

는 공공 토지가 대부분 팔렸음을 보여준다. (1에이커 = 약 4047 제곱미터)

1800년 이후 각 주기의 최고점과 최저점 시기는 다음과 같다.

표 1. 미국 경제 사이클별 최고 호황 연도와 침체 시작 연도, 1818~1930년

최고 호황 연도	침체(시작 연도)	직전 최고 호황 연도부터의 기간
1818	1819	-
1836	1837	18
1854	1857	18
1872	1873	18
1890	1893	18
1907	1907	17
1926	1930	19

출처: Anderson, Harrison, Hoyt

1930년대 이후에는 이 주기가 사라진 것 같았다. 호이트 자신도 그 주기가 1930년대 이후에도 계속될 것이라고는 확신하지 못했다. 그럴 만한 이유가 있었다. 이 주기에 따르면 1930년에 토지 가격이 낮았기 때문에 1944년경에는 주기의 최고점으로 이어져야 했지만 실제로는 그렇지 않았다. 호이트는 이 패턴이 도시가 새로 생길 때만 적용되고, 도시가 정착된 후에는 사라지는 것인지 궁금했다. 실제로 1930년대 후반에서 1940년대 초반부터 세계는 제2차 세계대전의

부를 창출하는 경제 사이클의 비밀

늪에 빨려 들어갔고 경제는 완전히 전쟁에 휘말려 버렸다. 그리고 전쟁의 폐허 속에서 전혀 다른 세계가 모습을 드러냈다.

그렇다면 이제 18년 주기는 사라진 것일까?

영국의 경제학자 프레드 해리슨(Fred Harrison)은 1970년대에 호이트의 논문을 다시 들고나왔다. 그는 뛰어난 탐구를 통해, 새로운 주기의 시작 시기를 제시했다. 1950년대 중반을 전후로 전쟁에 참여했던 인력이 돌아오고 재건이 시작되었다고 말했다. 그리고 서방 경제는 1960년대에 호황을 누렸고, 1970년대 초에는 투기 열풍이 불었으며, 이후 다시 위기를 맞았다는 것이다.

전통적인 견해는 그런 일련의 사건들이 1973년의 오일쇼크에 의해 발생했다는 것이었지만, 해리슨은 그에 동의하지 않았다.

그러나 경제학자가 토지 가격의 주기를 예측 도구로 사용했다면, OPEC이 설립되지 않았더라도 영국 경제가 1974년에 경제 파탄에 빠진다는 것을 예측할 수 있었을 것이다.[24]

해리슨은 18년 주기가 여전히 건재하다는 것을 발견했다. 비록 세계대전이 그 주기를 잠시 중단시켰지만 주기는 계속되었다.

해리슨은 1983년에 자신의 연구를 담은《토지의 힘》(The Power in the Land)이라는 책을 발간했다. 위기 다음에 저점에서 시작되는 주기를 추적하면서, 그는 호이트의 이론에 근거해 1980년대 부동산 붐과 1990년 이후에 다시 심각한 경기 불황이 올 것임을 예측했다. 실제로 그런 사건들이 일어나기 7년 전에 정확히 예측한 것이다. 그는 1997년에도 똑같은 예측을 했다. "2000년대에 호황이 오고, 2008년에 위기로 이어질 것이다."

이것은 행운의 추측이 아니었다. 그 예측은 역사의 패턴에 대한 깊은 지식을 바탕으로 한 것이었다. 영국학술원은 여왕의 질문에 답변하기가 어렵다고 주장했지만, 그렇지 않다는 분명한 증거가 여기에 있었다.[25]

제2차 세계대전 이후 사이클 최고점은 표 2와 같다.

표 2. 미국 경제 사이클별 최고 호황 연도와 침체 시작 연도, 1950~2008년

최고 호황 연도	침체(시작 연도)	직전 최고 호황 연도부터의 기간
1972	1973	-
1989	1991	17
2006	2008	17

출처: Harrison

해리슨은 영국 역사에서 적어도 18세기 후반부터 18년 주기 패턴이 반복되어 왔음을 확인했다. 비록 1950년대에 와서는 그 리듬이 미국으로 바뀌긴 했지만 말이다. 전쟁이 끝난 후 두 나라의 주기는

부를 창출하는 경제 사이클의 비밀

다시 동기화되었다. 수 세기에 걸쳐 많은 사람이 경험한 정치적 격변을 고려할 때 미국과 영국의 경우처럼 명확하지는 않지만, 이러한 패턴은 다른 나라의 역사에서도 나타난다. 20세기 중반부터 이러한 리듬은 전 세계의 산업화된 주요 국가들 대부분에서 나타났고, 시간이 지나면서 많은 개발도상국에도 나타났다. 증거는 분명했다. 역사상 가장 심각한 경제 불황은 모두 토지시장의 호황과 붕괴에 뒤이어 나타났다.[26]

18년 여정을 위한 로드맵

이제 당신은 주기에 대한 개요와 왜 그것이 지속되는지에 대해 이해했을 것이다.

18년 경제 사이클의 내부적 역동성은 각 역사적 주기를 살펴보면 더 명확해진다. 토지 가격이 14년 동안 상승한 후 4년 동안 하락하는 패턴이 명확하게 나타나기 때문이다.

그리고 18년 주기의 전반 14년 상승세 기간 동인 다음 세 막이 펼쳐진다.

1막: 사이클의 시작, 확장, 그리고 정점. 여기까지 6~7년이 걸린다.

2막: 침체되는 기간. 대개 1~2년 동안 지속된다.

3막: 토지 붐, 투기 열풍, 절정기(호황의 끝). 6~7년 동안 지속되면서 주기의 시작부터 14년이 경과된다.

그다음에 오는 쇠퇴 단계에서 네 번째 막이 시작된다.

4막: 붕괴와 구제. 대략 4년간 지속되면서 18년 주기라는 대단원의 막을 내린다.

이 전 과정을 그래프 3에서 한눈에 볼 수 있다. 이 다이어그램이 18년 경제 사이클의 전 과정 탐험을 안내하는 로드맵이 될 것이다.

그래프 3. 18년 경제 사이클 로드맵

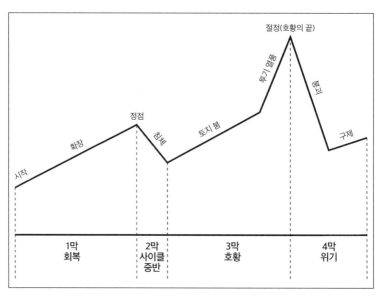

출처: 저자 작성

부를 창출하는 경제 사이클의 비밀

이제 우리는 18년 여행을 떠날 준비가 되었다.

모든 여행이 그렇듯이 우리도 '시작'점에서 출발할 것이다.

1막 —————————————

————————— 회복

RECOVERY

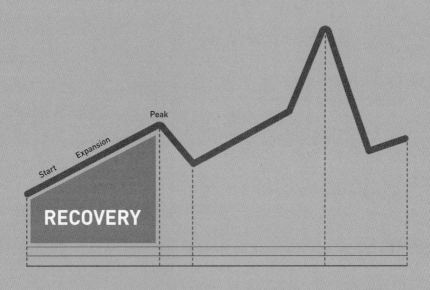

1막에서는 새로운 사이클이 시작되고 확장이 일어난다. 평균 6~7년 정도 지속된다.

1장. **사이클의 시작**은 흥미진진한 신기술에 힘입어 18년 주기가 시작되는 곳이다. 주식과 부동산 시장이 회복되는 시기이므로 매입하기 가장 좋은 시기다.

2장. **불로소득과 경제지대의 법칙**은 부동산과 토지가 사이클에 왜 그렇게 중요한지를 설명한다. 부동산과 토지는 경제의 근본적 법칙과 직결되어 있다. 개발의 모든 이익은 토지에 돌아가기 때문에 당신은 이 토지를 잘 활용할 줄 알아야 한다.

3장. **확장**은 시작의 다음 단계로, 특히 대도시에서 부동산시장이 성장하고 건설이 급증하는 단계다. 당신은 이 시기에 당신의 포트폴리오를 확장해야 한다.

4장. **불로소득과 새로운 경제**에서는 라이선스, 천연자원, 기술 등 현대 경제에 존재하는 다양한 형태의 지대를 살펴볼 것이다. 디지털, 자연적 및 법적 진입장벽이 있는 회사의 주식을 매입하라.

5장. **경제의 부패**는 이러한 역사가 오랫동안 반복되었는데도 대부분의 사람이 사이클을 이해하지 못하는 이유를 설명한다. 자신의 권력을 보존하기 위한 방편으로 경제적 지대를 통제하는 사람들에 의해 경제학에서 토지의 역할이 변질되었다.

6장. **회복기 정점**에서 사이클의 전반기 확장이 끝난다. 하지만 흥분은 금물이다. 지금은 미래를 위해 차분하게 준비해야 할 때다.

사이클의 시작

역사적으로 볼 때, 불황 뒤에는 항상 새로운 발견이나 발명품이 나타나 기업 발전을 촉진시키며 또 다른 호황을 가져왔다.

_W. D. 간, 45년 동안 월가를 누빈 전설적 트레이더

새 주기의 시작

워싱턴 D.C.는 축제 분위기였다. 1월의 추위가 혹독했지만 군중들은 쇼핑몰 앞에 끝이 보이지 않을 만큼 길게 늘어서 있었다. 눈부신 햇살이 내리쬐던 이날 미국 역사상 최대의 군중이 모인 것이다. 물론 대통령 취임식은 특별한 국가적 행사다. 정오가 되자 일리노이주 출신의 젊은 달변가 버락 오바마(Barack Obama) 상원의원이 취임 선서를 하며 미국 대통령에 정식 취임했다. 그는 미국 대통령이 된 최초

의 흑인이다. 새로운 시대가 시작된 것이다.

적어도 그 순간의 밝은 빛이 세상을 덮고 있는 깊은 암울함을 잠시나마 잊게 해주는 것 같았다. 금융 위기가 세상을 온통 뒤흔들고 있을 때였다. 2009년 2월, 오바마 대통령은 '경기회복 및 재투자에 관한 법률'(ARRA)에 서명하는 등, 미국 경제를 다시 회복시키기 위한 조치를 신속하게 취했다. 이 법은 7870억 달러(약 1000조 원)의 재정지출을 포함한 미국 역사상 최대의 경기 부양 법안이었다. 미국 정부는 실업 프로그램에 자금을 지원했고, 인프라·의료·재생 에너지 등에 대규모로 자금을 투입했다. 중국은 이미 그 전해 11월에 4조 위안(약 728조 원)에 달하는 정부 지원책을 발표했는데, 국가 경제 규모에 비하면 미국보다 훨씬 더 큰 부양책이라고 할 수 있었다.[1] 중국은 또 거대한 국가 경제를 한데 묶기 위해 철도, 도로, 교량 건설에 대한 투자를 지시했다.

세계 경제 활동의 3분의 1을 차지하는 두 나라가 동시에 경기 부양 모드에 들어간 것이다. 엄청난 위기였지만, 결국 이런 대규모 부양책이 금융 위기를 종식시켰다. 그것은 동시에 새로운 성장의 시작이었다. 중국을 위시한 신흥국들이 원자재, 식품, 에너지에 대한 무한한 수요를 바탕으로 국민의 기업가 정신을 수출용 고품질 제품 개발에 집중함으로써 새로운 경제 사이클을 이끌 것이었다.

그해 말, 세계에서 가장 높은 빌딩이 두바이에 그 모습을 드러냈다. 높이 828미터의 이 건물은 두바이의 경제력을 과시하기 위한 목적으로 추진된 대규모 도심개발사업의 상징이었다. 그러나 금융 위기로 인해 6년간 지속되던 건설 붐이 사라졌고, 5000억 달러 규모의 건설 프로젝트가 중단되면서 두바이 전역에는 미완성 건물과 이행되지 못한 프로젝트의 흔적이 곳곳에 방치되었다.

그중에는 4개의 테마파크와 인공 섬이 있는 1000억 달러 규모의 복합 리조트 단지도 포함되었다. 이 프로젝트의 후원자인 부동산 개발업자 도널드 트럼프라는 사람은 이 프로젝트가 '화려함의 극치'를 보여줄 것이라고 선언했을 정도였다. 하지만 리조트는 건설되지 못했다. 두바이가 돈이 부족해 이웃 토후국(Emirate)인 아부다비에 구제금융을 받는 처지가 되었기 때문이다. 그 대가로, 이 세계 최고층 건물의 이름도 아부다비의 통치자인 할리파 빈 자이드 알 나하얀 (Khalifa bin Zayed Al Nahyan)을 기념해 부르즈 할리파로 서둘러 변경되었다.[2]

2009년 상반기에는 두 가지 일이 일어났는데, 두 가지 모두 세계 경제가 옛 사이클에서 새로운 사이클로 전환되고 있다는 신호였다. 첫 번째는 미국 등 여러 국가의 주식시장이 2009년 3월 6일에 최저점을 기록한 것이다. 당시 S&P500지수가 666까지 떨어졌는데 성경의 계시록에 나온 숫자와 일치해 화제가 되기도 했다. 이는 최고치에 비해 무려 50퍼센트나 떨어진 것으로, 이 같은 주식시장의 깊은 침체는 미국뿐 아니라 유럽과 아시아에서도 모두 동일하게 일어났다. 그해와 그다음 해까지 경제 뉴스가 더 악화되면서 유럽 국가들이 디폴트(Default, 채무불이행)에 몰릴 위험에 처하고(실제로 그렇게 되었다면 유로화의 붕괴를 가져왔을 것이다) 각종 금융 스캔들이 터지자 두 번째 신호가 나타났다. 미국 경제가 여전히 침체에서 벗어나지 못하고 있는데 주식시장이 반등하기 시작한 것이다. 미국 주식시장의 반등은 세계 최대 기술 회사들이 많이 상장되어 있는 나스닥(Nasdaq)이 이끌었다. 나스닥은 이미 그 전해인 2008년 말에 바닥을 쳤는데, 이 상승 전환은 앞으로 새로운 사이클이 올 것임을 예고하는 것이었다. 기술, 특히 새로운 기기 하나가 세상을 바꿀 것이었다.

원동력은 새 기술

마치 수행자처럼 검은색 상의을 입은 남자가 새 제품에 대한 발표를 시작했다. 두 시간 반 동안의 발표가 끝나면 세상은 다시는 예전과 같지 않을 것이었다. 그는 그것을 알고 있었다.

2년 반 동안 오늘을 기다려 왔습니다. … 이따금씩 모든 것을 바꾸는 혁신적인 제품이 세상에 나오지요. 오늘 우리는 세 가지 혁신적인 제품을 소개하려고 합니다.[3]

그것은 대담한 선언이었다. 하지만 스티브 잡스(Steve Jobs)가 옳았다. 그가 발표한 혁신적인 발명품은 화면 터치로 조작하는 아이폰(iPhone)으로, 디지털 음악 플레이어, 휴대폰, 인터넷 통신 기기 기능을 하나로 합친 것이었다. 아이폰은 새 사이클이 '시작'되기 몇 년 전에 처음 출시되었지만, 본격적으로 궤도에 오른 2012년경에는 전 세계에서 무려 10억 명에 가까운 사람들이 이미 아이폰(또는 아이폰 형상을 모방해 개발한 제품)을 소유하고 있었다. 세상은 빠른 4G 무선 표준으로 옮겨갔고 그 놀라운 위력과 효용성의 영향을 받지 않는 산업은 거의 찾아볼 수 없을 정도였다.

은행은 구제받고 국민들은 파산하고

그러나 새로운 기술의 무한한 가능성에도 불구하고, 옛 사이클이 끝나고 새로운 사이클이 시작되는 과정은 은행을 구제하고 그 비용은 국민들에게 전가하는 익숙한 길을 따랐다.

많은 나라가 이전에 볼 수 없었던 규모로 부실 은행을 다각도로 — 대출, 자본재편(Recapitalization)*, 자산 매입, 정부 보증 등 — 지원하는 대규모 구제금융 패키지를 선보였다. 미국 연방준비제도이사회

---

* 기업의 부채인 사채를 주식으로 바꿔주는 것 같은 기업의 자본 구조 변경을 말한다.

의 공식적 발표는 7조 달러였지만, 실제로는 전 세계 경제 총생산의 거의 절반인 30조 달러에 가까운 것으로 알려졌다. 영국의 지원 금융 패키지도 1조 파운드에 달했다. 물론 정치인들은 구제금융의 규모가 실제로 얼마나 되는지 관심이 없었다. 유럽은 유럽연합 차원에서 공동으로 대응할 수 없었기 때문에 국가별로 지원책이 발표되었다.[4] 아일랜드 정부는 아예 은행 부문의 부풀려진 부채를 모두 부담하겠다고 발표했다. 이는 국가 경제 규모의 7배에 달하는 금액이었다. 다른 나라들도 비슷한 조치를 취했다. 결국 유럽 전반에 걸친 대응 부족으로 유로화의 붕괴가 임박하자, 다른 중앙은행과 마찬가지로 유럽중앙은행이 개입해 은행 시스템을 구하는 데 필요한 모든 조치를 취할 것이라고 선언하는 상황에 이르렀다.[5] 은행을 구제하는 메커니즘에 대해서는 나중에 따로 살펴보겠지만, 정부의 목표는 언제나 똑같다. 은행이 신속하게 대출을 재개할 수 있도록 돕는 것이다.

위기가 어느 정도 수습되자 각국 정부는 은행 시스템을 강화하기 위한 규제 조치들을 도입하기 시작했다. 미국 정부는 금융산업, 특히 위기 상황에서 '그대로 파산시키기에는 너무 덩치가 큰'(Too big to fail) 대형 은행에 대한 감독을 강화하기 위해 2010년에 일련의 새로운 은행 규제 법안들을 통과시켰다. 곧이어 다른 나라들도 그 뒤를 따랐다. 규제의 목표는 은행의 지불준비금을 대폭 상향 조정함으로써, 이제 겨우 빠져 나온 위기에 다시 빠지는 일이 발생하지 않도록 하는 것이었다.[6] 그러나 이러한 새로운 규제는 예상치 못한 결과를 가져왔다. 은행 대출이 시장에 원활하게 공급되지 못하면서 많은 사람이 느끼고 있던 경제적 고통을 완화하지 못한 것이다. 게다가 금리를 인하했지만 금리 인하가 성장을 촉진하는 효과를 거두지 못했다. 결국 전 세계 중앙은행들은 돈이 시장에 다시 흐르게 하기 위한 새로운 도구를 내놓았다. 바로 양적완화(Quantitative easing, QE)였다.

양적완화와 마이너스 금리

미국 중앙은행 격인 연방준비제도이사회의 의장 벤 버냉키 박사는 대공황의 교훈을 신봉하는 사람이었다. 그는 1930년대 초 위기가 시작되었을 때 정부의 소극적 대응이 단지 조금 심한 경기 침체로 끝났을지도 모를 상황을 대공황 사태로 번지게 했고, 이로 인해 잇따라 발생한 사회적 정치적 사건들이 급기야 1939년의 제2차 세계대전을 초래했음을 너무나 잘 알고 있었다. 버냉키는 그런 역사가 다시 반복되게 해서는 안 된다고 생각했다.

은행들의 대출이 제한되면서 통화 공급이 줄어들자, 그는 새로운 정책을 고안했다. 은행과 다른 금융기관의 대차대조표상의 자산을 중앙은행의 준비금과 교환하는 것이었다. 사람들은 이를 파격적인 접근 방법이라고 생각했지만, 기본 원칙은 모든 부동산 사이클의 후유증에 대한 대응과 동일했다. 은행 대차대조표에서 부실 대출을 제거해 자본을 확보함으로써 은행이 대출을 재개할 수 있도록 하는 것이었다.

이 정책은 금리에 큰 영향을 미쳤다. 단기 금리는 이미 사상 최저치를 기록하고 있었고 이는 장기 금리를 낮추는 데 도움이 되었다. 심지어 금리가 마이너스까지 내려간 곳도 있었다. 투자자들이 원자재와 부동산 같은 보다 위험한 자산을 선호하면서 채권에서 손을 떼기 시작했다.[7] 이른바 '수익률 사냥'이 시작된 것이다.

2010년 이후, 전 세계 대부분의 주요 도시에서 부동산 가격이 회복되기 시작했다. 그러면서 은행에도 숨통이 트이기 시작했다. 은행들은 이 틈을 타 2000년대 초반 호황기에 발생했던 모든 부실 대출을 조용히 떠넘기고 있었다. 월가의 '벌처 펀드'(Vulture fund)*는 엄청난 규모의 유럽 부동산과 주택, 사무실, 호텔, 골프장 등을 헐값에 사들였다.[8] 미국은 값싼 땅에 몰리는 외국 투자자들의 타깃이 되었다. 금리를 인하하고 은행 시스템에 유동성을 공급하는 정부의 신속한 조치로 인해 많은 국가의 부동산 가격이 빠르게 회복되었다.

그러나 일반 국민들은 그렇게 운이 좋지 않았다. 자산 가격은 회복되고 있었지만 실물경제는 그렇지 않았다. 그다음에 일어난 일은 상

---

* 부실 자산을 싼값에 사서 가치를 올린 뒤 되팔아 차익을 내는 것을 목적으로 하는 펀드이다.

황을 훨씬 더 악화시켰다. 은행권에 대한 정부의 구제금융 규모는 엄청났다. 지금까지는 경제 규모(국내총생산(GDP)으로 측정되는) 대비 공공부채가 일정 수준에 도달하면 정부는 막대한 차입비용에 직면하기 때문에 공공 지출을 줄일 수밖에 없다는 것이 정설이었다(일부 의심스러운 분석이 있긴 하지만).[9]

하지만 우리는 곧 공공 지출에 대한 이러한 관점이 왜 틀렸는지 알게 될 것이다.

2010년 이후, 서방 국가들은 공공 서비스를 크게 줄여야 한다고 주장했다. 정부의 이런 태도가 경제 성장의 발목을 잡았다. 결과적으로 어려운 시기에 일자리를 잃었을 가능성이 가장 높고, 주가와 부동산 가격이 반등했음에도 불구하고 그 혜택에서 제외된, 무자산가 노동계급이 가장 큰 피해자가 되었다. 이후, 예상대로 경제적 불평등이 급격하게 증가했다. 이 역시 '은행가들은 구제받고 일반 국민들은 파산한다.'는 사이클의 공통적 패턴이었다.

그것은 국민들의 큰 분노를 불러일으켰다.

사기꾼, 협잡꾼… 그리고 폭동

새로운 주기가 시작되자, 이전 호황기에 수없이 많은 사기꾼이 활개 쳤다는 것이 분명해지면서 국민들의 분노가 더욱 커졌다. 위기가 닥칠 때면 늘 그랬듯이 일련의 스캔들이 일어나 '조류가 물러가면 누

가 발가벗고 수영했는지 알 수 있다.'라는 워런 버핏(Warren Buffett)이
흔히 인용하는 농담을 실감 나게 만든다.

앞선 호황기 동안 벌어진 사기들이 낱낱이 드러나기 시작했다.
2008년 말, 버니 매도프(Bernie Madoff)가 운영한 약 500억 달러 규모
의 사상 최대 규모의 폰지 사기가 폭로되면서 세계는 이미 충격을 받
은 상태였다.[10] 그 외에도 많은 사기가 드러났다. 신용평가기관들은
자신들이 평가하는 상품을 생산하는 회사에 재정적으로 의존하고 있
었고, 더 이상 그 회사들의 위험을 냉정하고 적절하게 평가할 능력이
없는 것으로 나타났다. 수수료를 벌기 위해 어떻게 해서든 대출을 해
주는 데 눈이 어두웠던 담보(이하 모기지) 대출기관들은 돈을 빌리려
는 사람의 소득과 자산은 과대평가하고 부채는 무시했다. 은행가들
도 서로 간에 돈을 빌려주면서 적용하는 금리를 보고할 때 정직하지
않았다. 런던의 주요 은행들 간에 단기 자금을 조달하는 이자율을 리
보(LIBOR, London Inter-bank Offered Rate)라고 하는데, 이 LIBOR가 약
350조 달러에 달하는 파생상품 계약, 모기지, 미국 학자금 대출 가격
(이자)을 책정하는 데 사용되었다. 지난 20년 동안 은행들은 아무런
규제 감독 없이 금리를 조작해 실제보다 신용도를 높이거나 LIBOR
관련 거래에서 이익을 취한 것으로 나타났다. 은행들의 부실 의혹이
계속 제기됐지만, 이에 대한 제동을 걸 여유도 없이 위기가 닥치면서
2012년 벽두부터 스캔들이 터져 나왔다. 국민의 신뢰를 저버리는 행

위는 끝이 날 것 같지 않았다.

은행들의 모기지 사기 전모가 밝혀지면서, 은행들이 규제 당국에 낸 벌금이 전 세계적으로 3210억 달러(430조 원)에 달하는 것으로 드러났다.[11] 그러나 이런 사기 행위에도 불구하고 범죄 혐의로 투옥된 은행가는 극소수에 불과했다. 그들에 대한 미진한 처벌은 국민들을 더욱 분노하게 만들었다.

사회적으로 소외된 사람들이 겪는 불안을 생각하면, 경기 침체는 그야말로 절망의 시기다. 아일랜드의 청년 실업률은 30퍼센트에 달했다. 그러나 이는 전체 젊은이의 거의 절반이 실직 상태였던 스페인이나 그리스에 비하면 그나마 나은 상태였다. 은행과 자산 소유자에 대한 구제금융이 이루어지면서 정작 생계가 위험한 사람들에게는 아무런 혜택이 돌아가지 않는 것에 대한 분노는 합당했다. 이런 분노가 전 세계 여러 도시의 거리로 퍼져 나갔다. 원자재 가격의 상승은 2011년 중동에서 발생한 일련의 반정부 시위인 '아랍의 봄'을 촉발시켰다. 2011년 8월 4일, 런던 북부에서 마크 더건(Mark Duggan)이라는 흑인 청년이 경찰이 쏜 총에 맞아 죽는 사건이 발생하자 런던에서 일어난 시위는 곧 영국 전역으로 확산되었다. 뉴욕에서는 경제적 불평등에 항의하기 위해 '월가를 점령하라'(Occupy Wall Street)라는 시위가 일어났다(이들의 구호는 "우리는 상위 1퍼센트의 특권층으로부터 소외된 99퍼센트다."였다). 스페인에서는 300만 명의 시민들이 거리로 뛰쳐나

왔고, 2011년 6월 아테네에서 시민들의 시위는 폭력적으로 변했다.[12]

시장이 길을 가리키다

그러나 시장들, 특히 미국의 시장은 이 소식을 대수롭지 않게 생각했다. 유럽에서는 유로화와 관련된 문제로 2011년 7월부터 9월 사이에 시장에서 급격한 매도세가 발생했지만, 곧 다시 반등했다. 미국의 다우존스 산업평균지수는 2013년 3월 15일에 사상 최고치를 경신했다. 2007년 10월 11일 정점에 도달한 지 5년 5개월 만이었다.

같은 달, 금 가격이 폭락하면서 금융 시스템 붕괴에 대한 두려움이 근거가 없다는 것이 명백해졌다. 한때 부동산 폭락에 정확하게 베팅해 수십억 달러를 벌어들인 것으로 유명해진 세계 최고의 헤지펀드 매니저 존 폴슨(John Paulson)은 아이러니하게도 이 시기에 부동산 가격 회복을 예상하지 못하고 이틀 만에 거의 10억 달러의 손실을 입었다.[13] 이것이 바로 18년 주기를 보지 못한 투자자들이 겪는 시련과 고난이다. 시장은 무슨 일이 일어나고 있는지 확신하고 있었다. 금융 시스템은 여전히 굳건했고 새로운 주기가 시작되고 있다는 것을. 그리고 회복 속도를 고려할 때, 시장은 회복세가 꽤 클 것임을 암시하고 있었다.

사이클의 '시작' 분석

1. 새로운 사이클은 소리 없이 시작된다

이전 호황의 절정기에서 약 4년이 지난 후, 침체의 깊숙한 바닥에서 새로운 주기가 시작된다. 그러나 이 시작을 보는 사람은 거의 없다. 금융 버블, 투기 열풍, 공황을 다루는 책들에는 부의 창출과 손실, 협잡꾼과 사기꾼, 사치스러운 부의 과시, 비이성적 과열(또는 억제되지 않는 야성적 충동)에 대한 이야기로 가득 차 있다.[14] 그런 이야기들은 모두 사이클의 마지막 단계에서 나오는 이야기들이다. 반면 새로운 사이클의 시작은 눈에 잘 띄지도 않고 더 어려운 시기에 발생하기 때문에, 사이클의 '시작'에 대해 설명하는 사람은 거의 없다. 그렇기에 새로운 사이클이 언제, 어떻게 일어나는지에 대한 가이드도 찾아보기 힘들다.

적어도 지난 세기 동안 미국 경제는 1907년, 1933년(1939년에 제2차 세계대전 발발로 주기가 중단되었지만), 전후 재건이 완료된 1950년대, 그리고 1974년, 1992년, 2011년에 새로운 사이클이 시작되었다. 세계의 부동산은 이 주기에 따라 움직였다. 이전 사이클에서 새로운 사이클로의 전환은 하나의 과정이었다. 물론 다음에 언급하는 요인들 중 일부는 새 사이클 시작 전에 나타날 수도 있다(특히 주식시장의 하락). 그러나 새 주기의 시작은 땅값이 최저점에 이르렀을 때 분명하게 도

래했다. 이는 일반적으로 이전 주기의 절정기로부터 약 4년 후다.[15]

2. 은행 문제가 완화되고 새로운 규제가 시행된다

주기가 제대로 진행되려면 은행 시스템의 문제가 해결되어 은행이
다시 대출을 해줄 수 있는 상황이 되어야 한다. 그러려면 악성 부채
문제가 해결되어야 한다. 이 문제가 해결되는 데 시간이 오래 걸릴
수록 이전 사이클의 위기가 더 길어진다(이런 현상이 유로존 국가에서는
2008년 이후에 발견되었고, 일본은 1990년 사이클의 절정기 이후에 발견되었다).
결국 다음 위기를 막기 위해 새로운 은행 규제가 시행되었고 당시 정
부 당국은 새로운 규제가 은행 문제를 해결해 줄 것이라고 믿었다.[16]
그러나 새로운 규제는 기업이 신용 대출을 받는 것을 더 어렵게 만듦
으로써 회복을 지연시켰다. 앞으로 살펴보겠지만, 사이클이 호황의
절정에 도달할 때 이런 규제는 위기를 막지 못한다. 은행 신용 대출
이 기업이 아닌 토지시장으로 몰리게 되고, 이것이 호황과 불황의 원
인이 된다는 것을 아무도 보지 못한다.

3. 정부 부양책으로 경제가 활기를 되찾는다

은행에 대한 새로운 규제와 함께 정부는 경제를 다시 활성화하기
위해 대규모 부양 조치를 도입한다. 여기에는 일반적으로 신용 대출
의 수요를 높이기 위한 금리 인하, 세금 감면, 세금 우대 같은 조치들

이 포함된다. 또한 정부는 자체 프로젝트에 대한 지출을 늘려 경제 활동을 활성화하려고 시도할 수도 있다.

이런 조치들은 결국 토지 가격을 부추긴다(그 이유는 다음 장에서 명확하게 설명할 것이다). 2008년 이후 유럽 경제에서 목격한 것처럼, 위기에 대응하여 긴축 조치를 선택한 정부들은 경제를 더 긴 침체에 빠트렸다. 민간 부문 중 어느 부분이 가장 빨리 회복되는지는 시행된 부양책의 성격에 따라 달라진다.[17]

4. 새로운 사이클 시작의 원동력은 새로운 기술이다

주의 깊게 관찰하는 사람들은 변화를 알아차릴 것이다. 버락 오바마 대통령은 취임사에서 (마치 이 장의 첫머리에서 인용한 간(W. D. Gann)의 관찰에 호응이라도 하듯) 다음과 같이 말하면서 변화를 예고했다.

우리 경제 상황에서는 대담하고 신속한 조치가 필요합니다. 우리는 새로운 일자리를 창출할 뿐만 아니라 성장을 위한 새로운 기반을 마련하기 위한 조치를 취할 것입니다. 우리의 상업을 지원하고 우리를 하나로 묶는 도로와 교량, 전력망과 디지털 회선을 건설할 것입니다. 과학을 올바른 위치로 복원하고 놀라운 기술을 활용해 의료 품질을 높이고 비용을 낮출 것입니다. 태양과 바람, 토양을 활용해 자동차에 연료를 공급하고 공장을 가동할 것입니다. 새로운 시대의 요구에 부응하기 위해 학교와 대학을 변화시킬 것입니다.

모든 새로운 주기는 경제를 근본적으로 재편하는 새로운 투자와 신기술로 시작된다. 최근의 주기는 다음과 같은 기술들에서 동력을 얻었다.

- 스마트폰과 4G(2007년 이후)
- 월드와이드웹과 넷스케이프(1993년)
- 개인용 컴퓨터(1977년)
- 주간(州間) 고속도로, 교외 개념의 탄생, 항공 기술(1950년대 후반)
- 모델 T(1908년)
- 전기(1881년)
- 철도(1830년대)

5. 새로운 지도자가 등장한다

정치와 경제 부문에서는 항상 새로운 세대의 리더가 등장하면서 변화의 약속이 수반되었다. 클린턴/블레어의 '제3의 길'(1993/1997), 대처/레이건의 '신통화주의'(1979/1981), 루스벨트의 뉴딜 정책(1933)이 바로 좋은 예다.[18] 이 약속들은 의심할 바 없이 진심으로 이루어진 것이며, 어떤 면에서는 위기를 초래한 이전 경제 패러다임의 실패에 대한 자연스러운 대응이기도 하다. 그러나 어떤 새로운 리더도 18년 주기에 대한 지식을 직접 보여준 적은 없다. 다만 자신들의 아이디어를 구현하면서 시스템을 있는 그대로 따랐을 뿐이다.

6. 수익률 곡선이 가팔라진다

금리 인하로 인해 수익률 곡선(Yield curve)*은 눈에 띄게 가팔라진다. 이런 상황이 오면 새 주기의 시작이 머지않았다는 신호다. 이런 상황은 은행이 저렴한 단기 자금에 접근할 수 있도록 도와줌으로써 자본 확충을 돕는다. 가파른 수익률 곡선은 경제가 그 이상으로 움직이고 있다는 신호다.

7. 주식시장이 먼저 바닥을 친다

현명한 투자자들은 주식시장을 살펴보고 바닥이 다가오고 있는지 확인해야 한다. 주식시장은 현재의 뉴스보다 먼저 미래를 내다보는 디스카운팅 메커니즘(Discounting mechanism)이다. 따라서 이전 주기가 끝 무렵이다 싶으면 항상 주식시장이 저점에 있는지를 먼저 확인해 보아야 한다. 하지만 지금이 저점이라는 것을 어떻게 알 수 있을

---

* 채권의 수익률(이자율)을 만기가 짧은 채권부터 장기채권 순으로 나열하여 연결한 곡선을 말한다.

까? 2010년의 사례에서 볼 수 있듯이 저점이 높아지는 상황(Higher low)에서 나쁜 소식이 들리면 그때가 바로 저점이다(그래프 4 참조). 1908년, 1933년, 1975년(그리고 1978년), 1991년에도 이전 주기의 저점에서 같은 일이 일어났다.

그래프 4. 다우존스 산업평균지수, 2007~2012년

출처: Optuma (출처 자료에 저자의 의견을 더함)

8. 임대료가 오르기 시작하고, 주거용 부동산이 회복된다

또 다른 징후는 토지시장에서 찾을 수 있다. 높은 실업률로 인해 경제가 위축되면 부동산 가격이 하락하고 문을 닫은 가게, 텅 빈 시내, 반쯤 짓다가 멈춘 건물로 인해 도시 경관이 황폐해진다. 그런데 역설

적이게도 임대료가 오르기 시작한다. 앞에서 언급한 대로 새로운 개발을 활성화시키는 등의 경기 부양 조치가 효과를 발휘하기 시작한다. 새로운 기업들이 생겨나고 일자리를 찾아 사람들이 이동하면서 (대개는 농촌에서 도시로, 또는 국경을 넘어 다른 나라로) 공간 임대에 대한 새로운 수요가 창출된다.[19]

주거용 부동산이 상업용 부동산보다 먼저 회복된다. 새로운 일자리를 얻기 위해 사람들이 이주하는 지역의 주택 부족이 주택 가격과 임대료를 부추긴다. 상업용 부동산은 경제 성장과 더 밀접하게 연관되어 있으므로, 회복하는 데 시간이 좀 더 오래 걸린다. 이전의 불황이 상업 공간의 과잉을 가져왔기 때문에 이를 흡수하는 데 시간이 걸리기 때문이다.[20]

....

이제 부동산시장은 안정되었고 일부 지역에서는 회복되고 있다. 이전 주기는 끝나고 역사 속으로 들어갔으며, 새로운 주기가 시작되었다. 토지 가격은 지금의 바닥에서 앞으로 14년 동안 상승할 것이다. 도중에 잠시 정체기가 있을지라도 큰 붕괴는 없을 것이다. 이 한 가지만 알아도 당신의 전체 재정을 안정화하는 기초를 만들 수 있다. 이 지식을 잘 깨닫고 그 중요성을 이해하면 당신은 남보다 돈을 더

벌 수 있다.

우리 경제에 토지가 왜 그렇게 중요한가? 토지 가격의 회복이 왜 새로운 사이클의 시작을 알리는 신호인가? 그 주기가 어느 특정한 곳뿐만이 아니라 모든 곳에 똑같이 적용될 수 있는가? 이는 우리가 18년의 여정을 계속하기 전에 생각해 봐야 할 중요한 질문들이다. 그리고 다음 장의 주제이기도 하다.

매입하기 가장 좋은 시기

- 단계: 시작
- 대략적인 시기: 1~2년 차
- 지배적인 감정: 부정적 감정

감정 관리하기

부정적 감정이 지배적이다. 나쁜 소식이 끊임없이 흘러나오기 때문에 상황이 바뀔 수도 있다고 믿는 사람은 거의 없다. 이전 주기가 끝나고 새 주기가 시작되어도 이런 두려움이 투자자들을 여전히 붙잡고 놓아주지 않는다. 이 단계에서 감정 관리의 핵심은 불필요한 소문을 차단하고 이 책이 주는 교훈을 잘 배우는 것이다. 이 책이 주기가 바뀌는 시점에서 가져야 할 가장 중요한 감정, 즉 자신감을 선물해 줄 것이다. 앞으로 긴 확장이 올 것이다. 당신은 그에 맞는 행동을 할 준비가 되어 있어야 한다.[21]

투자 관리하기

지금이 주식과 부동산을 매입하기에 가장 좋은 단계다. 가격은 최저치 수준에 와 있고 경제는 새로운 주기로 이동하고 있다. 당신 앞에는 14년 동안 지속될 경제 확장이 기다리고 있다. 사이클 중반에 잠시의 경기 침체가 있을 뿐이다.

지금이야말로 매입할 시기다.[22]

1. 강세주, 특히 미국 시장의 기술주를 매수하라

주식시장은 호황과 불황을 거치는 시기에 부동산 사이클을 따른다. 주식시장은 회사 수익 회복에 대한 기대감으로 새 주기 시작 전에 바닥을 찍는 경우가 많다. 이를 일찍 알아차린 투자자는 실제로 큰 부를 얻는다. 18년 주기를 당신의 투자 지침으로 삼으라.

회사들의 수익 회복 시기는 대개 새 주기의 시작(그리고 사이클 중반에 잠시 발생하는 침체 이후)에 발생한다.[23] 주기 시작부터 절정기에 이르기까지 주식시장은 평균 450퍼센트 상승한다. 주기 시작부터 사이클 중반의 정점까지만 해도 평균 이득은 233퍼센트에 달한다.[24]

a. 주식 투자자들은 시장이 '매우 좋은 해'를 최대한 활용할 줄 알아야 한다. '매우 좋은 해'란 12개월 동안 시장 상승률이 35퍼센트가 넘는 해를 말한다. 그런 해는 대개, 시장이 크게 하락하는 상황에서 정부가 부양책 모드를 취하면서 금융 시스템에 막대한 양의 유동성을 쏟아붓는 시기에 발생한다. 이런 상황에서는 실물경제보다 금융시장이 반드시 더 좋은

결과를 낳기 마련이다.[25] 이것이 바로 새 주기의 시작 즈음에 발생하는 상황이다.

b. 미국 시장의 주식을 매수하라. 오늘날에는 미국 경제가 세계 경제 사이클의 오르내림을 주도하기 때문이다. 그러나 현재 시점에서는 리플레이션(Reflation)* 모드에 있는 모든 경제 지수를 매수하는 것도 좋다. 새 주기의 시작 시기에 매수하는 것에 대해 확신이 서지 않는다면, 주식시장의 첫 상승 저점(Higher low)에서 매수해도 좋다.

c. 기술주를 매수하라. 기술주들은 경제를 새로운 주기로 이끌고 주기의 전반기 동안 더 큰 폭으로 상승하기 때문에, 더 넓은 시장 지수가 나오기 몇 달 전에 바닥에 도달하는 경향이 있다. 예를 들어 기술 중심의 나스닥 지수가 다우존스 산업평균지수보다 더 좋은 성과를 냈으며, 특히 주기의 후반기보다 전반기에 더 큰 상승률을 기록했다(그래프 5 참조: 기술주는 1981년, 2000년, 2021년에 시장 정점의 전반기에 상대적인 강세를 보였고, 1976년, 1991년, 2009년에는 새 주기가 시작되기 전 상대적 약세를 보이며 저점을 기록했다).

---

* 디플레이션을 겪고 있는 불황기에 나타나는 경기 회복 및 부양 목적의 통화 재팽창을 의미한다.

그래프 5. 다우존스 산업평균지수 대비 나스닥100지수의 상승률, 1971~2022년

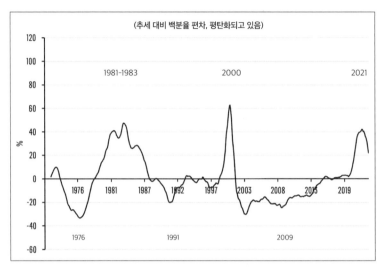

출처: 저자의 자체 연구 데이터

d. 강세주를 매수하라. 강세주는 이전 주기의 붕괴에서 상대적으로 가장 적게 하락하며 더 넓은 시장 지수보다 먼저 저점에 도달한다. 이는 시장의 나머지 다른 주식들보다 강세주의 매도 압력이 낮고 구매력은 더 크다는 것을 나타낸다.[26]

e. 은행주처럼 이전 절정기 동안 거래된 가격보다 더 낮게 떨어진 주식은 사지 마라. 가장 많이 떨어진 주식들은 다 그럴만한 이유가 있다.

2. 양질의 부동산을 매입하라

우울한 소식과 부동산시장의 침체 상황에도 불구하고 지금이 투자하기에 가장 좋은 시기다. 경매 매물이 쏟아져 나오는데 사려는 사람은 상대적으로 적기 때문에 좋은 거래가 가능하다.

a. 도심이나 도심에서 가까운 곳의 위치 좋은 주거용 부동산을 구입하라. 주거용 부동산이 부동산시장에서 가장 먼저 회복될 것이다. 지금이 부동산 매입의 적기다. 새 주기의 첫 번째 특징 중 하나가 임대료가 증가하면서 수익률이 올라가는 것이기 때문이다. 우리의 삶이 점점 더 온라인으로 이동하고 더 많은 활동이 메타버스에서 거래됨에 따라 다음 주기에는 가상 부동산에서도 이런 역동성을 보게 될 것이다.[27]

b. 개발 가능성이 있는 부동산(예: 현대적으로 재건축하거나, 방이나 층을 확장해 건평이 더 넓어질 수 있는 부동산)을 매입하라. 새 주기가 진행됨에 따라 토지 가격의 상승과 건물의 확장 개선 모두에서 수익이 발생할 것이다. 사람들의 이주가 몰리는 지역, 새로운 인프라가 건설되는 지역, 그런 개발 지역에 인접한 지역의 부동산을 매입하는 경우 그 이득은 훨씬 더 커질 것이다.[28]

c. 아직 이자율이 충분히 낮으므로, 가능하면 부동산 구입 자금을 대출받는 것이 좋다. 단, 이 단계에서는 은행이 부동산 대출을 줄일 수 있으므

로 당신의 예금이나 현금을 사용해야 할 수도 있다(그렇기 때문에 이 단계에

대한 사전 준비가 중요하다고 강조한 것이다). 확장되는 도시의 외곽 지역(또는

도시 중요 지역의 외곽)에 있는 땅을 매입하라.

d. 자금에 여유가 있고 길게 보는 투자자들은, 도시 외곽에 있는 토지를 지
   금 구입해 놓고 도시가 확장될 때까지 보유하라.[29]

e. 저렴한 상업용 임대 건물을 매입하라. 아직까지 이전 위기의 불황 속에
   서 사업 여건이 침체되어 있는 경우가 많기 때문에 상업용 부동산의 가
   치는 여전히 낮은 수준에 있다. 그러나 어려운 시기를 이겨낸 많은 기업
   들은 이전 호황기의 높은 임대료를 지불할 수 있을 정도로 회복될 것이
   다. 이는 상업용 임대 건물이 수익성 높은 부동산이 될 수 있다는 것을
   의미한다.

3. 여유 있는 기업은 사업을 확장해야 한다

어느 정도 현금 보유고가 있는 기업은 유기적으로 확장하거나 다른 기업을
인수할 수 있는 자원이 있으므로 회복기의 이점을 최대한 활용해야 한다.

불로소득과 경제지대의 법칙

물적 자원 중에서 가장 가치 있는 것은 두말할 나위 없이 토지다. 사회가 토지를 어떻게 사용하는지 연구하면, 그 사회의 미래가 어떻게 될지에 대한 믿을 만한 결론에 도달할 수 있다.

_E. F. 슈마허, 《작은 것이 아름답다》에서

경제 사이클에 토지가 왜 그렇게 중요한지를 이해하기 위해 사고 (思考) 실험을 해보려고 한다. 부동산 붐이 일어날 수 없는 나라가 있다고 가정하자. 이 실험에서 뭔가 중요한 것을 밝혀내려면, 이 나라에는 사람들이 물건을 사고팔 수 있고, 살 곳과 일할 곳을 찾아다닐 수 있는 친숙한 시장 경제가 있어야 한다. 그렇지 않다면 부동산에 투기할 만한 이점을 전혀 공유할 수 없고, 투기가 없다면 사이클도 일어나지 않을 테니까 말이다.

각 사이클의 부동산 붐에는 재정적 과잉이 수반되는 것이 일반적이지만, 이 실험에서 이 나라는 대부분의 사람이 빈곤 속에 살고 있는 가난한 나라로 상정하자. 이 나라에서는 이런 상황이 개선될 가능성이 거의 없어 경제도 거의 성장하지 않고, 임금도 오르지 않고, 창업도 어려울 것이다. 정치적 리더십은 어떨까? 만일 선견지명이 있는 관리들이 있다면 이 불쌍한 나라의 미래를 바꾸기 위해 현명한 투자를 할 수 있을지도 모르지만, 이 실험에서는 국민들에게 그런 이익을 베풀 능력이 거의 없는 역기능적이고 부패한 정부라고 가정하자.

물론 이런 비참한 상황에서 벗어날 수 있는 한 가지 방법은 광물과 에너지 같은 자연의 선물을 이용하는 것이다. 이런 자원이 있다면 엄청난 투자의 기회를 만들어 낼 수도 있다. 맞는 말이다. 그러므로 이 나라에는 그런 천연자원도 없고 땅덩어리도 작아서 미래에 그런 일이 일어날 가능성은 거의 없는 것으로 하자. 또 인구가 많으면 외국인 투자가 유입되어 현지 시장에 도움이 될 수도 있으므로, 인구도 적은 나라라고 하자.

또한 입지 조건도 특별히 내세울 것이 없어, 가까운 시일 내에 부동산시장에서 투기의 불이 일어날 가능성도 없다.

상황을 더욱 불리하게 만들어 보자. 여기에 갈등까지 주입하는 것이다. 이 나라는 강대국과 이웃해 있어 수시로 공격을 받고 있다고 가정하자. 단, 나라가 사라질 정도의 전쟁은 아니고(이 나라 국민 모두가 곧 죽게 된다면 이 실험이 무슨 의미가 있겠는가?), 폭격으로 나라 기반시설이 광범위한 피해를 입고 가혹한 경제 제재를 받는 정도의 고통이라고 하자. 이런 상황에서 이 나라에 장기적인 투자와 건설을 가져올 유인책은 무엇일까?

지금까지 이 불행한 나라의 문제들을 장황하게 설명했다.

자, 100명의 사람에게 "인구도 적고, 마땅한 천연자원도 없는 작은 나라, 국민 전체가 빈곤하고, 저성장에, 약한 정부, 게다가 이웃 나라와의 분쟁으로 황폐해진 이 나라에서 과연 부동산 붐이 일어날 수 있을까요?"라고 묻는다면, 그들 중 대부분이 잠시 생각해 본 후에 이렇게 대답할 것이다. "아니요. 그런 나라는, 그런 상황에 빠진 나라에서는 결코 부동산 붐이 일어날 것 같지 않군요."

그런데 여기에 반전이 있다.

우리는 이 사고 실험에서 부동산 붐이 일어날 가능성을 최소화하기 위해 이 비참한 나라에 온갖 문제들을 부여했다. 하지만 위에서 언급한 모든 상황은 2012년경 요르단강 서안 지구(West Bank)와 가자 지구(Gaza)가 직면한 실제 상황이었다. 수시로 일어나는 전쟁과 점령 등 이 지역에는 많은 어려움이 있었다. 그럼에도 불구하고 경제학의 기본 법칙은 비록 잘 작동하지는 않았지만 꾸준히 작동했고, 마침내 부동산 붐을 경험했다.[1]

이 법칙이 어떻게 작동하는지 이해하면, 우리에게 부동산 사이클이 중요한 이유를 이해할 수 있을 것이다.

이를 좀 더 명확하게 보기 위해서, 아마도 세계에서 가장 있을 것 같지 않은 부동산 재벌에 대한 이야기부터 시작해 보자.

세상에서 가장 있을 것 같지 않은 부동산 재벌[2]

나다(Nada)는 이집트 국경과 맞닿아 있는 가자 남부 지역의 가족 농장에서 온종일 일하며 사는 사람이었다. 그의 소유물이라고는 몇 마리의 동물과 결코 값나갈 것 같지 않은 농장 땅 한 모퉁이가 전부였다. 그는 힘든 삶을 살고 있었다. 농장에서 나오는 수확량 가지고는 담배를 살 여유도 없었다. 그러나 운명은 그에게 더 많은 것을 준비해 두고 있었다.

앞으로 그에게 부가, 말 그대로 하늘에서, 그리고 전혀 의도치 않은 이스라엘 군대로부터 떨어질 것이었다. 2008년에 처음으로 이 지역에 폭격이 시작되었고, 2012년에 다시 폭격이 이루어졌다. 그로 인한 경제 봉쇄로 인해 많은 물품이 불법 밀수로 거래되었다. 사람들은 자원을 계속 확보하기 위해(불법 밀수를 계속하기 위해) 공습이 일어나는 곳에서 멀리 떨어진 국경 지역에 우호적인 이집트로 가는 지하 터널을 뚫었다. 그 터널 중 하나의 통로로 가기 위해서는 나다의 땅을 지나야 했다.

　나다는 농부 일을 그만두고 터널에 대한 접근권을 임대하기 시작했다. 그 터널은 비록 정교한 구조는 아니었지만 중요한 물품의 흐름을 원활하게 하기에는 충분한 역할을 했다. 지역 상품의 상당 부분이 이 터널을 통해 들어왔으며, 나다는 상품 통과를 위해 자신의 땅이 사용되는 것에 대해 임대료를 징수했다. 이제 임대주가 된 이 가난한 농부는 곧 백만장자가 되었다.

　가치가 높아진 것은 나다의 땅만이 아니었다. 계속되는 폭격 작전이 이스라엘 국경 근처에서 발생하면서 많은 사람이 더 안전한 지역으로 이동하기 시작했다. 그들의 이주가 몰린 지역은 당연히 새로운 수요로 인해 부동산 임대료가 급등했다. 그 지역의 토지와 부동산 소유자는 굴러 들어온 횡재를 경험했다.

　가자 지구에는 또 다른 인물 아흐메드(Ahmed)가 살고 있었다. 이제 그의 삶과 나다의 삶을 비교해 보자. 경제적으로 위태로운 농부의 삶과는 달리 아흐메드는 경찰관이라는 안정적인 직업 덕분에 비교적 부유한 편이었다. 그는 아내와 함께 자녀를 키울 수 있는 좋은 동네에 집을 소유하려는 꿈을 가지고 있었다. 그러나 그럴만한 곳을 찾기 시작했을 때, 부동산 가격이 급격히 오르고 있다는 것을 알게 되었다. 그는 좋은 직업을 갖고 있었지만 그의 임금은 부동산 가격의 상승 속도만큼 오르지 않았다. 매주 헛걸음질만 계속 반복되면서 그의 예산에 맞는 부동산은 점점 더 작아졌다. 그와 그의 아내는 많은 젊은 부부들이 첫 집을 구입할 때 직면하는 절박한 선택, 즉 좋은 동네에 살기 위해서 공간을 희생하는(더 작은 집을 사야 하는) 절박한 선택에 직면할 수밖에 없었다.

가자 지구에 살던 또 한 사람, 부유한 사업가 하템(Hatem)에게는 또 다른 방식으로 어려움이 찾아왔다. 그는 오랫동안 이스라엘과 좋은 관계를 맺고 있던 경제 단체의 회원이었다. 전쟁 전에 그는 전기 설비를 수입하는 사업으로 꽤 많은 재산을 모았다. 하지만 이제 그의 회사는 터널을 통해 상품을 밀수입하는 상인들과 치열한 경쟁을 벌이게 되었다. 예전에 그는 나다보다 수백 배는 더 부유했다. 그러나 더는 그렇지 않았다. 그의 사업 이익이 크게 떨어졌기 때문이다. 바뀐 상황에서 돈을 버는 곳은 부동산 투기시장이었다. 부동산 가격의 급등은 신규 주택 건설 붐으로 이어졌다. 시장은 더 높은 가격에 적응했고, 호황이 왔지만 가격은 다시 낮아지지 않았다. 시장이 새로운 공급을 모두 흡수하면서 일시적인 소강상태가 발생한 것 이외에 부동산 가격은 꿈적도 하지 않았다.

이 세 사람(땅을 가진 자, 숙련된 임금 소득자, 성공한 사업가)의 결과는 매우 대조적이었다. 첫 번째 사람은 단지 좋은 위치에 토지를 소유하고 있었다는 것만으로 엄청난 부자가 되었다. 두 번째 사람은 사람들이 존경할 만한 직업을 가지고 열심히 일했음에도 불구하고 치솟는 부동산 가격을 따라잡을 수 없었다. 나다가 부자가 된 경위는 구체적으로 알 수 있지만, 땅을 가진 자가 횡재를 거두는 동안 근면한 노동자와 사업가가 뒤처지게 되는 과정은 그리 구체적이지 않다. 하지만 우리는 실제로 새로운 사이클의 첫 단계에서 이미 그런 일이 벌어지고 있음을 보았다. 경제가 침체에 빠졌지만 사람들은 일자리를 찾아 계속 이동했다. 이는 부동산시장의 회복과 임대료 상승으로 이어졌다. 이런 역동성은 바로 우리 경제의 중심에서 작동하는 토지의 독특한 특성으로 인해 발생한다.

우리 모두는 땅이 필요하지만 땅은 제한되어 있다

마크 트웨인(Mark Twain)은 "땅을 사 놓아라. 땅은 더 이상 생겨나지 않는다."라고 말했다. 우리는 모두 살고 일하기 위해 약간의 땅이 필요한데 우리가 살 땅은 제한되어 있다.

물론 절대적인 의미에서 토지가 부족하다는 말은 아니다. 우리가 사는 세상은 광대하다. 하지만 사람들이 정착하고 싶은 지역의 토지는 제한되어 있다. 우리 경제는 복잡하고 협력적이다. 우리는 함께 모여서 노동을 나누어 물건을 생산하고 교환한다. 그런데 이런 일은 특정 위치에서 발생하며, 그곳은 토지의 양이 제한되어 있는 곳이다.

토지의 특성은 생산할 수 없다는 것이다. 어느 지역의 토지가 모두 점유되어 있는데 여전히 수요가 있다면, 그 토지를 사거나 다른 위치에 있는 유사한 토지를 찾기 위해 더 큰 비용을 치러야 한다. 위치가 좋은 곳은 직원, 공급자, 고객에게 접근하기가 쉽다. 그에 비해 위치가 덜 좋은 곳은 이런 접근성이 떨어질 것이다. 그러므로 어느 토지는 다른 토지와 동일하지 않다. 토지는 위치에 따라 그 품질이 크게 달라질 수 있다.

최고 위치의 품질과 최악 위치의 품질 차이는 우리 경제에서 누가 부자가 되고 누구는 그렇게 되지 못하는지를 결정하는 중요한 역학으로 이어진다. 다음 단락에서 그 예를 살펴보도록 하자.

경제지대의 법칙: 입지적 가치

1991년, 영국의 사회적 기업가 존 버드(John Bird)는 〈빅 이슈〉(The Big Issue)라는 잡지를 창간하면서 1990년대 출판업계에 돌풍을 일으켰다. '우리는 (구걸을 위해) 손을 내밀지 않고 (잡지 판매를 위해) 손을 들어 올립니다.'라는 모토를 지닌 이 잡지의 시장 진출 경로는 매우 독특했다. 노숙자나 집을 잃을 위험에 처한 사람들이 거리의 고객에게 잡지를 직접 판매하는 것이다. 존 버드가 이런 방식을 택한 것은 사회의 소외된 사람들에게 의미 있는 일자리를 제공하기 위해서였다. 연예인과 정치인들도 열성적으로 이 잡지에 대한 지지에 나섰다. 예를 들어, 팝 아이콘인 조지 마이클(George Michael)은 6년 만의 인터뷰를 이 잡지와 단독으로 가졌다. 출시 이후 30년 동안 〈빅 이슈〉를 판매하는 사람들은 전 세계 여러 도시의 번화가에서 눈에 띄는 존재가 되었다.

이 계획은 경제적으로 어려움을 겪고 있는 사람들에게 일자리를 제공한다는 점에서 의심할 여지없이 훌륭했지만, 회사는 곧 문제점을 발견했다. 회사는 고객을 두고 직접 경쟁하지 않을 만큼 서로 충분히 멀리 떨어진 지점 또는 '구역'(Pitch)을 할당해 도시 전역에 걸쳐 판매원들을 조직했다. 회사는 그 구역 내에서 잡지를 판매할 독점권을 그들에게 부여했다. 그러나 모두가 똑같이 열심히 일했음에도 불구하고 어떤 판매원은 자신에게 할당된 구역의 위치 덕분에 다른 판매원보다 더 많은 돈을 벌었다. 어떤 곳에서는 겨우 임금을 받을 정도의 매출을 올렸지만, 다른 곳에서는 임금보다 훨씬 더 많은 돈을 벌었다. 임금 이상의 잉여금이 발생한 것이다. 그 차이는 누가 더 나은 판매 기술을 갖고 있어서가 아니라 단지 자신에게 할당된 위치의 입지 조건이 더 좋았기 때문이었다. 어떤 구역은 다른 구역보다 더 번화한 거리에 있었다. 당연히 더 나쁜 구역을 할당받은 판매원들은 더 좋은 구역을 할당받은 판매원들을 부러워했다. 심지어 미국의 일부 도시에서는, 좋은 구역의 판매자가 자신의 구역을 무력으로 빼앗으려는 다른 판매원으로부터 자신을 보호하기 위해 스스로 무장해야 한다고 생각했을 정도였다.

당신이 그 구역들의 입지적 가치를 연구하는 연구원이라고 생각해보자. 각 구역의 평일 판매 수준 데이터를 수집한 다음, 가장 좋은 구역에서 가장 나쁜 구역의 순서로 표시하면 그래프 6과 같이 나타날 것이다.

그래프 6. 〈빅 이슈〉 판매 구역의 입지적 가치

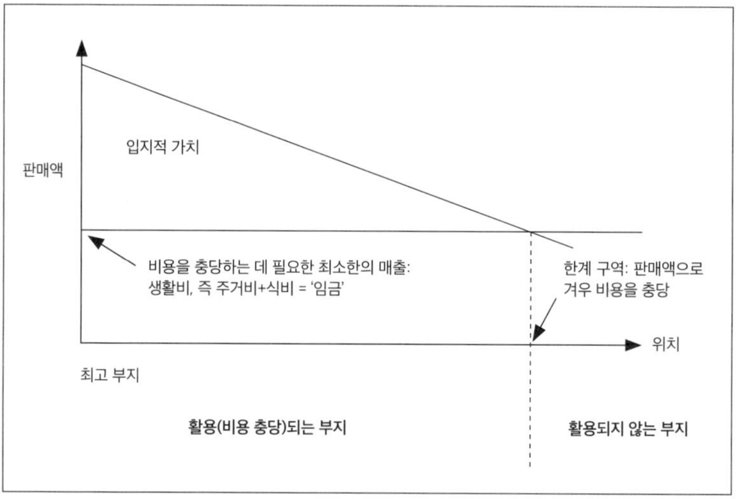

출처: 저자의 자체 연구 데이터

그래프의 맨 왼쪽에 표시된 최고 구역은 가장 높은 수준의 판매액을 올리는 곳이다. 아마도 도시 중심부에 사람들의 발길이 가장 많은 번화한 거리 모퉁이에 있는 곳일 것이다. 그다음으로 좋은 장소는 아마도 조금 더 아래쪽에 있는 곳으로, 번화가만큼 많은 사람이 오가지 않아서 많은 돈은 벌지 못하지만 그래도 하루의 노동으로 적은 양의 잉여금을 만들기에는 충분한 곳일 것이다. 판매액 하향 경사선은 꽤 떨어진 위치에 도달할 때까지 계속되지만, 아직까지는 최소 판매 요건인 하룻밤 숙박과 음식 비용을 충당할 만큼 매출을 창출할 수 있다.

최소 판매 요건이 겨우 충족된 구역의 위치를 '한계 구역'이라고 부르자. 한계 구역을 지나면 판매원이 어느 정도 매출을 내더라도 생활비를 충당하기에는 부족하기 때문에 구역을 할당받는 것은 의미가 없다. 즉, 〈빅 이슈〉 잡지 판매라는 경제 활동은 한계 구역까지의 영역에서 이루어진다.

구역은 판매원들에게 선착순으로 할당되었다. 하지만 회사가 그 구역을 입찰로 임대할 기회가 있다면, 특정 구역에 대한 입찰 가격은 얼마나 될까? 대답은 그래프 6에 나와 있다. 입찰 총액은 구역의 전체 잉여 가치가 될 것이다. 이 잉여 가치는 최소 판매 요건을 충족한 구역 이상에서부터 최대 판매가 이루어지는 구역까지의 총 잉여 금액이 될 것이다. 판매원들은 그 이상의 금액을 지불하지 않을 것이다. 그렇게 하면 생활비를 충당할 만큼의 돈도 벌지 못하기 때문이다. 하지만 다른 누군가가 그들의 제안을 빼앗을 수 있기 때문에 경쟁이 생긴다면 그 이상의 가격을 지불할 수도 있을 것이다.

200년 전 이미 경제학자 데이비드 리카도(David Ricardo)가 이 현상을 관찰하고 이를 일반화했다. 리카도의 이론 체계에서 입지적 이점에 기인하는 잉여를 '경제적 지대'라고 불렀다.[3] 최고의 위치에 있는 사람은 더 많은 소득을 얻을 수 있지만, 실제로 이 잉여 소득은 노동자에 대한 보상과 기타 판매비용을 충당하기 위한 임금(운전자본과 원자재 등)과 지대(입지적 가치의 반영)로 나누어졌다. 여기서 지대란 가장 수익성이 낮은 토지, 즉 한계 구역 대비 최고 구역의 잉여 수입을 말한다. 이 현상을 경제지대 법칙(Law of economic rent)이라고 하는데, 이는 경제와 그 사이클을 이해하는 데 매우 중요한 개념이다.

리카도는 한 나라에서 가장 중요한 위치는 최고의 구역이 아니라 한계 구역이라는 것도 관찰했다. 왜 그럴까? 임금 수준이 바로 여기서 결정되기 때문이다. 다시 〈빅 이슈〉의 예로 돌아가 보자. 회사는 한계 구역까지는 잡지를 팔기 위한 임금을 지불할 것이다. 그러나 한계 구역에서의 임금은 사람들이 일자리를 찾아 이동할 수 있는 곳이라면 어디에서나 동일해야 한다. 따라서 어느 한 지역에서의 임금이 다른 지역보다 높다면, 임금은 모든 지역에서 (각기의 노동 유형에 대해) 동일해질 때까지 경쟁적으로 낮아진다. 이는 자본 설비 및 원자재 등 상품을 생산하는 데 필요한 모든 다른 관련 비용에도 해당된다. 이 수준 이상으로 얻은 모든 것, 즉 잉여금은 지대(임대료)로 지불되어 해당 토지를 소유하거나 관리하는 사람에게 돌아간다. 결국 일자리를 찾는 노동력이 많은 곳에서는 임금이 그들의 생활비를 충당할 수 있는 최저 수준으로, 심지어 최저 생활 수준까지 내려간다.[4] 자신이 가지고 있는 기술을 사용하여 돈을 버는 것과 자신이 소유한 토지로 돈을 버는 것이 매우 다르다는 것이 밝혀졌다. 이는 가자 지구의 부동산 붐에서도 입증되었다.

이제 위치가 중요하다는 것은 확실한 사실처럼 보인다. 그러나 이 통찰력은 이에 그치지 않고 현대 경제의 본질과 18년 단위로 이어지는 호황과 불황의 주기를 깨우치는 눈을 열어준다. 입지가 좋은 토지는 근본적으로 희소하며 이동할 수도 없어서 모든 잉여금을 차지한다. 다른 모든 초과 임금과 투자 자본 수익과의 경쟁에서 이겼기 때문이다.

우리는 이제 토지 소유자가 한 지역에서 전체 잉여금을 가져갈 수 있다는 걸 알게 되었다. 하지만 그런 위치의 유리함은 애초에 어떻게 발생하는 것일까? 위치의 가치는 주변 지역사회의 존재에서 발생한다. 또 역동적이고 경쟁적이며 협력적인 경제의 관행을 통해 창조된다. 즉, 경제의 상호 연결성과 더불어 창조된다. 토지는 주변 환경에 존재하는 자연적, 사회적, 문화적 부로부터 가치를 얻는다.[5] 현대 경제에서 주변 환경의 부는 인프라, 노동 기회, 주택, 공공장소, 지역 상권, 교통 등에 의해 형성된다. 이런 입지적 가치는 특정 개인이나 기업의 행위에서 기인하는 것이 아니다. 부동산시장에서 부동산 가격의 대부분은 입지적 가치에 따라 결정된다. 가격은 사람들이 그것의 가치라고 생각하는 것에 대해 기꺼이 지불하려는 금액에 따라 결정되기 때문이다. 그것이 가자 지구의 성실한 경찰관인 아흐메드가 가족을 위해 더 나은 장소를 찾다가 발견한 것이다.[6]

그러나 이것이 이야기의 끝이 아니다. 우리 경제는 역동적이고 생산적이며 항상 가만히 있지 않는다. 언제나 뭔가가 변하고 있다. 기업은 투자하고, 새로운 기술을 도입하며, 경쟁자를 능가하려고 노력한다. 사람들은 교육을 받고, 새로운 기술을 배우며, 수입을 늘리려고 노력한다. 정부는 인프라와 공공 서비스에 투자함으로써 경제의 역동성을 이끌어 나간다. 여기에서 흡수의 법칙(Law of absorption)이라는 경제의 중요한 특징이 발생한다. 이는 경제적 지대의 법칙에 대응되는 개념으로, 경제가 발전함에 따라 토지 가격이 얼마나 상승하는지를 나타낸다.

이 법칙이 실제로 어떻게 적용되는지 보기 위해 돈 라일리(Don Riley)의 경험을 살펴보기로 하자.

흡수의 법칙: 경제가 발전하면 토지는 이익을 얻는다

돈 라일리가 1962년에 뉴질랜드에서 영국으로 왔을 때, 그의 전 재산은 단돈 200파운드였다. 값싼 양복 한 벌을 사고 한 달 생활비를 겨우 감당할 수 있는 돈이었다. 그는 곧 경영관리 분야의 일자리를 찾았다. 대형 컴퓨터를 사용해 회사의 경영 문제를 해결해 주는 회사였다. 그는 1970년대 후반에 지금의 템스 강 남쪽의 런던브리지역(당시에는 지하철역이 없었다) 근처에 자신의 회사를 설립하고 당시에는 남아돌던 전기 공장을 매입했다. 그 공장 건물은 회사가 혼자 쓰기에는 너무 컸기 때문에, 그는 다른 회사에 여유 공간을 임대했다. 회사가 확장하면서 그는 그 지역에 더 많은 건물을 매입하고 더 많은 공간을 임대했다. 당시 런던 브리지는 지금처럼 유리한 위치는 아니었다. 그곳은 버려진 창고들이 여기저기 방치되어 있었고, 강 북쪽 기슭에 있는 부유한 주민들이 사는 곳에 쉽게 접근할 수도 없었다. 라일리 본인의 말대로 그 시절에 그는 "사무실을 찾기 위해 구경하러 온 사람들의 목덜미를 잡아채서 겨우 세입자로 만들어야 했다.["]

그런데 1993년에 모든 것이 바뀌었다. 정부는 런던 지하철 쥬빌리 라인(Jubilee Line)을 런던 브리지까지 연장한다고 발표했다. 쥬빌리 라인은 베이커 스트리트 같은 도시 북서쪽의 잘 알려진 지역과 본드 스트리트, 그린 파크 같은 고급 쇼핑 지역, 그리고 버킹엄 궁전 인근 지역을 연결하는 노선이었다. 이 노선이 확장되면, 사람들은 템즈강 아래 워털루역을 지나 강 남쪽 기슭을 따라 런던 브리지를 거쳐 동쪽 카나리 워프의 새로운 금융 지구까지 이동할 수 있게 될 것이었다.

정부의 발표는 라일리가 소유하고 있는 부동산 가격에 즉각적으로 영향을 미쳤다. "엄청난 횡재를 했다는 것을 알게 되었죠. 1995년 가을에 쥬빌리 라인의 런던 브리지 연결 공사 계약을 딴 건설업체인 코스테인 테일러 우드로(Costain Taylor Woodrow)라는 회사에 1만 3000제곱피트(약 1200제곱미터)의 사무실과 일부 빈 토지를 임대했습니다." 하지만 이것은 시작에 불과했다. 그의 재산 가치와 그가 청구할 수 있는 임대료는 납세자 자본 인프라 덕분에 하늘 높은 줄 모르게 치솟았다.

라일리는 이를 실시간으로 추적하고 정부의 이런 조치가 자신과 같은 토지 소유자에게 얼마나 이익이 되는지를 정확히 계산해 보기로 했다. "솔직히 저는 그동안 공공 투자로 인해 돈을 벌 수 있다는 생각을 어리석은 경제 논리라고 분개했었죠." 그는 지하철 연장 개통 전후에 토지 가치가 어떻게 변했는지 조사하고, 새로 생긴 역에서 각각 다른 거리에 있는 토지들의 가격 증가 추세를 계산해 표 3을 만들었다.[8] 우리의 목적상, 이 표는 (다른 연구와는 달리) 토지 자체에 초점을 맞추었다. 부동산(건물과 마찬가지로)은 토지와 자본으로 구성되지만, 우리의 관심은 역동적인 경제에서 토지가 어떻게 이익을 흡수하는지

1막 - 회복

보여주는 것이기 때문이다.[9]

표 3. 흡수의 법칙: 쥬빌리 라인 확장으로 인한 토지 가치의 상승

역까지의 거리	전체 면적(제곱피트)	제곱피트당 부지 가치 증가	노선 확장으로 인한 전체 토지 가치 증가 예상치
400야드 이하	450만	£100	£4억 5000만
800야드 이하	1350만	£50	£6억 7500만
10000야드 이하	1020만	£20	£2억 400만
계	2820만	-	£13억 2900만

출처: Riley

새 노선 확장으로 각 역 주변 토지 수요가 늘어나 가격이 급등하는 결과를 초래했다. 1000야드(약 914미터) 떨어진 곳에서도 토지 가격은 제곱피트당 20파운드 상승했다. 그러나 400야드(약 366미터) 이내의 토지는 상승폭이 5배나 높았다. 이는 각 구역의 평균이지만, 역에 가까울수록 토지 가격의 상승폭은 더 높아졌다.

상승폭을 과장했다는 비난을 피하기 위해 라일리는 의도적으로 보수적으로 계산했지만, 각 역 주변의 총 토지 가격 상승폭은 13억 파운드가 넘을 것으로 추정했다. 신설역이 10개임을 감안하면 전체 토지 가격 상승폭은 130억 파운드로, 확장 프로젝트 예산의 거의 4배에 달하는 것으로 집계되었다. 라일리는 이 흡수의 법칙을 실시간으

로 전 세계에 공개했다. 토지 소유자들은 주변 환경의 개선이 이루어질 때마다 이익을 얻는다.[10] 실제로 그들은 그런 이익을 창출한 인프라 예산 자체보다 훨씬 더 많은 이익을 얻었다.

역동적인 경제에서는 이런 개선이 항상 일어난다. 여기에는 철도 계획 같은 대규모 인프라 구축뿐 아니라, 도로 및 교통 흐름을 개선하거나 도시 환경을 미화하는 프로젝트 같은 비교적 작은 규모의 인프라 구축도 포함된다. 새로운 기술이나 관리 기법을 도입하는 등 비용 절감 조치도 포함된다. 그래프 7은 토지의 입지적 가치가 향상된 것을 나타내는 그래프다. (인터넷 등의 발전으로 인해) 비용이 감소하면 한계 구역이 늘어난다. 비용이 낮아졌다는 것은 이전에는 활용되지 못했던 부지가 지금은 활용될 수 있다는 것을 의미하기 때문이다. 또한 기업과 사람들을 어느 지역으로 유치함으로써 시장 규모가 확대되는 개선(예: 쥬빌리 라인의 연장)은 부지의 수익 창출 능력을 향상시킨다. 이 두 가지(비용 감소와 환경 개선)는 임금이나 자본 투자 수익을 증가시키는 것은 아니지만(이것들은 여전히 경쟁의 대상이다) 해당 토지의 입지적 가치를 증가시킨다. 이로 인해 기존 토지의 가격과 임대료가 상승할 뿐만 아니라, 한계 구역에 새로운 건물이 들어서게 되는 것이다. 이게 바로 경제가 좋아지면 더 많은 건물이 생기는 이유다.

그래프 7. 흡수의 법칙: 개선이 입지적 가치(경제적 지대)를 높인다

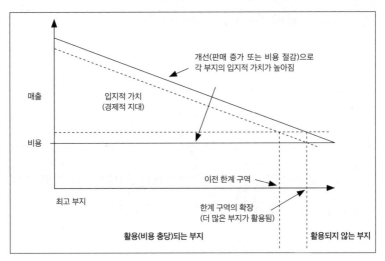

개선(판매 증가 또는 비용 절감)으로 각 부지의 입지적 가치가 높아짐

매출

입지적 가치 (경제적 지대)

비용

이전 한계 구역

최고 부지

한계 구역의 확장 (더 많은 부지가 활용됨)

활용(비용 충당)되는 부지

활용되지 않는 부지

출처: 저자의 자체 연구 데이터

그래프 8. 임금 대비 주택 가격 상승률, 1977~2016년

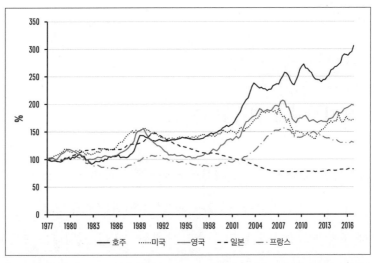

── 호주   ······미국   ──영국   ─ ─ 일본   ─·─ 프랑스

출처: Bank for International Settlements, Federal Reserve, 저자의 자체 계산

마찬가지로, 그래프 8에서 지난 수십 년 동안 주택 가격이 임금보다 얼마나 더 많이 상승했는지 확인할 수 있다(1990년 이후 주택시장이 붕괴된 일본을 제외하고). 차이점은 분명하다. 경제가 발전하면 이익을 얻는 것은 땅이다.

이것이 바로 토지가 최고의 투기 자산인 이유다. 토지 소유자는 아무런 추가 비용 없이 이러한 개선을 통해 막대한 이익을 얻는다.[11] 이는 또 고스란히 토지 가격에 반영된다. 전 세계 부동산의 가치는 300조 달러(약 39경 원)가 넘는다. 단연 가장 가치 있는 자산 분류 항목이다.[12] 이런 이익이 전 세계 납세자들로부터 나온다. 비록 그들이 그것을 전혀 좋아하지 않더라도 말이다. 그리고 사람들과 기업이 그 지역에 몰리면서 임대료와 가격 상승이라는 두 번째 이익을 추가로 얻는다.

토지시장과 왜곡된 특혜들

부족한 자산일수록, 그 자산의 소유자에게는 희소성으로 인한 추가적 이익이 돌아간다. 그런데 토지시장에서는 정부의 잘못된 특혜 조치가 그런 부족을 더 부추기는 경우가 있다. 라일리는 그에 대한 좋은 예를 제시한다. 그의 땅 길 건너편에 1980년에 어떤 사람이

10만 파운드에 구입한 건물이 하나 있었다. 이 건물은 20년 동안 비어 있었다. 건물주는 이 건물을 생산적인 용도로 사용하지 않고 문을 닫아 놓았다는 이유로 세금 한 푼 내지 않았다. 그러나 2000년 1월에 이 건물을 260만 파운드에 팔았다. 초기 투자금의 26배를 번 것이다.[13]

문제는 부동산의 소유자들이 아니다. 그들은 그저 다른 사람들처럼 돈을 벌고 싶었을 뿐이다. 그것이 사용하지 않는 땅을 소유하는 방식이라도 말이다. 문제는 세금 제도가 의도적으로 그들의 그런 행동을 더 수익성 있는 행동으로 만든다는 것이다. 라일리는 토지 소유자로서, 자신의 토지를 잘 활용하는 중에 입지적 가치가 크게 상승하면서 돈을 벌었지만, 동시에 기업이 점유할 수 있는 쾌적한 장소로 만들기 위해 열심히 일하고 돈을 투자했다. 하지만 길 건너편의 건물주는 자신의 건물에 들어올 새 임차인을 찾거나, 건물을 보수하거나, 서비스 제공업체나 보험 대리인과 거래하는 수고를 전혀 들이지 않았다. 그 건물주는 아무런 노력도 기울이지 않은 채 엄청난 입지적 가치 상승으로 막대한 이득만 취한 셈이다. 특히 토지의 부족이 가격을 상승시킨다는 사실을 고려할 때, 이성적인 부동산 소유자라면 누가 그처럼 행동하지 않겠는가?

많은 건물주가 실제로 그런 계산을 한다. 도시에서 빈 건물 비율은 일반적으로 10~20퍼센트 정도인데, 부지가 부족하다는 점을 생각

할 때 이는 엄청난 비율이다.[14]

부동산 소유의 이런 특성은 단지 '어떻게 해서 일이 그렇게 되는지' 의 문제가 아니다. 사실 인류 역사에서 사회는 입지적 가치의 공공성 을 더 잘 반영하는 관행을 갖고 있었다. 토지가 공식적으로 공공의 소유이거나 또는 입지적 가치 상승을 지역사회에 되돌려줄 수 있는 규칙이 있는지 등을 따졌다. 이러한 가치의 흐름이 어떻게 개인 소유 가 되어버렸는지 이해하려면, 결국 인류의 가장 어두운 충동을 그대 로 드러내는 절도, 폭력, 소외에 대한 긴 이야기를 들어야 한다.[15]

경제의 중력 법칙

토지는 희소한 자원(공급이 고정되어 있음)이고, 본질적으로 위치적 자산(이동될 수 없음)이며 그에 따라 발전의 이익을 흡수한다는 단순한 논리가 18년 주기의 역동성을 이해하는 데 매우 중요하다. 이를 간단 하게 요약해 보자. 경제가 회복되고 성장하면, 임대료가 오르고 토지 가격도 상승한다. 이로 인해 새 건물들이 생겨나지만 그래도 가격이 떨어지지 않는다. 오히려 경제의 생산성 증가를 반영한다. 이것이 투 기를 불러온다. 사용하지 않고 투기적으로 보유하고만 있어도 수익 을 창출할 수 있고 이런 투기가 가격 상승을 더욱 부추긴다. 은행은 이들에게 대출을 해줌으로써 그들의 구매력을 높여주고, 가격은 계속 상승한다. 토지 가격의 상승은 건설 붐을 일으킨다. 이런 더 큰 활동이 경제 성장을 촉진하고 이는 다시 토지시장에 영향을 미친다. 높은 가격과 임대료가 결과적으로 기업을 압박하고 큰 위기를 초래한다. 이런 일이 차례로 일어나는 과정에 대해 다음 장에서 자세히 설명할 것이다. 결국 경제 사이클은 한바탕 거센 투기와 지나친 가격 상승에 노출된 토지 이야기라고 할 수 있다. 특히 주기의 다음 단계에서 은행이 어떻게 개입하게 되는지를 보게 될 것이다.

경제지대의 법칙은 요르단강 서안 지구나 가자 지구처럼 생활이 어려운 곳에서도 피할 수 없다. 이것이 바로 경제의 중력 법칙이다. 눈에 보이지 않지만 보편적이며, 언제 어디서나 모든 경제 참여자에게 적용된다. 당신은 태어났을 때부터 그것에 지배 당해왔으며, 그 속박은 죽는 순간까지 계속될 것이다(당신의 유해가 당신이 살아 있을 때 구입한 땅에 묻힌다면, 당신은 죽은 후에도 이 법칙에서 벗어나지 못할 것이다).

....

이제 당신은 경제에서 토지가 어떤 역할을 하는지 이해하게 되었다. 그러므로 이 여정을 진행하면서 주변에서 무슨 일이 일어나고 있는지 관찰할 수 있는 중요한 통찰력을 갖게 되었을 것이다. 부동산시장의 리듬이 경제의 속도를 결정한다.

이제 다시 경제 사이클로 돌아갈 시간이다. 새로운 주기는 1~2년 전에 시작되었다. 우리가 주기의 시작에서 본 첫 번째 회복의 순간부터 부동산시장은 강하게 성장하고 있다. 이제 다음에 어떤 일이 펼쳐지는지 살펴보자.

경제지대의 법칙을 활용하라

2장에서는 토지의 특성과 토지가 경제 발전의 이익을 어떻게 흡수하는지 탐구했다. 이것을 제대로 이해하고 활용하는 것이 당신의 재정 건전성을 구축하는 핵심이다.

핵심 교훈

1. 토지가 발전의 모든 이익을 가져간다

한 사이클이 진행되는 동안 이런 현상이 엄청나게 발생할 것이다. 그러므로 부를 축적하려면 토지 가격 상승에 계속 관심을 기울여야 한다.

2. 미래 가치가 아직 매겨지지 않은 토지를 매입하라

사이클 초기에 좋은 위치에 있는 땅을 구매할 때 특히 그렇다.

a. 인프라가 건설되고 있고, 사람들의 이주가 몰리는 지역의 토지를 매입하라. 매입하기 가장 좋은 시기는 인프라가 구축되기 약 2년 전이다.

b. 자금의 여유가 있고 더 긴 안목으로 투자하는 사람들은 성장하는 도시의 주변 지역 토지를 매입하고 도시가 확장될 때까지 기다린다. 이는 시

113

간이 지나면 매우 높은 보상을 가져다 줄 것이다.[16] 보유 기간은 10년 또는 20년이 될 수도 있고, 초기 투자 규모가 크고 대개 현금을 투자해야 하므로 이 전략이 모든 사람에게 적합한 것은 아니다. 또 일부 국가에서는 토지 보유 비용(토지세)을 부과하기 때문에 이 전략이 어려울 수 있다.

3. 미래의 이익이 이미 가격에 반영되어 있는 토지를 매입해서는 안 된다

미래 이익이 이미 가격에 반영되어 있는 토지를 매입하면 그만큼 자본을 키울 수 없다. 18년 주기 후반이나 토지 공급이 많은 곳에서는 매입을 피해야 한다는 의미다.

4. 매입하기 전에 항상 실사(實査)를 하라

위치가 좋은지(새로운 인프라, 편의 시설, 내부 투자가 이루어지는 곳인지), 그 지역의 수요자들이 일반적으로 요구하는 것(예: 정원이 있는 주택)을 갖추고 있는지 주의 깊게 살펴보라. 미래 수요 예측은 종종 낙관적이거나 불합리한 가정에 의존하는 경우가 있다. 예를 들어 건물이 이미 많이 건설되는 지역을 매입하면 자본 이득이 제한될 수 있다.[17]

확장

사람의 일에는 밀물과 썰물이 있기 마련이다.
물이 들어올 때를 잘 잡으면 행운으로 이어진다.

_윌리엄 셰익스피어, 〈줄리어스 시저〉 4막 3장에서

진정한 승자에게 전리품을

2012년 런던 올림픽 개막식은 영국의 특성이 잘 나타난 축하 행사였다. 전통적인 화려한 의상, 혁신적인 첨단 예술성, 영국의 과거 전성기에 대한 회상, 풍성한 유머 감각 등 볼거리로 가득했다(심지어 여왕이 제임스 본드의 호위를 받아 헬리콥터에서 낙하산을 타고 올림픽 경기장에 나타나는 장면까지 연출했다). 이 개막식을 필두로 2주간의 화려한 스포츠 제전의 막이 올랐고, 영국 선수들도 미국·중국·러시아 등의 스포츠 강국들과 경쟁하며 메달 순위 상위권을 차지하는 선전을 했다.

하지만 그런 탁월한 성적에도 불구하고 영국은 올림픽의 진정한 승자가 아니었다. 영국은 그저 땅을 빌려준 개최자였을 뿐이었다. 런던 올림픽은 런던 동부의 스트랫퍼드에서 개최되었는데, 이곳은 예전에 '프리지 마운틴'(Fridge Mountain, 유럽 최대의 가전제품 폐기장), '워터웍스 리버'(Waterworks River, 폐타이어가 가득 쌓인 심하게 오염된 강), 반어적으로 '그린웨이'(Greenway, 실제로는 버려지고 불탄 자동차들을 쌓아 놓은 곳) 등으로 불렸던 지역이다. 그러나 스트랫퍼드는 올림픽을 앞두고 철도와 도로가 연결되고, 유명 쇼핑센터 등 상업 공간이 들어서고, 대형 올림픽 공원을 건설하는 등 새로운 런던을 창출하는 90억 파운드(약 15조 원) 규모의 재건 프로젝트 중심에 놓이게 되었다.

올림픽 이후 런던의 부동산시장은 폭발적인 활력을 띠었고, 특히 올림픽 관련 투자가 가장 많이 이루어진 런던 6개 자치구는 급성장을 보였다. 이는 주기의 다음 단계인 '확장'이 본격적으로 진행되고 있다는 신호이기도 했다. 새 주기의 시작을 이끈 신기술과 인프라 투자에 토지시장이 반응하면서, 세계 대부분의 주요 도시에서 부동산 가격이 급등했다.

미국 주식시장은 연준의 통화 완화 정책에 힘입어 상승세를 이어 갔다. 그리고 이 시기에 세계 다른 나라에서도 통화 완화 정책이 시행되었기 때문에 독일 닥스(Dax) 지수, 일본 닛케이(Nikkei) 지수, 인도 센섹스(Sensex) 지수 등도 일제히 상승했다. 2013년 이후, 세계의 모든 시장이 지난 주기의 최고점을 돌파했다.

집값 오르면서 분위기 달라지다

전 세계의 분위기가 서서히 바뀌기 시작했다. 새 주기 초기의 부정적 생각과 두려움은 사라지고 확실한 낙관주의가 그 자리에 들어섰다. 세상은 변하고 있었고 기술이 그 길을 이끌어 나갔다. 예를 들어 스마트폰의 애플리케이션을 통해 사용자가 이용 가능한 가능성의 범위가 기하급수적으로 늘어났다. 사람들은 이런 첨단 기기를 통해 전 세계의 모든 온라인 지식 기반에 접근할 수 있게 되었다. 택시를 호출하는 일, 은행 업무를 보거나 투자하는 일, 없는 것이 없는 쇼핑몰에서 물건을 사는 일, 휴가 일정을 잡고 예약하는 일, 심지어 회사를 운영하는 일까지 이런 앱을 통해 할 수 있게 된 것이다.

세계 주요 도시들의 집값은 빠르게 오르기 시작했다. 집값의 상승이 신규 주택 건설을 부추기면서 작은 붐이 일어났다. 주택 가격이 계속 오르자 주택 건설이 충분하지 않다는 우려가 다시 제기되었다. 과도한 주택 건설로 인해 부동산시장이 붕괴된 것이 불과 몇 년 전이었는데도 말이다. 2007년 호황이 최고조에 달했을 때 적어도 3년간의 수요를 충족할 만큼 충분한 주택을 건설 중이었던 아일랜드에서조차도 주택 부족을 겪었다. 그러나 주택을 더 많이 짓는다고 해도 주택 가격 하락으로 이어지지는 않는다. 주택 건축업자들이 가격 하락을 피하기 위해 완성된 주택을 시장에 조금씩 풀기 때문이다. 이 경우에도 공급의 증가는 기껏해야 가격의 급등을 막을 수 있을 뿐, 주택 가격은 급격하게 상승하는 땅값에 영향을 받을 수밖에 없다.

2014년, 국제통화기금(IMF) 부총재 주민(朱民)은 지난 몇 년 동안 전 세계 60퍼센트의 국가에서 주택 가격이 상승하고 있는 상황에서, 주택시장의 지속적 성장은 불가능하다고 경고했다. IMF는 주택시장에서 무슨 일이 일어나고 있는지 추적하기 위해 글로벌 주택 감시반(Global Housing Watch)을 가동했다. 2008년 금융 위기로부터 6년이 지나서야 비로소 교훈을 얻은 것으로 보인다. 그러나 주택 가격의 상승은 사람들이 여전히 새로운 주기에 대한 기대감보다는 이전 위기에 대한 두려움에서 벗어나지 못했다는 분명한 신호이기도 했다.[1]

주민은 베를린에서 연설했다. 독일은 2000년대에 부동산 붐이 일어나지 않은 몇 안 되는 국가 중 하나였기 때문에 큰 타격을 입지는 않았다(비록 독일의 은행들이 유럽 다른 나라들에서 거품이 이는 데 일조하기는 했지만). 독일은 유로존과 영국의 영향을 받은 이웃 국가들의 방탕한 경제 운영과 자국의 책임 경제 운영을 비교하는 것을 주저하지 않았다. 그러나 수출 위주의 독일 경제는, 저금리와 더불어 미국과 중국의 부양책으로 인해 막대한 이익을 얻으면서 뒤늦게 부동산 붐이 일었다. 2010년부터 2019년 사이에 독일 7개 주요 도시의 주택 가격 상

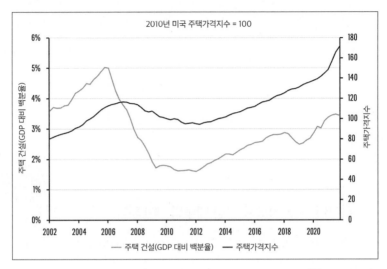

출처: Federal Reserve

승폭은 런던과 맨해튼의 상승률을 능가했다.[2]

확장이 계속 진행되면서, 선진국뿐만 아니라 개발도상국까지 세계 거의 모든 대도시에서 주택 가격 상승이 가속화되었다. 특히 신흥 경제국들은 급속한 도시화와 함께 막대한 주택 수요가 생겨났다. 자본은 전 세계로 흐르면서 어디든 투자될 곳을 찾고 있었다. 뉴질랜드 오클랜드에서 캐나다 밴쿠버에 이르기까지, 서방 국가 도시들의 고급 주택은 전 세계 부자들의 은행 금고가 되었다. 심지어 이들은 집만 사놓고 임대하는 데 신경을 쓰지 않았기 때문에, 이러한 주요 주택 지역들이 마치 아무 일도 일어나지 않는 것처럼 보이는 조용한

'좀비' 지역이 되는 경우도 있었다. 중심지의 주택 가격 상승은 거주 인구를 도시 밖으로 밀어냈지만, 중심지를 벗어난 이들이 가는 곳도 주택 가격이 상승하기는 마찬가지였다.[3] 주택 가격이 상승하면 여지없이 나타나는 노숙자도 증가했다. 도시의 거리에서 구걸할 수밖에 없는 절박한 사람들의 안타까운 모습이 선진국에서도 흔히 볼 수 있는 광경이 되었다.

약간 변경된 방식으로 은행 대출이 재개되다

주택 건설이 활기를 띠자 은행들은 이전 주기의 후반까지 시행해 왔던 구제금융을 종료하고 대출 장부를 다시 꺼내 대출을 재개했다. 이에 따라 주택 건설업체와 은행의 주가가 강세를 보이기 시작했다. 정부 법규가 바뀌고 모바일 기술이 광범위하게 적용됨에 따라 새로운 은행들이 설립되었다. 영국에서는 100만 파운드(약 16억 원)의 자본금만 있으면 은행을 설립할 수 있었기 때문에 2013년에 5개의 새로운 은행이 은행업 허가를 받았다. 영국 금융·행위감독청(Financial Conduct Authority)의 마틴 휘틀리(Martin Wheatley) 청장은 이렇게 말했다. "어떤 부문에서든 새로 진입한 기업은 시장에 신선한 사고를 불어넣기 때문에 기존 기업들은 더 나은 거래를 제공하고 서비스를 개선할 방법을 고려하도록 도전을 받습니다."[4] 맞는 말이다. 하지만 그가 말하지 않은 것이 있다. 새로운 은행과 금융 회사는 간접비가 낮고 젊고 활력 넘치는 관리자를 보유하고 있어서 기존 은행들보다 항상 경쟁 우위를 점한다는 것이다. 앞으로 살펴보겠지만 신규 은행들이 부동산에 대해 효율적으로 대출하는 방법을 발견하면서 사이클 후반기의 호황을 주도하게 된다.

혁신은 은행 부문에만 국한되지 않았다. 일반 기업들도 인터넷을 사용해 투자자들로부터 소액의 자금을 모아 기업과 부동산에 투자할 수 있는 P2P 대출 플랫폼을 만들기 시작했다. 이와 관련하여 일어난 가장 중요한 변화는, 2009년 2월 11일 P2P 재단(P2P Foundation) 웹사이트의 게시판에 올라온 '블록체인이라는 새로운 기술을 활용해 비트코인이라는 새로운 오픈 소스 P2P 전자 현금 시스템을 만들었다.'는 글이었다. 이 게시물의 작성자는 사토시 나카모토(Satoshi Nakamoto)라는 익명의 컴퓨터 프로그래머였다. 그리고 언젠가 가치가 있을 것이라는 희망으로 그의 비트코인을 구입하는 사람들이 생겨났다.

2013년 5월, 벤 버냉키 연준 의장은 양적완화가 어느 시점에서 중단될 수 있다고 언급했다. 그의 말은 시장에 큰 충격을 주었다. 특히 낮은 금리로 달러 표시 대출을 갚던 신흥 경제국들은 버냉키의 말에 잔뜩 겁을 먹었다. 채권수익률이 급등했다. 하지만 이는 단지 역사가 반복되는 것일 뿐이었다. 1994년 2월에도(이전 사이클의 같은 시점) 예상치 못한 미국 금리 인상으로 시장에 경미한 패닉이 발생했지만, 그

긴축은 1년 후에 정반대가 되었다. 이번에도 그랬다. 연준의 자산 매입은 2014년 말까지 중단되지 않았으며, 2015년 말부터 조금씩 점진적으로 금리를 인상했을 뿐이었다. 영국도 금리를 인상하기 시작했지만, 일본과 유럽은 은행 예금에 마이너스 금리를 시행하는 등 오히려 디플레이션 위협을 막기 위한 저금리 완화 정책을 이어갔다.[5]

부유국 중에서 미국 경제가 가장 먼저 회복되면서 미국 달러가 급등했다. 시장이 이에 반응하면서 달러 대비 유로화 가치가 크게 하락하는 등 여러 가지 강력한 움직임이 이어졌다. 결국 유로화 가치가 달러화와 거의 1:1로 대등한 수준이 되었고, 2014년 말에는 석유 가격마저 폭락했다.[6]

각국 중앙은행들의 저금리 정책이 장기간 지속됨에 따라, 자금은 조금이라도 더 높은 수익률을 찾아 이동했고 자산 가격은 빠르게 상승했으며 변동성은 현저히 낮아졌다. 신용 등급이 낮은 채권(Junk bonds)과 신용 등급이 높은 채권(Investment bonds) 사이의 수익률 스프레드(Yield spread)*가 크게 줄어들었다.[7] 이라크 내 이슬람국가(Islamic State)**의 부상, 2014년 러시아의 우크라이나 침공, 시리아 난민 사태 등 예전 같았으면 시장을 뒤흔들었을 많은 정치적 사건에

---

* 특정 시점에서 두 채권 사이의 수익률 차이를 말한다.
** 이슬람 수니파 무장단체의 이름이다.

도 불구하고, 부동산과 주식시장의 지속적 상승은 시장을 당혹스럽게 만들었다.

자금 흐름의 대부분은 중국에서 흘러나왔다. 당국은 자본의 이동을 통제했지만 사람들은 이를 우회할 방법을 찾았다. 이런 자본 이동은 직접적인 뇌물 수수와 관련이 있는 경우도 있었다. 은행 직원들은 뇌물을 받고 세무 당국이 추적할 수 없도록 여러 국경에 걸쳐 외국으로 예금을 빼돌렸다. 심지어 트럭에 현금을 가득 싣고 마카오의 카지노로 가서 다른 화폐와 뒤섞은 다음, 마치 도박에서 '딴 돈'처럼 다른 통화로 인출하는 일도 벌어졌다. 2014년까지 12년 동안 1조 4000억 달러의 자금이 이런 식으로 유출되어 서구의 부동산 자산과 예술품을 구입하는 데 사용되었을 것으로 추정된다.[8] 이런 물건들에 대한 가격은 극적으로 상승했다. 이는 중국이 세계 경제에 미치는 영향을 보여주는 또 다른 사례로 기록되었다. 그러나 더 큰 관점에서 보면, 그것은 이미 오래전부터 있어왔던 일이다. 어디에선가로부터 새로운 자금이 나와서 전 세계로 흐르고 결국 임대 기반 자산으로 귀결되는 것이다.

임대주택 세대

확장이 계속되면서 임금 상승이 주택 가격 상승을 따라가지 못하자 젊은이들은 부동산 사다리를 오르는 데 어려움을 겪었다.[9] 집을 사는 것을 미뤄야 했을 뿐만 아니라, 장기간에 걸쳐 더 많은 돈을 빌리거나 배우자가 될 사람과 공동으로 구입해야 했다. 남녀가 만나 데이트하며 나눌 낭만적인 주제는 아니지만 얼마나 많은 돈을 저축해야 하고, 언제 집을 마련하고, 담보대출 금리 인상을 어떻게 활용해야 하는지가 첫 데이트의 공통적 주제가 되었다. 영국에서는 금융기관에 대한 규제를 전혀 받지 않는, 새로운 대출기관(?)이 모기지 시장의 핵심이 되었다. 이른바 '엄마아빠 은행'(Bank of Mum and Dad)*이다. 집값이 너무 오르다 보니 소액 예금도 할 여유가 없는 젊은이들에게 부모들은 자신의 집을 담보로 주택연금을 신청하거나, 자식들의 담보대출에 대한 보증을 서주거나, 추가 대출을 위한 담보로 은행계좌에 돈을 넣어두는 등 다양한 방식으로 도움을 주었다. 그러나 그럴 만큼의 현금 여유가 없는 부모들이 대부분이라 나이가 들어도 집을 사지 못하고 세입자로 사는 사람들이 많아졌는데, 이런 사람들을 임대주택 세대(Generation Rent)라고 부른다.[10] 정부는 외국에 집을 사는 사람들이나 두 채 이상의 소유자들에게 대출 제한과 처벌 같은 조치를 통해 주택 수요를 낮춤으로써 이 문제를 해결하려고 했다. 하지만 어떤 조치도 성공을 거두지 못했고, 주택 가격은 계속 상승했다.

주택시장뿐만 아니라 도시 곳곳에는 고층 건물이 들어섰다. 사이

---

* 주택 자금을 부모에게 의존한다는 의미로 사용되는 신조어다.

클의 전반부에 이렇게 초고층 건물이 등장하는 것은 이례적이었다. 이는 도시의 높은 토지 가격과 낮은 이자율을 보여주는 증거이기도 했다.[11] 이런 현상은 대도시에만 나타난 것이 아니었다. 예를 들어 네덜란드의 로테르담 항구는 높은 건물이 만들어 낸 스카이라인 덕분에 '마스강의 맨해튼'이라는 별명을 얻었을 정도였다. 고층 건물의 목표는 도심 위치의 밀도를 높이는 것이다(토지 가격이 오르면 으레 생기는 현상이다).

정치권에 부는 변화의 바람

중국도 부동산 가격이 급등하는 상황에 직면했다. 토지 거래와 건설 붐은 중국 경제가 위기에서 벗어나기 위한 핵심적 사안이었다. 부동산 가격은 2012년에 최저치를 기록한 이후 2013년부터 급등하기 시작했다. 2014년이 되자 당국은 시장에서 가격 통제를 해야 할 정도로 문제가 심각하다고 생각했다. 그러자 정부의 통제로 가격이 진정되었다. 중국 정부는 가계의 부를 구축하기 위한 색다른 계획을 도입했다. 주식을 보유하는 것이 애국이라며 주식시장 투기를 장려한 것이다. 2015년 첫 5개월 동안 무려 3000만 개의 새로운 주식 거래 계좌가 개설되었고, 그중 상당수가 신용 거래(Trade on margin)*에 사

---

* 증권회사로부터 주식 매입 대금을 차용하여 거래하는 것을 말한다.

용되었다(이는 지금도 허용되고 있다).[12] 거품이 빠르게 형성되자 놀란 당국은 신용 거래를 제한해 거품을 진정시키기 시작했다. 그러자 6월 3주 동안 상하이지수와 선전지수는 약 3조 달러에 달하는 엄청난 폭락 사태를 겪었다. 이는 영국 전체 GDP와 맞먹는 규모였다. 중국 지도부는 방향을 다시 바꿔야 했고, 결국 주택 가격이 오를 수 있도록 금리를 다시 인하했다.

중국의 새 지도자 시진핑(習近平)은 전임자들과 통치 방식이 매우 달랐다. 이것은 중국이 "좋은 때를 기다린다."는 덩샤오핑의 처방을 더 이상 따르지 않음을 의미했다. 중국은 단호하고 대등하게 미국과 맞설 것이었다. 실제로 중국은 남중국해에 인공섬 건설을 발 빠르게 착수했다. 그의 대표 정책은 이른바 '일대일로' 계획이다. 중국은 이 계획을 통해 유라시아 대륙을 가로지르는 항구, 철도, 도로를 확보했다. 그 목표는 방대한 중국 인구를 위한 필수 자원의 안전한 공급로를 확보하고, 미 해군의 보호에 의존하지 않는 방식으로 중국 상품을 전 세계로 수출하는 것이다. 우리는 2장에서 기반시설이 들어서면 어떤 일이 일어나는지 알아보았다. 바로 토지 가격이 급격하게 상승한다. 평론가들은 "전 세계의 섬(유라시아)을 지배하는 사람이 세계를 지배한다."고 언급한 19세기 영국 전략가 해퍼드 존 매킨더(Halford John Mackinder) 경의 말을 상기시켰다. 당연히 미국은 세계 패권을 둘러싼 중국의 이 같은 도전을 가볍게 받아들이지 않았다. 오바마 대통령은 즉시, 미국의 외교정책은 '아시아 중심'이 될 것이라고 선언했다. 이전 주기들에서도 그랬던 것처럼, 떠오르는 세력과 기존 세력 사이의 충돌이 일어날 것처럼 보였다. 이에 대해서는 11장에서 다시 다룰 것이다.

시 주석은 국내에서는 중국 공산주의 체제의 전체에 만연해 있는 부패에 대한 단속을 시작했다. 이것이 좋은 계획임에는 의심할 여지가 없지만, 권력을 놓고 다투는 잠재적인 경쟁자와 그의 노선에 반대하는 사람들을 제거한다는 부수적 효과도 동시에 노리는 포석이었다. 2018년 전국인민대표대회가 중국 국가주석의 임기 연임 제한(연임까지만 가능한 제도)을 폐지하면서 그는 사실상 종신 지도자의 길을 열어놓았다. (2964명 중) 두 명의 (용감한) 대의원만이 반대표를 던졌을 뿐이었다. 경제 사이클의 절정기가 다가오는 시점에, 세계 제2의 경제 대국에서 종신 집권의 그림자가 드리우고 반대 의견을 낼 수 없는 분위기가 지배적인 것은 매우 중요한 의미를 갖게 될 터였다.

모든 주기에는 경제적·정치적 혼란이 존재하며, 저변에서 작동하고 있는 근본적인 힘(경제지대의 법칙)으로부터 사람들의 주의를 돌리는 역할을 한다. 특히 확장 단계에서 이런 불안정성이 많이 발생했다. 이전 주기의 위기 이후 많은 정부에서 도입한 새로운 은행 규제와 긴축 조치의 결과로 성장의 혜택이 불균등하게 분배되면서, 유럽과 미국의 정치적 혼란을 크게 부추겼다.

유럽은 여전히 경제적 함정에 갇혀 있었다. 그리스 국민들은 유로존 채권자들이 그리스에 요구한 긴축 방침에서 벗어나겠다고 약속한 정부를 선출했다. 그러나 그리스 국민들의 선택에도 불구하고 EU 기관들은 유로존 퇴출로 위협하며 그리스 정부를 굴복시켰다. 하지만 유럽에는 그보다 더 큰 골칫거리가 기다리고 있었다. 영국에서도 그리스와 비슷한 국민투표가 있었는데, 이번에는 EU 존속 여부를 결정하는 것이었다. 2016년 6월 24일, 영국 국민은 정부에 EU 탈퇴를 명령했다. 영국의 이 같은 결정은 국제 관계에서 60년 전 수에즈 위기*와 맞먹는 엄청난 순간이었다. 영국은 1957년 유럽연합이 형성된 이후 처음으로 연합을 탈퇴한 국가가 되었다. 영국의 유럽연합 탈퇴는 적어도 향후 5년 동안 정치권의 에너지와 관심을 흡수할 것이었다. 왜 그런 일이 일어났는지에 대해 수많은 해석이 난무했다. 그런 일이 생기는 데에는 여러 가지 원인이 있지만, 적어도 부분적으로는 때만 되면 나타나는 파괴적인 위기와 점점 더 심화되는 불평등을 막지 못한 정치인들의 안일함에 대한 항의의 표심이라고 할 수 있을 것이다.

이와 비슷한 표심이 미국 정치에도 영향을 미쳤다. 2016년 11월, 도널드 트럼프의 대통령 당선이라는 더 큰 충격을 표출한 것이다. 트럼프의 선거 운동은 논란의 여지는 있었지만 효과를 보았다. 트럼프

---

* 1956년 이집트가 수에즈 운하를 국유화하면서 벌어진 국제적 긴장 시기를 말한다.

는 '워싱턴 DC의 오물을 청소하겠다.'(Drain the swamp)는 공약으로 큰 지지를 얻었는데, 이는 호황과 불황의 경제에서 이익을 얻는 기득권과 그들이 저지르는 폭력을 제거한다는 의미로 사용되어 온 표현이다. 하지만 경제 사이클을 이용해 부자가 된 부동산 재벌이 경제 사이클의 변화 과정에서 크게 피해를 입은 사람들을 대변하는 것보다 더 큰 아이러니를 찾아보긴 힘들 것이다. 더 아이러니한 것은, 트럼프가 은행업자들의 지지를 받았다는 것이다. 트럼프는 그들에게 (부동산에 대한) 대출을 방해하는 규제를 풀어주겠다고 약속했다. 실제로 대통령에 취임한 트럼프는 전임 대통령이 은행업계와 환경 부문을 규제하기 위해 추진했던 개혁 작업을 상당 부분 취소하는 데 큰 관심이 있는 것 같았다. 트럼프는 심지어 오바마의 의료 분야 개혁조차도 폐지하려는 시도를 수차례에 걸쳐 시도했다. 그는 '미국을 다시 위대하게!'(Make America Great Again)라고 외쳤지만, 이 말은 (적어도 그의 눈에는) 국제 동맹을 약화시키고 중국과 무역 전쟁을 벌이는 것을 의미할 뿐이었다.

시장은 꾸준히 상승하고

말할 것도 없이, 시장은 투자자들에게 이념을 무시하고 걱정의

벽을 오르는 법(Climb walls of worry)*을 다시 한번 가르쳐 주었다. 1992년 부동산 경기 침체기에 파운드화에 대한 매도 포지션(Short position)을 구축함으로써 10억 달러를 벌어들였던 조지 소로스(George Soros)는 2016년 미국 대선에서 트럼프가 승리하자 미국 시장을 매도하면서 10억 달러를 잃었다. 교훈은 분명하다. 우리가 사이클의 어느 지점에 있는지 이해하고, 시세표가 당신에게 말하는 내용을 읽는 방법을 배워라. 트럼프는 공화당 지지자들에게 감세를 약속했고, 더 많은 이익을 예상한 시장은 상승했다. 트럼프 자신이 소유한 회사들 같은 이른바 패스스루 기업(Pass-through company)**도 상당한 혜택을 받았다. 나스닥이 상승을 이끌었다. 나스닥은 2000년(닷컴 버블이 터지기 전) 최고치를 17년 만에 돌파하며 계속 상승했다. 나스닥 기업들 중에서도 애플은 새 주기가 시작된 이래로 줄곧 상승세를 주도했다. 애플은 2018년 8월 2일, 회사 가치가 1조 달러가 넘는 최초의 미국 회사가 되었다. 이후 애플이 2조 달러 가치의 회사가 되기까지는 2년도 채 걸리지 않았다.

부동산 가격은 거의 모든 주요 도시, 특히 실리콘 밸리같이 대규모

---

* 금융시장은 수많은 장벽에 부딪히지만 마침내는 그것을 극복하고 상승하는 경향이 있다는 의미이다.
** 개인사업자·파트너십·유한책임회사·소기업 등 기업의 수익을 소유주의 개인소득으로 잡아 법인세 대신 개인소득세를 내는 기업을 말한다.

기술 부문이 있는 지역에서 가파른 상승세를 보였다. 그러자 피터 틸 (Peter Thiel) 같은 억만장자들조차 부동산 가격이 너무 높아졌다고 불평하기 시작했다. 그가 스타트업에 투자한 자본은, 스타트업 직원들이 높아진 주거비용에 직면하면서 집주인의 주머니로 곧바로 들어가 버렸다. 이는 우리 기술 세계의 최전선에서조차 경제지대의 법칙이 여지없이 작용하고 있다는 증거였다. 경제지대의 법칙은 어디서든 피할 수 없었다.[13]

트럼프는 재닛 옐런(Janet Yellen) 연방준비제도 의장을, 자신의 이미지를 닮은 남자(사업 경험이 풍부하고 키가 큰 남자)로 교체했다. (옐런의 첫 임기 4년이 만료되었음을 고려했을 때, 트럼프는 그녀의 완벽한 자격에도 불구하고 중앙은행의 책임자가 되기에는 키가 너무 작다고 생각했다.)[14] 새 연준 의장으로 부임한 제롬 파월(Jerome Powell)은 금리를 인상하기 시작했다. 금리 상승은 수익률 곡선이 평탄해졌다는 것을 의미한다. 하지만 이를 경계하는 사람은 거의 없었다. 트럼프 시대의 모든 혼란에도 불구하고 미국 경제는 오바마 대통령 시대에 시작된 확장을 계속 이어나갔다. 실제로 2018년은 행복에 도취된 분위기였다. 투자자들의 무차별적 투자 조짐이 보이기 시작했는데, 이는 주기의 확장 단계가 끝나가고 있음을 나타내는 것이었다.

'확장' 단계 분석

확장 단계는 새로운 사이클이 시작된 후 약 2년 차에 나타나서 약 6년 차까지 지속된다. 이 단계에 들어서면 경제 회복과 성장의 조짐이 모두에게 명백해진다.

1. 건설이 확장된다

확장은 새로운 공간에 대한 수요를 증대시킨다. 새 주기의 시작 기간에 나타나는 임대료 상승은 사람들이 새롭게 이주하고 새로운 회사들(특히 기술 회사들)이 속속 몰려드는 인구 밀집 지역에 있는 기존 건물의 가격 상승으로 옮겨붙는다. 이는 다시 새로운 건설 붐으로 이어지며, 결과적으로 토지 수요가 늘어나고 경제 활동을 증가시킨다. 많은 사람을 고용하고 자본재와 원자재의 대규모 구매자인 국내 건설 산업이 성장한다. 새 주기가 시작된 지 2~3년이 지나면서 갑자기 공사장의 비계, 크레인이 늘어나고 건설 현장에서 나는 땅땅 소리가 곳곳에서 들려오기 시작한다.

주택 건설이 성장을 주도하고 있지만, 경제 전반에 훈풍이 불면서 상업용 부동산에 대한 수요도 증가한다. 그리고 새로운 시대의 경제를 뒷받침할 새로운 사무실, 소매점, 물류 허브 등 다양한 건물 공사가 활기를 띤다.

2. 새로운 지역이 부상한다

부동산시장이 회복되면서 오래된 도시의 어느 지역이 개발의 붐을 타고 갑자기 뜬다. 그 대표적인 경우가 2012년 이후 런던 동부 지역이었다. 영국의 상공업 도시 맨체스터나 미국 텍사스주 오스틴 같은 여러 도시도 언제부턴가 매력적인 곳이 되었다. 이에 따라 많은 사람이 새로 건물들이 들어서는 지역으로 이주하고 싶어 한다. 새로운 기술과 산업은 공간에 대한 수요를 증대시키며, 그곳이 바로 새로운 부동산시장이 나아가는 곳이다. 이전에는 누구도 거들떠보지 않던 버려진 지역의 부지 소유자들이 횡재를 맞아 큰돈을 번다. 이를 일찌감치 간파하고 시장에 먼저 진입하는 부동산 투자자들도 마찬가지다.

이것이 바로 새 주기가 시작된 이후 경기 확장이 변방의 새 부지로 확산되면서, 건물이 늘어나고 경제가 성장하는 방식이다.

3. 정부 투자가 주도한다

주기의 시작 단계에서 시작된 정부의 경기부양 패키지에는 일반적으로 인프라 투자가 포함되기 마련이다. 경기 확장 시기에 이런 인프라 투자가 이루어지거나 인프라 건설이 완공된다. 우리는 2장에서 살펴본 바대로, 그 결과가 어떻게 되는지 알고 있다. 목표만 잘 선정한다면, 도심으로부터 그리 멀지 않은 새로운 개발 지역을 찾아냄으로써 경제 효율성을 높일 수 있다. 그 지역의 땅값이 인상될 것이 자명하므로 토지 소유자들은 큰 이익을 볼 것이다.

4. 은행 대출이 다시 늘어난다

이제 경제는 다시 회복되고 새로운 자신감이 생긴다. 새 주기 시작 시기의 가파른 수익률 곡선은 은행의 자본 확충에 도움을 준다. 부동산 포트폴리오를 매각해 충분한 자본을 확보할 수 있다. 그동안 은행들은 비용을 절감하고 지점을 폐쇄하고 직원을 해고했다. 그러나 부동산 가격이 다시 상승하면서 은행이 시장에 복귀하고, 은행의 신용 대출이 새로운 기업들의 성장을 지원할 수 있게 된다. 지난 위기 이후 새로 개정된 은행 규제 한도 내에서 재개된 신용 대출은 사람들의 부동산 구매를 부추긴다. 결국 부동산에 대한 수요가 증가하면 가격이 더욱 상승한다. 이렇게 해서 경제가 성장하고 임금이 오르고 물가도 상승한다.

이 시기에 집을 처음 사는 사람은 자신이 부동산 사다리에서 점점 멀어질까 우려하며 자신에게 맞는 집을 찾기 위해 최선을 다한다. 그런데 아이러니하게도 이런 관심의 폭발이 집값을 더욱 부채질한다. 주택이 부족하니 더 많은 주택을 건설해야 한다는 이야기가 쏟아진다. 여기에 세대 간 형평성 문제도 대두된다.

다음 위기를 방지하기 위해 지난 주기 끝 무렵에 시행된 규제들이 이제는 은행 확장의 장벽이라는 주장도 나온다. 이전 위기에 대한 기억이 아직 남아 있으므로 그런 규제를 완화하기에는 시간이 더 걸리겠지만, 규제 완화에 대한 이야기들이 공개적으로 거론된다. 앞으로 몇 년 후 이 확장 기간이 끝날 무렵에는 공직에 출마하는 정치인들이 이러한 규제를 완화하거나 해제해야 한다는(결과적으로 은행업계에 이로운) 공약을 내세울 것이다.

5. 공한지가 사라진다

새로운 산업과 관련하여 일자리가 창출되는 주요 도시들에서 강력한 성장이 일어난다. 그러나 이런 곳의 부동산 가격은 이미 너무 높다. 결국 외곽에 새로운 시설들이 들어서면서 건설 회사들도 새로운 지역으로 이동한다. 그들은 대개 정부의 인프라 투자와 가구 이주를 따르기 때문에, 부동산 붐은 도시 중심에서 외곽으로 이동하기 시작한다. 외곽 지역에 계속 더 많은 주택이 지어지지만, 이전보다 낮은 가격으로 시장에 나오는 주택 매물은 없다.

6. 수익률 곡선이 평탄해진다

확장 주기가 몇 년 동안 이어지면서 수익률 곡선이 평탄해진다. 이는 경제가 탄탄하게 성장하고 있고, 이에 따라 발생할 수 있는 인플레이션 압력을 완화하기 위해 단기 금리가 상승할 것이라는 기대가 있기 때문이다(중앙은행들은 가능한 한 오랫동안 금리를 최대한 낮게 유지하려고 함에 따라, 저금리가 장기화될 수 있다).[15]

7. 주식시장도 상승한다

이제 주식시장은 최저점에서 벗어나 적어도 앞으로 4년 동안은 상승할 것이다. 다만 은행들은 이전 주기의 부실채권을 청산하는 중이고, 은행에 대한 정부의 지원 조건이 지난 위기 시 시행했던 배당금을 삭감하거나 일시적으로 중단하는 것일 수 있으므로, 은행주들은 다른 종목보다 회복에 좀 더 시간이 걸릴 수도 있다. 그러나 부동산 가격의 회복으로 은행이 대출 장부의 문제를 해결하고, 그것이 완료되면 은행주들도 상승세를 보이기 시작할 것이다. 물론 기술주가 상승세를 주도하겠지만, 경기 확장이 진행됨에 따라 주택 건설과 소비재 관련 주식도 크게 상승할 것이다.

이전 저점에서 현재의 회복기까지 기간이 4년이 넘고, 이전 주기 최고점을 빠르게 돌파한다면, 1950년대부터 1960년대 중반, 1990년대(와 2010년대)에 그랬던 것처럼 주식시장의 강세는 새 주기 전반부 내내 지속될 것이다.[16]

8. 달러 강세 현상이 두드러진다

미국 달러는 일반적으로 주기 전반부 동안 다른 통화에 비해 상대적으로 강한 경향을 보인다. 이는 미국이 (지금까지) 모든 부동산 주기에서 세계를 주도해 온 사실에 기인한 결과다. 미국이 먼저 확장을 겪으면서 달러에 대한 수요가 증가하기 때문이다. 도시 중심부에 투자 자본의 흐름이 몰리는 것처럼, 전 세계 경제 중심지(미국)로 자본이 흐르면서 대부분의 다른 통화에 비해 달러 가치가 높아지는 것이다.[17] 달러 강세는 달러로 가격이 표시되는 원자재 가격에 압력을 가할 수도 있다.

....

사이클이 계속 진행되어 나가면서 토지시장이 경제 성장의 속도와 방향을 주도하게 되어 있다. 하지만 우리 사회가 기술적으로 계속 발전하고 있음을 감안할 때, 미래의 주기에서도 토지가 여전히 중심적인 역할을 할 것인지 궁금할 것이다. 기술이 발달함에 따라 위치와 물리적 공간이 덜 중요해지는 것은 아닐까? 그렇다면 기술적으로 진보된 세상에서 경제지대의 법칙은 어떻게 작용할까? 이전 장에서 설명한 것처럼 앞으로도 여전히 근본적 법칙으로서 그 역할을 할까?

이것은 매우 유효한 질문이다. 따라서 경기 확장이 백그라운드에서 계속되는 동안, 여정을 잠시 접어두고 다음 장에서는 이에 대해 살펴보기로 하자.

포트폴리오를 확장하라

- 단계: 확장
- 대략적인 시기: 2~6년 차
- 지배적인 감정: 낙관주의

감정 관리하기

주기가 시작될 때 가졌던 노골적인 두려움과 부정적 감정만큼은 아니지만, 경제가 회복세를 보이더라도 많은 사람은 여전히 과거의 위기를 완전히 잊지 못하고 있을 수 있다. 때문에 확장기 초기에는 과거의 위기(높은 실업률)에 대한 여운이 다소 남아 있긴 하지만, 경제 확장과 자산 가격 상승에 대해 어느 정도 낙관적 전망이 나타나기 시작한다.

확장 시기는 당신의 전반적인 금융자산의 운명을 결정짓는 매우 중요한 단계이다.

새 주기의 시작 시기에는 부정적인 소식이 계속 들려오기 때문에 투자에 신중하게 주의를 기울였지만 지금은 그렇게 해서는 안 된다. 지금은 낙관적으로 생각하고 행동해야 할 때다. 당신의 투자 범위를 확대하라.

투자 관리하기

1. 보다 다양한 부문의 주식을 매입하라

a. 기술주가 계속해서 상승세를 선도하고 있지만, 다양한 부문의 주식도 활발하게 움직이고 있다. 상승 추세에 있는 다양한 종목의 주식을 매입하라. 확장이 진행됨에 따라 주식시장은 정치적 위기나 경기 부양책의 철회, 금리 상승 등과 같은 외부 사건에 대한 반응으로 정상적인 조정을 거치게 된다. 이 기간에 시장이 출렁인다 해도(예를 들어 1970년대 후반처럼) 더 큰 그림을 생각하라. 과거의 모든 주기에서 이 격동을 거치며 시장이 이전보다 더 높은 고점에 도달하지 못한 경우는 거의 없었다.[18]

b. 강세장이 확대되면서 필수 소비재, 원자재, 에너지주 등 다양한 부문으로 자금이 순환하게 될 것이다. 그다음에는 주택 건설 및 기타 부동산 주식처럼 주기적으로 움직이는 부분으로 자금이 이동한다. 이런 분위기에서 이들 주식을 매입하는 것도 좋다.

c. 은행은 부실 대출 문제를 처리해야 해서 다소 뒤처지는 경향이 있다. 공공 은행일 경우는 배당금을 지급받지 못할 수도 있고, 당국의 보다 엄격한 자본 요건을 따라야 하므로 수익이 감소할 수도 있다. 하지만 몇 년이 지나면 은행주도 회복하기 시작하고 상승세에 가담하게 될 것이다. 이

때가 은행주를 매수할 시기다.

d. 미국 인덱스 펀드(Tracker fund)에 투자했다면 계속 보유하라. 하지만 다른 시장도 미국의 확장 단계에 따를 가능성이 높으므로 다른 시장의 인덱스 펀드 매입도 고려하라.

2. 부동산 포트폴리오를 구축하라

a. 부동산시장이 다시 성장세로 돌아오고 은행 대출이 재개되었지만 아직 낮은 금리가 적용되고 있으므로 지금이야말로 저금리 대출을 최대한 활용해 부동산 포트폴리오를 구축하기 좋은 시기다.

b. 새롭게 떠오르는 지역의 부동산을 노려라.

c. 건물(주택)을 짓고자 한다면, 토지 가격이 아직 상대적으로 낮고 (시장으로 다시 돌아오는) 구매자들의 관심이 집중되는 새로운 지역에서 좋은 개발 기회를 찾을 수 있을 것이다.

d. 경제가 계속 확장하고 있으므로 성장하는 분야의 상업용 부동산에 투자하는 것도 좋은 방안이다.

3. 원자재 투자

회복세가 지속되면 산업 원자재, 특히 기술이나 건설과 관련된 원자재(예: 철, 구리 등)에 집중하는 것도 좋다. 다만 일반적으로 달러로 가격이 책정되는 원자재의 경우, 달러 가치 상승이 역풍으로 작용할 수 있다는 점에 유의하라(아래 참조).

4. 미국 달러 매입

새 주기의 전반부 동안에는 달러가 다른 통화에 대해 평가 절상되는 경향이 있으므로, 여유 현금을 달러로 보관하면 적어도 다른 통화로 보유하는 것보다 가치가 상승할 것이다.

5. 대체 자산 매입도 고려해 보라

a. 투자에 대한 사람들의 관심이 고조됨에 따라 거품이 생길 것으로 보이는 자산에 포트폴리오의 일부를 할애하라. 이런 자산들은 대개 크게 성장할 것이라는 흥미로운 이야기(비록 루머일지라도)가 내포되어 있어서 새로운 투자자를 끌어들이기도 하고, 일이 수행되는 방식에 새로운 패러다임을 보이는 자산인 경우가 많다. 그리고 물론 새로운 기술이 관련되어 있기도 하다(1990년대에는 닷컴 주식, 2010년대에는 비트코인이 그런 자산들이다). 하지만 이런 자산들은 포트폴리오의 일부로서 참여할 가치는 있지만, 이것이 장기적인 매수 전략이 되어서는 안 된다. 이런 자산을 매수

했다면, 이 단계가 끝날 무렵 또는 다음 단계가 시작될 때 판매할 계획을 세우는 것이 좋다.[19]

b. 최근에는 미술품이나 와인 같은 '대체 자산' 투자에 대한 관심이 더 넓어 졌다. 이런 대체 자산들도 확장 단계에서 상승할 가능성이 높아서 투자 할 가치가 있다고 간주할 수 있지만, 관련된 정보를 사전에 완전히 이해 하는 것이 중요하다(일부 대체 자산은 상당한 보관비용이나 보험료가 발생할 수 있고, 쉽사리 매도하기가 어려울 수도 있다).

6. 사업을 확장할 절호의 기회다

경제가 성장함에 따라 사업을 확장할 기회가 반드시 생길 것이다. 아직 상 대적으로 유리한 금리를 적용하는 신용 대출을 쉽게 이용할 수 있다. 지금 이 그런 자금을 활용하기에 가장 좋을 시기다.

불로소득과 새로운 경제

이번에는 법이 아닌 숫자로 세상을 포위하는 중이다.

_카타리나 피스토르, 《자본의 코드》에서

2015년 6월, 파리의 샤를 드골 공항에 도착한 가수 코트니 러브 (Courtney Love)는 파리 시내로 빨리 들어가기 위해 누구나 하는 것처럼 택시를 불렀다. 인기 록밴드 너바나(Nirvana)의 리더 커트 코베인 (Kurt Cobain)의 전처인 그녀의 일거수일투족은 세상의 관심사였지만, 그렇다고 이 짧은 여행이 뉴스거리가 될 만한 일은 아니었다. 그런데 뉴스가 되었다.

코트니 러브가 택시에 타자마자, 그녀는 자신도 모르는 사이 항의하는 사람들 한가운데로 끌려 들어가고 말았다. 사태는 점점 심각해졌다. 우리가 이 사실을 아는 이유는, 일이 벌어지는 동안 그녀가 트위터(현 엑스)를 통해 자신의 상황을 세상에 계속 알렸기 때문이다. 그녀가 처한 상황이 얼마나 위험했는지, 그리고 그 혼란을 해결할 책임이 누구에게 있는지에 대해 그녀가 어느 정도 예술적으로 과장했음을 감안해도 그것은 분명히 끔찍한 사건이었다.

그들이 매복하고 있다가 우리 차를 습격해 운전기사를 인질로 잡았습니다. 그들은 지금 야구 방망이로 자동차들을 부수고 있습니다. 어떻게 프랑스에서 이런 일이 일어날 수 있죠? 차라리 바그다드도 이보다는 더 안전할 겁니다.

프랑수아 올랑드 대통령님, 경찰은 어디 있나요? 프랑스 국민들이 방문객을 공격하는 것이 합법이란 말입니까? 빨리 공항으로 와보세요, 제기랄!

결국 러브는 오토바이를 타고 지나가던 두 사람의 도움으로 구출되었다. 그러나 택시 운전기사는 그다지 운이 좋지 않았다. 그의 차는 야구 방망이로 맞아 크게 부서진 채 전복되었고, 그는 인질로 잡혔다. 사실 그들의 목표는 러브가 아니라 그 운전기사였다.[1]

왜 그랬을까? 그가 승차 공유 앱인 우버 택시를 운행하다가 러브의 호출에 응했기 때문이다. 항의하던 사람들은 파리시가 발급한 택시 면허 소지자들이었다. 이들은 택시 면허를 발급받기 위해 25만 유로(약 3억 6000만 원)라는 큰 비용을 들여야 했다. 하지만 우버 운전자들은 그런 비용도 들이지 않고 택시를 운행할 수 있었기 때문에 고객들에게 더 낮은 요금을 청구할 수 있었고, 택시 면허 소지자들은 그것이 불공정하다며 격분했던 것이다.

2장에서 우리는 경제지대의 법칙으로 인해 토지가 경제 사이클을 이해하는 데 얼마나 중요한지 살펴보았다. 실제 물리적 토지는 단연코 우리 경제에서 지대의 가장 중요한 원천이지만, 지대는 토지에서만 발생하는 것이 아니다. 지대는 천연자원 같은 자연의 선물을 개발하거나, 인터넷을 포함해 인프라에 대한 특권적 접근을 통해 발생하기도 한다. 특혜를 받는 단체에 독점권을 부여하는 면허 같은 법적 구성 요소도 지대의 중요한 원천이다. 그리고 이것이 우버를 둘러싼 논란의 근본적인 원인이었다. 기존 면허 소지자들의 지대를 훼손한 것이기 때문이다. 기존 택시 기사들의 분노에서 볼 수 있듯이, 택시 면허 보유자들은 당연히 우버 택시의 등장을 기뻐하지 않았다.

이를 좀 더 명확하게 이해하기 위해 뉴욕시의 면허 제도를 살펴보도록 하자.

택시 면허와 택시 운전자

대공황 기간 중 실업률이 높아지면서, 수천 명의 남성이 뉴욕시 주변에서 택시 운전에 뛰어들었다. 그러나 운전자가 너무 늘어나 포화 상태가 되자 업계는 빠르게 수익성을 잃기 시작했다. 뉴욕시 도로에는 3만 대가 넘는 택시가 돌아다녔는데, 이는 승객 수보다 더 많은 숫자였다. 절박한 택시 운전자들은 생계를 이어나가기 위해 더 오래 일해야 했다. 그들이 도로상에서 보내는 시간이 길수록 자동차는 물론 그들의 건강에도 문제가 생겼다.

뉴욕시 정부는 택시 수를 제한하기 위해 면허 제도를 도입했다. 결국 1만 6900개의 면허증만 발급되었고, 택시 수가 거의 절반으로 줄었다. 이로써 택시 운전사의 공급 과잉 문제는 즉시 해결되는 듯했다. 그러나 곧 훨씬 더 심각한 문제, 즉 택시 면허 소유자들의 카르텔이 생겨났다.

택시 면허는 사고팔 수 있으며, 소유권을 이전할 수도 있었다. 시간이 지나면서 도시가 더 커지고 택시 서비스에 대한 수요도 증가했지만, 면허 수는 그대로 유지되었고 따라서 택시 운전자들의 수익은 경쟁적인 시장에서 기대할 수 있는 것보다 훨씬 더 높았다. 당연히 택시 운전면허의 거래 가격이 급격하게 상승했다(그래프 10 참조).

1937년 뉴욕의 택시 면허 발급비용은 10달러였다. 10년 후 뉴욕의 택시 면허는 발급비용의 250배인 2500달러에 거래되었고, 2013년에는 130만 달러에 거래되었다.

그래프 10. 뉴욕 택시 면허 수와 가격 변화, 1940~2010년

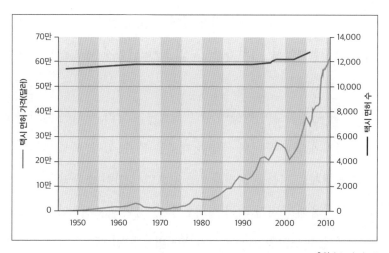

출처: luiscabral.net

택시 면허는 부동산시장과 비슷한 점이 있다. 돈 라일리가 템즈강 남쪽 강둑에 있는 자신의 부동산에서 발견한 것[2]과 뉴욕 택시 면허 소지자가 자신들의 면허에서 발견한 것 사이에는 다음과 같은 공통점이 있었다. 바로 도시의 성장, 새 주택 및 사무실에 대한 투자, 교통 연결 등 여러 가지 개선이 그 지역으로 기업과 사람들을 끌어들이면서 그들의 자산 가치가 엄청나게 증가했다는 것이다. 그들 자신의 추가적인 위험 감수나 노력에 의한 것이 아니라 단지 그러한 혜택을 입

은 희소 자산을 소유하고 있었을 뿐이었는데도 말이다. 그러므로 중요한 것은 무슨 일을 행하느냐보다 무엇을 갖고 있느냐다.[3]

택시 면허를 소유한 사람들이 면허가 추가로 발급되는 것을 막기 위해 정치인들에게 로비를 하고 선거 운동에 가담하는 등 할 수 있는 모든 노력을 기울인 것은 놀라운 일이 아니다. 실제로 그들의 노력은 매우 성공적이어서, 거의 60년 후인 1996년까지 새로운 면허가 발급되지 않았다.

빅이슈 판매자들이 원했던 좋은 위치와는 달리, 우리는 여기서 위치적 가치와 임금 사이의 극명한 대조를 볼 수 있다. 택시 면허의 상당수가 실제로 택시를 운전하지도 않으면서 면허 소유권을 다른 방식으로 사용해 부자가 되어 화려한 삶을 영위하는 사람들의 소유가 된 것이다. 머스타인(Murstein) 가문도 바로 그런 케이스였다. 머스타인 할아버지는 1930년대 택시 면허 소유자였는데, 그는 이후 면허를 수백 개 더 사들였다. 그의 아들은 높아진 가격으로라도 면허를 사려는 택시 운전사에게 대출을 제공하기 위한 대출 회사를 설립했다. 그의 손자 앤드류(Andrew)가 가업에 합류했을 때 이 회사는 부동산, 소비자 대출, 심지어 자동차 경주 팀의 소유권 같은 다른 분야로 사업을 다각화하며 엄청난 부자가 되어 있었다.[4]

반면 택시 기사의 임금은 개선되지 않았다. 면허 소유자는 면허를 높은 가격에 다른 사람에게 임대할 뿐 직접 택시를 운행하지 않는다.

그러나 그 면허를 임차한 사람은 적절한 임금을 벌기 위해 장시간 교대 근무를 해야 했다. 모든 위험은 면허 소유자가 아니라 운전자에게 있었다. 앞 장에서 보았듯이, 노동자는 낮은 임금을 받는 반면 희소 자산의 소유자는 단지 소유하고 있는 것만으로 부가 가치를 얻는다.

면허 가격이 그렇게 치솟는다는 것은 대부분의 면허를 소수의 사람이 소유하고 있다는 것을 의미했다. 그들이 기존 면허의 임대료를 사용해 더 많은 면허를 구입했기 때문이다.

이런 상황에서 우버 같은 승차 공유 앱들이 등장했고, 이로 인해 5만 명이나 되는 신규 택시 운전자가 도로에 합류하게 된 것이다. 이들은 4G로 연결된 스마트폰 앱을 통해 고객의 호출을 받는 무면허(운전면허가 아니라 택시 면허) 운전자들이었다. 이들은 더 낮은 요금으로 기존 택시를 위협했다. 이 같은 혁신으로 인해 택시 면허의 가격은 다시 크게 하락해 2021년 말 기준으로 90퍼센트나 떨어진 약 10만 달러에 거래되었다.[5]

가장 큰 타격을 받은 면허 소유자 중 한 명은 뉴욕에서 '택시 왕'으로 알려진 진 프리드먼(Gene Freidman)이었다. 프리드먼은 약 800~1100개의 면허를 가지고 있었다. 그는 이 면허를 담보로 돈을 빌려, 고급 잠옷을 판매하는 체인점 등 여러 개 기업을 거느린 그룹을 구축하고 맨해튼 파크 애비뉴에 있는 약 372제곱미터(약 112평) 규모의 타운 하우스, 뉴욕 브리지햄프턴에 있는 땅, 그리고 프랑스 남부 휴양지 프렌치 리비에라에 있는 빌라 등의 부동산들을 매입했다. 그런데 면허 가격이 폭락함에 따라 빚을 갚기 위해 여러 개의 면허를 채권자에게 양도해야 했다.

프리드먼은 그가 고용한 택시 운전사들에게 시위를 하도록 부추겼고, 택시 산업에 그런 개혁이 들어오지 못하도록 법원에 제소했다. 그는 당시 뉴욕 시장이었던 마이클 블룸버그(Michael Bloomberg)를 만나 열띤 토론을 벌였지만 시장은 오히려 화가 나서 "내가 너희 택시 산업을 죽이겠다!"라고 외쳤다고 한다. 결국 프리드먼은 차기 시장 선거 운동에서 블룸버그의 상대 후보에게 거액을 기부했다. 경제지대가 위협받을 때 돈과 권력의 관계가 이런 식으로 나타나는 것이다. 이에 대해서는 다음 장에서 다시 다룰 것이다.[6]

이제 기존의 택시 면허 보유자들이 왜 우버 같은 신기술에 위협을 느끼는지를 쉽게 알 수 있을 것이다. 코트니 러브가 탄 택시 운전기사가 폭력적인 시위대에 의해 납치된 이유도 바로 이 때문이었다.

택시 면허도 면허의 한 형태이지만 면허에는 도박, 낚시, 임업에서부터 지식 재산권 같은 기술과 관련된 면허까지 다양하다. 아마도 경제에서 가장 중요한 면허는, 화폐 공급을 창출할 수 있는 권한을 부여하는 은행 면허일 것이다. 면허 부여 시스템이 가져오는 가장 중요한 결과는 희소성을 발생시켜 가격을 상승시킨다는 것이다. 문제는 대부분의 경우, 면허 소지자들이 소득의 흐름을 간파하고 그 면허를 거래하거나 이를 담보로 한 은행 차입으로 그 가치를 현금화할 수 있도록, 법이 그들을 보호하고 특권을 부여한다는 것이다.[7]

지대의 종류

경제지대의 원천에는 이뿐만 아니라 다른 많은 것들이 있다. 공항이나 공공시설 같은 자연적 독점도 지대를 창출한다. 에너지(석유, 천연가스, 우라늄)나 수자원 같은 자연의 선물도 지대의 원천이다. 천연자원의 중요성은 11장에서 자세히 다룰 것이다. 경제에서 지대를 창출하는 주요 원천 목록은 다음 표와 같다.

표 4. 경제지대를 창출하는 자산 목록

구분	지대 자산
토지	주거용, 상업용, 농지, 기타 토지
천연자원	에너지: 예를 들면 탄화수소(석유 및 가스), 우라늄, 재생 자원
	하층토 광물: 지구 안팎
자연적 독점	수리권(水利權, Water rights)
	택시 면허
	공항
	공익사업
	어업 및 임업 면허
	도박 면허

면허 및 기타 원천	전자기 스펙트럼
	위성 궤도 권리
	인터넷 인프라
	도메인 이름 등록
	은행업 인가
	기업 구내식당
	특허
	주차요금
	대중교통
	주류사업 인가(또는 기타 금지된 상품 및 서비스)
	차량 등록
	탄소배출권
	광고
	부두 계류권
	통행권
디지털 경제	디지털 화폐와 NFT
	디지털 플랫폼

위 표의 마지막 행에는 현대 경제에서 점점 더 중요한 부분이 되어
가는 '디지털 플랫폼'이 포함되어 있음을 주목하라.

가상 공간의 정복: 디지털 플랫폼

인터넷 시대에 플랫폼 지대가 매우 중요해지면서, '플랫폼 자본주
의'라는 새로운 형태의 자본주의를 언급하는 경제 평론가들까지 생

겨났다. 플랫폼은 아마존, 구글, 메타(전 페이스북), 에어비앤비, 우버 같은 회사들이 구축한 디지털 장소로, 구매자와 판매자가 함께 모여 상품과 서비스를 교환하는 곳을 말한다.[8] 플랫폼은 일반적으로 전자 상거래가 일어나는 '시장을 만드는 것'을 말한다.

이러한 플랫폼이 수행하는 작업을 보다 잘 이해하기 위해 비유로 설명하자면, 그런 회사들이 인터넷이라는 광대한 디지털 대륙에 최초의 식민 정착지를 세우는 것과 같다고 말할 수 있을 것이다. 신세계 대륙의 원시림 초원처럼, 인터넷이라는 공간이 초기에는 가능성이 많은 곳인 줄은 알았지만 그렇게 가치 있으리라고는 생각하지 않았다. 그러나 실제 토지와 마찬가지로 고속 광대역망 연결 구축, 전자기 스펙트럼 라이선스, 위성 발사, 디지털 네트워크 케이블, 파이프, 기타 인프라, 글로벌 표준 확립, 수십억 명의 네티즌(인터넷 시민)들이 보유한 고도로 정교한 컴퓨터·태블릿·스마트폰을 통한 접속 제공 등을 통해 그 가치가 엄청나게 증가했다. 이런 집단적 노력들이 디지털 '토지'를 매우 가치 있게 만든 것이다. 플랫폼 기업들은 앞장서서 이 디지털 공간을 준식민지로 만들었고, 그렇게 함으로써 인터넷의 지배자로서 플랫폼 지대의 징수자가 되었다. 그들은 자신의 영역에서 활동하는 사람들과 회사들에 광범위한 통제권을 행사한다.

물론 신생 기업들도 자신만의 경쟁 플랫폼을 자유롭게 만들 수 있지만, 위에 언급한 기업들처럼 처음부터 이런 식민지를 구축한 기업

들은 '최초 선도자'라는 점에서 큰 이점을 갖는다. 그 이유는 다음과
같다.

- 네트워크 효과: 서비스를 사용하는 사람이 많을수록 그 가치는
더 커진다. 이는 신규 경쟁업체는 동일한 규모에 도달해야 대적 가능
한 대안이 될 수 있음을 의미한다.
- 신규 경쟁업체가 유사한 규모의 경제를 달성하고 진정한 경쟁
력을 갖추기 위해서는 매우 높은 초기 비용이 요구된다.
- 범위의 경제*: 예를 들어 책을 판매하다가 가정용품 같은 다른
제품의 판매로 전환할 수 있는 능력이 있다.[9]

선도 기업들은 디지털 접근성과 기본 설정(Default)의 이점을 누릴
수도 있다. 일반적인 인터넷 사용자들은 대체 서비스 제공업체를 검
색하는 데 몇 시간을 소비할 인내심이 부족하므로 '가장 접근하기 쉽
거나' 가장 친숙한 서비스를 이용한다. 이는 물리적 세계에서 사람들
이 접근성과 편리함을 추구하는 것과 유사하다.[10] 그들은 심지어 새
로운 혁신적인 경쟁자가 도전할 만큼 커지기 전에 그들을 인수함으

---

* 한 기업이 2종 이상의 제품을 함께 생산할 경우, 각 제품을 다른 기업이 각각 생산할 때
보다 평균 비용이 적게 든다는 이론이다.

로써 자신들의 독점적 이점을 강화한다(이 과정에서 새 플랫폼의 기술은 흡수되거나 조용히 폐기된다).[11] 그런 회사들이 올리는 막대한 수익과 현금 보유고는 그들이 디지털 식민지에서 가치를 추출하는 능력이 있다는 증거이기도 하다.

플랫폼이라는 단어는 중립적이지만, 플랫폼 기업은 디지털 경제 내에서 공정한 당사자가 아니다. 아마존을 통해 상품을 판매하거나 메타를 통해 광고를 시도해 본 사람이라면 누구나 알고 있듯이, 플랫폼은 누구의 제품이 어떤 사람들에게 어떤 조건으로 판매되는지(특히 플랫폼이 판매하는 제품의 경쟁자인 경우)에 막대한 영향을 미친다.

심지어 어떤 경우에는 고용주의 의무를 인정하지 않거나(우버의 경우), 높은 이익을 구가하고 있음에도 불구하고 낮은 임금을 유지하기 위해 외국에서 인력을 아웃소싱하겠다고 위협하는 등 디지털 세계에서 직원이나 공급업체들에게 자신의 지배력을 과시하기도 한다. 이는 앞서 살펴본 택시 면허 제도와 같은 것으로, 경제지대의 법칙에 따른 결과다.

경제지대를 창출하는 또 다른 중요한 특징은, 이들 회사가 자신의 상업적 목적을 위해 사용자 행동에 대한 방대한 데이터 세트를 감시하고 집계할 수 있는 능력을 갖췄다는 것이다. 데이터의 가치는 대중에 의해 생성되지만, 그 방대한 데이터를 수집하는 것은 플랫폼이기 때문이다.[12] 어떤 사람들은 이러한 플랫폼 서비스가 대개 무료로 제

공되므로 그런 감시는 무료 제공의 대가라고 주장하기도 한다("당신
이 상품 가격을 지불하지 않는다면, 그것은 당신이 바로 상품이기 때문이다."라는
말도 있다). 그러나 실제 세계에서는 일반적으로 거래를 할 것으로 예
상하는 건물에 들어가기 위해 비용을 지불하는 경우는 없으며, 고객
을 가장 잘 이해하는 사람은 통상 건물주가 아니라 사업주다. 하지만
플랫폼 서비스 회사는 이전 어떤 식민 권력도 생각조차 하지 못했던
수준으로 개인의 거래를 통제하고 있다.

밴더빌트(Vanderbilt), 록펠러(Rockefeller), 모건(Morgan), 멜론
(Mellon), 카네기(Carnegie) 같은 19세기의 인물들은 지대를 확보함
으로써 산업 제국을 성공적으로 구축했다. 훗날 21세기의 역사가 쓰
일 때 베조스(Bezos), 브랜슨(Branson), 게이츠(Gates), 미탈(Mittal), 머
스크(Musk), 저커버그(Zuckerberg) 같은 인물들에게도 같은 이야기가
기록될 것이다.

....

우리의 경제생활이 메타버스로 이동하면서 디지털 공간에서 완전
한 소유권이 가능해졌다. 블록체인은 절대 수정할 수 없는 기록을 통
해 재산권을 보호한다. NFT(Non-Fungible Token)는 예술 작품, 대체
통화, 심지어 천연 자산 회사를 통해 다양한 자산의 쪼개기 거래를

가능하게 해준다. 미래의 경제적 지대는 얼마나 커질 것인가? 우리는 미래의 경제지대를 추측하기 위해 얼마나 많은 방법을 발명할 것인가? 이 문제가 해결되지 않는다면 21세기의 경제 사이클은 믿을 수 없을 정도로 규모가 커질 것이다. 디지털 우주, 물리적 지구, 심지어는 우주 공간의 정착지와 조직들에서도 동시에 일어날 것이다.

우리는 언제까지 호황과 불황의 주기가 끝없이 반복되는 삶을 살아야 할 운명일까? 이는 정말로 중요한 질문이다. 지금까지 주기의 원인을 살펴보았으니, 이제 여왕의 질문처럼 왜 아무도 그 주기가 오는 것을 보지 못하는지 궁금할 것이다. 안타깝게도 우리의 가장 박식한 전문가들도 앞이 캄캄해지는 경우가 있다. 주기가 오는 것을 볼 수 없다면 어떻게 문제를 해결할 수 있단 말인가? 해결하지 못한다면 결과는 어떻게 될 것인가?

이러한 중요한 질문에 대한 답이 바로 다음 장의 주제다.

디지털, 자연적, 법적 진입 장벽이 있는 기업 주식을 매입하라

핵심 교훈

이 장에서는 경제지대의 법칙에 대한 논의를 광범위하게 다루었다. 시크릿 핸드북 ④에서 얻어야 할 교훈은 이 법칙이 더 넓은 범위의 투자 가능 자산에도 적용될 수 있다는 것이다.

전설적인 투자자 워런 버핏은 제품이나 업계 내의 입지가 쉽게 침입당하지 않는, 이른바 진입 장벽이 있는 기업을 찾는다. 그런 기업들은 그 장벽을 통해 수익을 보호하고 확장을 위한 자금을 조달할 수 있기 때문이다. 가장 좋은 유형의 진입 장벽은 독점적 위치와 라이선스를 소유하거나 보유하는 것이다. 이런 유형의 진입 장벽은 정부에 의해 보호될 뿐 아니라 쉽게 모방하기 어렵기 때문이다.

1. 디지털 지대의 가치는 사이버 공간에 대한 통제 능력을 반영한다

기술 기업의 주가가 너무 높다는 것에 대해 많은 논의가 있었다. 기술 기업의 주가는 대개 현재 수익의 몇 배에 달한다. 이러한 우려가 어느 정도는 타당하지만, 앞뒤 맥락을 고려해서 생각해야 한다. 이들 기업의 자산 가치는 경제지대에서 파생되는데, 이들이 얻는 경제지대는 반드시 수입의 흐름으로 구체화되는 것이 아니라 자본 이득으로 실현된다.

이 또한 물리적 세계의 경제지대와 유사하다. 돈 라일리가 런던 브리지 근처의 이웃과 함께 본 것처럼, 성장하는 도시 한가운데에 한 구획의 빈 땅을 가지고 있다고 생각해 보자. 빈 땅은 어떤 지대도 창출하지 않지만 주변 경제가 발전함에 따라 가치가 크게 상승한다. 그러나 이런 가치 상승이 이루어진다 해도, 손익계산서에는 반영되지 않고 회사의 대차대조표에만 누적된다. 디지털 세계의 지대에도 비슷한 절차가 적용된다. 투자자들은 디지털 공간을 효과적으로 통제하고 사유화하는 데 드는 비용을 지불하는 셈이다. 투자자들은 앞으로 새로운 인구가 이동해 정착하면 엄청나게 가치가 상승할 지역에 광대한 토지를 소유한 초기 정착민과 같은 존재들이다.

2. 디지털, 자연적, 법적 진입 장벽이 있는 기업에 투자하라

지대는 디지털, 자연적 또는 법적 수단에 의해 창출될 수 있으므로 다음과 같은 회사에 투자하라.

a. 향후 수십 년 동안 더욱 중요해질 디지털 공간을 소유하거나 통제할 수 있는 회사.

b. 지구와 소행성에서 추출되는 광물을 포함한 천연자원의 이점을 지녔거

나 우주에 대한 독점적 접근 권한(예: 궤도 경로)을 갖고 있는 회사.

c. 경제 활동이 성장하는 지역에서 서비스를 제공할 수 있는 라이선스를
보유하고 있는 회사.

주식시장 지수를 추적하는 포트폴리오를 보유하는 것만으로도 이런 회사
에 접근할 가능성이 높다. 오늘날 증권 거래소에서 가장 큰 회사(시가총액 기
준)는 기본적으로 지대로 수익을 내는 회사이기 때문이다.[13]

경제의 부패

진실을 보지 못하도록 당신의 눈을 가린 것은 바로 세상이다.

_모피어스, 영화 〈매트릭스〉에서

1935년 3월 19일 아침, 맨해튼 5번가에 있는 유명한 삼각형 모양의 플랫아이언 빌딩으로 걸어 들어가는 찰스 대로우(Charles Darrow)의 발걸음은 경쾌하기 그지없었다. 유명한 게임 제조업체인 파커 브라더스(Parker Brothers)가 자신이 만든 게임을 사고 싶다는 제의를 해왔기 때문이다. 그들은 그가 만든 '땅따먹기' 게임에 대한 판매권을 갖는 대가로 7000달러의 수수료와 미래 이익에 대해 일정 지분을 주겠다고 제안했다.

대로우가 그 제안을 수락하는 데 긴 시간이 필요치 않았다. 거절하기에는 너무 좋은 조건이었기 때문이다. 그는 대공황을 맞아 그동안 해오던 라디에이터 수리공 일을 잃은 뒤 다른 일을 찾기 어려워 힘든 시기를 보내고 있었다. 먹고 살기 위해 할 수 있는 일이 아무것도 없었고, 심지어 개 산책시켜 주는 일조차 나오지 않았다. 그는 가족을 거의 부양할 수 없는 처지에 내몰렸고 수치스럽게도 아내가 바느질로 버는 적은 수입에 의존해야 했다. 이제 이 게임 계약이 성사되면 비참한 시절도 끝날 것이었다.

하지만 그는 계약을 하고 난 뒤에도 앞으로 무슨 일이 일어날지 예상할 수 없었다. 자신이 만든 게임이 행여나 상업적으로 성공할지 모른다는 생각도 들긴 했지만, 그렇다고 갑자기 엄청나게 팔리지도 않으리라 생각했다. 그러나 계약 후 몇 년 되지 않아 그가 만든 '모노폴리'(Monopoly) 게임이 전 세계로 확산되면서 그는 로열티로 수백만 달러를 벌어들였다.

파커 브라더스는 자신의 투자를 보호받기를 원했기 때문에 그의 게임에 대해 특허를 신청하기로 하고, 대로우에게 어떻게 그 게임에 대한 아이디어를 생각해 냈는지 설명해 달라고 요청했다. 그는 친구들이 대학 수업에서 교수가 학생들에게 투자를 위해 가상의 돈을 나누어 주었다는 이야기를 듣고 그 생각이 떠올랐다고 말했다. 그러나 나중에 지역 신문과의 인터뷰에서 그는 그 발명품이 "영감이 넘치고 전혀 예상치 못한 발상"이었다고 말했다. 실제로는 대공황으로 직장을 잃으면서 보드 게임을 만들 시간이 많았기 때문이었을 것이다. 어쨌든 파커 브라더스는 가난뱅이에서 졸지에 벼락부자가 된 사람의 이야기가 게임 콘셉트와 잘 맞는다고 생각하고 이를 마케팅 홍보에 사용했다. "누구나 적은 돈만 있으면 이 모노폴리 게임을 시작할 수 있고, 누군가는 실제로 엄청난 부자가 될 것입니다."

그러나 대로우의 이야기는 조작된 것이었다. 사실 그 게임은 그의 발명품이 아니었다. 그 게임에는 훨씬 더 흥미로운 배경 이야기가 있다. 이 게임은 오락용으로 만들어졌지만 독점으로 인한 자본주의의 폐해를 경고하기 위한 교육적인 목적도 있었다.[1]

아마도 대부분의 사람이 모노폴리 게임에 대해 잘 알고 있을 것이다. 이미 세계에서 가장 지속적이고 인기 있는 게임 중 하나가 되었으니까. 하지만 사람들이 그 게임을 하는 이유와 그로부터 얻는 교훈은 당초 그 게임을 만든 원작자의 목적과는 정반대다. 앞으로 이 장에서 설명하겠지만, 그 중요한 교훈이 더 이상 후세에 알려지지 않은 이유는, 여왕의 질문처럼, 누구도 호황-불황의 경제 사이클을 보지 못했기 때문이다. 결국 이 중요한 교훈을 배우지 못했기에 그 이후로도 계속 비극적인 결과를 반복적으로 맞이하게 되었다.

모노폴리 게임의 진짜 발명가는 여성 사회 운동가

모노폴리 게임 발명의 진실은 이러하다. 대로우는 몇 년 전에 이웃인 타드(Todd)에게서 이 게임에 대해 들었다. 타드는 이 게임이 모든 참여자가 동일한 금액의 현금을 가지고 시작해서 주사위를 굴려 시계 방향으로 자신의 말을 움직이는 것이라고 설명해 주었다. 당시에는 원형 보드 게임이 흔하지 않았기 때문에 대로우는 이 새로운 게임에 즉시 흥미를 느꼈다. 게임을 해 나가면 참여자는 실존하는 지역의 이름을 딴 어느 공간에 도착한다. 만약 자신이 현금을 보유하고 있고 다른 사람이 아직 그 공간을 매입하지 않았으면(자신이 제일 먼저 도착하면), 카드에 그려진 소유권 증서를 매입할 수 있다. 참여자가 보드를 한 바퀴(인생의 한 기간을 나타냄) 다 돌 때마다 그 라운드의 임금에 해당하는 추가 현금을 얻는다. 다른 참여자가 이미 소유한 공간에 도착하는 경우에는, 그 라운드가 진행되는 동안 그 공간을 점유할 권리에 대해 임대료를 지불해야 했다. 보드의 어딘가에는 멈춰 서야 하기 때문에 임대료 지불을 피할 수는 없다. 모든 참여자는 주기적으로 임금을 받아야만 임대료는 물론 라운드마다 다양한 수준으로 부담해야 하는 기타 생활비나 세금을 낼 수 있다. 한 라운드가 끝나고 남은 돈은 참여자가 현금으로 보유할지 아니면 유용한 물건을 구입하거나 토지 취득에 투자할지 결정을 내릴 수 있다.

타드는 이 게임의 최고 전략은 최대한 빨리 최대한 많은 토지를 확보하는 것이라고 말했다. 이 게임의 진짜 시작은 모든 땅을 소유하고 나서부터다. 동일한 색상으로 표시된 인접한 땅들을 모두 소유하면 토지 독점 상황이 되는 것이다. 그러면 이 땅 위에 집을 짓고 이곳을 방문하는 모든 고객에게 더 높은 임대료를 청구할 수 있다. 그런데 갑자기 게임이 뒤집힌다. 참여자가 모든 토지를 자기 소유로 만들기 전에는 현금이 풍부했다. 그러나 모든 토지를 소유하고 나면 자산은 풍부해졌지만 현금이 부족하다. 이때부터는 토지 독점자가 다른 참여자들의 현금을 모두 고갈시킬 만큼 충분한 임대료를 청구한다. 그리고 그들의 부동산을 팔도록 강요함으로써 마침내 그들을 파산시킬 수 있는지를 보는 경주가 시작되는 것이다.

복잡한 게임이었지만, 대로우는 그 게임이 현실 세계를 그대로 모방한 것임을 즉시 깨달았다. 무엇을 구매할지, 건물을 얼마나 지을지에 대한 판단이 필요했다. 게임이 진행됨에 따라 '현금이 왕'이라는 오래된 비즈니스 격언이 더욱 실감 나게 다가왔다. 그러나 한편으로 이 게임은 순전히 운으로 하는 게임이기도 했다. 토지 독점을 가장 먼저 구축한 참여자가 게임을 통제하게 되어 있고, 이는 전적으로 운에 달려 있기 때문이다.(아마도 현실 세계도 마찬가지일 것이다).[2]

대로우는 이 게임의 발명가가 누구인지 물었지만 타드는 거기까지는 알지 못했다. 자기도 그해 초에 친구한테서 들었을 뿐이라는 것이다. 사실 그 당시 미국 북동부 전역에서 이 게임이 유행하고 있었다. 이 게임은 엘리자베스 매기(Elizabeth Magie)가 1904년에 이미 특허를 받은 게임이었지만, 사람들은 지명과 특정 규칙을 일부 변형해 유사한 복제 게임을 직접 만들어 사용하고 있었다.

매기는 뛰어나고 창의적이며 교육 수준이 높은 여성이었다. 그녀는 참정권 운동가이자 시인, 수필가, 배우, 발명가이기도 한 다재다능한 인물이었다. 1893년, 26세의 나이에 타자기에 종이를 더 효율적으로 들어가게 하는 장치를 만들어 특허를 출원했다. 당시는 여성이 보유한 특허가 전체 특허의 1퍼센트도 되지 않던 시절이었다.

주택에 전기가 공급되어 해가 진 이후에도 가족들이 모여서 오락 활동을 할 수 있게 되면서, 저녁 식사 후에 보드 게임을 하는 중산층 가족이 늘어났다. 그녀는 이런 현상을 목도하고, 사회 경제적 정의를 위한 활동가로서 사람들에게 재미와 교육을 동시에 제공할 수 있는 게임을 만들어야겠다고 생각했다. 그래서 만든 것이 바로 '지주 게임'(Landlord's Game)이라는 부동산 게임이었다. 그녀는 1904년에 이 게임에 대해 특허를 받았고(보드 게임에 대한 최초의 특허였다), 이 게임을 판매할 회사를 물색하는 한편으로 이를 대중화하기 위해 사본 제작을 허용했다. 그러니까 대로우가 이 게임을 모방해 자신의 '모노폴리' 게임을 만들 때까지 30년이 넘는 테스트와 개선 과정을 거친 셈이다. 어쨌든 대로우는 자신이 만든 게임의 판권을 파커 브라더스에 넘기면서 수백만 달러에 달하는 로열티를 벌었다. 반면, 매기는 말년에 비록 가난하지는 않았지만 부유하지도 않았고 자신의 비전이 실현되는 것을 보지도 못했다. 나중에 대로우의 모노폴리가 성공하면서 그녀가 아주 뛰어나게 재미있는 게임을 개발했음이 분명하게 입증되었지만, 사실 그녀가 '지주 게임'을 만든 진짜 목적은 헨리 조지라는 저명한 19세기 경제학자이자 사회 사상가의 아이디어를 구현하기 위한 것이었다.

역사상 가장 유명한 경제학자

헨리 조지는 1840년대에 필라델피아의 한 종교적인 가정에서 성장했고, 14세의 나이에 학교를 그만두었다. 그는 대학 교육을 받지도 않았고 경제학에 대한 정규 교육도 받지 않았지만, 역사상 가장 유명한 경제학자가 되었다.[3]

조지는 젊었을 때 세상 이곳저곳을 돌아다녔다. 그는 인도나 호주로 항해하는 배에서 일하면서 방랑 생활을 했다. 그다음에는 금과 부를 찾아 서부 캘리포니아로 모험을 떠났다. 그의 초기 생애는 실업과 중노동으로 점철되었다. 대로우와 마찬가지로 조지도 가족을 부양하기 위한 고통스러운 절박함을 잘 알고 있었다.

결국 조지는 저널리즘 분야에서의 초기 경험을 살려 작가로서의 직업에 전념하기로 했다. 그는 젊었을 때부터 책을 많이 읽었는데, 특히 경제학이 주요 관심사였다. 그는 경제적, 사회적 변화의 속도가 급속도로 빨라지면서 엄청난 불평등과 격변을 가져왔던 이른바 도금시대(Gilded Age)*에 성장한 사람이었다. 그의 호기심 많고 불안한 마음이 시대의 수수께끼, 즉 경제는 놀라울 정도로 발전하는데 왜 그렇게 많은 사람이 극심한 빈곤에 허덕이는지, 그리고 그런 발전이 왜 얼마 못 가 다시 경제 불황으로 바뀌는지에 대한 궁금증을 풀려고 노력한 것은 당연한 일이었다.

그는 빠르게 성장하는 대도시 샌프란시스코를 보면서 수년 동안 이런 질문들에 대해 고민했다. 그러다가 그의 생애 딱 중간 지점인 1869년, 뉴욕을 여행하고 나서야 비로소 번뜩이는 영감을 받고 모든 것을 이해할 수 있게 되었다.

조지는 나중에 그 순간 어떤 일이 일어났는지에 대해 다음과 같이 썼다.

어느 날 낮에 도시의 거리를 걷다가 어떤 생각, 비전, 소명(뭐라고

---

* 미국 남북전쟁 이후 1877년부터 공업화에 따라 자본주의가 급속도로 발전한 20여 년 동안의 시기를 지칭한다.

부르든 좋습니다)이 떠올랐습니다. 내 모든 신경에 전율이 일었지요.
… 그리고 엄청난 부와 최악의 결핍 사이의 충격적인 차이를 처음
눈으로 목도하고 그 진실을 깨닫게 되었습니다.

그래서 그는 자신에게 이렇게 약속했다.

그리고 나는 내가 할 수만 있다면, 어린아이들이 이처럼 지저분한
지역에서 비참한 삶을 살게 만든 원인과 그 해결 방안을 찾겠다고
맹세했지요. 그 맹세는 지금까지 한 번도 흔들리지 않았습니다.

실제로 그는 남은 생애를 이 엄숙한 약속에 열성적으로 헌신했다.
1860년대 후반, 미국은 철도 건설로 호황을 누리고 있었다. 최초의
대륙 횡단 철도는 1869년 5월에 완성되었지만 조지는 이미 그 효과
중 하나를 목도했다. 어느 날, 샌프란시스코 외곽으로 차를 타고 나가
농지 한 구역을 알아보았더니, 1000달러면 구입할 수 있다는 말을
들었다. 당시 농지의 평균 가격은 1에이커(약 4047제곱미터)당 약 5달
러였다. 토지 투기꾼들은 철도가 주에 들어오기 전에 농지를 사 모았
고, 철도가 그 땅을 지나 놓일 때마다 막대한 횡재를 거두고 있었다.
그 순간 그가 그동안 품어왔던 수수께끼가 저절로 해결되었다.

부의 증가와 함께 빈곤도 증가하는 이유가 있다는 것을 문득 깨달 았습니다. 인구가 증가함에 따라 토지의 가격도 높아지고, 토지를 빌려서 경작하는 사람들은 토지를 빌리는 특권을 유지하기 위해 더 많은 비용을 지불해야 한다는 것을 말입니다.

이런 우울한 생각이 번개처럼 떠오르더니 일관되게 확고해졌지 요. … 나는 그 자리에서 자연의 질서를 깨달았습니다. 이 같은 경 험을 해보지 못한 사람들이라도 신비주의자나 시인들이 '황홀한 환상'이라고 부른 것이 이런 것이구나 하고 어렴풋이 이해하게 만 드는 그런 경험이었습니다.

그의 '황홀한 환상'은 리카도의 경제지대 법칙이 미국의 발전 과정 에서 어떻게 작용하고 있는지, 그리고 이 법칙의 적용이 진보 속에서 도 여전히 빈곤이 존재하고 주기적으로 산업 경제를 파괴하는 격동 이 일어나는 이유라는 사실을 깨닫는 순간이었다. 우리가 2장에서 살펴본 통찰력도 바로 조지의 이런 생각에 그 기원을 두고 있다. 조 지의 번쩍이는 영감은 정말이지 적절한 순간에 찾아왔다. 철도의 완 성으로 부동산 주기는 절정기에 이르렀다. 그러나 얼마 지나지 않아 미국은 철도 회사의 절반이 문을 닫고, 5만 4000개의 기업이 무너지 고, 5000개의 은행이 파산하는 최악의 경제 붕괴에 빠지게 될 것이 었다. 미국은 1870년대 대부분 동안 지속된 이른바 '장기 불황'(Long

Depression)을 맞게 된다.

매기가 '지주 게임'을 만든 것은 바로 이런 과정을 보여주기 위해서였다. 게임 참여자들은 '시작'(Go)이라고 표시된 보드 공간을 통과하면 임대료를 지불할 수 있는 임금을 얻는다. 게임이 진행되면서 참여자가 자신의 부지에 집을 지으면(이는 경제가 발전함을 의미한다), 임대료가 임금보다 훨씬 더 극적으로 증가한다. 참여자가 선택할 수 있는 유일한 옵션은(게임에서 조금 더 오래 살아남기 위해서는) 토지 투기꾼이 되어 지대를 받아 생활하는 사람이 되어야 한다. 결국 이 게임에서 시간이 지남에 따라 모든 여유 현금은 부동산시장으로 빨려 들어간다. 각 참여자 간의 차이는 현금이 다 떨어진 이후에 빠르게 나타난다. 가장 큰 토지 소유자는 운 좋게도 최고의 땅을 먼저 획득함으로써 불균형적으로 부유해지며 다른 참여자에게 손해를 끼친다. 이 사람 외에는 어떤 참여자도 안전하지 않다. 한 라운드에서 풍부한 현금을 소유할 수 있지만, 다음 라운드에서 다른 사람이 소유한 잘 개발된 땅에 착륙하면 무일푼이 된다. 조지가 보여준 것처럼 경제는 본질적으로 불안정하기 때문이다.

이 과정에서 토지의 중요성에 대한 의심이 생기는 경우를 대비해, 매기는 게임 설명서에서 다음과 같이 풀이했다.

'지주 게임'은 토지 독점자가 상황을 절대적으로 통제한다는 오늘날 널리 일반화된 사업 방식을 기반으로 하고 있습니다.

이 점을 강조하기 위해 그녀는 이렇게 설명한다.

이 게임의 원리가 현실에 기초한다는 내 주장을 확인하고 싶다면, 한 참여자에게 모든 토지를 다 주고 다른 참여자들에게 게임의 모든 유리한 도구를 제공해 보십시오. 시작할 때 각 참여자에게 100달러를 제공한다는 규칙에 따라 게임을 진행하되, 지주는 임금을 받지 못한다는 예외를 적용하는 것입니다(즉 지주는 '시작'을 통과해도 100달러를 받지 못합니다). 이 간단한 방법만으로도 우리는 토지 독점자가 세계의 군주라는 주장이 사실임을 알 수 있을 것입니다.

조지의 해결 방안

그러나 조지는 이 문제에 대한 '해결책'을 찾겠다고 다짐했다. 그에게는 문제를 종합적으로 보는 재능이 있었다. 그는 불평등과 주기의 호황-불황 반복의 문제를 따로 다루기보다는 두 가지 모두를 해결할 수 있는 하나의 방안을 찾으려고 노력했다. 문제가 되는 것은 토지 투기였기 때문에, 공적으로 창출된 가치의 혜택을 토지를 소유한 개인이 받는다는 문제점을 토대로, 조지는 이 가치를 서비스료나 토지세를 통해 사회에 반환한다는 해결 방안을 생각해 냈다. 이렇게 하면 토지 가치 상승으로 인한 불로소득이 특정 개인(토지 소유자)에게 돌아가지 않기 때문에 토지 투기 유인을 없앨 수 있을 것이라는 생각이었다.[4] 그 가치가 공공 투자에 의해 창출되었기 때문에 그로 인한 이익도 사회에 반환되어야 한다는 것이다. 그리고 그렇게 반환된 자본은 전체 경제의 생산성을 높이는 인프라와 공공 서비스에 대한 투자에 사용할 기금이 될 것이다. 조지는 또 한편으로는, 사람들의 소득과 사업으로 얻는 이익은 개인적으로 창출한 가치이기 때문에 왜곡된 세금이 없어야 한다고 주장했다. 그런 개인적 가치에 세금을 부과하는 것은 사유재산 몰수에 해당한다는 것이다.

요약하면 그는 공적으로 창출된 가치가 집중되어 있는 토지 소유권 때문에 소수의 개인(토지 소유자)에게 이득이 돌아가는 시스템과 광대한 경제 체제의 모든 구성원이 창출하는 개인적 가치의 일부를 세금으로 빼앗기는 시스템을 바로잡고 싶었다. 그렇게 할 수만 있다면 기업과 가계가 성장하는 파이의 정당한 몫을 차지할 수 있으므로 빈곤 문제가 해결될 것이라고 생각했다. 물론 애덤 스미스(Adam Smith) 같은 고전 경제학자들도 이런 접근 방식의 이점을 잘 이해했지만 조지만큼 명확하고 실감 나게, 그리고 모든 사람이 이해할 수 있는 방식으로 설명하지는 못했다.

조지의 처방은 매기가 만든 지주 게임의 핵심 교훈이었으며, 매기가 그 게임을 만든 궁극적인 이유였다. 지주 게임에는 두 가지 규칙 세트가 있다. 앞서 설명한 첫 번째 규칙 세트는 시스템의 불평등과 불안정성을 보여주는 것이다. 두 번째 규칙 세트는 한 가지를 제외하고는 모든 것을 동일하게 유지한다. 예를 들어 참여자가 어느 공간에 도착하면, 임대료 전체를 땅 소유자에게 지불하는 대신 땅 임대료는 공공 지갑(정부)에 지불한다. 그리고 땅 위에 지어진 주택에 대한 임대료만 땅 소유자에게 지불한다.[5] 처음에는 주택 임대료가 땅 임대료보다 높지만 게임이 진행되면서 땅 임대료가 증가한다.

두 번째 규칙 세트에 따라 국고의 수입은 공공시설 건설, 무료 교육 제공, 그리고 참여자가 '시작'을 통과할 때 받는 임금의 인상 등 각종 개선 활동에 쓰인다. 참여자는 다른 세금을 내야 할 필요가 없으므로 시간이 지남에 따라 토지를 개발하거나 주택 임대료를 벌기 위해 사용할 수 있는 잉여금을 쌓을 수 있다. 결과적으로 게임이 진행되면 모든 참여자가 생성된 부를 공유할 수 있게 된다. 중요한 것은, 게임이 아무리 오래 진행되더라도 토지 독점을 이용해 다른 참여자를 파산시킬 수 없다는 것이다. 두 번째 규칙 세트, 이것이 바로 조지가 구상한 해결 방안이었다. 저녁 식사 후 재미있는 보드 게임을 통해 공정성을 더 높이고, 토지 독점자들의 불이익을 없애고, 시스템의 내재적 불안정성을 없앨 수 있음을 증명한 것이다.

조지는 자신의 약속을 지켰다. 문제(불평등과 주기의 호황-불황이 반복되는 문제)의 원인과 해결 방안을 모두 찾은 것이다. 이제 해결 방안을 어떻게 실행하느냐가 문제였다. 그것은 모든 사람에게 공동의 부에 대한 동등한 접근을 허용하고, 번영할 수 있는 삶을 살 동등한 기회를 제공해야 한다는 보편적 도덕법의 문제였다.

조지는 1879년 그의 저서 《진보와 빈곤》(Progress and Poverty)에서 자신의 연구 결과를 발표해 세계를 감동시켰다.[6] 처음에는 자비로 500부를 출판해야 했지만 곧 출판사가 그 책을 인수했다. 이 책이 영국에서 출간되자마자 경제학 베스트셀러가 되면서 큰 전환점이 찾아왔다. 그 책은 학교 교실에만 국한된 곰팡내 나는 학술서가 아니었다. 그 책은 대중의 우려를 직접적으로 이야기하고 있었다. 영국의 내로라하는 유명 경제학자들은 학계 밖의 사람과 교류하는 것을 싫어했지만, 조지의 견해에는 어떻게든 호응해야 한다고 생각했다. 그들은 조지를 후원하기 위해 나름대로 노력을 보였다. 조지의 해결책은 사회 및 경제 개혁을 옹호하는 전 세계적 운동으로 발전했고, 시간이 지나면서 미국의 진보 운동으로 이어졌다.

조지의 명성이 알려지면서 그는 1880년대에 강의를 위해 여러 차례 영국을 방문했다. 그는 윌리엄 글래드스턴(William Gladstone) 총리 다음으로 영국에서 가장 화제가 되는 인물이 되었다. 당시 영국에서 조지보다 더 유명한 미국인은 마크 트웨인과 토머스 에디슨(Thomas

Edison) 두 명뿐이었다는 이야기까지 나왔다고 한다.

1880년대 말에 조지는 영국 자유당의 고문이 되었다. 그가 영국에서 가장 보람 있었던 승리의 순간은, 1891년에 그의 해결책이 경제 기반 플랫폼의 핵심 부분으로 공식 채택되었을 때였다. 글래드스턴 총리 자신도 처음에는 회의적이었지만, 딸 메리를 비롯한 여러 사람의 설득으로 조지가 낸 아이디어의 가치를 확신하게 되었다.[7]

이제 조지는 세계적인 유명인사가 되었고, 뉴욕 시장 선거에도 출마했다. 그러나 그의 건강은 나빠지고 있었다. 1890년에 뇌졸중을 한 번 겪은 후 회복되어 계속 활동했지만, 1897년에 두 번째 뉴욕 시장에 도전하며 선거 운동을 하던 중 뇌졸중이 재발하면서 선거를 나흘 앞두고 세상을 떠났다. 그는 정치가에 걸맞은 장례식을 치렀다. 그의 관이 그랜드 센트럴역 앞을 지날 때 10만 명이 넘는 추모객들이 운집했다고 전해진다. 이는 1865년 에이브러햄 링컨(Abraham Lincoln) 대통령 장례식 이후 미국 인사 중 최대 규모의 추도객이었다.

안절부절못하고, 집중력이 뛰어나고, 정규 교육을 받지 못했으며, 박학다식했던 조지는 오랜 세월에 걸쳐 책을 썼다. 《진보와 빈곤》은 1890년대에 300만 부가 팔렸다. 성경을 제외하고는 그 어떤 책보다도 많은 수였다. 1933년에 존 듀이(John Dewey)는 "이 책은 정치경제학에 관한 거의 모든 책을 합친 것보다 더 널리 배포되었다."고 평가했다. 경제학 역사상 이 책에 견줄 만한 책은 없다. 이 책은 오늘날까지도 역사상 가장 널리 읽히는 경제학 책으로 남아 있다.

그의 엄청난 명성과 막강한 정치적 영향력을 고려할 때, 조지의 생각이 뿌리 깊은 금융 및 토지 이익 개념과 충돌하는 것은 불가피했다. 이 충돌은 그의 죽음으로 끝나지 않았다. 조지가 생애 후반부를 바쳐 내놓은 해결책은, 예상치 못한 두 명의 옹호자가 이어받으며 영국 헌법의 기초 자체를 뒤흔드는 엄청난 갈등으로 이어지게 된다.

인민 예산

이것은 전쟁 예산입니다. 가난과 불결함에 맞선 무자비한 전쟁을 치르기 위한 자금을 조달하기 위한 예산입니다. 한때 이 나라의 숲을 오염시킨 늑대들이 사라진 것처럼, 나는 이 예산안의 통과로 인해 우리를 늘 따라다니던 가난과 비참함, 인간의 타락이 이 나라의 국민에게서 사라지게 되기를, 이 세대가 다 지나가기 전에 우리가 그런 좋은 시절로 큰 발걸음을 내딛게 되기를 기대합니다.

영국 재무장관 데이비드 로이드 조지(David Lloyd George)가 1909년 자유당 정부의 예산안을 발의하면서 하원에서 한 연설의 맺음말이다. 그의 연설에는 또한, 헨리 조지가 제시한 방향에 따라 영국의 세금 제도를 변경한다는 내용이 처음 포함되었다. 사람들은 이 예산을 '인민 예산'(People's Budget)이라고 불렀다.

로이드 조지는 빈곤과의 전쟁을 선포했을지 모르지만, 그의 진짜 적은 영국 공적 생활 대부분을 통제하는 귀족들이었다. 양원제 영국 의회에서 하원은 완전 선출제지만, 상원은 세습 지주들로 가득 차 있었다.

바야흐로 정치적인 싸움이 시작되었다. 로이드 조지 옆에는 뛰어난 젊은 연설가 한 명이 서 있었다. 그의 이름은 윈스턴 처칠(Winston Churchill)이었다. 세습적 특권에 대해 깊은 불신을 가진 노동 계급 출신 웨일스인 로이드 조지와 조상 대대로 토지를 소유해 온 귀족 출신 영국인 처칠이 손을 잡은 것은 예상치 못한 일이었다. 그러나 그들에게는 조지의 해결책이 실행되는 것을 보고자 하는 공통된 이유가 있었다. 특히 처칠에게 있어서 이 싸움은 개인적으로도 의미가 있었다. 그는 이 문제 때문에 보수당(토리당)이 아닌 자유당 의원의 자리에 앉았지만, 자기 가문의 귀족적 뿌리를 고려하면 쉬운 일이 아니었을 것이다.[8] 로이드 조지와 처칠은 출신과 배경이 달랐지만 강력한 팀을 이루면서 상대 당인 보수당으로부터 '끔찍한 쌍둥이'로 통했다.

전투가 치열해질 것은 불 보듯 뻔했다. 지대를 받는 계급인 영주들은 압도적으로 보수당의 자리에 앉아 자유당 정부에 반대했다. 그리고 그들은 하원에도 자신들을 추종하는 사람을 배치해 놓고 정부를 괴롭혔다. 그 해 길고 무더웠던 여름 내내 야당인 보수당은 지루하게 정부 법안을 수정했고 마침내 수정안이 발의되었다. 그럼에도 심야 회기를 허용해야 하는지에 대한 심야 토론을 포함해, 지연을 위한 모든 전술이 동원되었다. 그들의 지연 작전은 끝이 없었다. 심지어 처칠이 잠옷 바람으로 회의에 참석했다는 이유로 질책을 받기도 했다. 결국 자유당 정부는 6개월간의 지루한 논쟁을 거친 후에야 비로소 이 '인민 예산'을 통과시킬 수 있었다.

이제 승리의 순간이 다가왔다. 비록 조지 생전에 보지는 못했지만, 조지의 해결책은 당시 세계에서 가장 중요한 나라였던 영국에서 입법화될 준비가 되어 있었다.

반격

자유당 정부는 개혁에 대한 국민의 강력한 신임을 받고 있었다. 영국 헌법을 구성하는 섬세한 관례와 선례 시스템에 따라, 상원은 선출된 하원이 의결한 모든 법안을 통과시켜야 했다. 그러나 토리당 영주들의 헌법 위반 가능성을 예상한 정부는, 상원이 예산안을 거부할 경우 상원의 특권적 권한을 공식적으로 제거하는 법안을 제정할 것임을 분명히 했다.

과연 상원의 지도자인 랜즈다운(Lansdowne) 경은 어떻게 했을까? 그가 예산안 거부권을 고려하고 있다는 사실에 많은 동료들이 놀랐다. 보수당 동료들은 개혁을 싫어하기는 하지만, 그나마 자신들이 누리고 있는 정치권력을 잃을 만큼 예산안 거부가 가치 있는 일은 아니라고 랜즈다운 경을 설득했다.

물론 랜즈다운 경도 이를 더 잘 알고 있었다. 그러나 그는 예산안의 상원 거부권을 막을 수 있는 법 조항이 없다는 이유로 거부권을 행사하도록 명령했다. 결국 그는 헌법의 취약한 구조를 이용해 폭탄을 더 효과적으로 터뜨린 셈이 되었다.

결과는 정치적 혼란이었다. 1910년에 두 차례의 총선거가 실시되었는데, 그중 하나는 영주(상원의원)의 권한을 제거하는 것에 대한 투표였다. 이렇게 해서 상원의 법안 거부권은 1911년 의회법에 의해 공식적으로 폐지되었다.

그러나 이 선거에서 자유당 정부는 하원에서 과반 의석을 차지하지 못했다. 이후 토지가치세(Land value tax)가 도입되었으나 1914년 제1차 세계대전이 발발하면서 그 시행이 중단되었다가, 전쟁 후 보수당 정부가 집권하면서 아예 폐지되었다. 조지가 그 길을 열고 처칠이 주도한 운동이 누렸던 승리의 순간은 너무 짧았다. 이미 거둔 토지가치세는 토지 소유자에게 반환되었다. 아마도 인류 역사상 정부가 합법적으로 징수한 세금을 자발적으로 반환한 몇 안 되는 사례 중 하나일 것이다. 그것이 마지막 모욕이었다.

결국 매기가 옳았다. 영주들에게 공식적인 정치권력은 부차적인 문제였다. 토지 독점자가 이 세상의 진정한 군주였으며 랜즈다운 경은 이를 꿰뚫고 있었다. "토지 귀족과 정부는 하나입니다. 정부는 귀족의 권력과 특권을 보존하기 위한 조직화된 수단에 지나지 않습니다."[9] 적어도 그의 편협한 이해관계의 관점에서 본다면, 그가 내린 판단이 전적으로 옳았을 것이다.

결국 토지 소유에 대한 이해관계가 정치권력보다 우세했다. 그들은 자연 질서에 대한 완전한 혁명이라고 여겨진 조지의 이상을 성공적으로 차단했다. 그러나 조지는 혁명적이지 않았다(아마도 같은 시기에 저서가 널리 유포되고 있던 칼 마르크스(Karl Marx)라면 몰라도). 조지의 천재성은 그가 오늘날 시스템의 가장 높은 열망인 자유 시장 경제가 실현될 수 있음을 보여주었다는 것이다.[10] 이것이 매기 게임의 핵심 교훈이었다. 그 규칙에서 간단한 조정만 하면 된다(땅 임대료만 정부에 지불하고 나머지 규칙은 그대로 적용하는 것이다). 그러면 거의 모든 사람이 더 잘 살게 될 것이다.

당분간은 상원의 정치적 반격이 효과가 있었다. 하지만 지대를 받는 영주들에게 문제가 생겼다. 영국에서 조지의 제안이 실행되는 것을 막으려면 필사적인 헌법 파괴 행위를 벌여야만 했기 때문이다. 조지는 죽기 전, 미국에서 가장 영향력 있는 선출직 관리를 뽑는 뉴욕

시장 선거에 도전했지만 간발의 차이로 패했다. 그러나 그의 아이디어는 전 세계의 진보적 정치인과 활동가들에게 엄청난 영향력을 미쳤다.[11] 조지의 해결책은 인기가 있었고 실제로 옳았다. 조지의 열혈 추종자인 톨스토이는 이렇게 썼다. "사람들은 조지의 가르침을 두고 논쟁하지 않는다. 그들은 단지 그것을 모르고 있을 뿐이다. (그리고 그의 가르침과 다르게 행동하는 것은 불가능하다. 그것을 아는 사람은 동의하지 않을 수 없기 때문이다.)"[12]

이제 조지의 생각을 잘 알고 이해하는 시민이 많아진 민주주의에서, 그의 생각은 지대를 받는 지주들의 이익에는 항상 위험한 주장이다. 따라서 그의 해결책이 영구적으로 힘을 발휘하지 못하게 하려면 더 깊고 교활한 전략이 필요했다. 그들은 무슨 속임수를 쓰더라도 이 아이디어 전쟁에서 승리를 거두어야 했으니까.

지적 부패

1880년대 거의 모든 경제학자는 조지의 처방에 대해 자신의 의견을 내야 한다는 의무감에 사로잡혔다. 물론 조지의 생각에 찬성한 학자들도 있었지만, 자신의 선택이든 아니면 필요에 의해서든, 찬성하지 않는 학자들이 대다수였다. 경영대학원의 경제학 교수들은 보수적인 경향이 있었다. 특히 미국의 학자들은 부자들의 지원을 받고 있었는데, 자신들을 지원하는 부유한 후원자들은 조건부로 후원을 했기 때문에 그들의 재정적 이익에 반하는 견해를 출판하거나 발표할 수 없었다.

당시 가장 명망 높은 대학들은 미국에서 가장 유명한 '지대를 받는 사람들'의 후원을 받고 있었다. 시카고대학은 존 데이비슨 록펠러(John Davison Rockefeller), 컬럼비아대학은 존 피어폰트 모건, 펜실베이니아대학은 조지프 와튼(Joseph Wharton)의 후원을 받고 있었고, 코넬대학은 아예 후원자인 에즈라 코넬(Ezra Cornell)의 이름을 따 학교 이름을 지었다.[13] 그들의 부는 19세기 후반 철도 붐과 기타 독점권에 대한 의회의 관대한 조치 덕분에 획득한 엄청난 토지가 대부분이었다. 조지의 해결책은 이들에 대한 직접적 공격이나 다름없었다. 조지의 제안이 이들에게 용인될 리가 없었다. 펜실베이니아대학의 경제학자 스콧 니어링(Scott Nearing)은 조지를 지지했다가 톡톡한 대가를 치렀다. 조지의 생각이 옳다고 생각한 니어링은 매기의 게임을 경제학의 교육 도구로 사용했고, 1915년에 이른바 조지학파의 간행물에 기사를 게재했다. 결국 니어링은 이 두 가지 사건을 빌미로 해고되었다. 이 대학의 관리자는 이에 대해 다음과 같이 설명했다.

와튼 스쿨(펜실베이니아대학의 경영대학원)에서 교수직을 맡고 있는 사람이 설립자의 원칙과 전혀 다른 원칙을 소개하고 … 잘 알려진 와튼 씨의 견해와 전혀 일치하지 않는 방식으로 실무자들의 보수적 견해를 무시하는 발언을 함부로 했다.

예를 들어 10만 에이커에 달하는 와튼 스쿨의 뉴저지 부지를 고려하면, '완전히 다른' 견해가 무엇인지 알아내는 것은 그리 어렵지 않을 것이다. 한마디로 반대 의견은 용납할 수 없다는 것이다.

학문적 사고의 자유를 억압하는 것도 문제였지만, 새로운 위기가 발생할 때마다 조지의 사상이 다시 등장하지 않도록 영구적인 해결책이 필요했다. 그러기 위해서는 조지의 해결책 자체를 금기시해야 했다. 바로 침묵의 문화가 필요했다. 이를 위해 훌륭한 전략이 등장했다. 경제학 자체를 재구성하는 것이었다. 적어도 주류에 속하는 사람들에게서 조지의 해결책이 거의 다시는 나오지 않을 방식으로 경제학을 재편하는 것이다. 두 명의 컬럼비아 경제학자, J. B 클라크(J. B. Clark)와 E. R. A. 셀리그먼(E. R. A. Seligman)이 재편을 주도했다. 이들은 학계와 조세 정책에 막대하고 지속적인 영향을 미쳤다.[14]

임금이나 이익이 아니라 토지 가치에 서비스 요금을 부과해야 한다는 조지의 주장은, 생산 요소로서 토지의 고유한 특성과 세금이 경제 활동을 왜곡하거나 약화시킨다는 사실에 근거한 것이었다. 그래서 이들은 가장 첫 번째로, 땅이 그렇게 독특하지 않다는 것을 보여주려고 시도했다. 땅이 독특하지 않다면 임금이나 이윤과 다르게 취급되어서는 안 되며, 임금과 이윤에 대한 세금이 나쁘다면 토지에 대한 세금도 나쁘다고 주장하려는 의도였다.

그러나 생산에 사용되는 자본 설비 같은 자본을 어떻게 토지나 공간과 동일하다고 주장할 수 있단 말인가? 더구나 현실 세계를 연구하는 경제학 같은 분야에서는 그럴 수 없었다. 하지만 진취적인 클라크는 그 방법을 찾았다. 경제학이라는 학문을 환상의 영역으로 끌어들이는 것이었다. 환상의 세계에서 자본은 일종의 영원히 존재하는 것으로 간주되기 때문이다. 그러니까 자본을 플라톤의 영혼처럼, 한 대상에서 다른 대상으로, 공장에서 기계로, 다시 땅으로 항상 흐르거나 '이전'하는 방식으로 존재하는 것으로 간주하는 것이다. 결국 그의 주장을 요약하면 이렇다. "공장을 지으려면 돈을 지불해야 하듯이 토지를 구입하려면 돈을 지불해야 하므로, 그 둘은 똑같은 것이다. 공장이 일종의 자본이므로 토지도 자본으로 간주되어야 하며, 둘 다 영구적이다."[15]

무관심한 일반적인 사람들에게는 이 말이 그럴듯하게 들릴지 모르지만, 사실 클라크의 이런 주장은 전적으로 허구다. 그럼에도 그의 주장은 우리 귀에 익을 정도로 자주 반복되었다. 그들은 마케팅 재능까지 발휘해 경제학의 이런 변화를 '신고전주의'라고 부르고, 로크(Locke), 흄(Hume), 스미스, 리카도, 프랑스 중농학파의 고전 경제학에 기원을 두고 현대 시대에 맞게 업데이트했다며 신뢰성을 부여했다. 하지만 그것은 실제로 경제학에 대한 적대적 장악에 가깝다.[16] 그들의 목표는 조지가 내놓은 해결책의 정확성을, 정확한 다른 것으로 대체하는 것이 아니었다. 사실, 부정확한 것이 그들에게는 더 좋았다. 그들이 할 일은, 논리적인 주장이나 적절한 진단이 이루어질 수 없도록 혼란을 심어주는 것뿐이었다.

최종적으로 분석해 보면, 지성인들의 이런 부패는 잔인할 정도로 효과적이었다. "[그것은] 과학 지식 발전의 역사상 가장 흉악한 사건 중 하나였다."[17] 오늘날 우리가 공부하는 경제학은 바로 이렇게 조작된 돌연변이에서 진화했으며, 생산의 요소를 세 가지(자본, 노동, 토지)가 아니라 두 가지(토지를 자본의 한 형태로 봄)로 본다. 오늘날 우리는 언어의 혼란 속에 살고 있다. 가격이 오른 주택을 판매하는 경우, 우리는 이를 집이 위치한 토지 가격이 상승한 현실보다는 '자본적' 이익으로 이야기한다.[18] 우리는 경제 총생산, 고용, 무역, 상품 가격, 최종 재화 및 서비스, 이자율과 심지어 도시의 빛의 밀도까지, 우리가 생각할 수 있는 거의 모든 경제 변수를 측정한다. 게다가 세무 당국은 우리가 무엇을 사고파는지 꿰뚫고 있다. 그러나 어느 누구도 가장 가치 있는 자산인 토지를 측정하는 데에는 조금도 관심을 보이지 않는다.

오늘날 정부 정책을 주도하는 경제 모델의 세계는 실제 위치가 중요하지 않은 환상의 세계다. 그들은 각종 수학적 정교함을 동원하지만, 현실에 대한 표현의 조잡함을 숨기기는 어렵다. 인류는 자신이 거주하는 행성이 구형이라는 사실을 2000여 년 전에 배웠지만, 현대 경제학의 정통 대제사장들은 아직 이를 흡수하지 못한 것 같다. 위치가 중요하지 않은 세상은 사실상 평면이기 때문이다.

우리가 일반적으로 알고 있는 대부분의 경제 모델들이 이런 기초에서 만들어졌기 때문에, 오늘날 전문적으로 교육받은 경제학자들이라 해도 호황과 불황이 반복되는 동안 경제를 주도하는 경제지대의 역할에 대해 무지하다.[19] 그렇기 때문에 누구도 주기를 예측하기는커녕 볼 수도 없는 것이다. 이것이 여왕이 제기한 질문에 대한 진짜 답이 될 것이다.

특히 오늘날 불평등이 점점 더 뚜렷해지며 더 확산되고 있지만 현대 경제학은 이에 대한 설명도 모호하다. 수많은 연구가 기후 변화, 환경 파괴, 사회적 및 경제적 불평등 같은 현대 자본주의의 문제점들을 지적하고 있지만, 누구도 토지와 우리가 토지를 대하는 방식을 그런 문제들의 근본 원인으로 보지 않는다.[20] 앞서 살펴보았듯이 그들은 토지와 자본을 억지로 결합시켰기 때문에, 이런 많은 연구가 이른바 신고전주의자들이 만들어 낸 부패의 경제학을 옹호하는 데 이용되었을 뿐이다.[21]

그들은 조지의 생각이 다시는 부유한 엘리트들의 재정적 이익에 도전하지 못하도록 경제학이라는 학문의 기초를 완전히 뒤집어 놓았다. 사람들의 삶과 생계에 큰 피해를 준 호황과 불황의 이야기가 계속 반복되었음에도 1909년 이후 어떤 선진국에서도 조지의 해결책은 진지하게 검토되지 않았다.[22]

마지막 왜곡은 대로우가 매기의 '지주 게임'을 훔쳤을 때 일어났다. 바로 지주 게임의 두 번째 규칙 세트(전 세계에 임대료 공유의 효과에 대해 가르치기 위해 고안된 규칙)가 제거된 것이다. 대로우의 모노폴리가 엄청난 인기를 끈 점을 감안하면(체스를 제외한 다른 어떤 게임도 세계의 집단의식에 그렇게 강하게 각인되지 않았다), 사람들에게 무제한적인 재산 투기의 위험성을 경고하기 위해 매기가 고안한 게임은 아이러니하게도 투기를 축하하는 게임이 되고 말았다.[23]

뿌린 대로 거둔다는 말이 있다. 경제 사이클을 이해하거나 예측할 수 없다는 것 외에도, 이런 무지의 학문이 대학에 심어지고 현대 경제 정책에 의해 영속화되면서 서구 사회는 다시 한번 큰 고통을 겪고 있다.

씁쓸한 대가

1989년 11월, 세계 역사상 가장 중요한 사건 중 하나인 베를린 장벽이 무너졌다. 이로 인해 70년간의 잔혹한 공산주의 탄압이 종식되었다. 그리고 그날 일어난 사건은 전 세계적으로 광범위한 영향을 미쳤다. 그에 관한 기록 중에 잘 알려지진 않았지만, 우리의 경제적 사고가 얼마나 부패했는지를 잘 보여주는 사례가 하나 포함되어 있다.

소련에서 분리된 국가들은 대개 막대한 천연자원을 보유하고 있었다. 조지가 처음 제시했고 처칠이 지지한 노선을 따라 발전할 수 있는 국가가 어딘가 있었다면, 바로 이 나라들이었을 것이다. 그리고 시기도 적절했다. 그들이 구축할 수 있었던 경제적 통치 시스템은 영국과는 달리 기존 제도와 시스템에 의해 제한될 필요도 없었다. 게다가 정치적인 의지도 있었다. 새로 수립된 공화국의 국민들은 언젠가는 자신들이 어떻게 살아야 할지 선택할 수 있고, 노동에 대한 정당한 보상을 받을 수 있을 것이라는 희망을 품고 있었다. 공산주의 통치하에서는 결코 불가능했을 것이다.

이들 국가는 1990년 11월 7일에 소련 대통령 미하일 고르바초프(Mikhail Gorbachev)에게 보낸 공개서한에서, 소련이 시장 경제로 원활한 전환을 하기 위해서는 토지 임대료 흐름을 정확히 포착하는 정책을 도입해야 한다고 촉구했다.

소련이 시장 경제로 전환하면 시민들의 번영이 크게 고취될 것입니다. … 토지 임대료를 정부 수입원으로 유지하는 것이 중요합니다. … 토지 임대료와 천연자원을 사회적으로 잘 수집 정리해 세

가지 목적에 사용할 수 있습니다. 첫째, 누구도 자연이 인류에게 제공하는 것을 독차지함으로써 동료 시민을 박탈하지 못하게 할 것입니다. 둘째, 자본 형성이나 일자리를 찾는 노력을 저해하거나 자원의 효율적인 배분을 방해하지 않고도 정부가 사회적으로 가치 있는 활동에 돈을 사용할 수 있는 재원을 제공해 줄 것입니다. 셋째, 이로 인해 발생하는 수익을 통해 규모 또는 밀도의 경제를 나타내는 공공시설과 기타 서비스를 효율적인 가격으로 시민들에게 제공할 수 있게 될 것입니다.

또한 재산 관리자가 자신의 재산을 유지 개선하기 위한 노력에서 파생된 가치를 보유하도록 허용하는 것과, 자연적으로 내재되어 있지만 동시에 사회적으로 창출된 토지의 가치를 공적으로 사용하도록 하는 것 사이의 균형이 유지되어야 합니다. 토지 사용자에게 한 번의 지불로 무기한의 권리를 취득하도록 허용해서는 안 됩니다. 효율성, 적절한 수입, 그리고 정의를 위해서라도 모든 토지 사용자는 다른 사람이 그 토지를 사용하지 못하도록 막는 대가로 해당 토지의 현재 임대 가치에 해당하는 금액을 매년 지방 정부에 지불해야 합니다.[24]

앞서 설명한 지성의 부패에도 불구하고, 모든 사람이 경제지대의 중요성에 대해 무지한 것은 아니었다. 이 공개서한에는 세 명의 노벨상 수상자(프랑코 모딜리아니(Franco Modigliani), 로버트 솔로(Robert Solow), 제임스 토빈(James Tobin))를 포함하여 세계에서 가장 저명한 경제학자 30명이 서명했다. 이들 중 윌리엄 비크리(William Vickrey)는 나중에 노벨상을 수상했다.

프레드 해리슨 등이 포함된 전문가팀[25]이 러시아 과학 아카데미(Russian Academy of Sciences)에서 연구 활동을 하면서, 러시아 정책 입안자들에게 이 모델을 설명하기 위해 러시아 연방 국회에서 회의와 세미나를 열기도 했다. 그들은 또, 덴마크와 영국의 토지세 전문가들과 함께 옛 러시아 수도인 노프고로드(Novgorod)에서 시범 연구를 진행하며, 부동산시장이 존재하지 않는 경우에도 임대료를 징수하는 세금 시스템을 어떻게 신속하게 수립할 수 있는지 보여주었다.

첫 반응에서부터 러시아 국민들이 전반적으로 열광한다는 것을 분명히 알 수 있었다. 그러나 처칠과 로이드 조지가 80여 년 전에 직면했듯이, 임대료 공유(국가 징수)에 반대하는 세력 또한 강력했다.

한편 러시아에서는 이미 천연자원이 도난당하고 있었다. KGB는 1989년 이전부터 소련의 종말을 예상했고, 수년 전부터 부를 빼돌리며 자신들의 힘이 미치는 네트워크를 유지하기 위한 조치를 취하고 있었다. 그들에게는 그들의 자금을 안전하게 받아줄 우호적인 서구 기업과 부패한(또는 재정적으로 취약한) 기업가들이 필요했다. 여기에 1980년대 후반에 추진한 고르바초프의 시장 개혁이 상황을 더욱 악화시켰다. 이 틈을 타 그들은 젊은 기업가들을 동원해 소련 대기업의 잉여금을 암시장 환율보다 훨씬 낮은 가격으로 외화로 전환할 수 있도록 유도했다. 이를 통해 그들은 막대한 부에 접근할 수 있었고 거대한 산업 기업을 인수할 수 있었다. 게다가 그들은 자기들의 운영 자금을 조달하기 위해 은행을 설립하는 것도 허용해 주었다.[26]

1989년이 되자 고르바초프는 비로소 자신이 물꼬를 튼 개혁에 대해 우려하기 시작했고, 그런 기업들에게 돌아가는 수혜를 제한하기 위한 노력을 시도했다. 그러나 이미 엎질러진 물이었다. 이 새 기업가들은 러시아 대통령인 보리스 옐친(Boris Yeltsin)에 대한 지지로 돌아섰다. 1991년 8월 강경 세력의 쿠데타를 성공적으로 진압한 옐친은 곧바로 러시아의 새 지도자가 되었다. 강경 세력의 쿠데타는 자원의 절도를 막고 싶지 않았던 KGB에게 외면당하면서 실패하고 말았다.

해리슨과 30명의 경제학자의 주장을 지지한 사람들은, 토지는 물론 러시아의 모든 천연자원을 사유화하고 러시아 기업과 시민 모두에게 과세해야 한다고 주장하는 서구의 기관들, 특히 IMF와 세계은행의 강력한 압력에 완전히 압도당했다. 결국 모든 상황이 서구의 기관들 뜻대로 진행되었고, 이전에는 한 번도 은행에 담보로 제공한 적이 없는 광대한 토지와 천연자원이 개방되면서 서방 은행들은 훨씬 더 많은 지대를 증권화할 수 있게 되었다.

옐친은 이 두 세력을 등에 업고 세계 역사상 최대 규모의 토지와 자원을 시장에 내놓을 수 있었다. 대로우의 모노폴리 게임과 마찬가지로 승자가 모든 전리품을 손에 넣었다. 물론 권력의 중심에 있는 사람들과 긴밀하게 연결된 사람들이 승자였다. 나머지 사람들에게는 혼란이 왔다. 서구는 '시장 개혁'을 추진하기 위한 '충격 요법'을 추진했다. 즉 서구의 모델인 토지 독점 체제를 러시아에 그대로 도입했다. 이는 앞에서 언급한 지적 부패의 반영이었지만, 문제는 아직 최악의 결과가 생길 경우 이를 개선할 사회복지 안전망이 없는 국가에서 시행되었다는 것이다. 결과는 뻔했다. 기대 수명의 급감, 영아 사망률의 증가, 자살률과 알코올 중독 증가 등 몇 가지만 들어도 끔찍한 상황들이 발생했다.[27] 개방된 러시아에서 서구의 정치적, 지적 부패의 치명적인 결과가 끔찍한 규모로 나타난 것이다.

　더 나쁜 일이 계속 이어졌다. 1995년 혼란에 빠진 러시아 정부가 파산 위기에 이르자, 소수의 러시아 기업가들이 국가가 계속 기능하는 데 필요한 자금을 정부에 빌려주는 상황까지 벌어졌다. 그러면서 그들은 담보로 국영 기업의 지분을 받았다. 나중에 국가가 돈을 갚지 못하자, 이 기업가들*은 담보로 잡은 국영 기업의 지분을 헐값에 매입하고, 그나마 남은 지분도 조작된 민영화 경매를 통해 자기들의 손

---

* 　이들을 '올리가르히'(Oligarchs)라고 부른다. 이는 원래 로마의 과두정치를 뜻하는 단어의 러시아식 표기로, 러시아 신흥 재벌을 가리킨다.

에 넣었다. 예를 들어 미하일 호도르코프스키(Mikhail Khodorkovsky) 같은 사람은 국영석유회사인 유코스(OJSC)의 소유권을 단 3억 달러에 인수했다.[28] 그는 이미 몇 년 전에 국가의 호혜로 메나테프 은행(Menatep Bank)을 설립했기 때문에 유코스 구매 자금을 조달하기 위해 자신의 돈을 꺼낼 필요조차 없었다.

1996년이 되자 올리가르히들은 늘 술에 취해 있고 인기도 없는 옐친을 골칫거리로 생각하기 시작했다. 마침내 그들은 이른바 '작전명 후계자'(Operation Successor)라는 새 계획을 세웠다. 자신들의 이익을 위해 현재의 운영 시스템을 계속 유지하도록 자신들이 통제할 수 있는 새로운 사람을 크렘린에 앉히려는 계획이었다. 그들은 잘 알려지지 않은 직업 관료 중에서 한 사람을 찾았다. 블라디미르 푸틴(Vladimir Putin)이라는 남자였다.

푸틴이라는 사람은 해결사이자 자신을 후원하는 사람들에게 충성하는 사람으로 알려져 있었기 때문이다. 그는 상트페테르부르크의 부시장을 지냈으며 대외경제관계협의회 의장을 역임한 사람이었다. 이런 경험을 통해 러시아의 광대한 자원의 가치에 대한 통찰력을 갖게 되었으며, 그 자원을 외국에 판매하고 자신이 관리하는 은행 계좌에 돈을 예치한 일부 수상한 관행에도 관여한 것으로 알려졌다. 올리가르히들에게 그는 키워주기에 적합한 사람인 것 같았다. 지금의 혼란 상황을 잘 수습하고, 자신들의 신임을 받으며, 자신들이 정부의 간섭 없이 기업 제국을 건설할 수 있도록 도와줄 적임자가 될 것이라고 생각했다.

그들이 푸틴이라는 사람을 얼마나 잘못 보았는지!

푸틴은 그들의 생각대로 움직여 줄 꼭두각시가 아니었다. 그는 전직 KGB 장교로, 러시아 정치기관에서 일하면서 전 KGB 동료들과 강력한 유대 관계를 맺고 있었다. 그는 서방과의 전쟁 상황을 유지하려는 그들의 계획에도 밀접하게 관여하고 있었다. 결국 그는 자신의 후원자들에게도 등을 돌렸다. 그는 국가의 정치, 사법, 법 집행기관을 총동원해 그들을 자신에게 굴복시켰다. 그는 그들 중 가장 거물인 큰 인물인 미하일 호도르코프스키를 본보기로 삼아 강력하게 처벌했다.[29] 그런 다음 권력을 더욱 강화하고 러시아의 부를 스스로 삭감했다(그러나 아이러니하게도 그는 현재 세계에서 단연 가장 부유한 사람으로 추정된다).

결과적으로 푸틴의 통치하에서 러시아는 서구의 이익과 점점 더 적대적인 방향으로 나아갔다. 초기에는 러시아의 부가 서구 기업으로 빠져나갔지만, 나중에는 그 돈이 장차 러시아에 유용한 도움이 될 기업가들을 지원하는 데 사용되어 그들로부터 콤프로마트(Kompromat)*를 캐내기도 했다. 때마침 1990년대 미국에서 부동산

———

* 상대방의 약점을 잡아 정보를 캐내는 러시아의 정치 전략을 말한다.

침체 주기의 여파가 커지면서 러시아에 그런 서방 기업들을 물색할 호기가 찾아왔다. 아마도 1990년대 10년 동안 사업에서 가장 큰 실패를 맛본 사람은 도널드 트럼프라는 뉴욕 부동산 개발업자일 것이다. 당시 모든 은행(도이치방크(Deutsche Bank)만 제외하고)이 그와 거래하기를 꺼렸던 시기에 러시아의 돈이 그의 부채를 줄이는 데 도움이 되었다. 당시 시장 금리보다 훨씬 높은 라이선스 수수료*로 그의 입지를 회복할 수 있었다. 그의 이름이 눈에 띄게 표시된 고층 건물을 짓는 것을 좋아하는 그의 취향을 고려하면, 아마도 모스크바에 유럽에서 가장 높은 트럼프 타워가 세워질지도 모른다.[30]

어쨌든 트럼프는 1990년대 초에 러시아가 포섭 대상으로 접촉한 수많은 기업가들 중 하나였을 것이다. 당시에는 큰돈이 아니었을지 몰라도 결과적으로 러시아의 자금은 그에게 큰 보상을 가져다주었다. 2018년 7월, 헬싱키에서 열린 푸틴-트럼프 기자회견에서, 영향력을 행사하는 채권자(그리고 세계 최고의 지대 수익자 중 한 명)인 블라디미르 푸틴과 채무자(그리고 세계 최고의 부동산 재벌 중 한 명)인 트럼프의 관계는 명백히 드러났다. 두 사람 모두 자신들의 영구적 책임이라 할 수 있는 부동산 침체의 여파로 고통받는 사람들의 아픔과 분노를 이

---

* 트럼프는 주거용 고층 건물과 호텔 등에 '트럼프' 이름을 빌려주는 라이선스 사업을 하고 있다.

용해 정치 경력을 쌓은 인물들이었다. 두 사람이 만나는 장면은 확실히 현대 서구의 역사에서 가장 기괴한 장면 중 하나로 꼽힐 것이다. 그리고 이 또한 정치적, 지적 부패의 또 다른 직접적인 결과라고 할 수 있을 것이다.

....

이 장은 2009년에 여왕에게 답변서를 쓴 사람들이 왜 제대로 대답할 수 없었는지 그 이유를 이해하는 데 도움이 될 것이다. 이유인즉슨, 대부분의 전문가가 주기를 보지 못하도록 교육받았기 때문이다. 하지만 설령 그들이 그것을 볼 수 있었다 해도, 그 문제를 해결하려는 정치적 의지가 거의 없었다. 이것이 주기가 계속 반복되는 이유이며, 가까운 미래를 위한 투자나 비즈니스 결정을 내리기 위해서는 반드시 주기를 이해해야 하는 이유다.

우리는 잠시 여정에서 벗어나 4장과 5장에서 지대와 지성의 부패에 대해 살펴보았다. 이제 이 짧은 우회 여행을 끝내고 다시 본격적인 사이클 여행으로 돌아갈 때가 되었다. 그동안 확장은 계속되었다. 이제 새 주기가 시작된 지 약 6년이 지났고, 단기 정점(다음 장의 주제다)에 가까워졌다.

지대를 지배하는 자가 세상을 지배한다

핵심 교훈

경제지대의 법칙은 우리가 왜 디지털 시대에도 부동산 주기를 알아야 하는 지 그 이유를 설명해 준다. 지대를 따라가다 보면 앞으로 경제가 어떤 방향 으로 움직일지를 이해할 수 있게 될 것이다.

이번 장에서는 이러한 문제가 왜 계속 반복되는지 그 이유를 살펴보았다. 문제를 진단할 수도, 해결할 수도 없었기 때문이다.

지대 수익자의 경제지대가 위협받을 때 우리는 비로소 누가 실제로 정부를 통제하고 있는지 알게 된다. 정부의 초점은 현재 시스템을 보존하고 강화하 는 데 맞춰져 있다. 정부가 이렇게 행동하는 한, 주기가 반복될 것임은 자명 하다.

1. 지대를 이해하는 사람의 견해만 따르라

시장과 경제를 분석할 때, 경제지대의 법칙을 제대로 이해하는 사람은 거의 없다. 경제지대를 이해하는 사람들에게 특별한 관심을 기울여라. 그렇지 않 은 사람들의 견해는 선택적으로 참고만 하라.

2. 경제지대의 법칙을 인정하고 준수하라

토지 독점을 기본으로 하는 시스템이 그대로 유지되더라도, 경제지대의 법칙을 올바로 이해하고 그에 맞춰 일을 해 나가야 한다. 어쨌든 현재 상황에서는 주기를 피할 수 없으며 당신도 주기의 영향을 받을 수밖에 없다.

3. 개혁안이 나올 때마다 지지하라

그러나 우리는 모두 국가의 시민이다. 아마도 우리 대부분은 자신의 노력에 비례해 정당하게 보상을 받고, 우리가 직접 벌지 않은 것이면 취득하지 않는 공정한 사회에 살고 싶어 할 것이다. 우리가 이런 생각을 하는 한, 호황-불황의 주기 반복 문제를 해결할 수 있는 근본적인 개혁은 어렵지만 가능하다. 그 힘을 행사할 준비가 되어 있고 지대를 공유하는 정책을 제안하는 지도자를 찾아 그를 지지하라. 그러면 우리 경제와 사회는 더욱 강력해지고 번영할 것이며, 우리 모두가 혜택을 받게 될 것이다.

회복기 정점

> 오늘 나는 미국이 이 세상이 이전에 본 적 없는 경제 호황을 누리고 있음을 선언하게 된 것을 자랑스럽게 생각합니다.
>
> _도널드 트럼프, 2020년 1월 21일

쓰레기통, 비트코인, 초고층 빌딩

2018년 10월, 영국의 거리 예술가 뱅크시(Banksy)의 작품 〈풍선과 소녀〉(GIRL WITH BALLOON)가 런던 소더비 경매에서 100만 파운드 (약 16억 원)라는 기록적인 가격에 낙찰되었다. 그러나 낙찰이 확인되자 스위치가 원격으로 작동되어 화려한 금색 액자 속에 감추어져 있던 칼날이 내려오며 그림을 조각내기 시작했다. 놀란 경매인은 "우리가 뱅크시당한 것 같다."(It appears we just got Banksy-ed)고 말했는데, 이는 놀라움을 선사하는 거리 예술가의 무한한 능력을 표현한 것이었다. 작가는 나중에 훼손된 작품을 공증하고 '사랑은 쓰레기통 안에'(Love is in the Bin)라는 새로운 제목을 붙였다. 이 기발한 행동은 엄청난 돈이 오가는 예술계의 어리석음에 경고를 날리기 위한 것이었다. 물론 그랬을 수도 있다. 하지만 '아마도 미술 역사상 가장 큰 장난'이라고 불린 이 작품은 지금 또 다른 종류의 어리석음을 드러내고 있다. 바로 투자자들의 과도한 행동이다.*

  투자자들의 과도한 행동은 이뿐만이 아니다. 그래프 11에서 볼 수 있는 것처럼, 비트코인 가격도 거품 영역에 있다. 처음 출시되었을 때 비트코인 가격은 1센트도 되지 않았지만, 2017년에 1만 달러를 돌파했고 2018년 초에는 거기에서 70퍼센트나 더 올랐다. 비트코인의 가격이 이렇게 치솟으면서, 초기에 비트코인으로 물건을 구매한 사람이 그 물건을 사기 위해 얼마를 지불했는지를 지금 비트코인 가치로 계산해 보면 깜짝 놀라게 된다. 컴퓨터 프로그래머인 라스즐로 핸예츠(Laszlo Hanyecz)는 그가 가지고 있던 비트코인 1만 개로 피자 두 판을 샀다. 2018년 1월 비트코인의 가격이 1만 7500달러로 정점에 도달하면서 그가 파파존스에 지불했던 1만 비트코인의 가치는 무려

---

*   3년 후 또 다른 경매에서 〈사랑은 쓰레기통 안에〉는 1870만 파운드(약 300억 원)에 낙찰되었다.

그래프 11. 비트코인 가격 변화, 2010~2018년

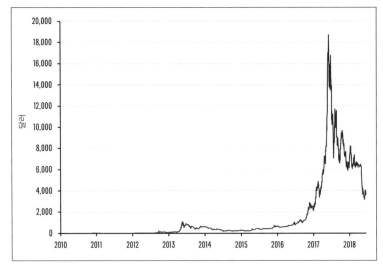

출처: Optuma

1억 7500만 달러(약 2300억 원)가 된 셈이다.

이런 예는 얼마든지 있다. 2019년 모나코 요트 박람회는 역대 최대 규모로 치러졌다. 125대의 슈퍼요트가 전시되었고, 전시된 요트의 총 가치도 43억 달러로 역대 최고치를 기록했다.[1] 주식시장의 강세도 저금리와 기록적인 기업 이익(총 2조 4000억 달러)[2]에 힘입어 미국 역사상 가장 긴 10년째를 맞이했다. 어디서나 시장의 활력을 볼 수 있었다. 대마초 재고가 급증하면서 관광 수요가 늘어날 것을 예상하고 캘리포니아의 한 마을 전체를 사들이는 회사도 있었다. 뉴스에는 무인 자율주행 자동차 테스트, 하늘을 나는 택시, 시속 1000킬로미

터 이상 달릴 수 있는 하이퍼루프(Hyperloop)라는 유선형 진공 튜브 터널 등에 대한 이야기가 넘쳐났다. 2020년 페이스북(현 메타)은 자체 가상통화인 리브라(Libra)를 출시한다고 발표했고, 시장을 선도하는 거대 기술기업들은 핀테크(FinTech)를 바탕으로 소비자 금융시장에까지 전면적으로 진출했다.

글로벌 건설 붐도 계속되었다. 인류는 그 어느 때보다 더 많은 건설을 했다. 2019년은 초고층 빌딩들이 잇따라 선보인 풍성한 해였다. 26개의 초고층 건물이 준공되었고, 이후에도 준공을 기다리는 건물들이 줄을 잇고 있다. 아마도 그 절반은 중국에 있을 것이다.[3] 대부분의 선진국에서 주택 가격은 사상 최고치를 기록했으며 여전히 상승 중이다.[4] 미국 정부는 돈 많은 주식 투자자(기업들 포함)들을 위해 '기회특구'(Opportunity Zones)*를 만들었다. 그들은 장부상 적어도 2조 달러의 이익금을 보유하고 있으므로 이를 러스트 벨트** 같은 곳에 투자하면 추가적인 비과세 수익을 올릴 수 있다. 하지만 이 엄청난 자금 흐름의 대부분이 토지시장으로 흘러가지 않을 가능성이 과연 얼마나 될까? 현재 전 세계의 부는 자산 가격의 상승으로 360조 달러를 넘어섰다.[5] 이 중 약 3분의 1인 100조 달러 이상이 2017~2019년

---

* 저소득층 지역에 주택과 일자리를 창출하는 사업을 시행하면 세금을 감면해 주는 인센티브 프로그램을 말한다.
** 미국 북동부의 사양화된 공업 지대이다.

사이에 창출되었다.

호황이 장기화되면서 연준은 금리를 인상하고 있었다. 그러나 확장기 후반에 평탄해졌던 수익률 곡선은 새 주기가 시작된 후 약 7년 차에 접어드는 2019년 8월에 잠시 반전됐다. 앞서 말했듯이 세계 경제는 미국 경제를 따라가는 경향이 있다. 다른 지표들도 세계 경제 둔화를 보이기 시작했다.[6] 2018년 시장이 급격히 하락하고, 금리에 대한 트럼프 대통령의 노골적 불만이 표출되면서 연준은 방향을 바꿔 금리를 다시 인하하기 시작했다.

기록적인 거래와 '역사상 최대 호황'

그러나 투자자들은 경고 신호에 전혀 주의를 기울이지 않고 여전히 열정적으로 시장에 뛰어들었다. 사모펀드 회사 콜버그 크래비스 로버츠(KKR & Co)는 약국 체인인 월그린스 부츠 얼라이언스(WBA)를 700억 달러에 인수하겠다고 제안하면서 차입매수(Leveraged buyout)* 의 새로운 기록을 세우려 했다. 이는 이전 주기의 절정기였던 2007년에 수립한 자체 세계 기록을 깰 수 있는 수치였다. 2019년 10월, S&P500은 사상 처음으로 3000을 돌파했다. 2020년 1월 세계경제포럼(WEF) 회의의 분위기도 매우 낙관적이었다.[7] 트럼프는 미

———

* 차입자금을 이용해서 회사를 매수하는 것을 말한다.

국이 이전에 볼 수 없었던 호황을 경험하고 있다고 자랑했다. 물론 자신의 현명한 경제 관리 덕분이라면서 말이다. 2020년 1월 22일, 세계 최대 헤지펀드 브리지워터(Bridgewater)의 회장인 레이 달리오(Ray Dalio)는 "현금은 쓰레기다."라고 선언했다. 브리지워터의 CFO는 우리가 알고 있는 비즈니스 사이클 시대는 끝났다고 주장했다. 모든 미국인이 그 분위기에 편승했다. 1960년대 이후로 보지 못한 낮은 실업률이 이어지면서 미국 가계는 투자할 돈을 보유하고 있었다. 2020년 2월 〈블룸버그〉는 지난 11년간의 강세장 대부분을 떠받쳐온 이른바 개미 투자자들이 주식 매입에 열광하고 있다고 보도했다.[8] 당시 S&P500은 13퍼센트 더 급등했다.

크고 작은 투자자들이 실제로 무슨 일이 일어나고 있는지 깨우치기 위해서는 분명히 뭔가 중요한 일이 일어나야 한다. 이런 호황 단계에서는 대개 그렇다.

회복기 '정점' 분석

기업들은 수년 동안 호황을 누리고, 실업률은 낮으며, 부동산시장은 강세를 보이고, 주식시장은 사상 최고치를 경신하고 있다. 뉴스에 나오는 이야기들이 대개 긍정적이기 때문에 이 시기에 생산을 확대하고, 높은 가격에 자산을 구매하고, 위험한 행동을 감수하는 등의 큰 결정을 별다른 고민 없이 내리기 쉽다. 그러나 이 단계에서는 다음 사항에 주의해야 한다.

1. 사치스러운 행동

새 주기가 시작된 후 6~7년이 지난 시점에서 사치스러운 행동(예: 사치품이나 예술품을 구매하는 행위)을 하지 않도록 주의하라. 이 시기에는 소위 유명 인사라는 사람들이 나와 모든 일이 잘 되어가고 있다고 과장하면서 무엇이든 사놓으라고 강하게 권장한다(아래 참조).

2. 장기 강세장

주식시장은 한동안 계속 상승해 왔으며, 지금이 사상 최고치를 기록할 가능성이 높은 시기다.[9] 이전 사이클 회복기의 확장 및 정점 단계에서도 긴 강세장(예: 1950년대와 1990년대)이 있었다. 1950년대 이후, 주기의 시작 시기에서부터 회복기 정점까지의 주식시장 상승률은 평균 233퍼센트였다.[10]

3. 부동산시장도 사상 최고치를 기록한다

주기의 정점 단계에 이르면 부동산시장은 이전 주기의 정점 수준을 넘어선다.[11] 시장이 급등하면 더 많은 주택을 지어야 한다는 주장이 거듭 제기된다. 처음 내 집을 마련했던 사람들이 가족 수가 늘어나면서 집을 넓히는 다음 단계(이른바 주택 사다리)에 오르는 데 어려움을 겪기 때문이다. 결국 주택 가격이 높아지면 새로운 장소(교외)의 새 부지로 주택 건설이 확산된다. 주요 도시의 공한지는 택지로 흡수되고, 도시의 건물은 점점 더 높아진다. 주기의 정점에 이르기까지 많은 건설이 이루어진다. 대형 주택 건설업체는 기록적인 매출과 이익을 보고하지만 이들 회사의 주가는 이제 하락하기 시작한다. 새 주기가 시작될 때 저렴하게 사놓은 토지들이 이미 다 찼기 때문이다. 앞으로 주택을 지으려면 더 비싼 땅을 찾아야 하고, 수익성을 찾으려면 2차 외곽, 3차 외곽으로 나가야 한다.

4. 은행 대출

은행 대출이 건설 붐과 급등하는 부동산시장을 지원할 것이다. 지난 주기 말에 제한되었던 은행 대출이 대부분의 지역에서 정상으로 회복되면서 은행의 수익과 주가도 이전 수준으로 회복된다(물론 이는 은행이 이전 주기의 위기 시에 겪은 부실 대출을 얼마나 빨리 정리하느냐에 달려 있다). 이제 주기가 본격적으로 작동한다.

5. 수익률 곡선이 역전된다

아직까지 경제 지표는 일반적으로 낙관적이지만, 향후 경기 둔화나 경기 침체를 가리키는 경고 신호가 나타나기 시작한다. 가장 먼저 나타나는 신호가 경기 둔화를 가장 정확하게 나타내는 사전 지표인 수익률 곡선의 역전이다.[12] 그러나 아직까지는 경기가 좋기 때문에 이런 부정적인 신호들 중 많은 부분을 그냥 넘어가거나 무시한다.

6. 과장된 발언들

이런 상황에서 유명 정치인이나 기업인들이 나서 현재의 상황이 얼마나 좋은지(또는 이전과 얼마나 다른지)에 대한 과장된 발언들을 하는데, 이는 주기의 중간 정점 단계가 곧 끝나갈 것임을 무심코 드러내는 신호다. 예를 들어, 지난 주기 때인 1999년 10월에 잘 알려진 한 책에서 당시 10,300 근처에 머물던 다우존스 산업평균지수가 심각하게 저평가되어 있으므로 3~5년 이내에 36,000까지 상승할 것이라고 주장했다.[13] 이로부터 두 달 후 다우지수는 최고점(11,391)을 기록했지만 그 후 거의 40퍼센트 하락했다.

....

이제 우리는 18년 주기의 1막인 '회복'을 다 마쳤다. 우리가 여행을 시작할 때 느꼈던 우울함과 두려움을 이겨내고 다시 좋은 시절까지 왔다. 이 과정에서 우리는 새로운 기술이 어떻게 우리 경제를 새로운 시대로 이끌었는지 살펴보았다. 새로운 기업들이 생겨나고 번영하는 것을 지켜보았다. 부동산과 주식시장은 어느 때보다 높은 수준으로 회복되었다.

많은 변화가 있었지만 우리가 살펴본 바와 같이, 우리 경제는 근본적으로 (지금처럼) 확장 기간을 거쳐 (결국) 호황 이후 다시 위기에 빠지는 등 여전히 경제지대 법칙의 지배를 받는다. 앞으로도 그럴 것이다. 하지만 이제 우리는 왜 대부분의 사람이 반복되는 주기를 보지 못하는지 알게 되었다.

이제 우리는 2막 '사이클 중반'으로 넘어간다. 상황이 장밋빛으로 보이진 않을 것이다. 곧 경기 침체가 시작되기 때문이다.

흥분하지 말고 차분하게

- 단계: 정점
- 대략적인 시기: 6~7년 차
- 지배적인 감정: 지나친 자신감

감정 관리하기

정점은 새 주기가 시작되고 약 6~7년 후에 나타난다. 확장 단계가 무르익으면서 낙관주의가 과신으로 바뀌고, 투자자와 기업은 과도한 행동을 하게 된다.

이런 과잉 행동은 가격이 높은데도 자산을 취득하거나, 개업식을 화려하게 하거나, 터무니없이 비싼 신제품을 출시하거나, 고가의 요트·자동차·개인 제트기 박람회 등에 많은 사람이 몰리거나 하는 등의 모습에서 쉽게 찾아볼 수 있다.

하지만 지금은 과도하게 행동하지 말고 냉정함과 침착함을 유지해야 할 때다. 좋은 시절은 영원히 지속되지 않음을 명심하라.

투자 관리하기

이 시점의 핵심은 주기의 다음 단계를 준비하는 것이다. 곧 찾아올 어려운 시기에 살아남을 수 있는 방법을 강구하라. 경제 사이클을 이해하고 앞으로의 방향에 대해 어느 정도 선견지명을 갖는 것이 얼마나 중요한지를 곧 알게 될 것이다.

1. 더 이상 주식 매입을 하지 마라

주식시장이 계속 상승한다고 해서 계속 더 많은 자본을 투자해서는 안 된다. 대신, 여유 현금 잔고를 유지하라. 이는 경기 침체에 대비한 것으로, 이 기간에 자산 가격 하락을 이용할 수 있다.

2. 자산 포트폴리오에 안전 여유가 있는지 확인하고 매사에 신중하게 행동하라

a. 당신이 부동산 투자자라면, 자신의 현재 포트폴리오가 다음 단계의 침체에서 발생할 수 있는 임대료 감소 및 연체금 등의 문제를 흡수할 수 있을 만큼 충분한 현금을 창출하고 있는지 확인하라.

b. 포트폴리오 규모를 줄이고 싶다면 지금이 매도해야 할 시기다. 그렇지 않으면 때를 놓칠 수 있다.

c. 부동산 개발회사의 경우, 이 단계가 끝나기 전에 보유 재고를 다 판매해야 하고, 다가올 경기 침체 중에 얼마나 재고를 보유해야 할지 계획을 세워 놓아야 한다.

d. 은행 대출을 쉽게 할 수 있더라도 더 이상 부채를 늘리지 마라.

3. 대체 자산에서 수익을 창출하라

a. 다른 자산, 특히 버블 영역에 진입한 자산에 투자했다면 지금이 이익을 챙길 때다. 꼭 시장의 최고점에서 매도하려고 하지 마라. 망설이면 자산 가격이 크게 하락해 수익이 더 떨어지거나 아예 없을 수도 있다. 버블이 끼여 있는 자산은 더 넓은 시장이 조정될 때마다, 그리고 투자를 권고했던 이야기들이 그다지 긍정적이지 않은 것으로 판명될 때, 붕괴되기 쉽다. 아직 금리가 낮을 때, 그리고 뉴스에 여전히 가격이 상승할 것이라는 이야기가 나올 때가 이익을 챙기기 가장 좋은 때다.

b. 중앙은행이 금리를 인상하기 시작할 때가 매도해야 할 마지막 시점이다. 그 이후 어느 시점에선가 거품이 터질 것이기 때문이다. 지난 몇 년 동안 큰 이익을 볼 기회를 놓쳤다면 (매도하지 못했다면), 앞으로 가격 상승세가 멈추지 않을 것처럼 보이더라도(모두가 상승할 것이라고 말하지만 사실

은 그렇지 않다) 지금은 매수할 때가 아니다.

4. 회사는 허리띠를 졸라매고, 비상 계획을 세우고, 비용을 관리할 시기다

a. 회사는 유보금을 확보하고 비용(인건비 포함)을 통제하고 차입에 신중해
야 한다. 지금처럼 사업이 크게 성장하고 기회가 풍부할 때 이런 자제력
을 행사해야 한다는 것이 이해되지 않을 수 있다. 그러나 이럴 때일수록
높은 단기 기회비용을 견딜 수 있어야 한다. 침체기에 무사히 살아남을
수 있는 중장기 이익을 대비하기 위해 진행하고 있는 사업을 과감히 포
기할 수 있어야, 나중에 경쟁자들이 어려운 상황에 처했을 때 사업을 확
장할 기회를 잡을 수 있다. 따라서 단기 전략과 장기 전략 사이에 균형을
맞춰야 한다. 앞으로 일어날 일에 대해 당신이 알고 있는 것을 최대한 활
용하고, 선견지명을 가지고 결정을 내리는 것이 중요하다. 정점 단계에
서의 사업 확장은 공격적으로 추진하기보다는 신중하게 해야 한다.

b. 사업체 매각을 고려하고 있는 사업주라면 지금 즉시 매각해야 한다.

사이클 중반

MID-CYCLE

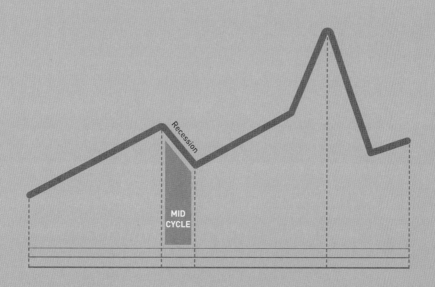

2막에서는 단기간 경기 침체를 겪게 된다. 이 침체 기간은 다양할 수 있지만 평균적으로 1~2년 정도 지속된다.

7장. 침체에서는 경제가 둔화되고 주식시장이 붕괴되는 것을 보게 될 것이다. 반면 부동산시장과 은행 시스템은 그나마 잘 버틴다. 지금은 숨을 고르고 다가올 매수를 준비해야 할 때다.

8장. 돈의 마법 I에서는 돈이 무엇인지, 그리고 무에서 돈을 창조하는 은행의 역할에 대해 설명할 것이다. 은행은 지대를 활용하고 호황을 증폭시키는 데 매우 효율적이다. 가능하다면 당신도 은행을 소유하라.

9장. 돈의 마법 II에서는 정부가 돈을 창출하기도 하고(소비할 때) 돈을 파괴하기도 한다(세금을 부과할 때)는 사실을 알게 될 것이다. 특히 인프라에 대한 정부 투자는 토지 가격을 상승시키고 호황을 부른다. 그러니 정부가 가는 길을 따라 투자하라.

침체

코로나19가 세계 경제에 준 충격은 2008년 글로벌 금융 위기는 물론 1930년대 대공황 때보다 더 빠르고 더 심했다.

_누리엘 루비니, 뉴욕대학 교수, 2020년 3월 25일

다시 돌아온 공포

시장이 사상 최고치에 다다르고 정치인들은 연일 거창한 성명을 발표하느라 여념이 없는데 도대체 무엇이 이 모든 신뢰를 무너뜨릴 수 있단 말인가? 하지만 분명히 뭔가 큰일이 다가오고 있었다.

아직 세상에 널리 알려지기 전인 2019년 12월 31일, 중국 정부는 후베이성 우한시에서 기원을 알 수 없는 바이러스로 인한 집단 폐렴 사망 사건이 일어났음을 세계보건기구(WHO)에 보고했다.[1] 그러나

중국 당국은 WHO에 이를 보고하기 전에 이 사실을 은폐하기 위해 많은 노력을 기울인 것이 분명했다. 이를 우려하던 리뤈량(李文亮)이 라는 의사가 소셜 미디어에 이 사실을 게시하자 우한 공안국 경찰은 그를 거짓 소문을 퍼뜨리고 치안을 교란했다는 혐의로 즉각 고발했다. 안타깝게도 리원량 역시 이 바이러스에 감염되어 며칠 후 사망했다. 이 바이러스가 빠르게 중국 이외의 지역에서 나타나면서 조만간 심각한 문제를 야기할 것이 분명해졌다. 대부분의 국가는 이 바이러스에 대해 전혀 준비되어 있지 않았다. 미국 주식시장은 2020년 2월 19일에 정점을 찍은 후 하락하기 시작했다.

순식간에 이 바이러스는 전 세계적으로 10만 건의 발병을 기록하면서 급속도로 확산되었다. 의료 시스템은 몇 주 만에 한계를 맞았다. 산소호흡기, 방호복 등 필수 장비의 공급이 턱도 없이 부족했다. 마침내 2020년 3월 11일, 세계보건기구는 팬데믹을 선언했다. 각국 정부는 당황해서 어찌할 바를 몰랐다. 전염 속도를 줄이기 위해 필사적으로 국경을 폐쇄했다. 기업들은 운영을 중단해야 했고 사람들은 집에 머물라는 명령이 내려졌다.

그렇지 않아도 둔화의 조짐을 보였던 세계 경제는 완전히 얼어붙었다. 금융시장은 완전 패닉에 빠졌다. 3월 9일, 전 세계는 아수라장이 되었다. 금융기관들에게 달러나 은행 준비금 같은 유동 자산에 대한 접근을 제공함으로써 국제 금융을 원활하게 돌아가도록 만들어

주는 시장인 은행 간 시장(Interbank market)이 작동을 멈춘 것이다. 대형 펀드들은 투자자의 환매 요구를 수용하기 위해 달러가 필요했지만 턱없이 부족했다. 지구상에서 가장 크고 안전하며 유동성이 높은 자산인 미국 국채마저도 쉽게 팔 수 없었다. 미국 국채를 사는 사람이 없다면 다른 모든 채권의 거래도 중단되고 말 터였다. 그리고 이는 모든 자산의 환매로 이어질 것이다. 미국 시장은 역사상 그 어느 때보다 빠르게 하락하고 있었다.[2]

국경 봉쇄는 전 세계 경제를 급격히 위축시켰다. 산유국 카르텔인 OPEC이 감산 합의에 실패하면서 석유 가격은 폭락했다. 여행이 중단되면서 연료 수요도 급감했다. 4월 한때, 유가는 현물 시장에서 배럴당 마이너스 40달러까지 폭락했다. 이번 침체가 1930년대 대공황보다 더 심각할 것이라는 예측이 여기저기서 제기되었다. 전 세계의 뉴스 헤드라인은 온통 투자자들의 우려로 장식되었다. 불과 몇 주 전만 해도 그렇게 낙관적이었던 시장에, 이제는 새로운 글로벌 금융 위기에 직면해 있다는 실질적인 두려움이 짙게 깔렸다.

호황과 불황의 반복이라는 괴물을 물리치고 경제를 다시 살리다

전 세계 곳곳에서 시장이 붕괴되면서 세상을 구원해 줄 사람이 필요했다. 그때 당당하게 한 걸음 앞으로 나온 사람이 있었다. 바로 제롬 파웰 연준 의장이었다. 연방준비제도가 금융 시스템의 수요를 충족시키는 데 필요한 만큼의 달러를 공급하겠다고 나섰다. 연준은 단 몇 주 만에 전체 20조 달러 규모에 달하는 미 국채의 5퍼센트를 사들였을 뿐만 아니라 현지의 요구에 부응해야 하는 다른 중앙은행에게도 달러를 제공했다. 연준이 사실상 전 세계의 마지막 대출기관이 된 것이다.[3]

이에 따라 미국 국채를 위시한 다른 자산들의 투매는 사라졌다. 채권시장이 안정되자 연준은 주식시장 패닉의 해결에 나섰고, 그다음으로는 기업의 생산이 급격히 떨어지자 은행, 대기업, 자치단체에 자금이 계속 흐르도록 하는 조치를 도입했다. 특히 자치단체들은 코로나 바이러스 퇴치의 최전선에 있기에 자금 지원이 절실히 필요했다.

이 모든 조치들이 신속하게 이루어졌다. 3월 23일이 되자 시장의 패닉은 어느 정도 가라앉았다. 중앙정부는 경제를 활성화하기 위해 빠르게 움직였다. 이후 몇 달 동안 정부는 일자리 지원 계획, 은행 보증, 채권 구매, 세금 납부 연기, 은행 규제 완화 등 다양한 정책 조치를 다루기 위해 14조 달러가 넘는 경기부양 조치를 발표했다.[4] 정부의 정책 시행 속도가 너무나 빨라서 대규모 사기를 막을 수 없을 것처럼 보이기도 했지만, 당장은 그게 중요한 것이 아니었다. 그들은 인프라 지출을 대폭 늘리기 위해 '더 낫게 재건하자'(Building back better)라는 슬로건을 내세웠다. 바이러스가 무서운 속도로 확산됨에 따라 코로나19 백신 개발에 전례 없는 수준의 공공 투자가 이루어졌다. 첫 번째 개발 백신이 사용 승인을 받는 데 9개월도 채 걸리지 않았다. 대대적인 백신 접종이 시작되었고, 전 세계 봉쇄가 풀리면 경제도 대대적으로 재개방될 것이었다.

이제 정치인들은 자신의 행동이 경제를 구하는 데 얼마나 결정적이고 중요한 역할을 했는지 열성적으로 자화자찬하기에 바빴다. 달러 기준으로 보았을 때, 코로나 구제 패키지는 2008년의 글로벌 금융 위기에 대한 대응보다 훨씬 더 규모가 큰 것처럼 보였다. 하지만 실제로는 그렇지 않다. 전체 시스템이 무너졌을 수도 있는 금융 위기의 암울한 시기에 정부의 목표는 일반 국민들이 구제금융의 규모를 잘 이해하지 못하도록 혼란스럽게 만들고 최대한 축소해 발표하는 것이었기 때문이다.[5]

시장이 무너질 때에는 또, 지난 몇 년 동안 저질러졌으면서도 강세장의 열기 속에 숨겨졌던 사기와 횡령 사건들이 드러나게 마련이다. 2020년에도 여지없이 와이어카드(Wirecard), 그린실 캐피털(Greensill Capital), 앤트 파이낸셜(Ant Financial) 같은 온라인 결제 시스템 기반 핀테크 기업들의 파산이 이어졌다. 기만적인 활동에 가담하는 많은 사람들의 공통된 특징은 그들이 권력을 가진 사람들과 매우 밀접하게 연결되어 있다는 것이다.

주가가 이미 40퍼센트 가까이 하락했고, 중앙은행이 금융 시스템에 유동성을 충분히 공급하면서 2020년 주식시장은 매우 좋은 한 해를 보낼 준비가 되어 있었다.[6] 그리고 이것은 사실로 판명된다. 2020년이 되면서 특히 미국 시장은 놀라운 회복세를 보이기 시작했다. 6월이 되자 나스닥100은 2월 최고치를 다시 넘어섰고, 46퍼센트라는 엄청난 상승폭으로 한 해를 마감했다. 시장이 이렇게 계속 상승하자 평론가들은 어리둥절했다. 이 같은 강세장이 단지 중앙은행이 경기 침체에 대응해 지원을 했기 때문에 일어난 것일까?

결국 미국의 침체는 단 2개월 만에 끝났다. 역사상 가장 짧은 침체 기간이었다.[7] 중국 경제도 2020년에 다시 성장세를 보였다. 어째서 그렇게 빨리 회복할 수 있었을까? 뉴스에서는 매일 부정적인 보도를 쏟아내며 심각한 우려를 말했지만, 사실 이때는 금융 위기가 아니었다. 부동산시장과 은행 시스템은 전혀 흔들리지 않았다. 이때는 미드사이클의 일시적인 침체일 뿐인 데다, 부동산과 은행 모두 비교적 건전한 상태에 있었기 때문에 코로나 위기를 잘 버텨낸 것이다. 정부의 발 빠른 부양책 또한 제 몫을 해냈다.[8] 그렇다면 정부의 부양책이 지나친 것은 아니었을까? 실제로 정부 부양책이 적절했는지에 대한 우려가 많은 것도 사실이다. 하지만 정부의 부양책에 적절성 여부를 따질 수는 없으므로 그런 우려는 옳다고 할 수 없다. 더 중요한 문제는 경제에 투입된 새로운 통화의 양이다. 정부의 부양책이 시장의 필요보다 많았다면 필연적으로 인플레이션이 발생하기 때문이다.[9]

이제는 모든 게 달라졌다

세계가 경기 침체에서 벗어나면 몇 가지 변화들이 주기의 나머지 부분이 어떻게 진행될지에 대한 단서를 제공해 준다. 봉쇄 기간이 길어지자 사람들이 생활 방식을 재검토하게 되면서 변화의 필요성을 인식했다. 사람들은 그동안 소비와 여행에 대한 지출을 줄이면서 저축 잔고가 기록적인 수준으로 높아졌기 때문에, 여전히 낮은 이자율(그리고 특히 처음 집을 장만하는 사람에게 주어지는 각종 은행 대출 혜택)을 최대한 활용해 변화를 추구했다.[10] 주택 개조가 급증했고 부동산시장에 대한 구매자의 관심이 크게 높아졌다. 코로나 이후, 집을 찾는 사람들이 우선순위로 꼽는 것도 정원 같은 야외 공간이 있는 집, 공원 같은 편의시설과 가까운 곳이었다. 그런 조건을 충족하기 위해, 전 세계적으로 사람들은 큰 도시 지역을 떠나 작은 도시나 시골로 이동했다. 정부 역시 그런 장소에 인프라 투자를 약속하며 호응했다.

저축 잔고가 기록적으로 높아짐에 따라 많은 사람들, 특히 젊은 층이 처음으로 주식시장과 암호화폐에 대거 진입하는 계기가 되었다. 게다가 스마트폰을 통해 접근할 수 있는 새로운 투자 및 거래 플랫폼을 사용하면 거래를 훨씬 더 쉽고 저렴하게 할 수도 있다. 실제로 곧 투자 열풍이 일어나 여러 가지 기이한 사건이 발생하고 심지어 투자 커뮤니티를 만들어 공동 구매(Coordinated buying)하는 현상까지 일어나게 된다.[11] 한편, 2020년 3월 최저치(5160달러)로 떨어졌던 비트코인은 2021년 11월에 무려 이전보다 13배 넘게 오른 6만 8000달러까지 치솟았다. 하지만 이것은 암호화폐 붐의 전초에 불과했다. 이 사이클 중반 동안 사람들은 대체 불가능한 토큰(NFT), 스팩(SPAC)*, 밈 주식(Meme stock)**, 밈 코인 등에 대해 새롭게 배우게 되었다. (가장 악명 높은 밈 코인은 두 명의 기술 전문가가 비트코인을 조롱하기 위해 만든 도지코인(Dogecoin)이다. 일론 머스크(Elon Musk)가 트위터에 도지코인을 지지하는 글을 올리자 2021년 첫 5개월 동안 가격이 68배 올랐다가 즉시 붕괴했다.)

팬데믹 이후 초기 조정 기간이 지나자 노동자들이 홈 광대역을 통해 중앙 사무실 서버에 연결할 수 있게 됨으로써, 봉쇄 기간 중에도 경제의 많은 부문이 정상으로 작동할 수 있었다. 그리고 초기의 엄격한 봉쇄가 다소 완화되면서 지역 소매점과 커피숍들이 즉시 활기를 되찾았다. 팬데믹 이전에 유아차를 끌고 다니던 젊은 맞벌이 부부들은, 이제 출퇴근용 정장이 아닌 캐주얼한 옷차림으로 집에서 노트북으로 일할 수 있게 되었다.

한때 번화했던 도심 상업 지구는 유령 도시가 되었다. 그리고 각국의 경제가 다시 개방되면서 작은 공간에 많은 사람이 밀집해 일하는 대기업 사무실의 시대는 이제 끝났다는 것이 분명해졌다. 더 많은 공

---

*   Special Purpose Acquisition Company, 비상장기업을 인수합병할 목적으로 만드는 서류상 회사를 말한다.
** 인터넷 커뮤니티 등에서 갑자기 인기를 얻어 거래량이 급증하는 주식을 말한다.

간과 더 나은 시설이 필요해졌고, 기업이 더 저렴한 위치(도심 외곽)로 이동하면서 공간에 대한 수요 감소도 어느 정도 해소되었다.[12]

특히 목재, 구리, 리튬 등 원자재 가격은 건설 붐과 주식시장의 상 승에 따라 동반 상승한다. 인플레이션에 대한 우려가 커지면 금 가격 도 상승한다. 정부의 경기 부양 조치로 채권 수익률이 떨어지면 실제 이자율은 마이너스 수준까지 하락한다. 금 가격은 실제 채권 수익률 과 반대로 움직이는 경향이 있다.

국내외적 격변

2020년은 국내외적으로 긴장과 갈등이 눈에 띄게 증가한 해였다. 세계가 팬데믹 대응으로 혼란스러워진 틈을 타, 미국과 영국은 북극 내 러시아의 배타적 경제수역으로 군함을 보낼 기회를 잡았다.[13] 러 시아와 서방 사이의 지정학적 긴장은 북유럽뿐만 아니라 유럽 전역 으로 서서히 확산되었다. 중국은 보안법 문제로 홍콩의 민주주의와 반대 의견을 더욱 억압하는 한편, 그 어느 때보다 더 많은 수의 전투 기를 대만 인근에 띄우며 본토와의 통일이 다가오고 있음을 상기시 켰다. 2020년 6월, 국경 분쟁을 벌이고 있는 두 거대한 나라 인도와 중국이 인도 동쪽 국경 라다크(Ladakh) 지역에서 고공 전투를 벌였다. 11장에서 살펴보겠지만, 이러한 사건들은 모두 장기간 계속되어 온 분쟁이 가속화되기 시작했다는 신호였다.

각국 내에서도 2020년에 몇 년 만에 최악의 시위가 벌어졌다. 갈수록 경제적 불평등이 심화되는 점을 감안할 때, 이런 불안들은 경제 사이클과 밀접한 관련이 있다. 처음에는 바이러스가 대통령, 총리, 왕자, 빈곤층을 가리지 않고 모두에게 똑같은 영향을 미치는 것처럼 보였지만, 곧 이것이 사실이 아님이 밝혀졌다. 실제로 코로나 바이러스의 영향은 서구 국가의 경제적, 사회적 구조의 깊은 균열(빈부 격차)을 반영하고 실제로 그것을 더욱 악화시킨 측면이 있다.

당신이 어디에 살고 있느냐가 소득 수준, 기대 수명, 비만, 일반적인 신체 건강 등 주요 사회적 및 건강 지표를 결정할 뿐 아니라, 바이러스 감염 가능성과 감염된 사람들의 회복률에 뚜렷한 영향을 미쳤다.[14] 팬데믹은 정말로 보편적인 경험이지만, 사람들의 실제 생활은 지역, 특히 경제적 차이에 따라 크게 달랐다.

우리 경제에는 시스템에 만연한 불의에 대한 분노의 온상이 깔려 있다. 2020년 여름, 많은 사람이 실업과 극도의 불확실성에 직면하면서 분노가 언제든 거리로 분출될 것만 같은 분위기가 팽배했다. 작은 불꽃만 있어도 폭발할 것 같았다. 그것은 5월 25일 따뜻한 날 저녁 미네소타에서 시작되었다. 20달러 위조지폐를 발견한 10대 편의점 직원이 경찰을 불렀다. 백인 경찰은 이 편의점의 단골 고객인 흑인 남성의 소행이라고 의심하고, 아무 낌새도 채지 못한 채 가까운 거리에서 차 안에 앉아 있던 그 흑인을 체포했다. 짧은 실랑이가 오고 간 후 그 흑인 남성은 길바닥에 얼굴을 묻은 채 수갑에 채워졌다. 그는 더 이상의 저항을 시도하지 않았지만, 경찰관 한 명이 논란의 여지가 있는 기술을 사용해 무릎으로 그의 목을 9분 이상 눌렀다. 그 흑인 남성은 길바닥에 얼굴이 눌린 채 목을 풀어달라고 간청했지만 소용없었다. 그는 숨을 쉴 수 없었다. 세상을 떠나기 전 마지막 순간에 우리 마음에는 무엇이 생각날까? 이 흑인 남성 조지 플로이드(George Floyd)는 2년 전 세상을 떠난 어머니를 소리쳐 불렀다.

이 사건은 치안 유지를 위한 미국의 강경한 법 집행 방식이 지닌 문제점을 그대로 보여주었다. 그리고 18년 주기의 전반부를 주도한 새 기술인 휴대폰의 카메라에 이 장면이 모두 포착되었다. 최근 몇 년 동안 흑인 남성이 백인 경찰의 손에 죽는 사례가 이미 여러 차례 있었다. 하지만 먹고 살기가 팍팍한 경기 침체 기간이었던 점을 고려할 때, 플로이드의 죽음이 항쟁의 도화선이 되어, 1960년대 후반 미국 민권 운동 이후 최대 규모의 인종 차별 반대 행진으로 이어졌다.[15] 시위는 전 세계로 확산되었다. 그렇지 않아도 많은 국가에서 경제적 불평등, 인종 차별, 경찰의 강압적 태도 등으로 괴로움을 겪고 있었으며, 특히 역사적 불만과 관련된 경우 더욱 그러했다. 물론 정부도 팬데믹 기간 중 공중 보건 문제를 들어 시민들의 시위를 중단시키기 위해 최선의 노력을 기울였다.

이러한 시위의 이면에는 여러 가지 요인이 있을 수 있지만, 모든 요인은 어떤 방식으로든 경제지대의 법칙으로 인한 불평등과 관련되어 있다. 그것이, 과거에도 그랬던 것처럼, 18년 주기의 중요한 전환점에서 시민들이 폭발하는 이유다.

트럼프는 2020년 한 해의 대부분 동안 봉쇄 조치가 이어지면서 선거를 준비할 기회가 훼손된 데 대해 격분하다가, 결국 선거에서 조 바이든(Joe Biden)에게 패하고 말았다. 일시적인 경기 침체가 끝나고 세계가 다시 새로운 정상(New normal)으로 돌아오면서, 침체 기간에 세상이 사회적으로, 상업적으로, 정치적으로 전혀 흔들리지 않았음이 분명해졌다. 여느 때와는 다른 짧은 침체기였다. 다시 새로운 10년(주기 후반의 호황)으로 접어들면서 이번에는 상황이 정말 달라질 것이었다.

'침체기' 분석

사이클 중반 지점의 침체는 종종 혼란스럽다. 그것이 처음 왔을 때 놀라고, 새 주기 처음에 경험했던 두려움이 다시 들기 때문이다. 그러나 사이클 중반 지점의 침체는 이전 주기 끝 무렵의 위기보다는 훨씬 더 짧고 빨리 지나가며, 일반적으로 다음과 같은 일련의 사건들로 구성된다.

1. 둔화 또는 침체

정점 단계 이전에 발생한 수익률 곡선의 역전은 일반적으로 사이클 중반 경기 침체가 다가오고 있음을 예고하는 것이다. 이 침체는 때로는 기술적 침체라기보다는 성장 둔화로 끝나기도 한다.[16] 성장 둔화든 경기 침체든, 자신감의 상실과 공황 상태를 야기하는 외부 충격이 오면 적어도 당분간은 더 심해질 수 있다. 1920년대의 사이클 중반에는 원자재 가격 폭락과 스페인 독감 유행이 닥치면서 침체가 더 크게 느껴졌다. 1981년에는 연준이 인플레이션을 잡기 위해 노력하는 과정에서 금리가 사상 최고치를 기록하기도 했다. 2001년에는 9/11 테러 사건으로 사이클 중반이 흔들렸다. 이러한 사건들이 생기면 그 이후 10년 동안 엄청난 영향을 미쳤지만 그래도 주기의 흐름을 완전히 바꾸지는 못했다.

2. 주식시장 붕괴와 사기

일반적으로 패닉 상황 다음에 주식시장 붕괴나 약세장이 뒤따른다. 제2차 세계대전 이후 주기의 이 단계에서 주식시장의 평균 하락률은 38퍼센트에 달했고, 평균 회복 기간은 2년이었다. 시장이 붕괴되면, 확장 시기와 정점 단계에서 취해졌던 무모한 행동들이 그 모습을 드러낸다. 언론에는 대규모 금융 사기에 대한 기사가 넘쳐나고, 사람들의 우울함을 더욱 가중시킨다. 엔론(Enron), 월드컴(WorldCom), 아서 앤더슨(Arthur Andersen) 등이 연루된 스캔들은 모두 2000년에 터진 닷컴 버블 이후 발생했다.

3. 신속하고 효과적인 대응

다행히 당국은 둔화에 신속하게 대응한다. 정부의 경기 부양 정책은 세금 감면(1921년과 2001년), 긴축 통화 정책의 반전(1981년), 농업이나 기반시설 등 필수 분야에 대한 투자(2001년과 2020년) 등의 다양한 형태로 나타난다. 결과적으로 침체를 불러온 사건들이 얼마나 심각한지에 관계없이 경제는 상대적으로 빠르게 회복된다. 그러나 이런 빠른 회복이 가능한 이유가 부동산시장이 유지되고 토지 가치가 하락하지 않았기 때문이라는 점을 많은 사람이 간과한다. 특히 경기둔화에 대응해 금리가 인하된 경우에는 더욱 그러하다.

4. 경기 침체에도 은행과 부동산은 안정 유지

경기 침체에도 은행 대출은 여전히 활발하다. 은행이 지속적으로 신용을 공급하고 토지 가치가 안정적인 경제는 결코 위기에 빠지지 않는다. 여러 가지 다양한 이유로 경제적, 사회적으로 매우 어려운 시기였던 1921년과 1981년의 사이클 중반 침체 때에도 전반적인 은행 위기는 발생하지 않았다. 당시 은행 시스템은 과도한 차입금을 사용하지도 않았고, 경기 침체가 은행의 대차대조표 문제나 뱅크런으로 이어지지도 않았다.

5. 사람들은 활발하게 이동한다

경기 침체로 혼란스러운 시기, 특히 침체의 끝 무렵에 사람들의 이동이 활발해진다. 더 저렴한 곳으로 이사하는 사람들이 많이 생긴다. 사람들이 이동하는 이유는 주기마다 다를 수 있지만 기본 역학은 동일하다. 도시 중심부에서 시작되어, 부동산 가격이 상승함에 따라 더 먼 외곽이나 더 넓은 공간을 찾아 이동한다. 그리고 이때부터 주기의 다음 단계가 시작된다. 특히 2020년에는 팬데믹으로 이 과정이 더욱 두드러졌다.

6. '새로운 시대'가 시작된다

사이클 중반의 침체에서 상대적으로 빠른 회복을 겪으면서 우리는 새로운 시대에 진입하고 있다는 느낌이 강해진다. 그리고 우리가 고려해야 할 새로운 관행과 새로운 사회 운동이 있다는 것을 깨닫는다. 앞으로 나아갈수록 시대가 변하고 있다는 느낌이 더 강해진다.

한 가지 역설은, 사이클 중반 침체의 어려움이 깊고 심각할수록 이전 주기 위기에 대한 기억이 더 효과적으로 지워지고 주기의 다음 단계에서 사람들의 투기 심리가 더 강하게 살아난다는 것이다.

1921년, 1981년, 2001년의 사이클 중반(모두 심각한 혼란 기간을 겪었다)이 모두 그러했다. 정부 당국이 불황과 그 여파에 대처하기 위해 신속하고 단호하게 행동한다는 사실을 알았기 때문에, 이런 투기 의지가 더 살아나는 것이다. 정부는 경제의 급격한 변화를 어느 정도 통제할 수 있는 처방을 가지고 있는 것처럼 보인다.[17]

....

이 기간이 지나면서 주기의 전반부는 기억에서 빠르게 사라진다. 새로운 시대가 곧 시작될 것이다. 하지만 여정을 더 진행하기 전에 몇 가지 퍼즐을 해결해야 한다. 사이클 중반의 침체가 왜 더 이상의 위기로 이어지지 않는 것일까? 부동산시장이 여전히 건전한 이유는 무엇일까? 주기의 후반부가 일반적으로 전반부보다 훨씬 큰 이유는 무엇일까? 지금까지 우리는 경제지대의 법칙에 따라 왜 토지가 모든 형태의 주기를 일으키고 이를 계속 반복하는지 살펴보았다. 그러나 이런 새로운 질문들에 답하려면 은행과 정부의 역할은 물론, 원자재와 관련된 장기 주기를 조사해 보아야 한다.

다음 장에서는 은행이 경제의 통화 공급을 어떻게 창출하고, 따라서 호황과 불황을 증폭시키는 데 어떤 중요한 역할을 하는지를 살펴볼 것이다.

흔들리지 말고 준비하라

- 단계: 침체

- 대략적인 시기: 7~8년 차

- 지배적인 감정: 두려움

감정 관리하기

침체는 새 주기가 시작된 후 약 7~8년 차에 발생한다. 자신감이 지나치게 넘쳐났던 정점 이후 경기가 쇠퇴 국면으로 접어들면서 긍정적인 감정은 빠르게 사라진다. 사람들과 시장은 당황하기 시작한다. 하지만 감정을 따르면 안 된다. 당신은 그동안 잘 준비해 왔다. 기억하라. 주기의 전반기보다 더 큰 후반부가 다가오고 있다.

투자 관리하기

1. 주식 투자자: 고점에서 매도하고 매수는 기다려라

a. 주식 투자자라면 고점에서 보유 주식을 매도하여 현금을 확보한 후, 매수는 다시 저점이 올 때까지 기다려야 한다. 하락한 가격으로 매입하기

위한 여분의 현금 풀을 구축해야 한다. 시장이 붕괴되더라도 중앙은행이 시스템에 유동성을 공급한다면, 주식시장에서 매우 좋은 결과를 얻는 한 해가 될 것이다.[18]

b. 주식시장이 침체에서 벗어나는 길을 주도할 것이다.[19] 그리고 이번 주기의 후반부에 어느 종목이 돌풍을 일으킬 가능성이 있는지 알려줄 것이다. 폭락장이나 하락장에서 가장 적게 하락한 주식과 다른 종목보다 먼저 최저가를 기록한 주식이 강력한 위치에 있는 주식 종목들이다. 그러나 이번에는 다를 것이다. 사이클 중반의 침체에서는 토지 위기가 없었기 때문에 부동산과 은행주는 이 침체를 잘 견뎌내면서 수익도 상대적으로 별다른 타격을 입지 않았다. 역사가 증명하듯이 지금이야말로 이런 주식들을 매입하기에 좋은 시기다(예를 들어 1962년, 1982년, 2002년은 모두 사이클 중반 침체 단계 이후의 해로, 주식을 매입하기에 좋은 해였다). 경기 침체 단계의 최저점에서 절정기 최고점까지의 평균 수익률은 227퍼센트였다.

c. 시장의 회복은 또한 주기 후반기에 어떤 기업이 시장을 주도할 가능성이 있는지, 주식시장의 어떤 부문이 강세를 보일 것인지, 사람들이 이주할 새로운 공간 수요가 어디에서 나올 것인지를 보여줄 것이다. 또한 새로운 자금 흐름이 경제의 어느 부분으로, 또는 어느 국가로 흐를지에 대

한 징후가 나타날 것이다. 하지만 주식시장을 면밀히 추적한다면 굳이 다른 조사를 할 필요가 없다. 사상 최고치를 처음으로 경신하는 주식이 무엇인지 주목하라. 특히 사이클 중반에 가격 변동이 없었던 주식들을 주목하라. 먼저 급등하는 주식이 투자자들이 적극적으로 매수에 들어간 업종과 기업들이다. 기업주들은 이를 보고 새 사업 기회를 어디서 찾아야 할지, 그리고 투자자들은 어디에 투자를 해야 할지에 대한 방향을 알아차릴 수 있다.

d. 고점에서도 주식을 팔고 싶지 않은 사람들은 포트폴리오 가치가 손상되는 것을 막고(Hedge) 붕괴를 피할 수 있어야 한다. 또한 위기 상황에서도 제품 수요가 꾸준하게 유지되는 이른바 경기 방어주(Defensive stocks)와(예를 들면 공공기업이나 의료기업), 계속해서 배당금을 지급할 가능성이 있는 주식으로 자본을 회전시킬 수 있다. 이런 주식들은 약세장 동안 다소 하락하겠지만, 하락폭이 상대적으로 작고 여전히 수익을 내는 기업들이다.

2. 부동산 투자자: 매각을 유보하고, 두려움이 가장 큰 지점에서 매수하라

일반적으로 볼 때, 충분한 현금 흐름을 확보해 놓고 있다면 지금은 부동산을 팔 때가 아니다. 이 시기에 부동산 가격은 거의 하락하지 않는 경향이 있기 때문이다. 오히려 경기가 둔화할 때 사람들이 임대 시장으로 다시 돌아오기 때문에 주거용 부동산 임대료가 더 높아질 것이다. 그러다가 경기가 회복되면서 높은 임대료는 높은 부동산 가격으로 이어질 것이다.

a. 저평가된 부실 부동산을 찾아라. 더 강한 후반부가 다가올 것이라는 점을 고려하면 지금이 매수하기에 좋은 시기다. 가격이 이렇게 낮은 때는 다시 오지 않을 것이다.

b. 정부 부양책이 시행되는 지역의 부동산을 구입하라. 이곳은 새로운 인프라가 구축되고, 사람과 기업이 이주할 가능성이 높으며, 따라서 부동산 가격이 오를 가능성이 크다.

c. 은행 시스템은 여전히 좋은 상태를 유지하고 있고, 경기 침체에 대처하기 위해 낮은 이자율로 대출이 가능할 것이다. 주기의 올바른 시점만 맞출 수 있다면, 은행 돈으로 부동산을 구입하는 것은 건전한 전략이다. 그리고 지금이 바로 올바른 시점이다. 임대료로 비용과 재정을 충당할 수 있을 것이다. 결국 땅값 상승으로 인한 이익은 당신에게 귀속된다. 주기 후반부에는 인플레이션이 어느 정도 높아져 부채의 실질 가치를 잠식하게 될 것이다.

d. 일반적으로 주기의 전반부에서는 상업용 부동산보다 주거용 부동산이

더 강하게 성장하는 경향을 보인다. 상업용 부동산은 후반부에 강세를 보이는데, 이는 상업용 부동산이 경제 성과와 더 밀접하게 연관되어 있고, 실제로 후반기에 경제 호황이 계속 이어지기 때문이다. 그러므로 지금은 상업용 부동산 투자를 고려할 때다. 하지만 주의가 필요하다. 특정 부문에서는 경기 침체가 심각하기 때문에 신중한 평가가 요구된다.

3. 기업주: 생존을 위해 안전을 유지하라

당신이 기업주라면 경기 침체에서 시대를 초월한 비즈니스 교훈을 얻을 수 있다.[20] 이 교훈들은 매우 간단하고 명백하지만, 그 가치는 18년 주기의 올바른 시점에 적용하느냐에 달렸다. 그래서 주기에 대한 지식이 중요하다는 것이다. 기업도 고객 못지않게 강해야 한다. 당신이 기업주가 아니라 어느 기업을 위해 일하는 사람이라면, 그 기업이 건전한 운영, 강력한 비즈니스 모델(특히 경기 침체에도 견딜 수 있는 모델), 풍부한 자금(이는 기업에 투자하는 사람들에게도 적용됨)을 갖추고 있는지 확인하라.

a. 모든 기업의 첫 번째 규칙은 경기 침체에서 살아남아 회복 지점에 도달하는 것이다. 침체기에 당황하지 않는 것이 중요하다. 이전 위기 때보다 상황이 더 빨리 회복될 것이기 때문이다. 그러나 경기 침체기에 기업은 여유 현금을 확보해야 한다. 이전 확장 기간에 과도한 차입을 사용했거나 주기 전반기 후반에 인력 채용과 투자를 많이 한 기업은 잉여 현금

흐름이 낮아서 취약한 상태일 수 있다. 침체는 모든 기업에게 어려운 시기이지만, 예비 자금을 축적하고 무리한 확장을 하지 않은 기업은 폭풍을 이겨낼 수 있다.

b. 기업들은 비용 지출을 주의 깊게 살피고 가능한 한 비용을 줄여야 한다.

c. 직원 해고를 가능한 한 피해야 한다. 대신 근무 시간을 줄이거나 우선적으로 취할 수 있는 다른 조치를 취해야 한다. 대기업은 현지 관리자의 현지 지식에 따르고, 현지 비즈니스 조건에 적응할 수 있는 유연성을 제공해야 한다.

d. 마지막으로, 지금은 보다 효율적인 운영에 투자할 수 있는 좋은 기회다. 침체에서 살아남은 기업은 경기가 회복되면 빠르게 확장하고, 경기 후반기의 더 큰 확장기를 이용할 수 있는 좋은 위치에 서게 될 것이다. 또, 사이클 중반의 침체 여파에서 여전히 벗어나지 못한 기업들의 시장 점유율을 빼앗아 올 수 있을 것이다.

돈의 마법 I

돈에 대한 연구는 경제학의 다른 모든 분야보다도 진실을 감추거나 피하기 위해, 최소한 진실이 드러나지 않게 하기 위해 복잡성을 사용하는 분야다. 하지만 돈이 만들어지는 과정은 너무 단순해서 역겨운 마음이 든다.

_J. K. 갤브레이스, 경제학자

나의 가장 어린 시절 추억 중 하나는 어머니와 함께 영화 〈슈퍼맨〉을 보러 간 것이다. 나는 밝은 빨간색 런던 버스를 타고 '시네마'라고 불리는 곳에 가서 내 영웅이 '악당'과 싸우는 장면을 본다고 생각하니 흥분을 감출 수 없었다. 그러나 우리가 그곳에 도착했을 때 내 간절한 기대는 여지없이 무너졌다. 그 영웅을 만나기는커녕, 어머니 옆에 서서 현관에서부터 깔린 카펫 위에 끝도 없이 길게 늘어선 줄을 서야 했다(세 살짜리인 나도 그 줄이 무엇을 의미하는지 알았다). 나는 정말 당혹스러웠다.

잠시 후 마침내 매표소에 도착했다. 어머니가 지갑을 열고 반짝거리는 둥근 동전을 꺼내 매표소 직원에게 건네는 동안 나는 호기심이 생겨 위쪽을 바라보았다. 어머니와 매표소 직원과의 접촉은 간단해 보였지만, 곧 마법이 시작된 것 같았다. 우리는 어두운 동굴(극장 통로)로 안내되었고, 이윽고 푸른 옷을 입고 빨간 망토를 쓴 내 친구가 헬리콥터 사고를 당한 기자를 구하고, 지진을 수습하고, 심지어 시간까지 되돌리는 모습을 보았다. 그의 승리가 얼마나 통쾌했던지! 어머니의 반짝거리는 토큰 덕택에 이 모든 장면을 볼 수 있다니! 그날은 환상과 경이로움으로 가득 찬 하루였다. 이만큼 놀라운 일이 또 어디 있단 말인가? 그게 바로 돈의 힘이었다.

돈.

우리 모두는 돈에 대해 이야기한다. 돈을 추구하는 것이 우리 삶의 대부분을 차지한다. 많은 돈은 안락한 삶을 가져다주고, 때로는 악명 높은 삶을 가져다주기도 한다. 돈이 있으면 우리는 더 많은 일을 할 수 있다. 하지만 돈이 부족하면 우리는 가장 기본적인 욕구도 충족할 수 없기 때문에 엄청난 불안감을 느끼게 된다. 우리는 사업을 시작하거나 집을 사고 싶을 때 은행에서 돈을 빌려야 하는 경우가 많다. 정부는 어떻게 하면 세금을 부과해 (우리도 모르게) 우리 돈을 거두어 갈 수 있을지 알아내기 위해 많은 시간을 들인다. 우리는 또 돈을 저축

(대개 너무 적게)하기도 하고 때로는 그것으로 무언가에 투자(대개 너무 늦게)하기도 한다. 사기꾼들은 돈에 대한 우리의 갈망을 이용한다(때로는 너무나 쉽게). 우리는 이웃이 우리보다 더 많은 것을 가지고 있으면 질투한다. 돈은 우리를 하나로 묶기도 하고, 우리를 갈라놓기도 한다. 생각해 보면, 우리가 사는 세상에서 돈의 역할은 어디에나 있다. 돈은 항상 매우 신비하다.

돈이 이 세상을 돌아가게 만든다는 말에는 많은 진실이 담겨 있다. 그런데도 정작 돈을 정의하기는 어렵다. 우리 삶에서 돈의 중요성이 명백한데도 말이다. 그리고 전문적인 지식을 가진 사람들조차 그 시도를 포기한 것 같다. A. H. 퀴긴(A. H. Quiggin)이라는 한 지식인은 경제학자들만이 돈이 무엇을 의미하는지 모르고 있다고 풍자한 바 있다. 최근까지만 해도 정통 경제학 모델에는 은행이 포함되지도 않았고, 거래의 바퀴가 돈의 교환을 통해 원활하게 이루어진다는 사실 외에는 돈 자체를 중요시하지도 않았다. 하지만 돈이 무엇인지, 돈이 어떻게 만들어지는지 이해하는 것은 18년 주기를 이해하는 데 매우 중요하다. 이번 장에서는 돈이라는 게 정말로 무엇인지 살펴볼 것이다. 돈을 창출하는 데 있어서 은행의 역할이 무엇인지, 그리고 경제에서 은행의 적절한 역할이 무엇인지 살펴볼 것이다. 그런 다음 돈의 역할이 그동안 어떻게 왜곡되었는지, 그리고 결론적으로 은행의 대출이 어떻게 18년 주기의 후반 단계에서 호황 규모를 결정하는 주요 요인이 되는지 살펴볼 것이다.

일반적으로 돈에 대해 이야기할 때, 주로 돈이 금·종이·컴퓨터 화면의 숫자 그리고 최근에는 암호화된 디지털 토큰 등, 다양한 형태를 취한다는 점에 초점을 맞춘다. 하지만 돈의 본질은 이보다 훨씬 더 근본적이다. 돈의 본질은 단지 그것이 어떤 모습을 하고 있느냐가 아니라 더 근본적인 것, 즉 생산 시스템과의 관계에 실질적 효과를 미친다는 점에 있다.

이를 더 잘 이해하기 위해 여러 섬들로 이루어진 얍(Yap)이라는 나라의 원주민을 만나 볼 것이다. 그들은 정규 교육이나 외부 세계에 대한 인식이 없고, 현대 경제의 모습도 거의 갖추지 못했지만 현대의 많은 전문가를 부끄럽게 만들 만큼 돈에 대한 정교한 이해를 갖췄다.[1]

돌 화폐와 깊고 푸른 바다

얍의 총면적은 100제곱킬로미터에 불과하다. 현재 미크로네시아 연방의 일부인 이 나라는 필리핀에서 동쪽으로 약 1287킬로미터 떨어진 서태평양에 위치하며, 열대 가오리와 상어가 많이 서식하는 산호초로 둘러싸여 있다.

외떨어진 위치 탓에 사실상 외부 세계와 단절되어 있었지만, 그 주민들은 그들의 조상들이 천년 동안 누렸던 것처럼 낙원 같은 풍요로운 삶을 살고 있었다. 그런데 최근에 이르러서 이 섬사람들이 세상 사람들의 눈에 띄기 시작했다. 200년 동안 얍을 지배했던 스페인 왕국이 17세기에 이 나라를 독일에 팔아버린 것이다. 오랜 세월 동안 외부 세계와의 접촉 없이 오염되지 않았던 이 나라에 섬 주민들의 고대 관습을 연구하려는 인류학자들이 도착했다.

얍 주민들은 단지 몇몇 제품들만 서로 교환하는 매우 기본적인 경제 시스템을 가지고 있었다. 얍에 들어온 서양 학자들은 이 나라에서도 물물 교환 경제가 있었을 것이라고 예상했다. 오늘날 우리가 사용하는 화폐 시스템이 제품의 직접적인 교환(물물 교환)에서 발생하는 문제를 해결하기 위해 발전했다는 것이 애덤 스미스 때부터 인정된 화폐의 기원이었기 때문이다. 이 이론에 따르면, 사람들은 점점 더 정교해지는 경제에서 교환을 위해 조개껍데기나 금 조각 같은 토큰을 사용해 왔다.

그런데 인류학자들은 얍에서 좀 다른 화폐 시스템을 발견하고 깜짝 놀랐다. 섬 주민들은 페이(Fei)라고 부르는 화폐를 가지고 있었는데, 페이는 직경이 약 30~366센티에 이르는 커다란 돌 바퀴였으며, 어떤 것은 무게가 무려 1톤에 달했기 때문이다. 페이의 중앙에는 기둥을 끼울 수 있는 구멍이 있어, 섬 주민들은 그 구멍에 기둥을 끼우고 페이를 운반했다. 인류학자들이 보기에 페이는 화폐의 형태로는 별 쓸모가 없어 보였다. 돈은 휴대할 수 있어야 하고, 실제로 거래하는 사람에게 그 돈을 넘겨줄 수 있어야 하기 때문이다. 그러나 페이는 운반하기가 어렵거나 심지어 불가능하기도 했다. 페이의 크기와 무게를 감안할 때, 어떻게 물고기 같은 생필품 교환에 사용될 수 있단 말인가?[2]

그런데 연구원들이 더 놀란 것은, 한 부유한 가족이 유난히 큰 페이를 소유하고 있었다는 것이다. 어느 날, 한 섬에서 다른 섬으로 이 페이를 운반하던 중 배가 전복되면서 페이가 바닷속으로 빠져버렸다. 돈에 대한 일반적인 관점에서 볼 때, 이는 전 재산이 바닷속으로 사라졌으니 이 가족에게는 경제적 재앙이어야 했다. 하지만 사실은 전혀 그렇지 않았다. 마침내 연구원들은 그렇게 크고 무거운 페이가 그 가족의 경제적 지위와는 전혀 관련이 없다는 것을 발견했다. 그들의 페이가 바다 밑바닥에 빠졌어도 달라진 것은 아무것도 없었다. 그들은 여전히 그 페이를 다른 상품과 교환하는 데 사용할 수 있었다. 다른 사람들이 바닷물 속의 페이가 누구의 소유인지 알기만 하면 되었다. 그 돌이 거기 있다는 사실은 분명하므로 그 돌을 누가 갖고 있느냐는 중요하지 않았다. 이 큰 페이로 알게 된 진실은 얍에서는 화폐가 거의 움직일 필요가 없다는 것이었다. 화폐를 물리적으로 주고받는 것이 교환 과정의 핵심이 아니었다. 적어도 얍에서는 그랬다.

이것은 돈이 생겨나는 근본적인 과정을 심오하게 보여주는 예다.

돈이 어떤 형태를 취하느냐는 전혀 중요하지 않다. 돈은 조개껍데기든, 담배든, 움직일 수 없는 큰 돌이든, 금이든 다양한 형태를 취할 수 있지만, 돈의 형태가 무엇이든 더 근본적이고 필수적인 진실은 돈은 신뢰 또는 신용 시스템을 나타낸다는 사실이다.

물론 금이 수 세기에 걸쳐 유럽 등지의 통화 시스템을 주기적으로 지원했던 것처럼, 페이가 얍의 통화 시스템을 지원해 왔다고 주장하는 사람이 있을지 모른다. 그러나 그것도 사실이 아니다. 바다 밑바닥에 있는 큰 페이의 명목상 소유자는 그것을 되찾을 기회가 없다. 그것은 경제에서 물리적으로 사라져 버렸다.

위 이야기가 보여주는 교환 경제의 핵심은 더 본질적인 것, 즉 오직 신뢰에 기반해서 신용을 주고받을 수 있다는 것이다. '신용'(Credit)이라는 단어는 '믿다' 또는 '신뢰하다'라는 뜻의 라틴어 'Credere'에서 유래되었다. "신용은 교환의 상대방이 거래를 이상 없이 완료할 것이라는 믿음이다."[3]

생산과 신용

예를 들어 코코넛을 재배하는 한 섬 주민이 코코넛으로 동일한 가치의 다른 물건을 사려고 한다. 그런데 이 코코넛 재배자(제1 당사자)

는 어부(제2 당사자)로부터 받아야 할 것(물고기)이 있다. 코코넛 재배자는 페이로 상징되는 이 권리(또는 신용)를 사용해 또 다른 섬 주민(제3 당사자)이 생산하는 상품이나 서비스(예를 들어 얍에서 한때 사치품이었던 해삼)를 획득할 수 있다. 제3 당사자는 코코넛 재배자의 의무나 신용을 인정함으로써, 어부가 동등한 양의 물고기를 공급하겠다는 약속을 이행할 것이라고 믿는다. 이런 식의 신용 교환이 모든 당사자가 원하는 것을 얻을 수 있도록 상품 거래를 촉진한다. 페이는 바로 화폐가 실제로 존재하느냐의 여부가 아니라, 이런 기본적인 생산 시스템을 반영하는 것이다.

그리고 여기에 돈을 이해하는 열쇠가 있다. 즉, 돈이란 당사자들이 생산한 물건을 교환하는 당사자들 간의 신뢰를 나타내는 방식이다. 흔히 신용으로 표현되는 신뢰는 모든 교환에 필수적이다.[4] 우리는 모두 음식, 주거지, 의복, 오락 등과 같은 것들을 필요로 한다. 동시에 우리는 특정한 물건을 생산하는 데에 능숙하다. 우리의 노력을 분리하고 전문화해 이를 거래함으로써 우리는 혼자 할 수 있는 것보다 훨씬 더 많은 것을 성취할 수 있다. 그러나 우리의 필요와 욕구가 충족되어야 할 시기와 누군가가 그런 물건을 생산하는 시기는 서로 다르다. 예를 들어, 집을 짓는 일은 매일 먹는 빵을 만들기 위해 밀을 빻아 가는 일보다 시간이 더 오래 걸린다.

신용은 생산 기간이 서로 다른 이런 다양한 상품을 쉽게 이전할 수 있게 한다. 건축업자는 집을 짓는 데 시간이 오래 걸리기 때문에 빵 굽는 사람에게 그동안 먹을 빵을 빚지게 될 것이다. 빵 굽는 사람은 옷과 신발을 사기 위해 이 빚(그의 관점에서 보면 신용)을 사용할 수 있다. 옷 만드는 사람과 신발 수선공은 생산에 필요한 재료를 얻기 위해 자신의 신용을 사용해 빵집에서 구입한 빵으로 생활을 유지한다. 이처럼 단순한 경제에서도 교환이 빠르게 이루어지면서 교환의 수와 다양성은 점점 커진다.

어느 시점에서든 다른 사람에게 빚진 것과 누군가에게 받아야 할 것 간에 균형이 있다. 얍과 같은 소규모 경제에서는 섬 주민들이 스스로 빚을 추적할 수 있었으므로 그 권리를 처리하는 데 다른 어떤 것도 필요하지 않았다. 하지만 더 큰 규모의 경제에서는 제품의 종류가 훨씬 더 다양하고 개인적으로 서로 알지 못하는 당사자들 간에 교환이 이루어지기 때문에 상황이 다르다. (누가 누구에게 어떤 빚 또는 신용이 있는지) 장부를 기록하기 어렵기 때문에, 사람들은 토큰을 교환해 즉시 권리를 처리함으로써 이런 문제를 해결하게 된 것이다. 이는 또한 다른 신용에 대한 어느 신용의 가치를 보정하는 역할도 한다. 즉, 공통 표준이나 척도를 기준으로, 빵 굽는 사람이 얼마나 많은 빵이 있어야 주거지를 마련하기 위해 주택 건설업자에게 진 빚을 갚을 수 있는지를 측정하는 것이다.[5] 따라서 중요한 것은 토큰 자체가 아니라 그 뒤에 있는 신용이다.

결국 돈은, 우리 사회 내에서 신용 교환을 적절하게 지원하기 위해 신용 균형을 정산하는 보편적으로 인정되고 받아들여지는 수단일 뿐이다. 화폐로 사용되는 토큰의 내재적 가치는 그 본질적인 것과 아무 관련이 없다. 헨리 조지는 "돈에 중요한 특징을 부여하는 것은 돈의 본질적인 성격이 아니라 돈이 적용되는 용도이며, 그 용도가 화폐 간의 차이를 나타낸다."고 말했다.[6] 이처럼 보편적으로 받아들여지는 것은 무엇이든 돈이 될 수 있다. 따라서 때로는 금이나 다른 귀금속이 이 역할을 수행하기도 하지만 반드시 그럴 필요는 없다. 돈의 중요한 특징은 얼마나 보편적으로 수용되느냐와 얼마나 편리하게 양도될 수 있느냐다. 즉, 당신의 빚을 해결할 때 그 빚을 수락할 누군가에게 얼마나 쉽게 전달할 수 있느냐 하는 것이다.

이런 의미에서 본다면, 돈은 정말 아무것도 아니다. 돈 자체로는 결코 귀중한 것이 아니다. 돈의 형태를 말하는 현대인의 집착은, 문학 자체보다는 위대한 소설이 어떤 종이에 쓰였는가를 말하는 것과 비슷하다. 돈은 가치 있는 어떤 것에 대한 청구권에 지나지 않는다. 돈은 생산과 교환을 반영하는 것이 첫째고, 그다음에는 한 당사자가 다른 당사자에게 빚진 의무를 이행하기 위한 것이다. 그러므로 모든 돈은 신용일 뿐이다.[7]

신뢰할 수 있는 중개자

교환 당사자를 서로 모르는 대규모 경제에서는 또 다른 문제가 발생한다. 얍에서는 모든 사람이 서로를 알고 있었고, 다른 생산자들이 자신들의 약속을 잘 이행할 것이라는 높은 수준의 확신이 있었다(비록 그것이 암묵적이었을지라도 말이다). 그런 확신을 가지고 있었기 때문에 제1 당사자인 코코넛 재배자는 교환에 사용할 코코넛을 재배하는 것이 자신의 시간과 노력을 들일 가치가 있다고 생각했다. 그리고 그로 인한 자신의 의무를 다른 물건을 획득하기 위해 사용하는 것은 간단한 일이다.

그러나 더 복잡한 환경에서는 누군가의 도움 없이는 이런 자신감을 갖는 것이 불가능하다. 생산이 약속대로 이루어지고 상품이 제대로 배송될지를 평가하려면 신뢰할 수 있는 중개자가 필요하다. 중개자 역할을 하는 사람은 누구든지 커뮤니티 내에서 잘 알려진 사람이어야 하고, 그 구성원에 대해서도 어느 정도 알고 있어야 하며, 그럼에도 어떠한 선호와 편견 없이 당사자들이 신용할 가치가 있는지 냉정한 평가를 내릴 수 있어야 한다. 그리고 그들의 커뮤니티는 그들의 판단을 받아들여야 한다. 이런 역할을 할 수 있는 당사자로 여러 사람을 들 수 있지만(그리고 언젠가는 인공지능과 블록체인을 기반으로 한 기술이 이를 수행할 수도 있겠지만) 현재 시스템에서는 은행이 신뢰할 수 있는 중개자 역할을 수행하고 있다.

은행은 사람들의 신용도와 약속 이행 능력을 평가한다. 그리고 해당 테스트를 통과한 사람들에게 선금을 지급해 준다. 이런 은행의 선불금(은행권, 은행 어음)은 생산 과정의 일부로써 필요한 물품에 대한 비용을 지불하는 데 사용할 수 있다. 그 어음을 발행한 은행들은 교환에서 신뢰할 수 있는 중개자이기 때문이다. 은행이 선지급한 신용을 나중에 다른 당사자가 사용할 수도 있는데, 이처럼 상업이 일어나는 근거가 되는 은행의 신용이 바로 돈으로 간주되는 것이다. 은행권이 일반적으로 통용되는 한, 그것은 전체 생산 과정과 전체 경제에서 화폐로써의 역할을 한다.

이것이 은행의 본질적인 역할이다. 그러니까 서로 알지 못하는 두 당사자 간의 신뢰를 창출하고 유지하는 것이다. 그러나 1970년 아일랜드에서 벌어진 사태에서처럼, 이 역할을 은행이 아닌 다른 사람이 수행할 수도 있다. 1960년대 후반과 1970년대는 많은 선진국에서 생활비가 급격히 상승함에 따라 노조의 임금인상협상 등이 활발했던 시기였다. 은행도 이러한 압력에서 제외될 수 없었고, 1970년 5월 노조와의 임금 협상에 실패하자 아일랜드의 은행들은 일제히 문을 닫을 수밖에 없었다.

사람들과 기업들은 은행 폐쇄를 대비해 현금을 비축해 놓았지만 파업이 예상보다 훨씬 길어지면서 폐쇄는 몇 달 동안 지속되었고, 비축된 현금이 그 기간 동안 은행 역할을 하기에는 턱없이 부족했다. 그러나 문제는 그것이 아니었다. 사람들이 자신의 은행 계좌를 토대로 발행한 수표는 적어도 당분간은 예금하거나 현금화할 수 없는데도 여전히 지불 수단으로 유통되었다. 은행이 폐쇄되었는데도 은행의 지위는 여전해서 수표가 계속해서 채무를 결제하는 수단이 되었던 것이다. 물론 이 시스템은 남용될 위험이 있었다. 사람들이 자금 부족을 겪으면서 결국에는 반송(지급 거절)될 수표를 발행할 수 있기 때문이다. 그러나 이 시스템은 다른 당사자가 개입해 신용도를 보증함으로써 작동할 수 있었다. 바로 지역사회 기관 중 가장 중요한 기관인 공공주택의 소유주들이었다.

아일랜드 경제학자 앙투안 머피(Antoin Murphy)는 다음과 같이 재치 있게 지적했다. "자신에게 환금성 자원 없이, 다른 사람에게 수년 동안 자금을 지원할 수 있는 사람은 없다."[8] 결과적으로 신뢰와 판단이 다시 한번 전체 과정의 핵심임이 증명된 셈이다.

근대 초기에는 외국까지 잘 알려진 거상의 어음이 소상인의 물품 인도를 보증했다. 상대방에게는 그들의 신용이 곧 돈과 동일하게 간주되었기 때문이다.

돈의 연금술

은행은 자체적으로 은행권을 발행해 왔지만 영국에서는 1844년 은행 조례가 제정된 이후 중앙은행을 제외한 일반 상업은행의 은행권 발행 기능은 사라졌다. 미국에서도 남북전쟁 이후 은행의 은행권 발행 관행을 종식시키기 위한 첫 번째 움직임이 나타났다.[9] 그러나 현대 경제에서는 지역 상업은행의 은행권 발행 문제는 그리 중요하지 않다.

더 이상 자체 은행권이 필요 없기 때문이다. 대신 은행들은 자신들이 신용을 제공하는 사람들의 계좌에 이를 표시해 놓는다. 이 방식이 생산 과정에 사용되면, 수령인의 은행 계좌에 결제해야 할 금액이 표시되고 이것이 원 계좌에도 표시된다. 그러니까 은행들 간에 이 문제를 해결하는 것이다. 오늘날 은행의 대출 형태로 나타나는 은행권은 모든 경제에서 화폐의 가장 큰 비율을 차지한다.

앞에서 그랬던 것처럼, 그런 돈은 무에서 창출된다.

오늘날에는 규제기관과 중앙은행 외에는 누구도 은행의 대차대조표를 구성하는 따분하고 무미건조한 표에 많은 관심을 기울이지 않는다. 현대 경제를 탄생시킨 연금술이 숫자의 줄로 표현되는 곳이 바로 대차대조표다. 모든 영리 기업의 대차대조표에는 매출과 이익을 창출하는 데 사용하는 자산과 다른 기관에 빚진 돈인 부채가 기록된다. 은행은 대출을 해주면 이를 자산(수수료와 이자를 받음)과 해당 부채(차용인에게 예치하는 형태)로 기록한다. 그 예치금은 경제에서 고객에 의해 소비된다. 그리고 은행원이 마술 지팡이를 흔들어(요즘에는 마술 지팡이보다는 마우스 버튼을 클릭하는 경향이 있다) 비로소 돈이 존재하게 되는 것이다. 대출이 이루어지기 전까지 그 돈은 존재하지 않았다. 그래프 12는 이런 돈의 마법을 묘사한 것이다.

상품 및 서비스에 대한 대가로 받은 돈은 수령인의 은행 계좌에 예

그래프 12. 은행이 돈을 창출하는 방법

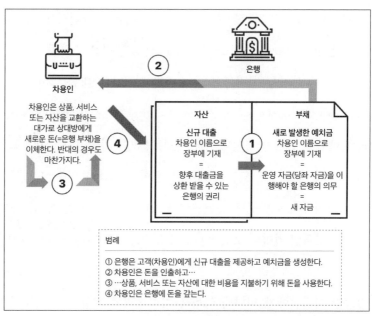

출처: Finance & Development, vol. 53, no. 1, 'International Monetary Fund'

치금으로 입금된다. 은행 계좌에 있는 돈의 대부분은 은행 시스템의 다른 곳에서 발생한 대출에서 나온 것이다. 물론 맨 처음에는 은행의 선불금이 있었지만. 이처럼 현대 경제에서 순환되는 통화 공급의 대부분은 은행이 창출한다.

이러한 현실은 경제에서 돈에 대한 두 가지 일반적인 오해를 불식시킬 수 있다. 우리가 가장 쉽게 하는 오해는 은행이 예금자로부터 돈을 받아 차용자에게만 좋은 일을 해준다는 것이다. 또 경제학 교과서에서 가르치는 다소 복잡한 오해는, 돈은 저축으로 시작되지만 은행은 어느 시점에서든 은행 금고에 저장된 돈의 극히 일부만 필요하기 때문에 저축된 자금을 활용해 은행의 자금을 늘린다는 것이다.[10] 다시 말해 은행들은 사람들이 예금을 되찾을 것을 대비해 준비해야 하는 돈, 즉 사람들이 저축한 돈 중 일부만 유보한다는 의미의 '부분 지급준비제도'(Fractional reserve banking)라는 프로세스를 통해 자신들의 배만 불린다는 것이다. 이는 은행이 돈을 창출한다는 개념을 이해하는 데 어느 정도 도움이 되지만, 은행에 대출을 해줄 수 있는 자금이 이미 존재한다는 잘못된 인식을 줄 수 있다. 이런 이해는 앞서 살펴본 것처럼 얼마나 보편적으로 수용되느냐와 얼마나 편리하게 양도될 수 있느냐라는 화폐의 중요한 본질을 놓친 것이다. 이 오해가 그동안 사람들에게 얼마나 영향을 미쳤는지에 대한 예는 사토시 나카모토(Satoshi Nakamoto)라는 비트코인 창시자의 게시물에서도 볼 수 있다.

기존 화폐의 문제는 그것이 작동하기 위해서는 신뢰가 필요하다
는 것이다. **은행은 우리 돈을 안전하게 보관할 수 있다는 신뢰를 주
어야 하지만 은행은 그 돈을 대출에 사용하기 때문에 … 준비금이
거의 없다.**

최근 역사에서 가장 중요한 통화 발전 중 하나가 나카모토의 이 기
본 전제에 오류가 있음을 밝혀준다.

은행이 돈을 만든다는 것은 은행계 소수의 사람에게만 알려진 비
밀이었다. 1928년 영국의 전 재무장관 레지널드 맥케나(Reginald
McKenna)는 "일반 시민들은 일반 상업은행이나 영국 중앙은행이 돈
을 만들기도 하고 없애버릴 수도 있다는 말을 듣고 싶어 하지 않을
것 같다."라고 말했다.[11] 영국 중앙은행은 2014년이 되어서야 금융
현실에 대한 최초의 공식적이고 명확한 진술을 인정했다.[12]

은행은 예금자와 차용자 사이의 중개자도 아니고 은행에 예금된
돈을 사용해 자금을 불리는 역할을 하지도 않는다. 은행은 오직 대출
을 해줄 때에만 돈을 창출한다. 그러니까 대출이 먼저이고 예치금은
그다음에 들어온다. 그러다가 누군가가 은행에 대출금을 상환하면
그 반대 현상이 발생한다. 즉, 돈이 소멸되는 것이다.[13] 대출과 상환에

따라 돈이 생성되고 소멸되는 것이다. 경제에서 민간 은행들은, 심장이 신체 순환계 안팎으로 혈액을 공급하는 것처럼 통화 시스템 안팎으로 돈을 공급한다. 조지프 슘페터(Joseph Schumpeter)가 은행가를 '교환 경제의 영웅'이라고 부른 것도 바로 은행의 이런 역할 때문이었다. 은행을 특별한 존재로 만드는 것도 돈을 창출하는 이러한 능력 때문이다. 이런 점에서 은행은 이미 존재하는 돈을 사람들 사이에 재할당하는 역할만 하는 주식시장이나 채권시장과는 전혀 다르다.

이런 돈 창출 능력이 바로 우리 경제의 마법이다. 중세의 연금술사들은 부를 획득하는 수단으로써 금을 비(卑)금속(구리, 쇠, 아연, 납 등)에서 만들 수 있는 방법을 모색했다. 하지만 그들은 이 과정에서 꼭 필요하다고 생각한 특별한 촉매제를 결국 찾지 못했다. 연금술사가 실패한 곳에서 현대 은행업이 성공을 거두었다. 그날 영화관에서 슈퍼맨을 보면서 알게 되었던 것처럼, 그리고 우리 모두가 매일매일 깨어 있는 순간 볼 수 있게 된 것처럼, 우리가 돈의 마법을 이용해 얼마나 찬란한 세계를 창조했는지 알게 되었다.

'건전한 돈'과 은행 연금술의 한계

경제는 신용을 필요로 하고 이를 충족하기 위해 돈이 생겨났다. 그리고 이 돈을 바탕으로 전체 생산 과정이 진행된다. 돈은 부 자체가 아니라 부에 대한 권리다. 은행이 창출한 돈이 신뢰할 수 있는 믿을 만한 차용인의 실제 생산 증가로 이어진다면, 은행 시스템의 그런 연금술은 건전한 것이다. 이것이 '건전한 돈'인 이유는 금이나 다른 1차 상품에 의해서가 아니라 생산에 의해 뒷받침되기 때문이다.

돈을 창출할 수 있는 은행의 능력은 무한하지 않다. 은행들은 은행업 라이선스에 따라 운영된다. 은행들은 이 은행업 라이선스에 따라 돈을 창출하고, 예금을 받고, 중앙은행에 계좌를 갖고, 지불금을 결제하고, 기타 은행 활동을 수행할 수 있는 권한을 갖게 되지만, 그 대가로 은행의 제반 규정과 특정 기준을 충족해야 한다. 4장에서 살펴본 바처럼 라이선스는 경제지대를 창출하고, 돈을 창출하는 힘은 막대한 수익을 창출한다. 은행 주식이 대부분의 증권 거래소에서 중요한 존재인 이유도 바로 이 때문이다.

은행은 예금자의 현금 수요를 언제든 충족할 수 있어야 하며, 이를 위해 충분한 현금과 유동 자산을 보유해야 한다. 차용인이 은행에서 대출금을 인출해서 이를 다른 당사자에게 지불하면(이 당사자는 차용인의 은행과는 다른 은행에 예금 계좌를 가지고 있다) 이 거래를 정산하기 위해 두 은행 간에 자금 이체가 이루어진다. 이렇게 해서 모든 계정에 잔고가 유지되는 것이다. 이 과정은 두 은행 사이에서 직접 이루어지거나, 중앙은행 준비금을 이체함으로써 중앙은행 계좌 간에 이루어지

그래프 13. 은행의 지급 및 결제 프로세스

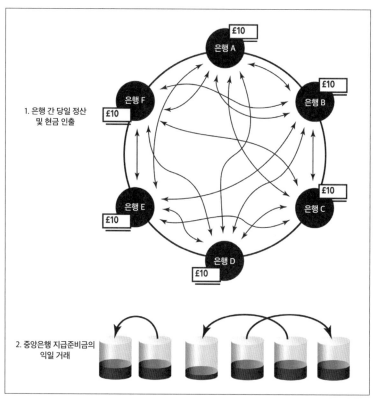

출처: Ryan-Collins et al, 2011, p.68

기도 한다.(그래프 13 참조)

은행들은 사실상 거의 즉시 결제를 하기 때문에 충분한 현금과 중
앙은행 준비금을 보유해야 한다. 만일 은행에 잔고가 부족하면 중앙
은행이나 은행 간 시장을 통해 다른 은행에서 빌릴 수 있다. 이 경우,
중앙은행은 은행들이 중앙은행에서 돈을 빌리는 이자율이나 은행 간

에 서로 돈을 빌리는 이자율에 영향을 줌으로써 은행 시스템에 어느 정도 영향력을 유지한다.[14] 이는 결국 은행이 차용인에게 제공하는 대출의 이자율에도 영향을 미친다. 그리고 대출의 수요와 경제에서 발생하는 투자 수준에도 영향을 미친다.

또 중앙은행은 시스템이 원활하게 작동하는 데 충분한 유동성을 유지할 수 있도록 지불준비금 요건(대출금 대비 은행이 보유해야 하는 지불준비금 수준)을 설정한다.[15] 또 유동 자산이 부족한 은행에 자금을 빌려주기 위해 개입할 수도 있다. 중앙은행이 은행들의 대출에 영향을 미치는 또 다른 중요한 방법은 자본 적정성 요건(Capital adequacy requirements)을 설정하는 것이다. 이는 은행 대출의 일부가 부실화되는 경우에도 은행이 운영을 유지할 수 있는 충분한 완충 장치를 확보하기 위한 것이다.[16] 이런 요구 조건은 국제적으로 확립되어 있으며, 큰 금융 위기가 발생하고 나면 주기적으로 업데이트된다.[17]

은행에 대한 규제는 매우 복잡한 주제이며, 위에 언급한 몇 가지 조치는 수박 겉핥기식으로 간단히 살펴본 것이다. 다만 은행 규제에 대한 이런 조치들의 구체적인 내용이 우리가 다루고자 하는 주요 관심사가 아니다. 우리가 알고자 하는 핵심은 은행이 돈을 창출하지만 그 대가로 엄격한 규제를 받는다는 사실이다. 그리고 은행이 창출한 돈이 생산에 집중된다면 이는 건전한 과정이다.

문제는 그렇지 않은 경우도 많다는 것이다.

돈 창출의 문제점: 불건전한 돈

경제에 유통되는 돈의 약 90퍼센트는 은행에서 창출된다.[18] 앞서 살펴본 것처럼, 이 돈이 기업의 요구를 충족시키기 위해 생산에 사용될 때 이는 건전한 돈이다. 경제 규모가 커지면 교환을 촉진하기 위해 더 많은 양의 돈이 필요하므로 시간이 지남에 따라 통화 공급도 증가해야 한다.

그러나 은행이 다른 용도로 돈을 창출하면 이 돈은 건전하지 않은 돈이 된다. 요즘에는 은행이 창출하는 돈의 대부분이 생산적인 사업이 아니라 토지를 증권화하는 데 사용된다. 이런 불건전한 돈은 은행이 부동산 취득용으로 대출을 제공할 때 발생한다.[19]

이는 앞서 설명한, 은행이 생산의 활력과 신용도를 냉정하게 평가하기 위해 의존하는 프로세스와는 완전히 다른 프로세스다. 이런 대출은 은행 입장에서 수익성은 있겠지만, 많은 수고가 필요하고 판단이 잘못될 위험도 있다. 그러나 은행도 다른 기업과 마찬가지로 수익 극대화를 추구하고 위험과 비용을 최소화하기를 원한다. 현재 시스템에서는 모기지(담보) 대출을 연장하는 것이 훨씬 더 수익성이 높다.[20] 따라서 사업을 하는 차용인과 그들의 사업에 대해 평가하는 복잡한 절차보다는 안전하고 쉽게 부동산을 담보로 대출을 해주는 것이다. 설령 대출이 부실해져도 담보에 의존할 수 있기 때문이다. 결국 은행은 까다로운 사업 평가 기능 대신 담보를 잡는 것으로 대출의 안전을 확보한 셈이다. 이는 특히 부동산 가격이 급격히 상승해 은행의 담보대출 관행이 건전해 보이는 경제 호황기에는, 사업에 대한 건전한 평가나 신중함이 전혀 필요하지 않다는 것을 의미한다. 게다가 담보대출은 이미 자산을 보유하고 쉽게 사업을 시작할 수 있는 사람과 그렇지 않은 사람 사이의 경제 격차를 더욱 악화시킨다. 결과적으로 사업의 시도가 방해를 받는 셈이다.

모기지 대출은 현대 은행 시스템에서 매우 중요한 활동이지만, 경제의 생산력을 높이는 데는 거의 도움이 되지 않는다. 토지 가격이 경제 발전의 이익을 흡수하고 은행은 이 증가분을 담보로 대출을 제공하기 때문에, 주기가 지나면서 부채 수준이 높아질 수밖에 없다. 데이터를 추적할 수 있는 모든 부동산 붐에서, 주기 절정기까지 몇 년 동안 GDP 대비 민간부채 비율이 증가한 것을 볼 수 있다(그래프 14 참조).[21] 토지는 생산비용이 들지 않고 비경쟁적인 시장에서 운영되기 때문에, 사람들이 토지에 대해 지불할 용의가 있는 가격은 그들이 돈을 얼마나 빌릴 수 있느냐에 달렸다.

이것이 스스로를 강화하는 방식으로 작동하면서, 땅값이 오를수록 땅을 사기 위한 돈이 더 많이 만들어진다. 도시 외곽이 확장되면

그래프 14. 미국의 GDP 대비 민간부채 비율, 1805~2017년

회색 세로선은 주기의 절정기 연도를 나타낸다 (부록 참조)

출처: bankcrisis.org (1940~1950년 데이터는 누락되었음)

서 새로운 부지가 경제에 유입됨에 따라, 건설을 위한 추가 차입과 새로운 땅의 매입을 위해 더 많은 담보가 제공된다. 이런 호황기에는 은행이 마음대로 새로운 사업을 창출할 수 있고, 차용인과 대출기관 모두 높은 수익을 구가한다.[22] 투기도 쉽게 통제되지 않는다. 이것이 바로 신용 대출이 토지 붐을 증폭시키는 이유이며, 소위 신용 주기 (Credit cycles)가 금융 위기와 밀접하게 관련된 이유다.

이는 또한 은행 규제가 궁극적으로 작동하지 않는 이유이기도 하다. 경제의 다른 모든 측면과 마찬가지로 돈도 토지 주기와 맞물려 있고 경제지대의 법칙과 연계되어 있어서, 이 두 가지 모두 규제의

2막 - 사이클 중반

초점이 아니기 때문이다. 은행업은 비정상적으로 수익성이 높은 업종이기 때문에(은행 라이선스는 일종의 경제지대로, 은행은 대출 활동을 통해 상승하는 토지 가치를 현금화하여 이자와 이익을 얻는다) 규제 당국과 각종 규제는 호황기에 상황을 억제할 가능성이 거의 없다. 따라서 시스템 전반에 걸쳐 항상 차입 투자(Leverage)의 위험이 증가한다.

부동산시장 문제가 은행 시스템을 통해 전달된다

빠르게 대출 늘리기: 은행 간 시장

지불준비금 요건을 충족하려면 은행은 유동 자산이 필요하거나 지불준비금을 확보해야 한다. 그러나 은행은 본질적으로 중앙은행에서 차입하는 방법과 단기 금융시장에서 준비금을 확보하는 방법 중 하나를 선택할 수 있다. 이를 '짧게 빌려서 길게 빌려준다.'라고 말한다. 이 비즈니스 모델은 대출해 주는 금리보다 낮은 금리로 빌릴 수 있기 때문에 매우 효과적이다. 그 차이를 '순이자 수익'(Net interest margin)이라고 한다.

은행 간 시장은 은행들이, 특히 토지 붐 기간에 대출을 신속하게 확대할 수 있는 기반이 된다. 새로운 대출기관들이 시장의 이익에 눈독을 들이면서 모기지 연장 경쟁이 치열하게 벌어진다. 은행 간 시장은 기꺼이 성장하는 은행들에 영업을 확장하기 위한 단기 대출을 제공한다. 단기 대출을 받아 영업을 확장하는 은행이 더 건강해 보이기 때문이고, 근저당한 담보 가치도 오르고 있기 때문이다. 게다가 담보 대출은 수익성이 높기 때문에 은행의 이익도 올라간다.

그러나 보이지 않는 밑바닥에서 은행 시스템이 점점 더 취약해지면서 신뢰의 위기를 맞는다. 주기 후반부에서 다시 살펴보겠지만, 호황이 지속되기 위해서는 자본 흐름이 증가해야 한다. 자본 흐름의 속도가 느려지면 시스템이 위기에 처할 수 있기 때문이다. 시장 참가자들은 무슨 일이 일어나고 있는지 금방 깨닫게 되고, 은행 간 시장도 제대로 작동하지 않는다.[23] 결국 부동산 가격이 최고치를 지나 하락하면서 일부 부채는 부실화된다. 이런 부실 대출이 얼마나 널리 퍼져 있는지 아무도 모르기 때문에 어느 한 영역의 문제가 시스템 전체에 빠르게 퍼지면서, 모든 대출이 중단되고 실물경제에 더 큰 위기가 발생한다. 결국 정부가 개입하면서 비로소 위기가 잡힌다.

혁신과 새로운 금융 제공자, 그리고 부동산 대출 경쟁

주기마다 은행 업무를 더욱 효율적으로 만드는 새로운 기술들이 도입된다. 1920년대에는 전화기, 타자기, 계산기, 녹음기 등이 널리 보급되면서 작업 속도가 훨씬 빨라졌다. 1970년대 이후에는 SWIFT 결제 시스템의 개발로 국제 은행 시스템이 강화되었다. 2000년대에는 새로운 인터넷 기술을 바탕으로 자동화된 신용 평가가 이루어졌고[24] 이런 혁신 덕분에 돈을 창출하는 비용이 더 줄어들었다.

이에 따라 비용이 더 적게 드는 새로운 은행들이 설립된다(직원 수도 적고 운영 규모도 적지만 첨단 기술을 가진 경향이 있다). 이들이 기존 은행의 부동산사업 부문을 공격적으로 인수한다. 부동산시장이 과열되면 이들의 존재감은 더욱 두드러진다. 경쟁은 '그림자 은행', 즉 일반 상업은행이 아닌 곳(투자은행, 헤지펀드, 사모펀드 등)에서 발생할 수 있다. 이들은 자체적으로 돈을 창출하지는 않지만 부동산시장으로 돈을 흘려보낸다. 은행이 아니기 때문에 은행이 받는 규제도 적용되지 않는다. 이런 신규 기관들이 시장 내 경쟁을 부채질하면서 기존 기관들에게 기준을 완화하도록 압력을 넣고 수익성 있는 대출 기회를 끊임없이 모색한다. 이런 상황에서 기존 은행들도 은행에 대한 엄격한 규제를 완화시키기 위해 정치권에 상당한 영향력을 행사한다. 주주들의 행복을 유지하려면 수익을 늘려야 하기 때문이다. 그러다가 새로운 사업이라도 유치하면 그 대가로 직원들에게 큰 보너스를 지급한다. 이런 일련의 과정으로 주기가 진행되면서 대출 활동의 중심이 주변 지역으로 이동하게 된다. 결국 호황기에는 은행들이 대출을 규제 한도까지 최대한 확대하기 때문에(물론 규제를 피할 수 있다면 그 이상으로) 평소의 신중함을 넘어선 더 많은 부동산 대출로 이어진다.

제조업에 대한 대출은 줄어들고 이자율은 상승한다

은행 대출의 대부분이 부동산으로 이동함에 따라 제조업에서 사용할 수 있는 대출 금액이 줄어들 수밖에 없다. 그런데 은행들이 대출 활동을 높여도 부동산 대출은 회수 기간이 길기 때문에 금융 시스템의 유동성이 떨어진다.

결국 시간이 지남에 따라 은행의 부동산 대출 이자율이 높아진다. 그래서 호황이 끝날 무렵이 되면 기업들은 임대료 상승과 대출 이자 비용 상승이라는 두 가지 압력을 동시에 받는다. 이는 경제에 대한 투자를 감소시키고 규모가 큰 사업 부문, 특히 토지 매입비용과 이자 지급비용이 큰 부분을 차지하는 건설 산업에 직접적인 영향을 미친다. 결국 건설업이 둔화되고 고용과 수요가 줄면서 위기로 이어진다.

위기가 닥치면 그동안의 부동산 대출 때문에 은행 대차대조표의 숨통이 막히기 시작하지만, 지급 불능 상태가 되는 지경에 이르는 큰 손실을 입고 나서야 비로소 대출을 회수하기 시작한다. 우리 가족이 지난 2009년에 알게 된 것처럼, 은행들은 이 문제를 해결하기 위해 애꿎은 중소기업에 대출해 준 돈을 회수함으로써 그들을 망하게 하고 대량 실업이라는 후폭풍을 불러온다. 그러나 은행 대차대조표를 확보하는 과정은 몇 년이 걸리며, 다음 주기의 시작 및 확장 단계의 대부분을 차지한다. 이 모든 과정을 거쳐 일단 재정 상태가 회복되어야만 은행의 신용 창출 과정이 다시 시작될 수 있다. 언제나 그랬다.

이 과정이 계속 되풀이되는 것이다.

....

은행이 부동산 붐을 부추기는 것은 은행의 화폐 창출 능력이 부동산 대출과 초과 이익 추구로 변질된 데 따른 불가피한 결과다. 기존의 은행 규제로는, 경제가 위험할 정도로 과도한 부채를 지고 위기에 취약해지기 이전에 은행의 대출 한도를 적절하게 제한할 수 없다.

우리는 언젠가 그런 규제가 적절한 시기에 진행되는 것을 보게 될 것이다. 그러나 부동산시장과 은행 시스템은 매우 탄력적이기 때문에, 경제는 비교적 짧고 상대적으로 심하지 않은 사이클 중반의 침체기에서 빠르게 빠져나와 회복된다. 사실, 주기의 다음 단계에서 오히려 대출을 더 크게 장려하는 것은 바로 이 시점에서의 빠른 회복력 덕분이다.

이제 우리의 주기 여행으로 돌아가기 전에, 돈 이야기의 두 번째 주인공에 대해 생각해 볼 필요가 있다. 은행은 국가가 부여하는 라이선스에 따라 돈을 창출할 수 있다. 그러므로 경제에서 돈의 궁극적인 생산자는 바로 국가다. 이제 국가의 역할에 대해 살펴보자.

은행은 경제지대 법칙의 최고 수혜자다.
은행주를 소유하라

핵심 교훈

돈은 언제든 만들어지며 부동산 투기가 있는 곳에 몰린다

은행은 경제지대(특히 토지에서 나오는 지대)를 활용하는 데 매우 효율적인 기관이다. 특히 대출 활동을 통해 높은 수익을 올리는 주기 후반부의 주식 포트폴리오에 은행을 하나쯤 포함하는 것은 좋은 전략이다.

금융 시스템은 서로 밀접하게 연결되어 문제가 생기면 산불처럼 퍼진다

특히 주기가 끝날 때 이를 기억하는 것이 중요하다. 은행이 창출한 대량의 돈이 어딘가에서 투기로 흘러 들어가 시스템 내 차입 자본을 높여서 붕괴하기 쉽게 만든다. 그곳이 어디인지 항상 알 수는 없지만 어디서든 그런 일이 일어날 가능성이 있다.

투자를 위한 차입은 제대로만 사용하면 건전한 전략이다

주기의 적절한 시기에 탄탄한 수익이 뒷받침되는 실물 자산에 투자하기 위해 돈을 빌리는 것은 강력한 전략이다. 하지만 단지 투기적 자본 이득을 얻기 위해 돈을 빌리는 것은 좋은 장기 전략이 아니며, 특히 주기의 절정기로 올라가는 시기(이때가 그렇게 하기 가장 쉬운 시기이기도 하다)에 실행할 경우 재무 건전성이 극도로 위험해질 수 있다.

돈의 마법 II

1271년, 한 젊은 베네치아인이 여행을 떠났다. 이 여행은 뒷날 역사상 가장 유명한 여행 중 하나가 될 것이었다. 그는 아버지, 삼촌과 함께 전설의 땅 동양을 향해 여행을 떠난 지 4년 만에 광대한 몽골 제국의 통치자인 대칸의 궁정에 도착했다.

언어 학습에 뛰어난 재능을 가진 이 젊은 베네치아인은 낯선 동양 지역의 관습을 예리하게 관찰했다. 그는 곧 칸의 공식 사절단에 일자리를 얻었고 나중에는 칸이 신뢰하는 조언자이자 행정관이 되었다.

이 청년은 24년 만에 고국에 돌아왔지만 고국 베네치아에 문제가 발생했다. 당시 이탈리아의 도시 국가들은 수시로 서로 전쟁을 벌였는데, 마침 베네치아와 이웃 제노바 사이에 전쟁이 발발하면서 지중해에서 전투가 벌어졌고, 이 청년은 포로로 잡히고 만 것이다. 그러나 그의 이런 개인적 고통은 뒷날 그의 후대에 이익이 될 것이었다. 청년은 포로로 감옥에 갇힌 동안 또 다른 전쟁 포로를 만났다. 그 전쟁 포로는 잘 알려진 작가였다. 그들은 감옥에서 오랜 시간을 함께 보내면서 청년의 동양 모험에 대한 이야기를 나누었고, 그 작가는 그 이야기를 신문에 기고했다. 이후 석방되자마자 이를 책으로 묶어 출판했다. 바로 오늘날 우리가 알고 있는《동방견문록》(Il Milione) 또는《마르코 폴로 여행기》(The Travels of Marco Polo)이다.

중세 로맨스 소설로 잘 알려진 작가 루스티켈로 다 피사(Rustichello da Pisa)는 이국적인 동양 이야기를 열망하는 독자들의 흥미를 끌기 위해 마르코 폴로의 이야기를 재미있게 꾸몄다. 때마침 동서 무역이 급성장하면서 상인들이 동양의 사치품들을 이탈리아에 들여와 높은 가격으로 팔던 시기였으므로 동양 모험 이야기는 많은 사람의 흥미를 끌었다.

그러나 여행기에 담긴 모든 환상적인 이야기는 정말로 완전한 사실이었다. 마르코 폴로는 칸발루(Khanbalu, 오늘날의 베이징)라는 도시에서 다음과 같은 기이한 마술을 관찰했다.

이 칸발루라는 도시에는 대칸의 화폐 주조소가 있는데, 대칸은 연금술의 비밀을 알고 있다고 전해진다. 그러니까 그가 돈을 만드는 기술은 다음과 같은 과정을 거친다. 먼저 그 잎이 누에의 먹이로 사용되는 뽕나무의 껍질을 벗겨낸 다음, 거친 나무껍질과 나무 사이에 있는 얇은 내부 껍질을 벗겨낸다. 이것으로 … 종이를 만든 다음 … 사용할 준비가 되면 그 종이를 거의 정사각형에 가깝게(길이가 너비보다 약간 더 길다) 다양한 크기로 자른다. 가장 작은 종이는 드니에르(Denier tournois)*, 그다음 작은 종이는 베네치아 은화(Venetian silver groat), 나머지 다른 종잇조각들은 하나, 둘, 셋에서 최대 열 종류의 금화에 해당된다. 지폐로 된 이 돈들은 실제로 순금이나 은으로 만들어진 주화처럼 다양한 형식과 의식으로 그 가치가 인증된다. 지폐마다 특별히 임명된 여러 명의 관리가 자신의 이름을 쓰고 도장을 찍는다. 그리고 이 모든 의식이 정기적으로 이루어지면, 대칸 폐하의 대리인인 최고 관리가 자신이 관리하는 왕실 인장에 주홍색 인주를 묻힌 다음 종잇조각에 도장을 찍는다. 주홍빛 도장의 형태가 그대로 찍힌 종잇조각은 비로소 통용 화폐로서의 완전한 진품성을 부여받으며, 위조 행위는 사형으로 처

---

* 중세 후기와 근대 초기 사용된 유럽의 은화이다.

벌된다. 이렇게 대량으로 만들어진 지폐는 대칸의 영토 전역에서 유통된다. 그 돈을 받는 것을 거절할 정도로 생명의 위험을 무릅쓰는 사람은 없다. 대칸의 백성들은 모두 그 돈을 기꺼이 받는다. 그들이 어디에서 무슨 일을 하든, 그들이 필요로 하는 상품(진주, 보석, 금, 은 등)을 구입할 때 그 지폐를 다시 사용할 수 있기 때문이다. 간단히 말해서, 이 지폐를 가지고 모든 물품을 구입할 수 있다.[1]

마르코 폴로는 유럽인들에게 그때까지 전혀 알려지지 않은 화폐 연금술, 즉 사실상 무에서 창조된 지폐의 공식 발행에 대해 설명했다. 몽골 제국을 구성하는 사회를 포함해 일부 지역에서 당시 통화는 금이나 다른 금속으로 뒷받침되지 않았다. 자오차오(Jiaochao, 交鈔)라는 이 지폐는 대칸만이 발행할 수 있고 그의 권위에 의해서만 가치가 보장되었다. 그의 통치가 확장되는 곳 어디에서든 그의 칙령에 의해 민간인들 사이의 결제에 사용되었다.[2]

마르코 폴로가 중세 중국의 화폐 주조에 대해 발견한 것은 오늘날 우리 시스템에도 동일하게 적용된다. 정부는 정부의 권위가 인정되는 곳이면 어디에서나 민간인들이 교환하는 데 필요한 돈을 경제에 공급한다. 우리는 8장에서 모든 생산과 교환은 신용에 기초하고 있으며, 가장 단순한 경제가 아닌 한 모든 경제에서는 민간 당사자들이 서로에 대한 요구를 반영하고 해결하기 위해 일반적으로 인정되는 방식이 필요하다는 사실을 살펴보았다.

대칸도 그것을 알았다. 그리고 이를 위한 가장 효율적인 해결책은, 사회법을 제정하고 집행하는 임무를 맡은 공공기관이 그런 거래를 촉진하는 데 필요한 돈을 발행하는 것이었다. 은행의 역할에 대해서도 그랬지만, 현대 경제에서 화폐 창출에 관한 국가의 역할에 대해서도 많은 혼란이 있다. 국가는 은행에 라이선스를 부여하고 그들이 돈을 창출하도록 허용한다. 그러나 국가는 이보다 훨씬 더 근본적인 역할을 갖고 있다. 즉, 무엇이 화폐로 간주되는지를 지정하고 이를 제조하는 것이다. 국가의 이런 중요한 특징을 명확하게 이해하는 것도 경제 사이클의 리듬을 이해하는 데 매우 중요하다. 이 장에서는 이 프로세스가 어떻게 작동하는지 설명하고 이것이 주기와 어떤 상관이 있는지 간단한 이해의 틀을 제공할 것이다.

먼저 국가 역할에 대한 혼란이 처음에 어떻게 발생하는지에 대해 살펴보기로 하자.

현대인의 혼란: 정부는 가계와 다르다

2010년 선거 후, 퇴임하는 영국 재무부 장관은 후임자에게 다음과 같은 간결한 메모를 남겼다. 이는 금융 위기 여파로 인한 공공 재정

상태를 요약한 내용이었다.

장관님, 돈이 없어서 걱정이군요. 행운을 빕니다.

_리암 번(Liam Byrne)

경기 침체로 인해 복지비용은 치솟는데, 세금 징수액은 400억 파운드(약 65조 원) 넘게 감소했다. 이로 인해 대규모 적자가 발생했다. 리암 번의 표현을 빌리자면, 정부의 자금이 바닥났다.[3] 당시 미국과 유럽연합 전역에서 비슷한 상황이 일어났다.

마가렛 대처(Margaret Thatche) 총리는 이미 몇 년 전 성명에서 영국 정부가 직면하고 있는 문제의 원인을 다음과 같이 명확하게 설명한 바 있다.

국가도 사람들이 스스로 벌어들이는 돈 외에는 달리 돈을 조달할 원천이 없습니다. 국가가 더 많은 지출을 원한다면 국민의 저축을 빌리거나 더 많은 세금을 부과해야만 합니다. 그리고 다른 사람이 국가가 지불해야 할 돈을 대신 지불해 주리라 생각하는 것은 좋은 생각이 아닙니다. 그 다른 사람이 바로 당신이니까요.[4]

이러한 믿음이 확고했던 차기 정부는 최소한 국가가 경기 침체에 빠진 동안에는 공공 지출을 대폭 삭감하기로 결정했다. 대폭 삭감을 통해 공공 재정이 회복되고 정부 부채 수준이 낮아지면 경제가 다시 건전한 기반을 마련할 것이라는 희망을 품었기 때문이다.

오늘날 공공 지출에 대해 사용되는 단어들도 정부가 '납세자의 돈'을 징수하고 있다는 믿음을 반영한다. 정부가 거둬들인 세금보다 더 많은 돈을 지출하면 '적자'가 되고, 드문 경우지만 정부 지출보다 세금을 더 많이 거둬들이면 '흑자'가 된다. 정부의 지출을 승인하는 재정 부처를 재무부(Treasuries)라고 부르는데, 이 'Treasury'라는 말은 국가의 부를 필요할 때까지 저장하는 '금고'라는 의미다. 정부의 적자가 너무 크면 미래 세대가 갚아야 하기 때문에 "국가의 미래를 담보(Mortgage)로 제공한다."라고 말한다. ('Mortgage'가 재산을 담보로 한 대출이고 그런 기술을 완성한 것이 공공 부문이 아닌 민간 부문이라는 점을 고려하면 이는 다소 아이러니한 표현이다.)

그런 표현의 이면에는 우리 개인들과 마찬가지로 정부도 돈을 쓰기 전에 먼저 돈을 벌어야 한다는 확고하고 자명한 믿음이 있다. 정부가 돈을 번다는 것은 세금을 징수하는 것을 말한다. 역시 개인들과 마찬가지로 정부도 돈이 없으면 빌려서 나중에 갚아야 한다. 하지만 이는 지속 가능하지 않기 때문에 국민들은 정부가 얼마나 차입했는지 면밀히 관찰해야 한다. 공공 재정은 매우 난해한 주제이지만, 건전한 가계와 마찬가지로 정부도 한정된 자원으로 그 안에서 적절하게 살아야 한다.

　우리는 돈에 대한 첫 번째 주요 오해가, 은행이 예금자와 차입자 사이에 돈을 굴려서 배를 불린다(물론 그렇게 해서 돈을 늘릴 수도 있지만)는 생각이라는 것을 살펴보았다. 돈에 대한 두 번째 오해는, 정부는 일반 가계와 달리 수입과 상관없이 지출할 수 있다는 생각이다. 이 오해는 정치인과 학자들 사이에서 끝없이 반복된다.

돈은 모든 사람이 인정하는 것이어야 한다

　8장에서 우리는 돈이란 본질적으로 생산 주기를 지탱하는 신뢰에 기반을 둔 사회적 구성물이라는 점을 살펴보았다. 돈의 가장 중요한 구성 요소는 관련된 모든 사람이 돈으로 빚을 청산할 수 있다는 사실을 받아들이는 것이다. 이런 일반적인 인식이 돈의 핵심 개념이다. 유명한 경제학자 하이먼 민스키(Hyman Minsky)는 다음과 같이 말했다. "누구나 돈을 만들 수 있다. … 문제는 그것을 모두가 받아들이느냐다." 은행과 같은 신뢰할 수 있는 중개자가 화폐를 발행하는 것도 이러한 일반적 수용성을 달성하는 한 가지 방법이다. 그러나 현대 사회에서 통치권을 가진 자(정부의 형태로, 또는 정부로 대표되는)보다 돈을 발행하기에 더 나은 주체가 어디 있겠는가?

정부(모든 국가기관을 통틀어)는 입법권과 과세권을 가지고 있으며, 교환이 이루어지는 시장을 창출하는 공공재와 서비스를 제공하는 임무를 맡고 있다. 그리고 모든 당사자에게 정부가 발행하는 돈을 지불수단으로 인정하도록 요구할 권한이 있다.

좀 더 명확하게 말하자면, 정부는 어떤 의미에서든 가계와는 다르다. 1649년 찰스 1세가 처형되기 직전에, 신민이나 일반 시민은 적어도 돈의 측면에서 통치권자와는 매우 다르다고 선언한 것은 옳았다(물론 그는 이보다 훨씬 더 광범위하게 생각했지만).

통치권자는 민간 당사자 간의 청구를 해결하기 위해 무엇을 돈으로 간주할 것인지를 결정할 권한을 정부에 부여한다. 정부가 그것을 결정하면, 정부는 자체 토큰을 발행할 수 있다. 이는 정부가 자체 토큰을 경제에 주입하려면 먼저 토큰을 발행해야 한다는 것을 의미한다. 행정 조치는 국가마다 다를 수 있지만, 일반적으로 정부는 도로 건설 같은 대규모 사업에 돈을 지출하기 위해서는 입법부의 동의를 얻는다. 이 과정에서 정부는 민간 부문과 긴밀히 협력한다.[5] 예를 들어 어떤 당사자가 이 돈을 받아야 한다면, 정부는 중앙은행(즉 정부의 재정 대리인)에 수령인의 계좌가 있는 은행이 적절한 양의 준비금을 갖추도록 지시한다. 그리고 이 은행이 수령인의 계좌에 적절한 금액의 대출을 제공한다. 이제 이 돈은 경제 내에서 사용할 수 있다. 시중 은행의 대출과 마찬가지로 돈은 무(無)에서 창출되었다.

모든 사람은 세금을 납부할 의무가 있다. 어느 시점이 되면 기업과 가계는 정부에게 돈을 갚아야 한다. 그렇다면 그 돈은 어디서 나오는 것일까? 세금을 납부하기 위해 바로 정부가 발행한 통화를 사용한다.

정부가 돈을 창출하지 않았다면 기업과 가계가 돈을 갚을 수 없었을 것이다. 여기에서 돈은 자본주의 경제의 생명선이라 할 수 있는 생산에 사용된 신용 대출(8장 참조)과는 다른 개념이다. 돈은 교환의 기본이 되는 신뢰를 나타낸다. 하지만 누군가가 돈을 공급해야만 상호 합의에 의한 것이든, 신뢰할 수 있는 중개자에 의한 것이든, 법에 의해 명시된 것이든, 교환이 이루어질 수 있다. 결국 현대 경제에서 돈을 공급하는 자는 바로 정부다.

아마도 8장을 읽고 나서 이 점이 궁금해졌을 것이다. 은행이 창출한 돈은? 은행도 돈을 발행하는 것 아닌가? 하지만 은행이 만든 돈에는 국가의 휘장이 새겨진다. 은행은 국가가 부여한 라이선스 아래에서만 돈을 창출한다. 이는 국가가 발행한 화폐와 매우 유사하지만 완전히 똑같지는 않다. 은행이 창출한 모든 개인 자금은 은행에 다시 반환된다. 그런데 그보다 많은 돈이 정부로 흘러 들어간다면 그것은 은행이 아니라 다른 곳에서 나온 것임이 틀림없다. 그 다른 곳이 바로 정부다. 세금으로 지불된 모든 돈은 궁극적으로 국가의 돈이며 이는 애초에 정부가 공급한 것이다.

정부에 '반환'된 세금은 사실상 소멸된다. 그리고 정부가 돈을 써야 할 때 다시 만들어진다. 정부는 지출에 사용하기 위해 자금을 끌어온 것처럼 보이도록 할 수 있지만, 이는 단지 지출 대비 수입 추적을 용이하게 하기 위한 것뿐이다.[6] 이는 재정적 처리라기보다는 회계적 도구라고 할 수 있다. 정부가 받는 것과 지출하는 것 사이에는 어떤 기능적 관계도 없기 때문이다.[7]

다음 페이지에 나오는 그래프 15는 국가의 화폐 발행과 은행의 화폐 창출을 나타낸다.

통치권에서 경제로의 자금 흐름은 수직적이다. 이는 아래로 향한 화살표로 표시되며, 민간 대출시장(기본적으로 은행)과 비정부, 즉 민간 부문에서 발생하는 수평적 자금 흐름과는 다르다. 수평적 돈의 흐름은 은행에 의해 생성되고 차용자가 대출금을 상환할 때 소멸된다. 장기적으로 볼 때 이 돈은 경제의 총 화폐량에 추가되지 않는다. 차입으로 창출된 모든 돈은 상환으로 인해 다시 소멸되기 때문이다.

반면, 통화 통치권자가 발행한 수직적 돈은 세금으로 거둬들여질 때까지 경제에 남아 있다가 결국은 폐기된다. 경제가 성장함에 따라 거래를 촉진하려면 더 많은 돈이 필요하고, 통치권자는 더 많은 돈을 공급한다.

한 나라의 화폐를 제조하고, 계산 단위를 지정하는 능력을 '통화 주권'(Monetary sovereignty)이라고 한다. 통화 주권은 미국, 영국, 일본, 캐나다 등 많은 국가에서 다양한 수준으로 적용된다. 하지만 유로존

그래프 15. '국가의 돈' 그리고 '은행의 돈'

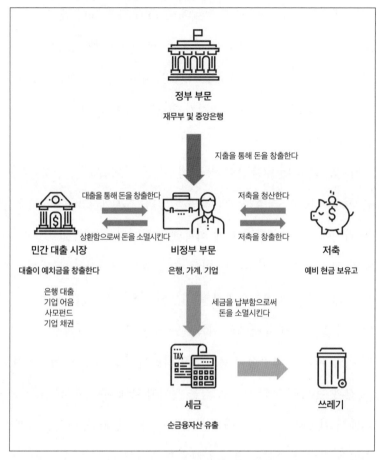

정부 부문

재무부 및 중앙은행

지출을 통해 돈을 창출한다

대출을 통해 돈을 창출한다   저축을 청산한다

상환함으로써 돈을 소멸시킨다   저축을 창출한다

민간 대출 시장   비정부 부문   저축

대출이 예치금을 창출한다   은행, 가계, 기업   예비 현금 보유고

은행 대출
기업 어음
사모펀드
기업 채권

세금을 납부함으로써
돈을 소멸시킨다

TAX

세금   쓰레기

순금융자산 유출

출처: WIlliam Mitche, 'Deficit Spending 101 - Part 3' (billmitchell.org/blog/?p=381)

국가들은 다르다. 유로존 국가들은 유로화를 채택하면서 통화 주권을 더 높은 권력, 즉 유럽중앙은행을 포함한 EU 기관에 넘겨주었다. 이것이 바로 유럽 구제금융에 대한 논쟁이 그렇게 잘못된 방향으로

간 이유다. 은행 통화 공급이 급격히 위축되었을 때 회원국들은 위기를 해결할 핵심 도구가 부족했다. 통화 주권은 통화 페그(Currency peg)를 운영하는 국가들, 즉 고정 환율 제도를 채택하고 있는 국가들에도 적용되지 않는다. 예를 들어, 많은 신흥 국가의 통화는 달러에 고정되어 있으므로 통화 주권자가 아니다. 이에 대해서는 국제 무역 문제에서 다룰 것이다.

하지만 리암 번이 틀렸다. 영국 정부는 자금이 부족하지 않았다. 돈을 좀 더 만들어 지출하기만 하면 되었다. 그렇게 했다면 영국은 금융 위기에서 좀 더 활력 있게 회복했을 것이고 아마도 2010년대 최악의 정치적·사회적 혼란을 피할 수 있었을 것이다. 미국에서도 다르지 않았다. 2009년 오바마 행정부의 부양책은 이전 주기의 밑바닥에서 벗어나 세계 경제의 회복에도 큰 영향을 미쳤지만, 2011년부터 미국 예산에 정치적 판단이 개입되면서 공공 지출이 삭감되었고, 그 결과 여러 해 동안 느린 성장을 겪어야 했다. 유럽에서는 EU가 위기에서 회복하는 방법에 대해 합의하지 못함에 따라, 소외된 남부 국가들을 수년간 극심한 경기 침체에 빠뜨렸고 심지어 이들 국가에서 다소 극단적인 형태의 통치 체제가 생겨날 위험까지 나타났다.[8] 만일 공공 지출을 늘렸다면, 경제가 침체되고 사람들이 실직하고 기업이 어려움을 겪던 시기에 새로운 돈을 창출하고 성장을 촉진했을 것이다.

물론 통화 주권을 가졌다고 해서, 무제한으로 돈을 공급할 수 있다는 말은 아니다. 실제로 몇 가지 제약이 있다(이에 대해서는 곧 다룰 것이다). 하지만 이런 제약 중 어느 것도 자금 부족, 즉 돈 부족 때문은 아니다.

정부가 지출을 하기 위해서는 세금이 필요하다는 공공 재정에 대한 잘못된 생각은, 은행이 대출을 해주려면 예금이 필요하다는 민간 금융에 대한 오류와 다르지 않다. 은행 대출이 예금보다 먼저인 것처럼, 정부 지출이 세금보다 먼저 이루어진다.

공공 지출과 경제 사이클과의 관계에 대한 사고의 틀을 검토하기 전에, 정부가 지출하기 위해 돈을 빌리거나 세금을 징수할 필요가 없다면, 왜 사람들이 그렇게 오랫동안 이런 잘못된 생각들을 해왔는지 살펴볼 필요가 있다.

현대 경제에서 세금과 공공 차입의 목적

세금과 차입이 직접 정부의 자금을 대주는 것은 아니지만 특정한 기능을 가지고 있다.

먼저 과세는 공공정책의 도구다. 정부가 과세하는 데에는 크게 다음 네 가지 이유가 있다.[9]

1. 공급과 관련하여 정부는 (명령 및 통제 경제에서처럼) 생산에 직접 명령하기보다는 민간 부문을 활용해 필요한 것을 제공한다.[10] 자국 통화로 과세함으로써 정부는 자국 통화에 대한 수요를 창출하는데, 이는 민간 부문을 통해 필요한 것을 얻기 위해 통화를 발행할 수 있다는 것을 의미한다. 동시에 정부는, 사람들이 이 통화를 지불 수단으로 받아들이게 만드는 능력을 통해 자체 구매력을 창출한다. 이처럼 국가와 시장은 공생관계에 있다. 그들은 상호의존적이며 국가의 요구에 따라 국가(및 민간 당사자)에 봉사하기 위한 민간 시장의 창출을 지원한다.

2. 인플레이션을 관리한다. 정부는 재정적으로는 제약을 받지 않지만 경제의 생산적 한계로 인해 제약을 받는다. 생산을 늘리고 실물 자산을 창출하다 보면 정부는 경제가 흡수할 수 있는 능력 이상으로 너무 많은 돈을 공급하게 되고, 이는 인플레이션으로 이어질 수 있다. 이 경우 세금은 시장으로부터 돈을 다시 거둬들임으로써 통화 공급을 줄이는 수단이 된다.

3. 사회의 다양한 그룹, 특히 다양한 소득 수준의 사람들에 대한 부의 분배 문제를 다룬다. 5장에서 살펴본 것처럼, 세금은 부의 불공평

한 분배 문제를 다루는 방법이 될 수 있다. 하지만 대부분의 국가에서는 이 방법을 사용하거나 고려조차 하지 않는다.

4. 환경오염 등 유해한 행위로 피해를 발생시키는 행위에 대해 금전적 처벌을 가함으로써 환경 문제를 해결한다. 세금은 이러한 금전적 처벌의 수단으로 활용될 수 있다.

한편, 정부가 차입을 하는 이유는 다음과 같다.

1. 새로운 돈을 창출하지 않는 공공 지출: 정부는 지출을 위해 돈을 창출한다. 특히 수혜자의 은행이 동일한 양의 지불준비금을 갖추고 있을 때 더욱 그렇다. 이는 경제에 새로운 소비 능력을 가져다준다. 그러나 이 방법은 어쩌면 바람직하지 않을 수도 있다. 은행 지불준비금의 창출은 금리를 떨어뜨려서 중앙은행이 제시한 적정 수준보다 더 낮아질 수도 있다. 우리는 8장에서 금리가 중앙은행이 은행의 대출 금액을 조정하는 데 사용하는 도구 중 하나(비록 불완전하긴 하지만)라는 점을 살펴보았다. 채권시장은 은행 시스템의 지불준비금 양을 변경하지 않고도 정부 지출을 지원할 수 있다. 이 경우 은행 계좌에 예치된 돈이 채권시장으로 흘러 들어가게 되는데, 이는 일종의 자

산 스왑(Asset swap)*이라 할 수 있다.[11] 결국 정부는 여전히 지출할 수 있지만 경제 내 통화량은 동일하게 유지된다.

2. 민간 부문을 위한 저축 수단: 채권은 사실상 정부가 창출한 돈을 민간 부문에 머물도록 하는 효과적인 수단이다. 이 돈은 은행 계좌에 예치될 수도 있고, 국채와 같은 투자 수단에 보관될 수도 있다. 이런 관점에서 볼 때, 정부의 적자는 민간 부문의 저축 수준(대체로 투자를 포함하는 것으로 정의됨)에 대한 척도다.[12]

많은 사람들은 공공 지출이 늘어나면 이자율이 올라가고 '감당할 수 없는' 부채가 발생할 위험이 있다고 주장한다. 하지만 실제로는 그 반대다. 정부 자금이 지나치게 많이 창출되면 오히려 경제 전반에 걸쳐 금리가 떨어지고 사람들이 필요한 것보다 더 많은 대출을 받아 더 많은 빚을 지게 된다.

평론가들은 GDP 대비 공공부채 비율에 많은 관심을 기울이지만 대부분의 경우 이는 올바른 초점이 아니다. 8장에서 살펴본 것처럼, 중요한 것은 GDP 대비 민간부채 비율이다. 사람들은 왜 이 척도에 더 많은 관심을 기울이지 않는지 궁금할 것이다. 아마도 고의적으로

―――――

* 종류가 다른 자산을 서로 교환함으로써 운용 수익을 높이려는 금융 거래를 말한다.

그런 것 같다. 공공부채에 대해 더 많이 이야기할수록, 민간부채가 늘어나고 있다는 것, 그리고 민간부채가 부동산과 토지에 대한 투기에 사용되고 있다는 사실에 대한 관심이 줄어든다고 생각하기 때문인 것 같다.

논란의 여지가 있는 것처럼 들릴 수도 있지만, 이는 1971년 브레튼우즈 체제(Bretton Woods System)*가 끝난 후 최소한 변동환율제도를 운영하는 국가에서 상황이 어떻게 돌아갔는지를 설명해 준다. 하지만 반세기가 지난 지금도 대부분의 사람들은 새로운 현실을 깨닫지 못한 것 같다. 앨런 그린스펀(Alan Greenspan) 전(前) 연준 의장은 2005년 의회 청문회에서 사회 보장 제도가 재정 위기에 직면했느냐는 폴 라이언(Paul Ryan) 의원의 질문에 대해 이같이 언급했다.

연방 정부가 원하는 만큼의 돈을 창출하여 누군가에게 지불하는 것을 막을 방법이 없다는 관점에서 보면, 정부의 복지수당 선지급이 위태로운 상태에 있다고 말할 수는 없습니다.

즉, 연준 의장은 정부의 자금 조달 제약이 없다고 말했다.

---

* 1944년 세계 자본주의 질서를 재편하기 위해 서방 44개국 지도자들이 모여 만든 국제통화체제이다. 고정환율과 금환본위제를 통하여 환율의 안정, 자유무역과 경제성장의 확대를 협의했고 이를 위해 IMF와 국제부흥개발은행(IBRD)을 창설했다.

나는 앞서, 정부가 더 많은 세금을 부과하거나 더 적은 지출을 하게 만들 몇 가지 매우 중요한 방안이 있다고 제안한 바 있다. 그것들이 무엇인지 이해하기 위해, 1970년대 케임브리지 대학이 그런 문제들을 살펴보는 간단한 틀을 개발하기 위해 수행한 중요한 연구부터 살펴보기로 하자.

정부의 자금 창출을 이해하기 위한 간단한 틀

1970년대에 케임브리지 대학의 경제정책그룹(Economics Policy Group)은 흥미로운 연구 프로그램에 착수했다. 서로 다른 부문 간의 자금 흐름을 추적하여 경제를 모델링하는 데 초점을 맞춘 이 프로그램은, 나중에 영국 재무장관 노르만 라몬트(Norman Lamont)의 경제자문위원회 격인 '일곱 현자' 중 한 명으로 임명된 와인 고들리(Wynne Godley)가 주도했다.[13]

이 프로그램에서 고들리의 업적은 어떤 거래도 설명되지 않은 채 남는 일이 없도록 경제를 모델링한 것이다.[14] 그는 모든 자금 유출은 어딘가로부터 동일한 유입이 있었기 때문이라는 전제에서 연구를 시작했다. 즉 한 사람의 지출은 다른 어떤 사람의 수입과 정확히 일치한다는 것이다. 어떤 면에서 이 논리는 뉴턴의 제3법칙, 즉 모든 움직임에는 동일한 힘의 작용과 반작용이 작동한다는 법칙을 금융 흐름에 적용한 것이다. 고들리가 창안한 자금 흐름 모델은 매우 정교했지만, 본질적으로는 경제를 상호 배타적인 세 부문으로 나눈 것이었다.

1. 가계와 기업으로 구성된 국내 '민간 부문'
2. 한 나라가 세계 다른 나라들과 상품 및 서비스를 수출입하는 '국외 부문'
3. 국가가 공공재와 서비스에 자금을 지출하고 경제에서 세금을 거둬들이는 '정부 부문'

케임브리지 그룹은 본질적으로 경제의 한 부문에서의 모든 지출이 다른 부문의 수입과 일치한다는 점을 염두에 두고, 각 부문에서 일어나는 일의 함수로서 경제의 전반적인 수입을 이해하려고 했다.

케임브리지 그룹은 일련의 간단한 회계 방정식을 사용해 경제에서 창출된 총수입(국민 총생산)이 민간 국내, 국외 및 정부 부문의 순 기여도의 합이라는 것을 입증했다. 그러나 이 방정식은 경제에서 무슨 일이 일어나고 있는지를 정교하게 설명하려는 경제 모델이 아니라 단지 수입의 흐름을 설명하기 위한 것이었으므로 이 방정식이 갖는 명확성의 의미는 매우 심오하다.

이 방정식은 정부 부문이나 국외 부문의 기여도가 양의 값일 때 민간 부문에 대한 수입도 양의 값임을 시사한다. 이는 민간 부문 순이익(또는 흐름/균형)이 양의 값이려면, 무역 수지가 양의 값이거나 정부 부문이 양의 값이어야 함을 의미한다.

정부 부문이 '양의 값'이라고 말할 때, 이는 정부 부문이 경제에 대한 지출에 긍정적으로 기여하는 경우를 말한다(다른 주체들은 수입을 취한다). 이는 정부가 세금으로 거둬들이는 돈보다 더 많은 돈을 지출하고 있음을 의미한다. 따라서 민간 부문이 성장하고 이전보다 더 많은 돈을 벌기를 원한다면 정부 흑자가 반드시 좋은 것은 아니다. 논리적으로 모든 국가가 무역 흑자를 낼 수는 없기 때문에 이는 매우 중요한 고려 사항이다. 모든 흑자는 다른 곳의 적자와 맞물리기 때문이다.

그렇다면 민간 부문의 마이너스 수지란 무엇을 의미하는가?

민간 부문 수지가 마이너스가 되려면 두 가지 중 하나가 발생해야한다. 하나는 민간 부문 지출이 줄어드는 것이다. 이는 민간 부문이 성장에 부정적인 기여를 하고 경기 침체에 빠진다는 것을 의미한다. 이를 경제에서 벌거나 지출하는 돈의 양이 줄어든다고 정의한다.

또 다른 하나는, 민간 부문이 동일한 수준의 지출과 수입을 유지했지만 저축(이전 흑자 시기에서 벌어들인 돈)을 사용하거나 더 많은 돈을 빌린 경우다(이는 민간 부문이 빚을 갚기 위해 미래의 저축을 사용하고 있음을 의미한다). 이를 민간 부문의 순금융자산이 감소한다고 정의한다.

따라서 경제가 좋지 않은 시기에 재정 흑자는, 직접적으로 민간 부

표 5. 정부의 적자와 흑자가 민간 부문 수입에 미치는 영향

		정부 부문	
		양의 값: 예산 적자 (정부가 세금으로 거둬들인 돈보다 더 많은 돈을 지출함)	음의 값: 예산 흑자 (정부가 지출한 것보다 거둬들인 세금이 더 많음)
국외 부문	양의 값: 무역 흑자 (수출이 수입보다 많음)	민간 부문 성장 금융자산 증가	혼합 • 정부 흑자가 무역수지보다 크면 민간 부문은 침체, 금융자산 감소 • 정부 흑자가 무역수지보다 적으면 민간 부문은 성장, 금융자산 증가
	음의 값: 무역 적자 (수입이 수출보다 많음)	혼합 • 정부 적자가 무역 적자보다 크면 민간 부문은 성장, 금융자산 증가	민간 부문은 침체, 금융자산 감소

문 경기 침체로 이어지거나 민간 부문이 저축을 청산하거나 부채를 늘리는 상황으로 이어질 것이다.

표5는 정부의 흑자와 적자가 민간 부문에 미치는 영향을 요약한 것이다.

이 틀에서 고려해야 할 주요 사항은, 국외 부문에서의 무역 수지 또는 재정 적자가 민간 부문 성장의 주요 결정 요인이라는 것이다. 이

는 적자 규모와 정부 차입에 내재된 위험성에 대한 섣부른 논의와는 또 다른 차원이다. 투자자로서 우리는 민간 부문의 순금융자산이 늘어나기를 원한다. 이는 우리가 강력한 정부 지출, 낮은 세금, 강력한 무역 수지를 원한다는 것을 의미한다.

우리는 이미 이러한 현상이 일어나는 것을 목도했다. 1장에서 살펴본 것을 상기해 보라. 주식시장에서 '매우 좋은 해'는, 주가가 크게 하락하고 정부가 시스템에 유동성을 제공하는, 즉 통화 공급을 늘릴 때 발생한다. 경제 사이클에서 이 지점을 알아낼 수 있다면 큰 수익을 얻을 기회를 잡을 수 있다. 이는 또한 사이클 중반의 침체 기간이 짧은 이유이기도 하다. 이 기간 중에 은행 시스템이 계속해서 대출을 해주고 정부는 부양책을 실시하기 때문이다.

통화 창출의 적절한 한도

하지만 그렇다고 해서 정부가 돈을 무제한으로 쓸 수 있다는 말은 아니다. 이는 은행이 무한정으로 돈을 계속 창출할 수 없는 것과 같은 이치다. 통치권자를 의회의 권위와 민주적 감시에 복종하게 만든 것은 많은 국가에서 국민들이 가장 힘겹게 싸워 얻은 승리다. 게다가 정부는 쓸모없는 항목과 정책에 지출함으로써 시장 운영을 왜곡하고, 특정 집단을 다른 집단보다 선호하며, 민간 기업보다는 정부 지원에 의존하는 문화를 조성할 수도 있다. 이는 득보다 실이 더 클 수 있다. 공공 지출의 흐름을 언제 중단할 것인지 판단하기 위해서는 인플레이션과 국제 무역 수지 문제를 고려해야 한다. 그러나 가장 중요한 것은 토지시장에 미치는 영향이다.

인플레이션 관리

통치권을 어떻게 제약할 것인가는 실물경제와 그 전체 생산 능력에 달렸다. 창출된 화폐의 양이 전적으로 가동되었을 때 경제에 필요한 양과 일치해야 한다. 필요한 양보다 많으면 인플레이션이 발생하고, 필요한 양보다 적으면 생산 요소의 유휴가 발생할 것이다(이는 비자발적 실업자들이 생기고 자본이 낭비되는 것을 의미한다).

또 의료·교육·인프라 등, 공공 목적을 발전시키기 위한 정부의 지출은 경제의 생산 기반을 확장하는 것이라는 점도 고려해야 한다. 이런 지출은 인플레이션에 전혀 영향을 미치지 않는다. 정부가 실제로 기본적인 필요 지출과 기업 지원 지출을 줄이면 결과적으로는 정반대의 효과가 나타날 가능성이 높다.

정부가 경제를 관리하기 위한 수단으로 인플레이션 목표관리정책

(Inflation targeting)*을 펴는 것이 나쁘지는 않지만, 고용 문제를 포함하는 조치를 통해 이루어져야 한다. 또한 비즈니스 사이클을 통해 경제를 관리하는 데 사용하는 도구는 통화 정책보다는 재정 정책이어야 한다(즉, 금리를 조절해 차입을 통제하기보다는 공공 지출을 조절해야 한다).

최근 몇 년 동안 정부가 보인 한 가지 정책은, 지출을 늘리면 경제를 최대한 살릴 수 있으리라는 점을 근거로, 사람들에게 보편적 기본소득을 제공하는 것이었다. 그러나 경제가 그다지 침체된 상황이 아닐 때 이런 조치를 취하면 인플레이션이 발생한다.[15]

세계화와 국제 무역

공공 지출은 경제의 대외 무역 상황에도 영향을 미친다. 정부의 적자 지출은 통화 공급을 증가시키는데, 이는 일반적으로 거래 상대국 통화에 비해 가치가 하락한다는 것을 의미한다. 그러면 수출할 수 있는 여건이 좋아진다. 국내 생산 제품의 가격은 국외에서 더 낮아지고, 수입 제품의 가격은 더 높아질 것이기 때문이다. 국가가 수입해야 하는 물건들(예: 에너지와 식품)의 비용이 높아지기 때문에 정부의 인플레이션 대책 및 국민들의 생활수준에 영향을 미치며, 특히 기본재를 국

---

* 중앙은행이 중기 물가상승률 목표를 공개적으로 제시하고 그 목표를 지키는 통화정책을 펴는 것을 말한다.

외 공급에 의존하는 개발도상국의 경우 더욱 문제가 될 수 있다. 따라서 정부는 이런 문제들을 감안해 지출을 조정해야 한다.

간과하기 쉬운 요소, 토지

대부분의 사람은 정부 지출이 토지시장에 어떤 영향을 미치는지에 대해서는 간과한다. 그들은 특히, 경제에서 비자발적 실업의 주된 이유가 토지가 비생산적으로 사용되거나 아예 사용되지 않기 때문이라는 것을 제대로 이해하지 못한다.[16]

적자가 발생하면 정부는 인프라 투자를 적자의 이유로 정당화하는 경우가 많다. 런던 지하철 쥬빌리 라인의 예에서 보았듯이, 인프라 투자는 토지 임대료와 부동산 가격을 상승시키는 역할을 한다(물론 가격이 오른 토지에 더 높은 토지세가 적용되지 않는 한).[17] 결국 인프라 투자가 많이 이루어질수록 토지 가격은 더 높아진다. 이것이 경제 사이클과 맞물려 왜곡된 투기 행위를 유도한다.

은행의 신용 대출과 마찬가지로 정부의 자금 창출도 건전하지 않을 수 있다. 그럴 경우, 정부 지출은 경제를 최대 수준으로 끌어 올리지도 못하고 인플레이션만 초래한다. 결과적으로 높은 임대료는 민간 제조 기업을 압박한다. 이런 토지 독점 시스템에서는 정부가 민간 은행처럼 경기를 활성화시킬 책임이 있다.

....

사이클 중반의 침체에 대응하기 위해 정부는 항상 경기 부양 모드에 들어가 대규모 인프라 지출 프로그램들을 시행한다. 이로 인해 경제는 신속히 성장으로 복귀하고 우리 여정의 2막이 마무리된다.

은행과 정부 모두 새로 발행한 돈을 경제에 쏟아부으면서(매 주기 후반부의 특징임) 우리는 3막을 시작할 준비가 되었다. 약 180년 전인 1840년대 영국으로 돌아가 주기의 다음 단계인 토지 붐이 어떻게 일어나는지 직접 살펴볼 것이다.

정부가 돈을 창출한다.
그들이 투자하는 곳을 따라가라

핵심 교훈

1. 정부도 주기의 일부에 해당하며 결코 예외가 아니다

정부는 경제의 흐름 위에 앉아 마치 전혀 영향을 받지 않으면서 경제와 비즈니스 사이클을 관리한다고 생각하기 쉽다. 하지만 그렇지 않다. 사실 정부의 생존 여부는 국민들에게 성장과 번영을 제공할 능력이 있느냐에, 최소한 그에 대한 환상을 제공할 수 있느냐에 달렸다. 정부의 행동은 자산 가격을 상승시키는 경향이 있으며, 만일 자산 가격이 하락할 위험이 있으면 그에 강력하게 반응한다. 정부가 인프라, 특히 양질의 프로젝트에 투자하면 토지 가격이 상승하고 토지 붐이 시작될 가능성이 높다. 이는 많은 부자의 탄생 이야기, 더 많은 세금 수입, 정부에 대한 더 나은 여론 조사 평가로 이어진다. 결국 더 많은 투자가 이루어진다. 이런 일이 일어나는 곳에 투자하라.

2. 정부는 할 수 있는 한 많은 돈을 창출한다

돈을 창출하는 정부의 힘은 공공 정책의 핵심 도구다. 정부가 얼마나 많은 돈을 실수 없이 지출해야 하는지는 시대에 따라 변하겠지만, 정부는 그들이 할 수 있는 한 많은 돈을 지출할 것이다. 이는 전반적으로 성장과 투자에 긍정적인 영향을 미친다.

3. 정부가 일단 경기 부양 모드에 들어가면 경제 성장을 끌어 올린다(그 반대도 마찬가지다)

우리는 주기의 '시작' 부분에서 정부가 경기 부양 모드에 들어가면 시장이 얼마나 강하게 반응하는지 살펴보았다. 이는 이전 주기 후반의 위기 이후 은행 시스템이 무너지면서 생긴 공백을 메우기 위해 정부가 경제에 돈을 쏟아붓기 때문이다. 시장은 지난 주기가 끝날 무렵부터 하락하기 시작했고, 자금 부족과 경기 침체 상황이 가격에 그대로 반영되었다. 그러나 새 주기가 시작되면서 새로운 돈이 경제에 유입됨에 따라 시장은 다시 상승세로 돌아선다. 이때가 투자자가 되기에 가장 좋은 시기다.[18] 반면 주기의 절정기에서 정부가 지출을 억제하면 경기 둔화를 촉진하고 시스템은 위기에 취약해진다. 그러면 앞서 살펴본 바와 같이, 은행은 대출 속도를 늦추고 통화 공급에 추가적인 압력을 가할 수 있다. 이때는 투자자들이 주의해야 할 시점이다.

호황

BOOM

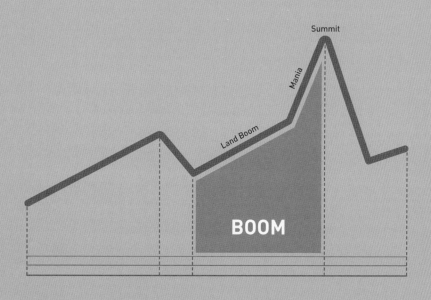

Summit

Mania

Land Boom

BOOM

3막에서는 토지 및 부동산 시장의 호황이 경제 성장을 주도하면서 새 주기 들어 두 번째 확장(이전 확장보다 더 큰)이 나타난다. 기간은 평균 6~7년 정도 지속된다.

10장. 토지 붐에서는 완화된 은행 대출에 힘입어 더 높은 성장과 주식 및 부동산 시장의 호황이 시작된다. 투자자들은 이 좋은 시기를 제대로 활용해야 한다.

11장. 번영과 전쟁의 긴 주기에서는 부동산 붐과 사회적, 지정학적 긴장과 관련 해 장기간 이어질 원자재 주기를 다룰 것이다. 천연자원, 인프라 및 일부 기술주 를 매입할 때다.

12장. 투기 열풍에서는 경기가 과열되고 투기가 만연하는 확장기의 마지막 2년 을 다룬다. 이 시기에는 남들이 한다고 무조건 따라서는 안 된다. 지금은 자제할 시기다.

13장. 커다란 착각에서 금융 이론이 그것도 호황기에 어떻게 사이클을 파악하 지 못하고 일을 그르쳤는지 설명할 것이다. 당신의 투자 자문가들도 이 착각에 빠지면 당신을 잘못된 길로 이끌 수 있다.

14장. 호황의 끝에서는 경제가 호황을 누리고 감정은 고조되지만, 앞을 내다볼 줄 아는 사람들에게는 경고의 신호가 보이기 시작한다. 이제 다가올 위기에 대비 하고 출구를 찾아야 할 때다.

토지 붐

이 나라는 철도광들의 망명지다.

_윌리엄 워즈워스

작은 여행에서 거대한 붐이 시작되다

역사상 가장 큰 붐은 짧은 철도 여행에서 시작되었다.

빅토리아 여왕이 생애 처음으로 기차 여행을 하는 날이었다. 1842년 6월 13일 정오가 조금 못된 시각, 런던 서부의 슬라우 기차역. 새로운 증기기관 열차 플레게톤(Phlegethon)호 (고대 그리스 신화에 나오는 지하 세계의 불이 흐르는 강 이름을 따서 명명했음)에는 왕실 휘장이 장식된 객차를 포함해 7량의 객차가 달려 있었다. 여왕은 25분 뒤 목적

지인 패딩턴역에 무사히 도착했다.

여왕의 행차는 그리 화려한 행사는 아니었지만, 새로운 철도 기술에 대한 대중의 상상력을 사로잡기에 충분했다. 여왕은 새로운 경험에 매우 매료되었다고 말했다.[1] 철도사업에 자본을 쏟아붓기 시작한 개인 투자자들도 흥하기는 매한가지였다. 이 행사는 처음부터 아주 색다르게 시작되었다. 리버풀과 맨체스터 사이를 잇는 첫 번째 구간의 개통부터 불길했다. 리버풀 출신 하원의원이 총리가 보는 앞에서 움직이는 증기기관에 치여 사망하는 사고가 발생한 것이다.[2] 증기기관은 시작부터 반대에 부딪혔다. 증기기관에서 나오는 연기가 시골의 공기를 오염시키고 가축에 영향을 미칠 것이라는 우려가 제기되었다. 시골의 지주들도 '기관차가 자신들 영지의 평온을 깨뜨리고 토지 가치를 훼손할 것'이라고 불만스러워했다.[3] 하지만 이들의 우려는 잠깐 동안뿐이었다. 19세기 중반에 이르면서 역사상 가장 유명한 자본가들(밴더빌트, 모건, 쿡(Cooke), 허드슨(Hudson), 스트로스베르그(Strousberg))이 소유했던 토지의 붐이 이전에 결코 볼 수 없었던 규모로 일어났기 때문이다. 모든 발단은 철도였다.

사이클 중반 침체로부터의 회복

영국 경제는 주기의 중간 지점인 1839년에 불황에 빠졌다. 정부는 경기 회복을 위해 지출을 늘려 민간 부문의 소비 감소에 대응하는 한편, 비용 절감에 적극적으로 나섰다. 정부 정책은 효과가 있었고 경기 침체는 이듬해에 끝났다. 주식시장도 다시 성장을 예고했다. 기업들의 수익이 회복되기 시작한 1841년 말부터 다시 상승하기 시작한 것이다.[4]

경제 상황이 개선되는 상황에서 여왕의 기차 여행으로 분위기가 고조되면서 철도 투자에 대한 관심이 다시 높아지기 시작했다. 1830년대 후반에 일시적으로 소규모 붐이 있었지만 이번에는 그 규모가 훨씬 더 컸다. 새로운 철도 노선을 건설하려면, 의회의 승인을 기다리는 동안 투자자들은 총건설비의 5~10퍼센트 정도 되는 자본을 사전 조달해 놓기만 하면 되는 것으로 규정이 바뀌었다(물론 승인되지 않을 수도 있었다).[5] 일단 이 자금이 확보되면, 나머지는 수요에 따라 철도 건설 자금을 조달할 수 있었다. 투자자들은 철도의 독점 운영과 관련한 부동산개발사업에서 수익을 낼 수 있었기 때문에, 적은 초기 투자로 큰돈을 벌 수 있는 철도사업에 수많은 투자자가 몰려들었다.

이 새 규정은 철도 건설을 촉진하기 위한 것이었지만, 의도치 않게 투자자의 욕구를 자극하는 계기가 되었다. 지금까지는 철도 노선에 대한 제대로 된 계획이 없었기 때문에, 자본가들은 수시로 마음이 변했고, 심지어 노선이 경쟁적으로 중복되는 경우도 있었다. 한마디로 철도는 수익을 창출하는 데 유리한 조건이 아니었다. 그러나 보다 효율적인 철도 네트워크를 구축하고자 했던 정부는 1844년 철도

법에 따라, 철도위원회가 여러 제안을 검토하도록 했다. 위원회는 하루에 최소 한 차례의 열차 운행과 1마일당 1페니의 비용으로 서비스를 제공할 필요가 있다는 결론을 내렸다. 낮은 운임은 열차 이용자 수와 수익을 증가시켰고, 사람들에게 유용한 노선이 추가로 건설되면서 철도의 독점적 지위는 더욱 강화되었다. 정부는 철도의 시장 지위 남용을 방지하기 위해 철도 기업을 국유화하는 방안을 유지하면서, 투자자에게 10퍼센트 이상의 배당금을 줌으로써 결과적으로 그들의 이익을 제한했다. 그러나 정부의 이런 조치는, 다른 투자 수익률이 10퍼센트보다 훨씬 낮았던 시기에 철도 같은 독점 사업에서는 10퍼센트의 수익을 얻을 수 있다는 신호탄이 되었다.[6] 언제나 그렇듯이 주식시장은 실제 사건보다 앞서가게 마련이다. 이 같은 정책이 도입되기 전인 1843년 하반기에, 이미 상위 20개 철도 주식의 가격이 20퍼센트 상승했다.

완화된 은행 대출

이런 호황에는 정부의 규제 완화로 인한 쉬운 신용 대출이 크게 기여했다. 1844년 제정된 은행 조례는 은행들이 자체적으로 지폐를 발행하는 권리를 없애고 이를 영국 중앙은행으로 한정했다. 이는 인플레이션을 통제하기 위해 은행이 금 보유 비율을 유지하게 함으로써 화폐의 창출을 제한하려는 의도였다. 결국 은행들은 시중 금리로 돈을 공급해야 했고, 결과적으로 이자율이 4퍼센트에서 2.5퍼센트로 떨어졌다. 경제가 활기를 띠고 투자자들이 낙관적일 때 이러한 조치는 의도치 않게 시장에 값싼 돈이 넘쳐나게 만들었고, 이는 엄청난 호황을 촉발했다.

의회에는 향후 몇 년에 걸쳐 철도를 건설하겠다는 신청서가 줄을 이었는데, 1845년에는 철도 건설 자본을 모으겠다는 투자 계획이 무려 1238건이나 제시되었다. 이런 투자회사들의 경영진들은 투자자의 관심을 끌기 위해 자신들의 철도 건설 계획의 전망이 얼마나 좋은지에 대해 뉴스 기사를 쓰도록 철도 언론 관계자를 설득하는 데 열을 올렸다. 당시에 철도 주가의 상승 분위기를 자주 보도하면서 업계의 응원단 역할을 하는 철도 정기 간행물이 16개나 운영되었다. 이들 기사는 철도에 대한 투기적 열풍이 커지는 것을 경고하는 냉정한 평론가들을 공개적으로 비난했다.[7] 새로운 투자자 집단이 주식시장에 계속 유입되면서 주가가 1파운드에 불과한 기업 주식이 처음 등장했다(당시 비숙련 노동자의 평균 연봉은 약 50파운드였다). 철도 건설을 위해서는 초기에 총 건설 금액의 5퍼센트만 필요했기 때문에 수천 명의 소액 투자자들이 참여했다. 철도주의 주가는 3년간 평균 100퍼센트 상승하는 등 급격한 상승세를 보였다(그래프 16 참조). 심지어 단 10개월 만에 10배나 상승한 주식도 있었다.[8]

그래프 16. 영국 철도 주가지수, 1843~1850년

출처: Campbell, G. and Turner, J.D, '"The Greatest Bubble in History": Stock Prices during the British Railway Mania', MPRA, 2010 (mpra.ub.uni-muenchen.de/21820/1/MPRA_paper_21820.pdf)

토지 가격의 상승

이 같은 철도 투기 열풍은 주식시장에서 뚜렷이 나타났지만, 그 밑에는 토지시장이 있었다. 결국 철도 건설에 필요한 자본 투자의 대부분은 토지 확보, 역, 차량 기지, 유료도로의 건설과 이에 따른 도심 개발 등과 같은 부동산 개발에 투입되었기 때문이다.

의회가 철도 노선을 승인하는 즉시, 철도 노선을 따라가는 토지의 가격이 상승했고, 실제로 이를 승인한 많은 의원들이 그 토지에 재정적 이해관계가 있었다. 귀족과 상류층이 철도 건설 계획 정보를 미리 알고 그 일대의 토지들을 대거 사들였기 때문이다. 정부는 1845년에 토지조항 통합법(Land Clauses Consolidation Act)을 제정하고 토지를 취득할 수 있는 권한을 규정하면서 토지 소유자가 자신의 토지를 시장 가치로 매각하는 데 따른 고통의 대가로 10퍼센트의 추가 배상금(구제금)을 허용함으로써 적절한 보상을 받을 수 있도록 했다. (그러나 이미 토지 가격은 철도 건설의 전망으로 크게 오른 뒤였다.)⁹

그러자 이제 철도역이 들어설 마을과 도시에 땅 투기꾼들이 몰려들어, 의회의 승인이 떨어지기도 전에 최고의 부지를 모두 차지해 버렸다. 결국 투자자가 지불하는 대부분의 자본 청약금은 정부의 철도 건설 허가에 의해 부여된 수익에서 독점 이익을 얻을 가능성이 높은 토지 소유자의 주머니로 곧바로 들어가는 결과를 초래했다. 이는 일종의 지대 흐름으로 볼 수 있는데, 토지 소유자들이 이 돈을 다른 토지를 사는 데 사용했기 때문이다.

그러나 파산의 씨앗은 언제나 호황기에 뿌려지게 마련이다. 철도 위원회는, 철도 회사들이 새로운 노선 계획에 착수하려는 열망이 앞서 심지어 중복 노선을 제안하는 등, 위원회의 권고가 지켜지지 않는다는 사실을 발견했다. 이들의 경쟁이 투자자의 독점 이익 개념을 오히려 약화시켰지만, 호황기에는 이러한 문제들이 간과되었다. 국회의원들 자신이 이러한 계획에 관여된 경우가 많았고, 철도 회사들이 원하는 계획을 승인해 주는 대가로 회사의 주식을 받았다.

호황기에 사기가 판친다

그러나 이런 계획들 중 상당수는 사기였다. 예를 들어 그들은 새로운 계획의 개요를 설명하고 그 계획을 후원하는 회사 수탁 관리인이나 유명 위원회 위원들의 이름을 나열한 광고를 신문에 내는 전략을 사용했다. 이름이 오른 사람들은 대개 지역사회의 충실한 구성원인 것처럼 보였지만, 많은 경우 전혀 그렇지 않았다. (〈타임스〉는 그들을 '가장 악명 높은 사기꾼'이라고 표현했다.) 그들은 사람들의 주식 청약을 유도하고 그 대가로 지분을 인센티브로 받았다. (이로 인해 사람들이 투자할 주식 수가 줄어들어 주가를 더욱 부추겼다). 이런 계획들 중에는 애초부터 실제 철도를 건설할 의도가 전혀 없거나, 처음에 예상한 수준의 배당금을 지급할 만큼 충분한 수익성이 없는 경우가 많았다.

호황기에, 그러니까 모두가 돈을 벌기 위해 미친 듯이 달려드는 시기에는 사기 가능성에 대해 주의를 기울이는 사람이 거의 없다. 철도가 들어서는 곳마다 토지 가격은 엄청나게 뛰었다.[10] 〈이코노미스트〉(Economist)는 이를 역사상 가장 큰 거품이라고 불렀다.[11] 철도라는 신기술과 토지 투기가 한데 어우러져 초래한 변화는 너무나 컸다. 이런 현상은 영국, 독일, 프랑스에서 한 번도 아니고 두 번, 미국에서는 세 번이나 나타났다.

'토지 붐' 분석

　이전 단계인 사이클 중반의 침체 끝 무렵에서의 서술 변화가 토지 붐의 상황을 어느 정도 설명해 준다. 전반적인 여건이 어려울 때 토지 붐이 시작되기 때문에 다가올 호황을 예측하기는 어렵다. 하지만 이미 살펴본 바와 같이, 사이클 중반의 침체에서 회복하는 과정은 예상 외로 빠른 경우가 많다. 경제를 활성화하기 위한 정부의 여러 조치들이 효과를 발휘하기 때문이다(이 단계에서는 아직까지 토지시장과 관련된 문제가 전혀 나타나지 않았다).

　앞서 말했듯이 사이클 중반의 침체가 깊어질수록 이전 주기의 위기에 대한 기억은 더 효과적으로 지워지고, 토지 붐의 시작과 함께 우리가 새로운 시대로 나아가고 있다는 느낌이 더 강해진다. 이는 대체 현상(Displacement event) 때문이다.

1. 새로운 상황이 기존 상황을 대체한다

　토지 붐은 대개 대체 현상으로 시작된다. 대체 현상이란 이전 상황이 지난 이후 아직 붐을 일으키지는 않았지만, 모든 사람이 전망을 바꿀 만큼 충분한 정도의 변화가 일어나는 것을 말한다.[12] 1842년 여왕의 첫 기차 여행은 1840년대 초의 쉬운 대출 상황과 맞물려 신기술에 대한 흥미를 불러일으켰다. 이런 상황 변화에는 금리 인하(거의 모든 주기에서 발생한다), 은행에 대한 규제 완화(예: 1980년대 일본), 대규모 세금 감면(예: 2001년 미국), 전쟁 종료(예: 1815년, 1921년) 같은 정책 변화나 팬데믹의 국제적 확산(예: 1921년, 2021년) 같은 사건이 포함된다.[13]

2. 호황의 중심에 신기술이 있지만…

모든 18년 주기의 시작은 경제를 발전시키는 새로운 기술의 등장으로 시작된다. 신기술이 경제를 새로운 주기로 이끌고 주기의 전반부를 주도하는 반면, 경제 전반에 미치는 영향이 훨씬 더 가시화되는 것은 주기 하반기에 나타나는 토지 붐이다. 철도는 1830년대에 건설되었지만 사람들이 새로운 도시와 지역의 건설, 새로운 여가 습관(예: 주말여행, 관광, 탄력적 근무시간 등), 새 장비와 투자(예: 철도 운송) 등과 같은 진정한 영향을 볼 수 있을 정도의 규모에 도달한 것은 1840년대 이후였다. 다른 때도 마찬가지였다. 1820년대 운하, 1920년대 자동차·전화·전기, 1980년대 개인용 컴퓨터, 2000년대 인터넷의 등장 때도 사정은 비슷했다(1990년대에는 기술주에서 거품이 나타났지만, 인터넷이 등장해 더 넓은 경제에 명백한 영향을 미친 2000년대 들어서는 그렇지 않았다.)

3. 인프라 지출

정부는 항상 대규모 투자 증대(직접적으로 자금을 지원하거나 민간 부문을 활성화시키거나)를 통해 토지 붐을 지원한다. 1840년대도 정부는 철도 건설업자에게 건설 면허를 부여했다. 다른 주기에서도 마찬가지였다. 정부는 도로 건설이나 자동차 생산(1920년대), 주간(州間) 및 자동차 전용 고속도로 시스템과 공항 건설(1950년대), 유무선 인터넷망(2000년대) 등을 적극 지원했다. 정부의 이런 투자는 경제의 효율성을 높일 뿐 아니라 경제 성장을 촉진한다. 이로 인해 기업들의 생산 공장이 도심 주변부로 확장되고 이에 따라 토지 가격의 상승을 가져온다.[14]

4. 부동산 붐의 확장

토지 가격이 상승하면서 정부의 인프라 지출은 새로운 장소(신도시 및 도시의 소외된 지역)까지 확장된다. 누가 얼마나 많은 돈을 벌었는지에 대한 이야기가 시대를 장식한다. 새로운 기업들이 생겨난다. 정부 당국의 수요 예측이 기대감을 높인다. 기업과 사람들이 새로운 지역으로 이주하면서 상업 공간이 부족해진다. 부동산 가격이 높아지면서 사람들은 더 저렴한 주택을 찾아 더 외곽으로 나간다. 경제 성장과 함께 부동산 및 토지 가격이 상승함에 따라 개발업체들이 시장에 뛰어들면서 투자가 활발해진다.[15] 중앙 도심보다 외곽 지역에서 부동산 가격이 더 빠른 속도로 상승하면서 주기 전반부의 패턴이 완전히 바뀐다. 토지 붐은 광범위하게 일어나고 호황기가 무르익으면서 건설과 부동산 신규 대출은 인구가 더 적고 덜 부유한 지역으로까지 확산된다.

경제가 성장함에 따라 투자자들이 상업용 부동산에 더욱 집중하면서, 어떤 주기(1920년대)에서는 상업용 부동산이 새로운 지역의 호황을 주도하기도 했다.[16]

5. 완화된 은행 대출

토지 붐을 지속시키고 부채질하는 것은 은행이다. 사이클 중반의 침체에서 성공적으로 살아남은 은행들은 경제 활동 속도가 빨라지고 프로젝트 구축이 시작되면 다시 대출을 시작할 준비가 되어 있다. 사실 그들은 이미 더 많은 신용 대출을 가능하게 하는 규제 완화를 위해 뒷전에서 로비를 벌이고 있다. 정치인들은 은행이 수익성 높은 사업(부동산 대출)을 하면 은행 시스템이 건전한 상태에 있는 것처럼 보이고, 경제에도 좋을 뿐 아니라 세수를 창출하기 때문에 기꺼이 이를 돕는다. 게다가, 이런 호황기에는 아무도 지난 주기의 위기를 기억하지 않는다. 토지 가격이 상승하고 경제가 성장함에 따라 은행은 더 많이, 더 광범위하게 대출을 한다. 이로 인해 은행 수입이 증가하기 때문이다. 도시 중심 부지는 이미 담보로 잡혀 있기 때문에 은행의 담보는 도시 붐을 따라 도심 외곽으로 확장된다. 새로운 부지를 담보로 제공한 차용자들 중에서 새로운 기업들이 생겨난다. 더 많은 신용

대출이 가능해지면서 토지 가격은 계속 상승한다.[17]

은행의 대출이 주택 가격을 끌어 올린다는 징후는 GDP 대비 민간 부채 비율이 높아지는 것에서 잘 나타난다. 19세기에는 담보대출이 오늘날만큼 중요하지 않았지만, 그럼에도 민간부채는 1840년대 중반에 GDP의 50퍼센트에 달했다. 민간 부문 부채의 증가는 매 주기의 토지 붐이 일어날 때마다 나타나는 특징이다.[18]

민간부채가 늘어난다는 것은 그 기간 동안에 대출 기준이 완화되었다는 의미이기도 하다. 토지 붐이 일어나는 동안에는 모든 것들이 한동안 강하게 상승하는 경향이 있다. 건설 산업은 어느 나라에 있어서나 경제의 큰 부분을 차지하며, 내수 기반이 필요하고, 고용과 지출을 촉진하는 산업 중 하나다. 건설업뿐만 아니라 경기 호황과 관련된 다른 산업들도 좋은 실적을 거둔다. 철도 시대에는 철강 제조업체, 기관차, 열차 내부, 기차역, 열차 기지 등을 건설하는 업체들이 큰 혜택을 누렸다.

6. 정부(부패)가 호황을 촉진한다

선의의 규제가 역효과를 낳든, 노골적인 이해충돌 때문이든, 정부의 활동이 결과적으로 붐을 확장시킨다. 1840년대 의원들은 철도사업자들에게 유리한 결정을 해주는 대가로 뇌물을 취하며 철도 붐에 일조했다. 오늘날, 선거의 일등 공신인 경제 호황을 둔화시키는 데 관심이 있는 정부는 없다. 실제로 정치인들 자신이 토지 붐의 중요한 수혜자가 될 수 있기 때문이다(우리는 실제로 영국 정치인들이 2000년대 런던 부동산시장의 호황을 이용해 의회의 비용 지출 시스템을 바꾸려고 만지작거리는 것을 목격한 바 있다).[19]

7. 주식시장도 따라서 호황을 누린다

주식시장은 실제 뉴스와는 별개로 미래 상황을 예측하는 메커니즘이다. 권위 있는 미래 수요 예측에 근거한 지배적 견해가 수익의 지속적 성장이라면, 주식시장은 이러한 예상을 즉각적으로 반영해 빠르게 상승한다. 그리고 실제로 호황이 지속되면서 투자자들의 회의론은 금방 사라진다. 시장이 계속 상승하면서 사상 최고치에 도달하고 모든 투자자가 이익을 얻는다.

8. 전 세계적 호황

호황기에는 잉여자본이 항상 새로운 기회를 찾아 나선다. 최고의 기업 중 상당수가 외국에서도 운영되고 있으면서 특히 아직 개발되지 않은 잠재력이 많은 시장, 즉 강력한 수출 기반을 갖췄고 젊고 교육받은 인구와 중산층이 증가하는 신흥 시장을 눈여겨본다. 영국 자본은 1854년, 1872년, 1890년 철도 붐으로 주기의 절정기에 이르렀을 때, 그리고 1920년대의 호황기에 미국에 자금을 지원함으로써 미국 경제의 붐을 일으켰다. 마찬가지로, 미국 자본은 제2차 세계대전 이후 라틴 아메리카, 동아시아, 유럽 경제의 호황에 도움을 주었다(물론 유럽의 경우, 자국의 국내 은행도 매우 중요한 역할을 했지만).

주기 후반부의 낙관적인 상황에서는 대개 미국 달러가 다른 통화에 비해 평가절하되면서 글로벌 호황을 더욱 자극하는 경향이 있다 (그래프 17 참조).[20]

그래프 17. 토지 붐에서 절정기까지의 달러지수 변화

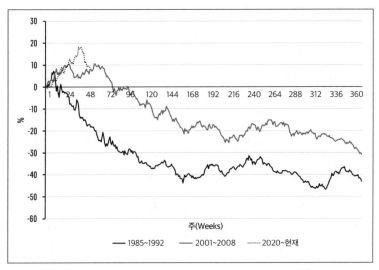

출처: 저자의 자체 계산 데이터

9. 투자자의 희열

신문, 잡지, 플랫폼 등 광고 수익에 의존하는 미디어들이 토지 붐을 더욱 부추긴다. 1840년대 철도 붐도 새로운 철도 건설 계획을 자세히 설명하면서 구독을 유도하는 철도 정기 간행물에 힘입은 바 컸다. 이런 미디어들에 의해 자극받은 투자자들은 상황이 도를 넘어 통제할 수 없는 지경에 이를 수 있다는 경고도 무시한다. 문제는 수년 동안 경고 신호가 나타남에도 불구하고 실제로 어떤 부정적인 현상도 발생하지 않는다는 것이다. 이 경고자들도 토지시장과의 연관성을 보지 못하거나 경제의 호황과 불황 주기의 리듬을 이해하지 못하기 때문에, 위기의 타이밍을 제대로 포착하지 못하는 것이다.

'이번에는 다를 것'이라는 새로운 시대에 대한 기대는 급기야 희열로 변하고, 자신도 좋은 시절의 일부가 되고 싶은 열망에 사로잡혀 무엇에든 투자하고 싶은 감정적인 욕구를 불러일으킨다. 토지 붐이 시작되면 경제 전반에 걸친 호조가 가격 상승을 부추기고, 투자자들은 확실한 수익을 기대하면서 자본을 투자한다. 그러나 어느 시점에서 투자는 단순한 소득 증대 차원이 아니라 자본 이득을 추구하는 방향으로 전환된다. 나중에 더 높은 가격에 팔기 위해 무언가(특히 주식)를 사는 것은 내일의 경상 수입 증가를 위해 오늘 효과적으로 비용을 지불하는 것이기 때문이다. 그래프 18에서 볼 수 있듯이, 주택 가격 상승폭이 임대료 상승폭을 크게 상회하는 것은 주택시장도 자본 이득을 추구하는 수단이 될 수 있음을 보여주는 예다.

그래프 18. 주기의 절정기에서 임대료 상승 대비 주택 가격 상승 평균 비율

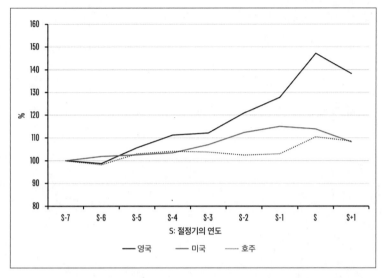

출처: Federal Reserve, Bank of England, Australian Bureau of Statistics, 저자의 자체 계산 데이터

. . . .

토지 붐은 한동안 계속된다. 새로운 성장 산업, 완화된 은행 대출, 긍정적 투자 심리 등에 힘입어 경제 확장은 더욱 확산된다. 오늘날 우리 시대에는 이런 확장이 세계적인 규모로 일어난다.

이제 주기 여행을 잠시 멈추고, 은행의 대출과 정부의 투자와 더불어 호황이 얼마나 더 길고 크게 확장될 수 있는지를 결정하는 마지막 특징을 살펴보기로 하자. 이를 위해서는 55~60년마다 발생하는, 더 긴 원자재 주기를 살펴보아야 한다. 원자재는 대내외적으로 기술 혁

신과 붕괴가 얼마나 지속될 것인지에 큰 영향을 미친다. 다음 장에서는 지금까지 살펴본 18년 주기보다 더 긴 장기 주기(Long Cycle)를 살펴볼 것이다. 이를 이해하기 위해 100년 전인 1920년대 러시아로 돌아가서 장기 주기를 발견한 사람이 누구인지, 그리고 당시 혁명 정권이 왜 그를 그토록 위협적인 존재로 여겼는지 알아보기로 하자.

절호의 기회를 놓치지 마라

- 단계: 토지 붐
- 대략적인 시기: 9~12년 차
- 지배적인 감정: 희열

감정 관리하기

토지 붐을 겪으면서 사람들의 마음에는 지금은 '새로운 시대'라는 느낌이 낳은 자신감이 쌓인다. 결국 이 시기의 지배적인 감정은 일종의 '희열감'이다. 자산 가격은 계속 상승하고, 사업은 탄탄하며, 사람들은 부유하고, 소비 지출도 활발하게 이루어진다. 당신도 그 주기에 완전히 참여할 때다. 강력한 투자 수익을 창출할 수 있는 기회를 많이 만날 것이다.

하지만 지나친 감정에 빠지지 않도록 주의하라. 이 시기에는 누군가가 벼락부자가 되었다는 과장된 이야기가 많이 돌 것이다. 그런 이야기들이 당신의 판단력을 손상시킬 수도 있다. 토지 붐 시기(그리고 투기 열풍 시기)는 사람들의 탐욕과 호기를 놓칠까에 대한 두려움을 노리는 많은 사기가 유행하는 시기이기도 하다. 부를 쌓기 위해서는 꾸준한 인내심과 노력이 필요하다. 사기에 말려들지 않기 위한 규칙은 시크릿 핸드북 ⑯을 참조하라.

투자 관리하기

1. 주식 매입을 계속하라

a. 침체 국면이 끝날 무렵에는 주식시장이 '매우 좋은 해'가 될 가능성이 높다는 점을 감안해 주식 포트폴리오를 구축하라. 기술주는 사이클 중반 저점에서 시장을 주도할 수 있지만 보다 광범위한 시장에서는 저조한 성과를 낼 수도 있다.[21]

b. 신흥 시장 주식, 특히 사이클 중반 침체 이후 경기 부양책을 시행하거나 세금 및 부채 수준이 비교적 낮은 수출 위주의 국가에 투자한 펀드를 매입하라.[22]

c. 원자재 생산국에 투자한 펀드를 매입하라. 건설 붐 기간 동안에는 원자재 수요가 증가하므로 이런 펀드들이 강력한 성과를 거둔다.

d. 토지 붐에 가장 많이 관련이 있는 부문의 주식을 매입하라. 대개 다음과 같은 회사들이다.

- 주택 건설업자: 토지 붐으로 인해 사람들이 이주하는 곳에 새 주택 건설

이 급증한다(아래 참조).

- 상업용 및 주거용 부동산 투자신탁(REIT): 이 펀드들은 부동산 자산 평가에서 발생하는 임대 소득을 기준으로 배당금을 제공한다.

- 은행: 토지 가격 상승에 따른 돈의 신규 창출이 은행(대규모 대출을 시행하는 금융기관들도 해당)의 수입을 증대시킨다.

- 임대 소득 및 라이선스로 이익을 얻는 기타 주식(예: 인터넷, 5G, 공항, 지식재산권, 네트워크 독점, 프랜차이즈. 경제지대의 원천 목록은 5장 참조).

- 토지 붐을 주도하는 산업의 중심에 있는 기업과 원자재 및 인프라 관련 주식.[23]

2. 인프라가 들어설 장소(그리고 사람들과 기업들이 이주할 곳)의 부동산을 구입하라

a. 토지 붐 시기에, 특히 토지 붐이 일어나기 시작할 때, 가장 큰 활동은 소규모 도시(2급 및 3급 권역)나 도시 외곽 지역에서 발생할 수 있다. 어느 곳에 투자하든, 해당 지역의 미래 성장과 가격 상승 예측에 대한 가정이 얼마나 합리적이고 확고한지 반드시 확인하라. 토지 붐이 진행되는 동안 건물 투자가 점점 더 투기적으로 변한다는 점을 기억하라.

b. 투자 대상에 대해 주의 깊게 실사를 수행하라. 혹시 모를 하락세나 비용 증가(예: 대출 이자)를 감당할 수 있을 만큼 충분히 안전한 수익을 올릴 수

있는지 확인하라. 임대 수익률이 이자율보다 낮은 부동산은 절대 매입해서는 안 된다(설령 미래 자본 가치 상승 가능성이 있다 할지라도).

c. 주거용 부동산: 언제나 그렇듯이 해당 지역의 큰손들이 무엇을 찾고 있는지에 집중하라. 특히 부동산 개발이 많이 계획되어 있거나 진행 중인 신규 지역의 아파트를 잘 살펴라. 토지 가격이 급격히 상승하는 토지 붐 기간 동안 과잉 공급될 가능성이 높다(아파트는 특정 부지의 개발을 극대화하기 때문에 도시 부동산 개발자에게는 매력적인 사업이다).[24] 하지만 공급 과잉은 신규 건물의 가격 상승을 제한한다(게다가 기존 건물 소유자들이 가격 상승 틈을 노려 매도를 원할 경우 새 건물과 경쟁이 발생한다). 따라서 아파트에 투자할 경우, 멋진 전망이나 지역의 중요 시설과의 근접성 같은 희소가치가 있는지 확인하라.

d. 상업용 부동산: 기업들이 이전하는 지역에 투자하라.

e. 차입 자본을 활용하고 임차인이 그 부채를 갚도록 하라. 토지 붐이 진행되는 동안에는 금리가 상승하는 경향이 있으므로 낮은 고정 금리 대출을 활용해야 한다.

f. 호황이 계속되면 시장 상승세에서 팔려고 했던 부동산 자산을 과감히

매각하라. 당신이 주택 소유자라면, 토지 붐이 시작되는 단계가 앞으로 몇 년간의 성장이 예상되고, 부동산에 투자하기에 좋은 마지막 시기라는 점을 명심해야 할 것이다.

3. 원자재와 금에 투자하라

a. 토지 붐은 원자재 수요를 증가시킨다. 이는 당신의 포트폴리오가 원자재 펀드나 천연자원을 채취하는 회사에 어느 정도 노출되어야 함을 의미한다. 원자재는 대부분 달러로 가격이 책정되는데, 주기의 후반부에는 달러 가치가 하락하는 경향이 있으므로(아래 참조) 가격이 올라 자본이 더 많이 유입되는 결과를 가져온다.[25]

b. 금과 귀금속은 일반적으로 원자재의 추세를 따르지만, 납은 그렇지 않을 수도 있다. 금은 토지 붐이 발생한 후 2년 정도 지난 시점에 저점을 기록한 후 주기가 끝날 때까지 계속 상승세를 탈 것이다. 그러므로 지금이 금을 사두기에 좋은 시기다.

4. 다른 통화는 매수(Long)하고 미국 달러는 매도(Short)하라

달러는 주기 후반부에 하락한다(적어도 변동환율제가 시행된 1970년대 이후). 달러 가치가 하락하면 글로벌 GDP는 좋아진다. 이는 원자재 가격이 상승하고, 다른 통화 특히 원자재 대량 생산국의 통화가 상대적으로 평가 절상된다는 것을 의미한다. 달러의 주요 대응 통화는 유로화이므로 유로화 가치가 높아질 것이다. 국제 거래를 하는 기업들은 이 점을 반드시 염두에 두어야 한다.

5. 수집품 등 대체 자산을 구매하라

토지 붐 기간에는 예술품, 고급 와인 같은 대체 자산 가격이 빠르게 오를 수 있다. 대체불가능토큰(NFT)이나 희귀 수집품 등에 몰두해 보는 것도 좋다. 그러나 구매 동기가 오직 투기를 위해서라면 그런 자산의 취득으로 별 수익을 얻지 못할 수 있다. 보관비용이나 보험료가 꽤 들어갈 수 있기 때문이다. 이런 자산들은 주기의 다양한 단계에서 투자자들의 엄청난 관심을 끌기도 하지만, 판매자들이 패닉에 빠지는 경우도 자주 발생한다.

번영과 전쟁의 긴 주기

얼마 전, 자본주의 사회의 역동성을 연구하면서 길고 깊은 주기의 존재를 인정하지 않고는 설명하기 어려운 현상을 발견했다. 바로 전쟁과 사회적 격변이 긴 주기가 전개되는 리드미컬한 과정의 일부를 형성한다는 것이다.

_N. D. 콘드라티예프, 러시아 경제학자

상사가 경비병에게 몸짓으로 지시했다. 감방 문을 열게나.

안에 있는 죄수는 비참한 모습이었다. 그 죄수는 병이 너무 심해 거의 일어설 수도 없었고 뼈만 앙상했다. 경비병 중 한 명이 그를 부축해야 했다. 그나마 다행인 것은 그의 눈이 멀었기에 총구가 자신을 겨누고 있음을 볼 수 없었다는 것이다. 그는 방금 재판을 마치고 돌아온 참이었다. 서부 지방의 당국은 그가 반체제 인사라고 말했다. 그러나 상사는 고개를 저었다. 스탈린 같은 악당들이 권력을 장악한 시대도 아니건만, 요즘엔 누구도 살아남을 수 없을 것 같았다. 그는 그 죄수가 유죄라고 생각하지 않았지만, 이런 학구파 사람들 수천 명이 체포되었다. 정권은 그들이 문제를 일으키는 것을 원하지 않았다. 정권은 그런 사람들이 대중의 마음을 어지럽힌다고 생각했다. 하지만 이 허약한 사람이 과연 무엇을 할 수 있단 말인가? 그는 아무런 문제도 일으키지 않았고 항상 예의 바르게 행동하는 사람이었다. 하지만 최근 몇 달 동안 그는 아주 슬퍼했다. 처음에는 아내와 딸에게 자주 편지를 썼지만 최근에 받은 선고로 그는 완전히 무너졌다. 그런 그를 보았다면 그가 억울해하고 있음을 금방 알 수 있었을 것이다. 그는 희망을 잃었다. 그는 수즈달(Suzdal)에서 힘든 6년을 보냈다. 누구에게든 충분히 긴 세월이었다.

마침내 상사가 명령을 내렸다. '사격 개시.' 상황은 금방 끝났다. 비록 허용되지는 않았지만 상사는 죽은 사람을 위해 짧은 기도를 한 다음, 경비병에게 시체를 치우라고 지시했다.

20세기의 위대한 경제학자 중 한 사람이었던 니콜라이 D. 콘드라티에프(Nikolai D. Kondratiev)는 이렇게 세상을 떠났다. 그는 (실제로는 존재하지도 않았던 정당인) 쿨락당(Kulak party)*의 일원이라는 점, 부르주아에 대한 연민을 가지고 있었다는 점 등, 자신이 선고받은 어떤 혐

---

* 'Kulak'은 제정 러시아 시대의 부농을 지칭하는 말이다.

의에 대해서도 죄가 없었다.[1] 그는 정권에 위협이 될 가능성이 있는 존재도 아니었다. 그는 정권을 전복시키려는 혁명가도 아니었다. 그에게서 당국이 은폐하기를 원하는 어떤 범죄도 발견하지 못했다. 그는 단지 역사를 예리하게 관찰한 학자이자 원자재 가격 분석에 일가견이 있는 사람일 뿐이었다. 그는 무미건조한 데이터들을 깊이 연구한 끝에 역사에 기본적인 리듬이 있음을 발견했다. 그런데 그 과정에서 본의 아니게, 잔혹한 스탈린주의 정권의 이념적 기반에 위협이 될 만한 것들을 찾아냈다.

그의 발견이 왜 정권에 위협이 되었는지, 그리고 그것이 어떻게 18년 주기와 상호작용하는지가 이번 장의 주제다. 이것이 중요한 이유는, 이를 이해함으로써 2020년대 세계 경제의 움직임에 작용한 여러 가지 힘을 이해할 수 있기 때문이다.

원자재 가격의 장기 사이클

혁명 이후 러시아에 낙관주의 시대가 도래한 1920년에, 28세의 콘드라티예프는 케렌스키(Kerensky) 행정부로부터 새로 설립된 '정세 연구소'(Institute of Conjuncture)의 책임자로 임명되었다. 여기서 정세란 경기의 변화, 즉 경제 사이클에 대한 연구였다. 그는 존 메이

너드 케인스(John Maynard Keynes), 어빙 피셔, 웨슬리 미첼(Wesley Mitchell) 같은 유명한 서양 경제학자들에게도 높은 평가를 받았다.

콘드라티예프의 임무 중 하나는 서구 자본주의의 종말점을 찾아내는 것이었다. 마르크스가 자본주의는 내부 모순으로 인해 붕괴되고 무너질 것이라고 예언했기 때문이다. 당국은 그것이 언제인지 알아야 했다. 콘드라티예프는 방대한 연구에 착수하면서 원자재 및 금 가격, 이자율과 자본 투자 수익률, 임금, 대외 무역, 주철 및 납 생산 등과 같은 광범위한 항목에 대해 가능한 한 많은 데이터를 수집했다. 우리 시대에도 이 작업은 매우 어려운 일이었을 것이다. 그의 시대에는 이 데이터 중 어느 것도 쉽게 구할 수 없었고, 더구나 서로 다른 데이터 세트를 비교하기 위해서는 힘든 통계 조작 작업이 필요했기 때문에, 그의 작업은 경이로운 일이었다.

1926년 2월 6일, 그는 모스크바에 있는 경제 연구소에서 여러 저명한 러시아 학자들이 참석한 가운데 자신의 연구 결과를 발표했다. 그는 자본주의 경제에는 원자재 가격의 움직임을 통해 확인할 수 있는 장기적인 리듬이 있다고 주장했다. 대개 25~30년 동안 상승했다가 비슷한 기간 동안 다시 하락하면서 50~60년의 주기를 완성한다는 것이었다.

콘드라티예프는 원자재 가격이 1789년, 1849년, 1896년에(대략 50년마다) 세대 간(Inter-generational) 최저치를 기록했으며, 1814년,

1873년 그리고 (자신의 연구를 시작하기 직전인) 1920년에 비슷한 간격으로 정점에 이르렀다는 사실을 확인했다. 그는 이 리듬을 '긴 주기'(Long Cycle)라고 불렀다.

그래프 19는 이를 나타낸 것이다.

그래프 19. 원자재가격지수, 1780~1925년

출처: N. D. Kondratiev, 저자의 자체 데이터

콘드라티예프는 원자재 가격의 이러한 주기가 경제 발전의 리듬을 나타낸다고 지적했다. 가격 추세가 장기적 상승세에 있을 때 서구 경제는 팽창과 큰 번영을 경험했다. 가격 하락세에서는 침체와 어려움이 있었다. 그리고 곧 붕괴가 이어질 것이라는 확신을 가지고 말했다.

그것도 아주 크게.

그러나 콘드라티예프의 탁월한 연구는 한 가지 결정적인 면에서 실패했다. 자본주의 체제가 최종적으로 끝나는 날을 확인하지 못한 것이다. 사실 어떻게 보면, 그의 연구는 자본주의가 붕괴 이후에도 여전히 살아남을 것이라고 주장하고 있었다. 원자재 가격은 주기적으로 움직이기 때문에 낮은 원자재 가격이 결국 다시 상승세로 바뀌면 자본주의 경제는 다시 살아나고 성장할 것이기 때문이다. 이는 마르크스주의의 신념과는 전혀 일치하지 않는 것이었기 때문에 당국은 그의 연구 결과를 인정할 수 없었다. 스탈린이 권력을 강화한 이후 러시아의 지적 자유는 심각하게 제한되었다. 정권은 '반대자'를 사냥하기 일쑤였다. 사회주의 사회에서 농업이 어떻게 운영되어야 하는지에 대한 콘트라티예프의 강력한 견해와 더불어, 그의 이 같은 분석은 시장 시스템을 지지하고 당국이 선호하는 집단화 프로그램을 거부하는 것으로 인식되기 쉬웠다.

결국 콘드라티예프는 1930년대 대숙청으로 체포되어 투옥된 수천 명의 지식인 중에서 맨 앞에 서게 되었다. 8년의 독방형을 선고받은 그는, 처음에는 가능한 한 연구를 계속하면서 시간을 보냈지만 건강이 악화되면서 이를 지속하기가 어려워졌다. 그는 형기를 다 마친 후 1938년 9월 17일 재심에서 사형을 선고받고, 같은 날 형이 집행되었다. 그의 나이 불과 46세였다.

러시아에서 주기에 관한 그의 연구는 사라지고 말았다. 그의 투옥과 갑작스러운 죽음으로 인해 콘드라티예프의 연구는 마무리되지 못했고, 결론도 미완으로 남았다. 그래도 그의 연구는 1930년대에 유사한 비즈니스 사이클 이론을 개발한 조지프 슘페터 같은 많은 서양 학자들에게 영향을 미쳤다. 하지만 제2차 세계대전 이후 케인스의 경제 패러다임이 경제학의 주류가 되면서 경기 주기에 대한 연구는 거의 사라졌다. 학자들은 비즈니스 사이클이 더 이상 나타나지 않는다고 생각했기 때문이다. 전후 경제학계의 위대한 학자인 폴 새뮤얼슨(Paul Samuelson)은 콘드라티예프의 장기 주기를 '공상과학 소설' 정도로 여겼다. 그러나 이 견해의 오류는 1970년대 중반 부동산 위기에서 여지없이 드러났다. 사람들은 장기 주기를 포함한 주기 연구에 대해 다시 관심을 보이기 시작했다. 콘드라티예프의 연구는 1930년대에 그랬던 것처럼, 지금도 여전히 그 가치가 입증되고 있다. 그는 이미 1930년에 자신의 논문에서, 원자재 가격이 1950년대 중후반에 최저치를 기록한 이후 다시 상승해 1970년대 중반에 정점을 찍은 다음 하락할 것이라고 예측한 바 있기 때문이다(그래프 20).[2]

그렇다면 주기를 움직이는 힘은 무엇일까? 콘드라티예프는 세계 어디서든 기술 투자의 물결이 경제 성장을 촉진하고 새로운 산업 창출을 이끌어 냈다고 주장했다. 이는 결과적으로 사회적 관계에도 영향을 미쳤다. 사람들이 그러한 혁신을 능동적으로 활용했느냐 아니

그래프 20. 원자재가격지수, 1946~1986년

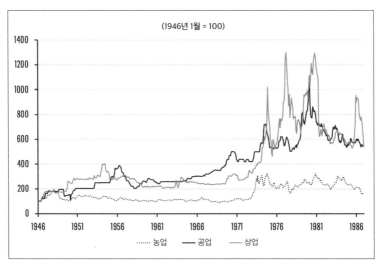

출처: 저자의 자체 연구 데이터

면 그런 혁신으로 인해 피해를 입었느냐에 따라 혁신이 야기한 엄청
난 혼란을 겪으면서 승자와 패자로 갈렸기 때문이다. 그리고 그것은
국가 간 교류에도 큰 영향을 미쳤다.

콘드라티예프의 주장은 사실상 역사 이론인 셈이다. 그리고 그 역
사는 바로 다음과 같이 전개된다.

긴 주기가 전개되는 방식: 기술과 투자

새로운 주기가 시작되면서 일단의 기술들이 함께 등장한다

콘드라티예프는 긴 주기가 시작되면서 '경제생활의 주요 상황에 상당한 변화'가 생기는데, 이는 여러 가지 기술들이 한꺼번에 나타나면서 새로운 기술의 대거 채택, 기존 기술의 새로운 응용 방법, 채택 비용의 대폭 절감 방안 등이 발견되는 것과 관련이 있음을 관찰했다.[3] 이어지는 긴 주기에서 많은 새로운 산업을 탄생시키고 기존 산업의 운영 모델에도 영향을 미칠 선도적 기술들이 나타난다는 것이다.

실제로 이 새로운 기술들이 상품 생산 방식, 필요한 원자재 생산, 사람들의 의사소통 및 이동 방식에 혁명을 일으키면서, 주기가 끝날 때까지 이 신기술의 영향을 받지 않은 산업은 거의 없을 정도였다.

첫 번째 긴 주기는 산업 혁명과 함께 시작되었다. 산업 혁명으로부터 공장 생산 시스템과 상품 운송을 위한 운하가 탄생했다. 1815년경이 이 주기의 정점이었다. 두 번째 긴 주기는 1860년대 후반에 최고조에 달했는데, 이 주기는 중장비, 전신, 철도가 주도했다.[4] 세 번째 긴 주기는 1920년에 정점을 찍었고, 이 주기는 중공업, 엔지니어링, 전화 및 통신의 시대였다. 네 번째 긴 주기는 1970년대 중반에 최고조에 달했다. 이 주기는 자동화 생산, 대량 소비, 제트기의 시대였다. 다섯 번째 긴 주기(현재 주기)에는 인터넷, 휴대폰, 고속 무선 연결, 지구촌 경제가 있다. 표 6은 그동안 일어난 긴 주기의 기간과 선도 기술을 정리한 것이다.

표 6. 긴 주기의 기간과 각 주기를 이끈 핵심 요인

	시작	정점	끝	주요 기술, 통신 및 운송
첫 번째	1789	1814	1849	공장 생산 및 운하
두 번째	1849	1873	1896	중장비, 철도 및 전신
세 번째	1896	1920	1955	중공업 및 기계, 자동차, 전화
네 번째	1955	1975	2001	자동화된 생산, 상업용 항공여행
다섯 번째	2001	2027(예상)	2050년대 (예상)	인터넷, 휴대전화, 지구촌 경제

물론 긴 주기의 초기에만 새로운 기술이 발명된 것은 아니다. 어쩌면 그 기술들은 이미 그 전부터 존재했을 수도 있다. 그러나 새로운 주기 초기에 그런 기술들이 광범위하게 채택되고 적용되었다. 그리고 이 순간들은 1장에서 본 것처럼, 새로운 18년 주기의 시작과 거의 일치했다.[5]

자본 투자의 흐름

긴 주기의 핵심 요소는 자본 투자가 흐른다는 것이다. 전 주기의 하락세에서 투자 수익이 좋지 않았기 때문에 자본 투자가 이전 같지 않다(자본이 금융 시스템 내에 머물면서 사업 투자보다는 투기에 더 많은 돈이 흐른다). 이런 상황에서 새로운 기술이 나타나 더 높은 투자 수익을 약속하고, 새 주기가 시작되면서 자본은 기존 산업에서 새로운 산업으로 흐른다. 운하, 철도, 전력망, 고속도로 시스템, 상업적 공항, 고속 인터넷 케이블, 서버 및 무선전화 기지국 등 새로운 기술의 출시에는 항상 막대한 자본 투자가 따랐다.

각 주기의 상승세에는 경제 성장 기간이 좀 더 길게 이어지는 반면, 침체 기간은 비교적 짧고 빨리 진행되는 경향이 있다.

다섯 번째 긴 주기인 우리 시대에, 기술 회사들의 눈부신 수익 창출력은 이런 프로세스가 실제로 진행되고 있음을 반영하는 것이다. 2008년과 2020년에 긴 주기의 상승세를 타고 불황에서 회복되는 속도는, 적어도 가장 혁신적이고 기술적으로 진보된 경제 부문에서는 그 어느 때보다도 더 빨랐다.

모든 경제 관계가 재조정된다

새로운 인간 활동의 영역은 희소 자본의 새로운 배치를 바탕으로 만들어진다. 궁극적으로 긴 주기에서 우리는 경제, 통신 및 운송 방식, 사람들 간의 상호 작용, 특히 기존 산업에 갇힌 사람들과 새로운 산업의 물결을 타는 사람들 간의 상호 작용이 완전히 재조정되는 것을 볼 수 있다.

변화의 규모를 고려할 때 각 주기의 전반부는 매우 혁신적이다. 현재의 긴 주기 시대인 오늘날, 인터넷과 스마트폰의 영향을 받지 않은 산업은 거의 없다.

그리고 더 큰 사회적 격변과 혁신을 가져온다

경제 전반에 걸친 기술적 혁신은 기존 산업의 쇠퇴를 가져온다. 이는 계층 간 소득 격차를 더 크게 벌리면서 사회적 불안을 초래하기도 한다. 게다가 새로운 통신 및 운송 모델 덕택에, 이전에 소외되었던 집단들이 제 목소리를 찾고 지배 계층에 도전할 수 있게 되었다. 그 결과 대규모 사회 운동, 문화적 격변, 혁명이 곳곳에서 일어났다.

2001년 이래로 동성 간 결혼, 인종 관계, 성희롱, 성 정체성 같은 문제에 대한 기존의 관점에 도전하는 강력한 운동이 일어나고 있다. 이전 1950년대와 1960년대의 긴 주기 상승 국면에서도 시민권, 페미니스트, 환경 운동뿐만 아니라 탈식민지화의 물결(이는 새로운 국가의 출현으로 이어졌다)이 강하게 일었다. 20세기의 첫 20년 동안에는 참정권과 평등한 투표권에 대한 거센 바람이 상당한 승리를 거두었다.

이런 흐름과 관련하여 긴 주기 상승 국면에서의 또 다른 측면은 바로 국제 관계의 변화다. 이에 대해서는 잠시 후 다시 살펴볼 것이다.

자본 투자가 다시 둔화된다

상승세가 정점에 달하면 신기술의 출시가 둔화되고 산업의 변화가 가시적으로 나타나기 시작한다. 수익성 있는 투자 기회는 줄어들고 성장률도 낮아진다.

긴 주기의 하락세에 접어들면 그동안의 호황이 수그러들고 침체가 더 깊고 길어진다. 특히 원자재 수출국에서 더욱 그렇다. 라틴 아메리카와 아프리카가 대표적인 경우다. 심지어 선진국인 호주도 1980년대 초와 1990년대에 심각한 경기 침체를 겪었다.

진정한 투자보다 금융 투기가 판친다

투자 기회가 줄어들면 금융 시스템 안에 자본이 축적되어 다음 긴 주기를 이끌 새로운 투자 기회를 기다린다. 그러나 돈이 시스템에 갇혀 있으면 투자는 투기로 변한다. 한편으로는 하락세 기간 동안 많은 혁신이 개발되고 언젠가 실전에 배치될 기회를 기다린다. 그리고 마침내 그런 기회가 생기면 다음 주기의 추진력으로 작동한다.

긴 주기가 펼쳐지는 과정에서 성장률과 투자의 상승, 엄청난 혁신, 사회적 긴장, 새로운 시장을 지배하기 위한 경쟁 등이 일어난다. 55~60년의 긴 주기 동안 (대략) 세 차례의 부동산 주기가 일어나는데, 이 부동산 주기는 주기를 진전시키는 새로운 기술뿐 아니라 경제 지대와도 관련이 있다.

천연자원과 경제지대

55~60년의 긴 주기는 여러 면에서 18년 부동산 주기와 관련되지만, 지금까지 보면, 경제지대의 법칙과 더 중요한 관련이 있다.

첫 번째 관련성은 원자재 가격을 통해 생긴다. 앞서 살펴본 바와 같이 지대는 위치적 가치(예: 좋은 위치를 차지한 〈빅 이슈〉 판매자), 정부가 허가한 희소성(예: 택시 면허), 가상 토지(예: 인터넷 플랫폼)의 산물로 발생한다.[6] 지대는 작물을 재배할 수 있는 비옥한 자연적 토양이나 천연자원(예: 석유, 구리) 같은 자연의 선물에서도 발생한다. 긴 주기의 상승세 기간 동안 그랬던 것처럼, 그런 원자재의 가격이 상승하면 원자재가 풍부한 기업과 국가에 막대한 지대가 발생한다. 그리고 이런 이익이 재투자되어 추가적인 경제 성장으로 이어진다.

두 번째 관련성은 기술과 혁신의 결과를 통해 생긴다. 기술과 혁신이 생산성을 증가시키면 생산할 수 있는 장소도 더 늘어난다. 즉, 생산 가능 지역이 도시의 외곽까지 확장된다. 결과적으로 더 적은 투자로 더 높은 위치적 가치와 지대를 창출하게 된다(노동자가 부족하면 임금이 오르는 경우도 있다). 그리고 앞서 런던의 쥬빌리 라인 노선 연장의 결과에서 보았듯이, 외곽 지역의 토지 가격도 상승한다.[7]

마지막 관련성은 긴 주기의 상승으로 새로운 국가들이 국제 경제에 적극적으로 참여하게 된다는 것이다. 그러면 제품에 대한 수요가 증가할 뿐만 아니라 그런 국가들이 값싼 노동력의 원천이 된다. 인건비가 저렴하다는 것은 생산비용이 낮아지고 지대가 높아진다는 것을 의미한다. 결과적으로 지대의 상승이 더 많은 자원의 채굴, 시추 및 추출 등, 자연 자원을 활용하기 위한 추가적인 경제 활동을 촉진한다. 이에 따라 더 많은 상품과 서비스가 창출되면 그것을 판매할 새로운 시장이 필요하게 된다. 부동산 주기에서도 살펴보았지만, 지대의 상승은 더 큰 호황으로 이어진다. 긴 사이클의 상승 국면에서 이런 현상이 발생하는 이유는, 궁극적으로 토지 가격으로 반영되는 자본 투자의 이익이 더 커지기 때문이다.

우리는 1970년대 중반에 정점에 달했던 지난번의 긴 주기에서 이런 현상이 실제로 일어나는 것을 목도했다. 1960년대와 1970년대 원자재 붐이 일었을 때, 산유국의 지대가 서방 은행의 금고를 가득 채웠고, 서방 은행은 이를 소위 '제3세계'의 국가들에 대한 대출로 사용했다. 이들 중 다수는 자체적으로도 대량의 원자재 보유국인 까닭에 역시 고성장을 맛보았다. 이것이 긴 주기의 상승세 기간에 인류 역사에서 최고의 번영을 이룬 이유다. 바로 경제 발전을 지원하기 위한 가용 재원이 그만큼 풍부했기 때문이었다.[8] 한편 이 시기에는 사회적, 경제적 격변의 발생률도 높았다. 새로운 산업으로 인해 기존의 산업이 파괴되는 것뿐만 아니라, 토지와 천연자원을 소유한 사람과 그렇지 않은 사람 사이의 경제적 불평등이 더욱 크게 가시화된 시기이기도 하다.

긴 주기와 전쟁

콘드라티예프는 또, 긴 주기의 상승세 기간 동안 세계 경제 관계가 더욱 광범위해지고 다양해졌음을 발견했다. 이는 부분적으로는 기존의 선진국들이 새로운 산업을 개발할 원자재가 필요했고, 상품을 판매할 새로운 시장이 필요했기 때문이다. 콘드라티예프가 연구를 할 당시에는 이것이 젊은 문화를 가진 새로운 국가의 참여로 나타났다. 그러니까 1850년 이후 국제 사회에서 미국이 부상하기 시작했고, 1896년 이후에는 아르헨티나, 호주, 캐나다, 뉴질랜드가, 1960년대에는 새로 독립한 아프리카 국가들이 국제 무대에 등장했다.

2001년에 현재의 긴 주기가 시작되면서는 우리 시대 경제의 최대 화제였던 중국의 세계무역기구(WTO) 가입과 인도(정보 기술), 라틴 아메리카 및 사하라 이남 아프리카 지역의 많은 국가들(농업 및 광물자원)의 발전이 동시에 일어났다.

그러나 긴 주기의 상승세 기간 동안의 강세 상황 동안 어두운 면도 있었다. 콘드라티예프는 원자재에 대한 접근과 세계 무역 조건에 대한 영향력을 놓고 강대국 사이의 경쟁이 점점 더 치열해지고 있음을 확인했다. 당시 정치 지도자들이 겉으로 뭐라고 자신의 주장을 포장했든, 그들은 자기들이 생산한 상품을 판매할 수 있는 자원과 시장을 찾기 위해 치열하게 경쟁했다.

강대국 간의 경쟁이 치열해지면서 나머지 다른 나라들도 어느 한쪽 편으로 기울게 되었고, 결국 양 진영 간에 큰 충돌로 이어졌다. 자원이 풍부한 국가들이 그런 경쟁이 벌어지는 전장을 제공했지만, 그 근본적 이유는 경제지대를 챙기기 위한 것이었다. 이전의 긴 주기들에서 벌어진 다음과 같은 사건들이 바로 그 예들이다.

- 가장 최근 긴 주기의 정점인 1970년대에는 미국과 소련 사이의 냉전이 최고조에 달했고, 이 시기에 베트남 전쟁도 일어났다.
- 그 이전 긴 주기의 정점인 1910년대에는 유럽 제국들, 특히 영국과 독일 사이에 긴장이 고조되며 결국 제1차 세계대전으로 이어졌다.
- 그 이전 긴 주기의 정점인 1870년대에는 미국 남북전쟁이 있었고, 대영제국과 제정 러시아 사이의 지정학적 갈등이 고조되었다.
- 그 이전 긴 주기의 정점인 1810년대 후반에는 영국과 프랑스 간의 나폴레옹 전쟁이 일어났는데, 이는 콘드라티예프가 연구한 강대국 경쟁이 반복되기 시작한 첫 번째 사례다.

혁신과 그에 따른 전반적 번영의 큰 도약을 이끈 것은 강대국 간의 경쟁이었다. 그 가장 좋은 예가 냉전 시기, 특히 1950년대 후반과 1960년대 미국과 소련의 우주 경쟁이라고 할 수 있다. 이 두 나라의 경쟁은 오늘날 널리 응용되는 수많은 기술 개발로 이어졌다.[9]

광란의 1920년대: 번영과 격동

부동산 주기의 후반기와 긴 주기 상승 기간의 마지막 해가 일치되는 일이 세기마다 한두 번, 그러니까 약 50~60년마다 한 번씩 발생한다. 그렇기 때문에 이 시기에 경제 호황이 장기화되는 경향이 있지만, 사회적 관점에서 볼 때에는 더 거센 격동이 일어나기도 한다.

따라서 2020년대에는 21세기의 두 강대국이자 라이벌인 미국과 중국 사이에, 노골적인 적대감까지는 아니더라도 긴장이 한층 고조될 것이다. 미국과 중국이 충돌할 수 있는 분야는 놀라울 정도로 많다. 남중국해, 유라시아 대륙을 통과하는 중국의 일대일로 프로젝트, 엄청난 양의 천연자원을 보유했으며 앞으로 공산품을 판매할 수 있는 중산층 시장이 늘어나는 아프리카 대륙 등. 강대국들 간의 경쟁은 이뿐 아니라 중동, 파나마 운하, 북극 같은 주요 무역 거점이나 루트를 먼저 장악하려는 시도에서도 목격된다. 오늘날에는 사이버 공간과 우주의 실제 공간에 대한 경쟁도 치열해진다.[10] 다시 한번 말하지만, 이런 전략적 경쟁의 필요성에 대해 어떤 미사여구를 사용하든 간에, 진짜 목적은 항상 경제지대를 먼저 차지하려는 것일 뿐이다.

콘드라티예프는 전쟁의 영향에 대해 다음과 같이 말했다.

전쟁과 혁명은 경제 발전 과정에 매우 깊은 영향을 미칠 수밖에 없다. 그러나 전쟁과 혁명은 어느 날 갑자기 하늘에서 떨어진 것이 아니다. … 그것은 현실적인, 주로 경제적인 조건의 토양에서 오래전부터 자라왔다. … 앞서 언급한 바와 같이 긴 주기의 상승기와 일치하는 특정 기간에 도대체 어떤 환경이 전쟁을 유발하는 것일까? 아마도 전쟁은 경제생활의 속도와 강도가 증가하는 토양에서 싹트기 시작해 시장과 원자재를 위한 경제적 싸움으로 강화되었다고 가정하는 것이 훨씬 더 그럴듯한 설명일 것이다. 그러나 그런 경제생활의 강도는 긴 주기의 상승 국면에서 이미 내재되었다.

콘드라티예프가 지적한 대로, 경제생활의 강도가 증가하면 결국 부동산 주기의 호황이 더욱 가속화될 것이다. 이는 적어도 초기에는 세계적 번영에 크게 기여할 것이다. 그러나 국제적 긴장이 고조되면, 2020년대에는 격동의 투자 환경이 조성될 것이다. 이 책을 쓰는 시점에서 이것은 더욱 분명해졌다.

갈등이 발생하기 시작하면 결국 그 갈등을 일으킨 호황도 파괴된다. 그러면 자본은 경제 발전이 아니라 전쟁비용으로 빨려 들어가게 된다. 돈은 더 생산적이고 더 큰 번영으로 이어지는 영역에서 멀어지고 전쟁 경제로 전환된다. 시간이 지남에 따라 재정이 부족해지고 궁극적으로 붕괴로 이어지는 연쇄 반응이 일어나게 된다.

전쟁을 통해 사람들의 관심을 흐트러뜨리고 문제에 대한 책임을 다른 곳으로 돌릴 수 있기 때문에, 정치 지도자들은 국내 경제 상황이 어려울 때 국외에서 전쟁을 일으킬 수 있다. 2020년대 후반의 부동산 위기는 긴 주기의 정점과 일치하기 때문에 곧 긴 주기의 하락기로 접어든다는 점을 기억해야 한다. 이 시기는 대개 지정학적으로 큰 위험에 처하는 경향이 있으므로, 정치 지도자들의 행동에 대한 철저한 경계와 조사가 필요할 것이다.

....

이제 18년 주기가 얼마나 커질 수 있는지 설명하는 마지막 장을 마치고자 한다. 이 장에서는 또 현재 주기의 남은 몇 년 동안의 감정이 고요하고 차분해지는 것이 아니라, 크고 대담하며 파괴적이고 격동적이며 심지어 폭력적으로 될 수 있는 이유에 대해서도 설명했다.

긴 주기의 주요 리듬을 살펴보았으니, 이제 다시 18년 주기로 돌아갈 때다. 우리가 잠시 떠나 있는 동안에도 토지 붐은 부글부글 끓어올라 이제 끓는점에 도달하고 있다. 새 주기가 시작된 지 약 12년 만에 우리는 호황기의 마지막 단계인 투기가 판치는 시기에 도달했다. 투기가 어떻게 전개되는지 보기 위해 우리는 1980년대에 투기가 최고로 유행했던 나라 일본을 방문할 것이다.

천연자원과 인프라에 투자하라

핵심 교훈

긴 주기의 상승 기간에는 여러 분야에서 큰 혁신과 혼란이 교차한다. 2023년 현재, 현 상승기의 마지막 해가 다가오고 있으므로, 당신의 투자 포트폴리오는 이를 반영해야 한다. 긴 주기의 주제들은 상당수 토지 붐과 관련된다. 주로 부동산 회사들이 포함된 호황 산업, 건설, 인프라 및 원자재 등과 관련된 산업들이다.

1. 상승 시기의 흥분된 감정을 조심하라

멋진 시대적 감정이 크겠지만, 이것이 시장을 불안정하게 만들 수 있다는 점을 기억하라. 이 시기에 투자자들은 동요하지 않는 게 어렵다는 사실을 깨닫게 될 것이다.

2. 긴 주기에 투자하라

예를 들면 다음과 같은 투자들을 예의주시하라.

a. 긴 주기 및 토지 붐과 관련된 분야의 기업. 인프라 기업 및 건설 회사들.

b. 원자재: 경제 및 건설 호황으로 인해 석유, 구리, 목재, 산업용 금속, 리튬 등 인프라 구축을 지원하는 원자재 등에 대한 수요가 증가한다.

c. 그런 원자재를 채굴하거나 가공하는 회사는 높은 수익을 올릴 것이다. 투기 자본도 흉작이나 공급 중단이 발생할 경우 가격이 상승할 농산물이나 곡물(Soft commodities, 밀이나 커피 등) 같은 원자재에 기회를 찾을 것이다. 당신의 포트폴리오에 이런 회사를 포함시켜야 한다.

d. 국제적 긴장이 고조되는 상황에서 방산 관련 주식도 강세를 보일 것이다.

투기 열풍

일본의 거대한 괴물 배후에 있는 힘은 대부분의 미국인이 생각하는 것보다 훨씬
더 크다. 이 괴물은 자신의 의지로 멈출 수 없다. 일본은 마이다스 왕(King Midas)
이후 처음으로 자동으로 부를 창출하는 기계를 만들었다.

_클라이드 프레스토위츠, 레이건 행정부 관료, 1988년

지구상에서 가장 큰 파티

1980년대. 디스코와 화려한 색상, 기술의 광범위한 영향력, 쾌락
주의가 판치고, 가장 악명 높고 낭비적인 방식으로 돈을 벌기도 하고
날리기도 한 10년이었다. 이런 방탕과 사치가 일본만큼 극명하게 드
러난 곳은 없었다.

1980년대 일본은 광란의 1920년대나 도금시대에서조차도 볼 수
없었던 거품 경제, 즉 호황의 정점이었다. 일본인보다 돈을 더 많이

버는 사람은 없었다. 개인과 기업의 부가 급증했다. 일본의 젊은이들은 행운과 기회를 찾아 네온 불빛이 번쩍이는 도쿄와 오사카 같은 대도시로 몰려들었다. 렉싱턴 퀸(Lexington Queen) 같은 도쿄의 고급 바에는 세계 유명 인사들이 자주 드나들었다. 일본보다 더 활기찬 파티가 열리는 곳은 세계 어디에도 없었다. 전통적이고 보수적이며 검소한 국가로 알려진 나라 일본에서 믿기 힘든 과도현상이 나타났다.

　일본에서 이런 붐이 일어난 건 놀라운 일이었지만, 사실 그것은 불가피한 일이었다. 태평양 전장 말기에 히로시마와 나가사키에 떨어진 원자폭탄 공격으로 거의 폐허가 된 이 나라가 얼마나 크게 발전했는지 생각해 보라. 정말이지 놀라운 일이 일어난 것이다. 일본의 세계적 대기업들은 일본의 군대가 하지 못한 세계 정복을 해냈다. 무력이 아니라 경제의 힘으로 그 일을 해낸 것이다. 일본 기업들은 교통, 엔터테인먼트, 문화를 변화시킨 고품질 상품을 전 세계에 팔았다.[1] 제2차 세계대전 후 30년 동안 일본 경제는 50배 이상 성장했다. 1950년대와 1960년대에는 거의 매년 두 자릿수 성장을 보였다. 1980년이 되자 일본의 국민소득은 영국을 넘어섰고 급기야 미국의 소득에 가까워졌다. 서양 학자들은 일본의 경제적 기적을 이해하기 위해 일본으로 모여들었다. 일본은 완전 고용과 낮은 인플레이션을 유지하면서 어떻게 그렇게 빠른 성장을 이루었을까? 세계의 경영대학원들은 소니, 파나소닉, 미쓰비시, 도요타, 히타치, 캐논 등과 같은

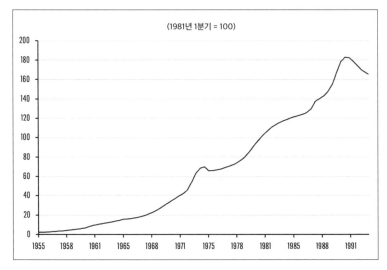

(1981년 1분기 = 100)

출처: Bank for International Settlements

일본 대기업들의 뛰어난(적어도 겉으로 보기에는) 경영 기술을 연구하기 시작했다.

그러나 일본의 호황은 필연적이었다. 그런 강력한 경제 성과의 이익이 토지시장에서 나타났기 때문이다. 일본 경제 역시 경제 사이클과 무관하지 않았다. 다른 많은 아시아 국가에서와 마찬가지로 일본에서도 토지는 신분의 상징이자 부의 저장소로 여겨졌다. 가계와 기업 모두에서 토지에 대한 수요가 무한대로 창출되었다. 일본의 경제는 일반적인 패턴을 보였다. 부동산 투기가 18년마다 정점을 나타냈다(1890년, 1909년, 1926년, 그리고 전후 1973년). 그리고 1970년대의 위기를 벗어난 이후 다시 되살아났다. 1979년에는 일본 주택 가격이 사상 최고치를 회복했다. 1980년대에 이른바 마이카 시대가 시작되면서 1980년대 중반에 토지 붐이 일어났다. (그래프 21 참조)

플라자 합의와 1980년대 후반의 투기 열풍

1980년대 호황이 성숙기에 접어들자 시장은 투기로 변하기 시작했다. 언제나 그렇듯이 투기 단계는 정부의 정책 변화로 촉발된다. 일본의 기적은 달러 고정 환율제도에 힘입은 강력한 수출에 기반한 것이었다. 그런데 1985년 플라자 합의(Plaza Accord)*를 통해 서방 국가들은 엔화 가치 상승을 허용해야 한다며 일본에 압력을 가했다. 이는 외국에서 거래되는 일본 상품의 가격을 높이고 수입품 가격을 낮춰 일본의 수출을 제한하려는 의도였다. 일본은 1970년대 위기 때 외부 충격에 취약했던 점을 인식하고 국내 소비와 투자 확대를 위해 경제를 재조정하기를 원했기 때문에 이 합의에 동조했다.

두 번째 정책 변화는 수출 감소로 인한 경기 침체를 막기 위해 일본 은행이 금리를 인하한 것이었고, 세 번째 변화는 수출 감소로 인한 성장 저하를 국내 대출 증가로 상쇄시키기 위해 은행 부문의 규제

---

* 1985년 뉴욕 플라자 호텔에서 미국 달러의 가치 하락을 유도하기 위해 미국, 프랑스, 독일, 일본, 영국(G5)이 공동으로 외환시장에 개입하기로 합의했다. 플라자 합의 이후 2년간 엔화와 마르크화는 달러화 기준으로 각각 65.7퍼센트, 57퍼센트 절상되었다.

를 완화한 것이었다. 1980년대 초에 시작된 이런 개혁 조치로 인해 은행의 대출은 국가가 원하는 분야로 이루어지기보다는 은행의 이익이 되는 곳에서 이루어졌다.[2]

마지막 변화는 도시 재생에 대한 집중 투자로 나타났다. 일본의 제품들은 기술적 정교함으로 유명했지만, 일본 국내 부동산의 질은 다른 선진국들에 비해 놀랄 만큼 열악했다. 일본의 노동자들에 대해 '토끼 굴에 사는 일 중독자'라는 고정관념이 생길 정도였다.[3] 정부는 부동산 개발을 장려하기 위해 여러 가지 법률과 정책을 통과시켰고, 전후의 회색 사무실 블록과 목조 주택 일색이었던 건축 환경은 화려한 사무실과 세련된 주택으로 대체되었다. 상속세와 법인세는 부동산의 미실현 양도 소득에 유리하게 개정되었고, 일련의 도시 개발 계획에 따라 자치단체들은 버려진 토지에 건물을 짓는 일에 각종 혜택을 제공했다.[4]

정부의 이런 정책 변화로 인해 토지 붐은 빠르게 투기 열풍으로 변하기 시작했다. 일본의 모든 주요 도시에서 건설이 급증했고, 심지어 외국에서도 일본 기업들의 건설이 크게 늘어났다. 대기업은 직원들을 위해 교외 지역에 테니스장, 골프장 등 여가 시설을 갖춘 화려한 기업 캠퍼스를 만들었다. 자금이 풍부한 구매자들이 새 건물을 계속 찾으리라는 가정하에 건물들이 잇따라 건축되었다. 1980년대 후반, 건물에 대한 일본의 연간 자본 투자는 프랑스 전체의 경제 규모와 맞

먹을 정도였다.[5]

대출 거품

건설업의 급증을 촉진한 것은 역시 낮은 이자의 풍부한 신용 대출이었다. 은행은 기업 대출조차도 사업 전망보다는 토지 담보를 우선으로 제공했다.[6] 부동산 가치가 상승 중이었기 때문에 기업들은 보유 자산을 담보로 더 많은 돈을 빌릴 수 있었다. 기업들은 이런 차입금을 생산 능력을 개선하는 데 사용하기보다는, 호황을 누리는 주식 및 부동산 시장에 대한 투자금으로 활용했다.[7] 원래 일본의 자본주의 모델은 제조업체, 공급업체, 서비스 회사, 보험사, 해운회사, 은행 등을 거느린 대규모 기업 네트워크(계열사)를 기반으로 했다. 따라서 은행으로부터의 대출이 네트워크 내의 여러 기업으로 흘러 들어가는 것이 관례였다. 각 계열사는 서로의 지분을 소유하면서 긴밀하게 결속되어서, 서로의 성공을 함께 누렸다. 심지어 은행이 대출해 준 회사의 주식을 보유하는 것이 허용되었기 때문에, 대출의 담보로 잡은 토지의 가격이 상승하고 주식 가격까지 덩달아 오르면서 은행의 대차대조표는 탄탄하고 건전해 보였다. 이로 인해 은행은 더 많은 대출을 제공할 수 있었고, 이는 다시 주가와 부동산 가격을 부추기는 악순환으로 이어졌다.[8]

그것은 전형적인 거품이었다. 대출 규모는 1년에 13.8퍼센트 증가했고 주로 상업용 부동산에 집중되었다(75조 엔에서 187조 엔으로 1년 사이 두 배 이상 증가했다). 반면 기업 대출은 줄어들어 중소기업들이 위험에 처했다. 은행은 잠재 고객들을 쫓아다니며 최대한으로 대출을 늘려 나갔다. 과도한 대출을 억제해야 할 책임이 있는 위험관리부서는 오히려 담보를 과대평가해 대출이 건전한 것처럼 보이도록 일조했다.[9] 하지만 은행의 위험관리부서가 제대로 자기 임무를 충실하게 수행했다 하더라도, 이미 막대한 수익을 내는 사업의 일부를 차지하기 위해 은행업의 규제를 받지 않는 새로운 대출기관인 이른바 쥬센(주택금융전문회사)이 우후죽순 생겨나고 있었다. 1990년까지 이런 대출기관들이 일본 전체 민간부채의 15퍼센트를 차지했다. 이들 대출의 60퍼센트가 부동산이나 건설 부문에 집중되었다. 1990년대 말에 자산 기준으로 세계 10대 은행 중 9개가 일본 은행이었고, 전체 글로벌 대출의 3분의 1이 일본 은행에 의해 이루어졌을 정도로 당시 일본의 대출 규모는 엄청났다.[10]

영원히 끝나지 않을 것 같은 호황

일본의 거침없는 성장은, 그 성공이 영원할 것이며, '이번에는 다를 것'이라는, 바로 그 새로운 시대에 접어들었다는 생각을 품게 만들었다. 그리고 그런 확신은 더 많은 투기를 불러일으켰다. 광적일 정도의 부동산 붐이 주식시장에까지 번진 것이다. 계열사가 보유한 막대한

그래프 22. 일본 닛케이225지수, 1986~1990년

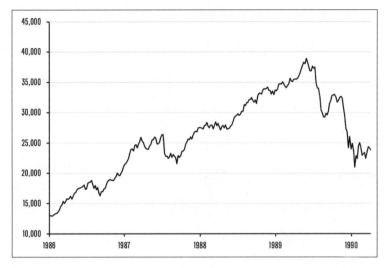

부동산은 그들의 주가에도 반영되었다. 1985년 2월 11,947을 기록했던 닛케이지수는 1989년 12월 31일 38,916으로 마감되었다. 약 5년 만에 거의 330퍼센트 상승한 것이다. (그래프 22 참조)

전체적으로 닛케이지수의 주가수익률(P/E)*은 천문학적 수준인 60배**에 달했다.[11] 역사상 가장 큰 거품의 정점으로 간주되는 1929년의 미국 다우존스지수의 P/E도 32.6에 불과했다.[12] 하지만 그

---

* 주가를 주당 순이익으로 나눈 값이다.

** 현재 주가가 기업의 연간 이익의 60배라는 의미다.

정도는 일본 주식 투자자에게 충분하지 않았다. 어떤 회사의 P/E는 1000배에 달했는데, 이는 어마어마하게 높은 수치로, 초기 투자금으로 현재의 이익을 달성하는 데 1000년이 걸린다는 의미다. 하지만 이 주식이 얼마나 비싸든 누구도 신경 쓰지 않았다. 노무라(Nomura) 같은 투자 회사들은 자신들의 포트폴리오를 보호하기 위해 우대 고객에게 수익을 보장하는 상품을 출시했다. 당연히 여기에 투자 자금이 계속 몰려들었음은 물론이다.

그러나 투기 열풍이 가장 뚜렷하게 나타난 곳은 부동산시장이었다. 부동산 가격이 계속 오르자, 일본의 대출기관들은 원금은 대출 만기 시에 갚고 그 전에는 이자만 상환하면 되는 거치식 담보대출(Interestonly mortgage)이라는 새로운 상품을 출시했다. 대출 만기가 언제냐고? 글쎄, 대출기관들은 100년 만기 담보대출 상품까지 선보였으니 아마도 차용인의 평생도 모자라 자녀와 심지어 손자녀가 평생 동안 갚아 나가도 되는 특별한 유산이라고나 할까.

모든 사람이 호황의 일부가 되기를 원했다. 직장인들은 너도나도 부업으로 부동산 투자에 눈을 돌렸고, 곧 이것이 평소 직장에서 일하는 본업보다 쉽고 수익성도 더 높다는 것을 알게 되었다. 이 점에 관한 한 사사키 키치노스케(Kichinosuke Sasaki) 박사는 잘 알려진 유명 인사였다. 노인의학 전문가인 그는 1970년대 초 경기 침체 이후 부업으로 부동산 투자를 시작했다. 1989년에 〈포브스〉는 사사키의 자산이 35억 달러라며 세계 15번째 억만장자 자리에 그의 이름을 올렸다.[13] 대기업들도 예외가 아니었다. 1980년대 일본 자동차 대기업 닛산은 자동차 생산보다 부동산 투기로 더 많은 돈을 벌었다.[14] 일본의 악명 높은 갱단인 야쿠자도 부동산 투기 유혹을 피해갈 수 없었다. "(오늘날 야쿠자 보스의) 전략은 야쿠자를 현대화하고, 강탈과 매춘 같은 전통적 수입원에서 벗어나 부동산 같은 합법적인 사업으로 수입원을 다양화하는 것이다⋯."[15]

모든 것의 가격이 사상 최고치를 기록하고

투기 열풍이 휩쓸고 간 1980년대 마지막 몇 년 동안 일본의 부동산 가격은 무려 300퍼센트나 상승했다.[16] 긴자 고급 지역의 땅값은 제곱미터당 200만 달러(약 26억 원)에 달했다. 도쿄 광역 지역의 땅값이 미국 전체의 땅값보다도 더 높은 것으로 추산되었다.[17] 기업가 정신이 충만한 호주 관리는 호주의 도쿄 대사관 부지의 절반을 6억 4000만 달러에 매각하는 재주를 부리기도 했다. 이 수익금으로 호주 정부는 외채를 절반으로 줄일 수 있었다.[18]

차입금이 넘쳐나는 일본 기업들은 엔화 강세를 틈타 국외로 나가 전 세계 부동산을 사들였다. 1987년 전 세계 순자본 흐름의 4분의 3은 일본인의 돈이었다. 기업들은 사들인 땅 위에 건물을 지었다. 스코틀랜드와 영국 북부에는 공장을, 미국 중서부에는 자동차 공장을,

하와이에는 호텔을 지었다.[19] 그들은 터무니없는 가격을 제시한 서방 세계의 상징 자산들도 무차별 매입했다.[20] 예를 들어 미쓰이(Mitsui)는 뉴욕의 엑슨 빌딩(Exxon Building)을 6억 1000만 달러에 매입했는데, 미쓰이의 제시 가격이 건물주가 최초 요구한 가격의 거의 두 배에 달하는 액수였다. 충격을 받은 건물주는 그런 높은 가격을 수락해도 되는지 확인하기 위해 변호사와 상담해야 했다. 또한 일본인들은 캘리포니아 부동산 자산에 대해서도 특별한 호감을 보여서 할리우드에 깊은 인상을 남겼다. 그 시대의 영화들은 일본의 미국 '점령'(경제적 의미)에 대한 불안을 표출했다. 예를 들어 1989년 영화 〈백 투 더 퓨처 II〉(Back to the Future II)에서 주인공 마티 맥플라이(Marty McFly)는 2015년 미래 세계에서 고압적인 일본인 상사에 의해 해고된다. 이는 일본식 경영의 비타협적인 특성을 지적한 것일 뿐만 아니라 미래 세계가 일본에 의해 지배될 것임을 시사하는 것이기도 했다.[21] 1987년 〈뉴스위크〉 2월호의 표지에는 "당신의 다음 상사는 일본인이 될 수도 있습니다."라는 경고 문구가 게재되기도 했다.

일본 기업은 냉전 시대의 우주 경쟁에도 뛰어들었다. 1990년 일본 TV 방송국 TBS는 소련에 1400만 달러를 지불하고 아키야마 도요히로(Toyohiro Akiyama)라는 직원을 우주 정거장 미르(Mir)에 보내 일주일 동안 심야 보도를 하게 했다. 발사대는 미놀타 로고로 장식되었고, 러시아의 소유즈 로켓에는 신용카드사, 전자제품 제조사, 생리대 제

조사의 브랜드 이미지가 붙었다. 미르에 도착한 아키야마는 TBS 티셔츠를 입은 러시아 우주비행사들의 환영을 받았다. 역사상 최초의 상업용 우주비행이었다.[22]

이 시기에 또 하나의 과잉 징후는 육지가 부족한 일본 전역에 골프장이 우후죽순 생겨났다는 것이다. 이에 따라 골프장 회원권이 마치 주식처럼 공식 거래소에서 거래되었을 뿐 아니라, 닛케이골프지수(Nikkei Golf Index)라는 것이 생겨 매일 회원권 시세를 추적할 수도 있었다.[23] 투기가 최고조에 달했던 1990년에 이 골프 회원권 시장은 스위스 전체 경제 규모와 맞먹는 약 2000억 달러 규모로 추정되었다. 경매 시장에서 반 고흐(Van Gogh)의 그림이 미술품에 대한 이전 최고가보다 3000만 달러 높은 8250만 달러에 팔렸다.[24] 물론 낙찰자는 일본인이었다. 그는 이틀 후에 르누아르(Renoir)의 그림도 7810만 달러에 낙찰 받았다. 그는 그 정도의 돈은 그에게 아무것도 아니라는 듯이, 나중에 죽으면 두 그림 모두 자신의 시신과 함께 태울 것이라고 선언했다(아마도 그 예술 작품도 그에게 그다지 큰 의미가 없었을 것이다).

1987년 일본은 법을 개정해 국가 계획에 따라 레저 시설을 건설하는 개발자에게 세금 감면과 저렴한 정부 대출을 제공했다. 지방 정부는 개발자에게 버려진 토지를 제공했고, 이는 수요가 늘어날 것이라는 낙관적인 예측을 바탕으로 테마파크 붐을 일으켰다. 곧이어 부동산 개발자들은 규슈 미야자키에 세계 최대의 실내 공원인 시가이아

오션 돔(Seagaia Ocean Dome)을 건설한다는 계획을 발표했다. 거대한 격납고 모양의 이 시설에는, 올림픽 수영장보다 6배 더 크고, 수온은 항상 28°C로 유지되며, 200가지 유형의 인공 파도를 즐길 수 있고, 용암이 분출되는 인공 바위가 있으며, 물은 염소 처리된 거대한 실내 바다가 자리 잡았다. 또 세계에서 가장 큰 개폐식 지붕 덕분에 비가 오는 날에도 1만 2000제곱미터에 달하는 해변(600톤의 바위를 부수어 만들었다)에서 일광욕을 즐길 수 있다. 이 오션 돔은 실제 해변에서 불과 1.6킬로미터 떨어진 곳에 있다.[25]

투기 열풍은 1989년 5월에 정점에 이르렀고, 미국에서는 수익률 곡선이 역전되어 3개월 단기 채권의 수익률이 10년 장기 채권보다 높았다. 마침내 일본 중앙은행에서도 지나치다 싶은 호황을 보이는 부동산시장에 대한 우려를 제기했다. 이에 따라 시장을 진정시키고 부동산 대출 증가세를 완화하기 위해 단기 금리를 인상하기 시작했다.

이런 조치가 일본인들에게 앞으로 문제가 생길 수 있다는 경고 신호를 보내주었을까? 하지만 일본 경제의 기적에 도취된 대부분의 일본인은 전혀 그렇게 생각하지 않았다. 시장이 언제나 옳지 않았던가?

투기 열풍 분석

새 주기가 시작되고 약 12년 후에는 투기 열풍이 일어나고 절정기에 도달할 때까지 약 2년 동안 지속된다. 주기 후반기의 호황에 대한 감정을 요약하면 바로 '이번에는 다를 것이다.'라는 짤막한 문장이다. 하지만 결과는 항상 동일하다. 투자에 대한 감정적인 욕구가 솟구치는 것을 절제하지 못한다. 주기의 절정기를 향해 가면서 풍부한 자금(은행 대출금)을 등에 업고 투자할 기회를 찾는다.

거품의 조짐을 일찍 알아차린 사람들은 거품이 끝날 때까지 불편할 정도로 오랜 시간을 기다려야 할지도 모른다. 1980년대 일본의 경우에서 보았듯이, 이 단계는 주식 및 부동산 시장이 가장 강력한 성장을 보이는 시기다. 평소에 냉철하고 합리적인 투자자들도 이 열풍에 휘말리기 쉽다. 상황이 과대평가되고 있다는 것을 알면서도 그 상황을 안정시키는 선택(정서적 안정)을 하기 어렵다. 가치 투자(양질의 주식을 낮은 가격에 구매하거나, 그럴 수 없으면 전혀 구매하지 않음)의 아버지라고 불리는 벤 그레이엄(Ben Graham)도 1920년대 후반에는 투기 열풍에 휩싸였다. 이 시기에 직장인 투자자들이 투자에 참여하지 않고 뒤로 물러나 앉아 현금만 보유하고 있다면, 사업과 생계를 모두 잃을 위험이 있다. 강세장에서는 그렇게 침착하게 물러나 있는 것이 허용되지 않는다. 흔히 투기 열풍은 '승자의 저주'라고 불린다. 자산 획득

경쟁으로 인해 치솟은 가격으로 출혈을 감수하며 겨우 부동산을 낙찰 받지만, 곧 일어날 일(절정기 이후 가격의 급락)을 생각하면 낙찰 받은 것이 저주로 변하기 때문이다.[26]

투기 열풍이 전개되는 과정은 다음과 같다.

1. 땅값 급등의 촉발은 은행 규제 완화

바로 이전 단계인 토지 붐 자체만으로도 충분히 낙관적이었지만, 각국 정부들이 정책을 바꾸는 바람에 정부의 의도와는 무관하게 투기 열풍으로 전환되는 경우가 많다. 일본 은행은 토지 붐 시기에 금리를 낮추고 대출을 장려했다. 그뿐만 아니라 대규모 부동산 개발을 위해 세금 감면까지 제공했다. 역사적으로 볼 때, 1840년대 은행 조례(Bank Charter Act)는 상업 자본 시장에 값싼 돈을 끌어들였다. 1920년대 후반 미국 정부는 금리를 인하했다. 2000년대 초반에는 규제 완화, 세금 감면, 수십 년 만의 최저 금리라는 세 가지 조건이 모두 충족된 시기였다. 땅값 상승은 피할 수 없는 결과였다.

이 같은 정부 정책 변화는 자본의 흐름을 생산적 투자에서 토지 투기로 전환시키는 결과도 가져온다. 기업 본연의 활동보다 수익이 더 높은 주식과 부동산 투자로 눈을 돌린 기업들이 얼마나 많았던가. 이 또한 토지 가격을 부추기는 요인이 된다.

2. 새로 등장한 대출기관들이 투기를 부추긴다

토지 가격의 급등은 더 많은 은행 대출을 가능하게 해준다. 토지는 은행 대출을 위해 제공되는 담보이기 때문에 토지 가격 상승은 은행 대차대조표를 더 건전하게 만들어 주고, 은행은 더 많은 대출을 제공할 여력이 생긴다. 토지 붐으로 시작된 민간 은행의 대출은 최고 수준에 달한다. 차용인들은 추가 차입금으로 새 토지를 더 비싼 가격으로 구입하는 데 사용할 뿐, 이 돈이 생산에는 사용되지 않는다.[27]

은행은 허용된 규정 내에서 최대한으로 대출을 늘리거나 그런 규정을 피해 나간다(실제로 일본에서는 토지 감정가를 부풀려 규정을 피해 가는 사례가 비일비재했다). 더구나 현재의 규제는 지난 위기에서 나타난 상황을 해결하기 위해 고안된 것들이다. 새로운 시대에는 규제 당국에게 새로운 관행이나 기술이 마련되어야 한다. 하지만 그렇지 않은 상황에서, 오직 이윤 극대화를 추구하는 은행들은 부동산 부문에 대한 대출을 늘릴 수밖에 없다. 주기가 계속 진행되고 토지 가격이 상승함에 따라 은행의 담보 대상 토지는 도시 외곽 지역까지 확장된다.[28]

이런 민간부채의 증가는 주로 기존의 은행보다는 1980년대 등장한 일본의 쥬센 같은 새로운 금융기관에서 발생했다. 금융시장에 신규로 진입한 이들은 기존의 은행에 적용되는 규제를 받지 않았다. 2000년대 마이클 루이스(Michael Lewis)의 책 《빅쇼트》(The Big Short)에서 기억에 남을 정도로 인상 깊게 묘사된 이른바 증권화

(Securitisation)라는 새로운 금융 기술을 통해 은행들은 훨씬 더 다양한 금융 제공자들에게 신속하게 대출을 판매할 수 있게 되었다. 은행 이외의 다른 금융기관이나 그림자 은행, 역외 은행, 개인 대출 제공업체가 제공하는 민간부채가 얼마나 급증했는지 주의하라. 현재의 주기에서는 크라우드 펀딩이나 암호화폐 기반 금융가들도 시장에 참여했을 수 있다.

은행 시스템에서는 모든 추가 대출이 자산에 속하기 때문에(단기 상업 대출은 제외) 대출이 늘어나면 대출 회전율이 감소하고, 결국 유동성이 떨어지면서 외부 충격에 더욱 취약해진다.[29]

모든 상황이 고조될 때, 사람들이 미래 성장에 대해 느끼는 자신감도 높아진다. 그리고 은행과 대출기관의 대출은 바로 이런 부풀려진 가치(땅값)를 기반으로 한다. 이것이 더 많은 대출, 더 많은 토지와 건물의 매입으로 이어진다.[30]

3. 건축 붐

곳곳에서 건설이 진행된다.[31] 토지 붐 시대에 개발자들은 토지가 더 저렴한 외곽 지역에까지 많은 관심을 기울이면서 수요를 미리 예상하고 부지 개발에 나선다. 처음에는 외곽 지역이나 도심에서 더 먼 지역은 수요가 적기 때문에 이윤 폭이 낮지만, 토지 가격 상승에 따라 상황은 달라진다. 이럴 때일수록 기업들은 잉여금을 낮추고 높은 비용을 견디기 위해 노력하면서 수요가 빨리 반전되기를 기다린다. 소규모 건설업체와 하청업체들도 개발 현장에 뛰어들며 건설 붐을 촉진한다.[32] 미래 위기의 씨앗이 뿌려지는 곳이지만, 경제지대의 법칙을 이해하는 사람들만이 위기를 내다볼 수 있다.[33] 눈 닿는 곳마다 새로운 집과 상업 건물이 생겨난다. 주기의 그 어느 때보다 토지 구획 계획이 확장되고, 건축 붐이 진행되면서 마을과 도시들의 경계는 점점 더 넓어진다. 하지만 토지시장은 이 단계에서 가장 큰 실패를 겪는다. 대출과 투기 붐으로 부풀려진 토지 가격의 급등은 잘못된 가격 신호를 보내고, 많은 프로젝트가 실제보다 수익성이 더 높은 것처럼 보이게 만든다. 이는 투자의 정당화를 나타내는 자본 수익률 이상으로 건물을 짓는 결과를 불러온다.[34] 개발자들은 수익에 대한 환상을 품지만 수익을 창출하는 것은 그들의 투자가 아니라 건물이 지어지는 땅의 가격이다. 이는 결과적으로 극도의 과잉 건설과 막대한 자본 낭비를 초래할 것이다. 주기의 절정기에 이르면 그 가격이 붕괴할 가능성이 높기 때문이다.

이 시기에는 비교 대상을 기준으로 부동산 가치를 평가하는 전문가들이 부동산 가격을 더욱 부풀린다. 그러니까 당분간은 가격 상승 추세가 지속된다는 의미다. 토지는 생산비가 없기 때문에 토지 가격이 제대로 평가되었는지 점검하는 절차도 없다. 결국 전문가들조차도 투기 열풍이 부는 동안에는 군중 심리에 사로잡힌다.

사람들은 현재 수익을 기준으로 하지 않고 미래의 자본 성장이라는 잘못된 가정하에 부동산비용을 지불한다. 하지만 투기 열풍이 지속되려면 자본 흐름의 증가가 필요하기 때문에, 주택시장은 사소한 조건 변화에도 훨씬 더 취약해진다.[35]

4. 주식시장은 극단적 평가와 호황을 반영해 급등한다

경제에 값싼 돈이 넘쳐나고 기업 여건이 호황을 누리면서 주식시장은 새로운 최고점을 향해 치닫는다. 주식시장의 호황은 실제로 가장 큰 호황을 누리고 있는 건설주와 은행주가 주도한다. 주가 급등은 회사 대차대조표에서 평가되는 자산(대부분이 부동산과 관련되어 있음)이 함께 늘어나고, 투자자들은 회사의 실제 수익에 비해 더 높은 가격으로 주식을 매입할 준비가 되었음을 의미한다.[36]

한몫을 차지하려는 새로운 투자자 집단들이 시장에 참여하면서[37] 엄청난 양의 자금이 주식시장에 유입된다. 이 자금들이 새로운 유행을 반영하며 새로운 투자를 이끈다.

주식시장은 사상 최고치를 경신하고 투자자들은 이익을 얻는다. 그들은 자신들이 더 부유해졌다고 생각하며 더 많은 돈을 소비한다. 반면 저축률은 하락한다.[38] 경제는 호황을 누리지만 충격에 점점 더 취약해진다.

5. 세계에서 가장 큰/높은/긴/깊은 디자인들이 발표된다

투기 열풍이 무르익으면서 세계에서 가장 높거나 가장 긴 구조물 (건물이나 다리)이 건설될 것이라는 발표가 잇따른다. 바야흐로 대규모 건설을 동반하는 메가 프로젝트 시대가 도래하는 것이다. 하지만 이런 눈에 띄는 프로젝트는 오직 투기 목적이다. 그렇기 때문에 토지 가격이 높고, 대출비용이 저렴하고 풍부하며, 자금이 무모하게 쓰이는 경우에만 발생할 수 있다. 더 높고 더 큰 건물을 지으려면 그 프로젝트가 수익성을 보장해야 하고, 이런 계획은 개발자가 충분한 대출에 접근할 수 있을 때만 시작할 수 있다. 각종 기록을 깨는 모든 야심찬 주요 계획에도 마찬가지의 논리가 적용된다.[39]

1980년대 후반 일본에서 여러 리조트 건설 계획이 일어난 것도 투기가 만연했다는 징조였다. 이런 예는 다른 주기 때에도 나타났다. 뉴욕의 엠파이어 스테이트 빌딩(1929년 발표), 시카고의 시어스 타워 (1970), 프랑크푸르트의 64층 건물 메세투름(1988), 두바이의 부르즈 할리파(2004)는 모두 기세등등했던 주기의 마지막 해에 시작되었다. 이 건물들은 모두 발표 당시에는 해당 대륙이나 전 세계에서 가장 높은 건물이었다.[40] 그래프 23은 부동산 붐과 고층 건물 건축 사이의 연관성을 보여준다.[41]

그래프 23. 뉴욕의 초고층(70m 이상) 빌딩 수, 1890~2009년

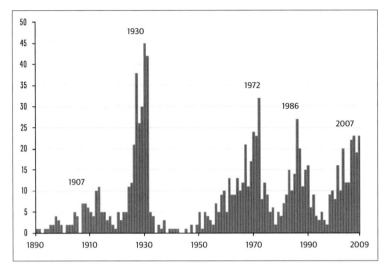

출처:bankcrises.org (출처 자료에 저자의 의견을 더함)

6. 인플레이션과 금리 상승

많은 돈이 (더 많은 생산으로 이어지기보다는) 토지 가격을 높이는 데 사용된다면 결국 인플레이션을 유발할 수밖에 없다.[42] 인플레이션이 일어나기 시작하지만 8장과 9장에 설명한 바와 같이 이 신호는 매우 늦게 나타난다. 채권 투자자들은 인플레이션이 그들의 자본 가치를 잠식하기 때문에 인플레이션에 민감하다. 단기 채권 수익률이 상승하기 시작하고, 차입비용은 점점 더 비싸진다. 이로 인해 기업들의 비용도 증가한다.

7. 수익률 곡선의 역전

투기가 한동안 지속되면 수익률 곡선이 역전된다.[43] 그러나 투기에 빠진 대부분의 투자자는 겉으로는 상황이 좋아 보이기 때문에 역전을 알아차리지 못한다. 그것을 본 사람들도 수익률 역전이 더 이상 예전과 같은 신호를 제공하지 않는다고 생각한다. 나머지 사람들 대부분은 큰돈을 벌었다는 유명 연예인들의 터무니없는 행동이나 사소한 뉴스에 정신이 팔려 수익률 역전에 주의를 기울이지 않는다.[44]

심지어 노련한 관찰자들조차도 수익률 역전이 예고하는 바를 이해하지 못할 수 있다. 하지만 절정기가 임박한 시점에서 수익률 곡선의 역전에 최대한 관심을 기울여야 한다. 시장은 금융 위기가 가까워졌다는 신호를 보내온다. 수익률 곡선 역전과 경기 침체 시작 사이의 기간은 평균적으로 14개월을 조금 넘는다.

8. 부동산 투기와 사치스러운 행동이 주요 화제에 오른다

대중 매체는 투기 열풍을 더 부추긴다. 모든 사람이 투기의 일부가 되기를 조장한다. 동네에선 부동산 투자(투기) 얘기가 화제다. 광고비로 먹고사는 신문들은 최근의 부동산 계획 광고를 자세히 싣는다. 최신 명품을 광고하는 잡지(대개 최근에 가장 인기 있는 신인 연예인이 등장한다)는 이보다 더 두꺼운 적이 없다. 인기 TV 프로그램들은 저마다 부동산 투자에서 돈을 버는 방법을 보여주는 데 여념이 없다. 택시 운전기사와 동네 미용사들도 부동산 투자를 거론하며 잘만 되면 본업을 포기하겠다고 말한다. 파티에서는 다음 투자 요충지가 어디가 될 것인지에 대한 이야기가 무성하다. 부동산시장 호황기에 수수료로 재미를 본 부동산 중개인들은 고급 차를 몰고 다닌다.

9. 과도한 행동

기념비적인 구조물의 건설과 함께 새롭게 탄생한 억만장자(대개 부동산 재벌)의 사치스러운 행동이 화제가 된다. 예술 작품이나 수집품이 경매에서 기록적으로 높은 가격에 팔린다. 1990년 일본 구매자가 반 고흐의 작품을 구입하기 위해 지불한 8250만 달러의 최고가 기록은 2004년에 피카소의 〈파이프를 든 소년〉(Garçon à la Pipe)이 경매에서 1억 400만 달러에 팔리면서 비로소 깨졌다. 이는 2007년 주기의 절정기로 치달으면서 일련의 기록들이 깨지기 시작한 첫 번째 사건이었다.

…………

이제 게임은 시작되었다. 우리는 주기의 절정기를 향해 돌진하고 있다. 경제는 이전에는 볼 수 없었던 번영의 정점에 와 있다.

이렇게 빠른 속도로 달릴 때 잠시 멈춰 볼 필요가 있다. 우리는 앞서 토지 붐이 얼마나 커질 수 있는지를 결정하는 요소(은행 대출, 정부 투자, 원자재 붐)가 무엇인지 살펴보았다. 그러나 절정기가 가까워지면서 모든 것이 너무나 좋게 보이기 때문에 우리는 자칫 큰 착각에 빠질 위험이 있다. 바로 좋은 시절이 언제까지고 계속될 것이라는 착각이다. 우리는 어떻게 하면 감정적 균형을 유지하면서 힘들게 벌어들인 저축을 과열된 경제에 투입하지 않을 수 있을까? 어떻게 하면 그런 안전을 유지할 수 있느냐가 다음 두 장의 주제다. 먼저 18년 주기의 절정기에서 어떻게 당신의 투자 자문가들이 본의 아니게 당신을 잘못된 길로 이끌 수 있는지에 대해 살펴볼 것이다.

남들이 한다고 무조건 따르지 마라. 지금은 자제할 시기다

- 단계: 투기 열풍

- 대략적인 시기: 12~13년 차

- 지배적인 감정: 탐욕

감정 관리하기

탐욕이 사람들의 사고를 지배할 때 토지 붐은 투기 열풍으로 진화한다. 탐욕은 투자의 근본적인 가치에 대한 모든 고려를 무시한다. 단지 최근 몇 년 동안 일어난 일, 즉 높은 성장이 앞으로도 계속 일어나리라 추정할 뿐이다. 이 시기에 투자자들은 내일의 가격이 오늘의 가격보다 훨씬 더 높을 것이라고 확신하면서 시장에 뛰어든다. 행동경제학자들은 이런 혼란스러운 시기에 군중을 사로잡는 감정 패턴이 무엇인지 분석했다. 가격이 오르기 시작하면, 투자자들이 기본적으로 간직하고 있던 평소의 가격 판단 기준(매입 시기를 판단하는 가격 수준)이 갑자기 훨씬 더 높아진다. 그리고 군중 심리가 작동해 다른 사람이 하는 것을 따라 하게 만든다.[45]

투기 열풍을 다루는 모든 사례 연구는 하나같이 사람들의 높은 감정 온도를 지적한다. 탐욕의 핵심 감정은 쉽게 얻을 수 있는 눈앞의 부를 놓칠지 모른다는 두려움이다. 그래서 현명한 투자자들마저 터무니없이 부풀려진 가격으로 자산을 매입하려고 쫓아다닌다.

투자 관리하기

이제 당신의 중요한 투자 목표는 투기 열풍이 끝날 때까지 자본을 잘 배치하고 안전하게 보호하는 것이다. 당신은 지금 사용할 수 있는 현금(또는 유동자산)이 풍부하고, 처분하려는 자산도 모두 높은 가격으로 매도했을 것이다. 시장에 진입했다 빠지는 것은 전적으로 당신의 결정에 달렸지만, 지금은 민첩하고 신속하게 빠져나올 준비를 해야 하는 시기다.

만일 지금 투자한다면, 내일 생길지 모를(생기지 않을 수도 있다) 이익을 오늘 주겠다는 약속을 믿지 말고, 펀더멘털에 기초하여 투자하라. 비록 좋은 투자이거나 '확실한 것'처럼 보이더라도 자산을 구매하지 않는 것이 옳다고 생각한다면, 그 생각을 따르라.

1. 부동산시장 과열이나 투자 열풍과 밀접한 관련이 있는 주식은 보유하고 있다가 매도 준비를 하라

a. 토지 붐 시기와 마찬가지로 투기 열풍 기간에도 가장 좋은 성과를 낸 주식은 부동산시장 및 투자 붐의 중심에 있는 산업과 관련된 업종이다. 이

런 업종에 투자할 경우, 현재 자산이 높게 평가되는 기업보다는, 탄탄한 수익을 창출하는 기업의 주식을 보유하도록 하라. 차입이 많은 회사는 특히 조심하라. 현재 수익은 낮지만 미래 수익이 높게 평가되는 기업들에 투기가 가장 많이 몰린다는 점을 유념하라. 이런 회사들은 지금은 좋아 보일지 모르지만 위기 상황에서는 가장 취약하다. 투기 열풍이 무르익으면 가능한 한 주식시장에는 더 많은 자본을 투입하지 말고 준비금을 쌓아놓는 것이 중요하다.

b. 부동산 주식은 보다 광범위한 시장보다 먼저 열기가 식는 경향이 있다.[46]

c. 투기 열풍이 끝나기 전에 보유하고 있는 모든 주식을 팔 필요는 없다. 그러나 사이클 중반 침체 단계에서와 유사한 계획을 세우고, 위험 회피 수단(Hedging instrument)을 통하거나 포트폴리오에서 탄탄한 수익을 내는 크고 강력한 회사로 자본을 회전시킴으로써 이익을 보호해야 한다.

2. 부동산 투자는 선별적으로

a. 부동산 붐의 마지막 해, 그러니까 새 주기가 시작된 지 12~14년 차에 확장의 정점에 도달하면, 부동산시장은 매우 뜨거울 것이다. 이 단계에서는 가급적 새로운 종목을 사거나 포트폴리오에 추가하지 마라.

b. 부동산 개발업자들은 투기 열풍이 끝나기 전에 보유 중인 모든 재고를 판매할 수 있는지(혹은 미판매 재고가 앞으로 얼마나 남아 있을지) 점검해 보아야 한다. 이 단계에서는 새로운 개발 계획에 착수해서는 안 된다.

c. 상업용 부동산 투자자들은 임차인이 곧 다가올 위기를 버텨낼 수 있는 강력한 기업인지 확인해야 한다.

3. 금, 은 등 원자재를 사두어라

금과 은의 가격은 틀림없이 상승할 것이다. 이는 부동산과 긴 주기와 관련하여 원자재가 전반적으로 강세를 보일 것이기 때문이기도 하고, 인플레이션과 차입 규모에 대한 우려 때문이기도 하다. 그러므로 원자재를 사두거나 포트폴리오에 추가하라.

4. 수집품 등 대체 자산은 매입하지 마라

투기 목적으로 대체 자산을 매입했다면, 주변에서 많은 호응이 있더라도 더 이상 매입하지 마라. 오히려 이 단계의 진행 상황을 보고 매각할 준비를 하라.[47]

5. 사업주들은 빠져나오거나 위험을 줄일 시기다

a. 사업주에게는 좋은 시기다. 매출과 이익은 증가했으며 향후 몇 년간의

성장 전망도 확고하다. 회사의 규모와 부지를 늘리고 직원을 추가 고용하려는 강한 욕구가 있을 것이다. 하지만 이 일은 신중하게 생각해야 한다. 좋은 시절이 영원히 계속될 것 같지만, 긍정적인 예측이 틀릴 경우 방향을 바꿀 수 있을 만큼 유연한 계획을 세워두어야 한다. 또 고객과 수익이 갑자기 크게 감소하는 어려운 시기가 오면 어떻게 할지에 대한 비상 계획을 강구해 놓아야 한다.

b. 이 단계에서는 여전히 쉬운 조건으로 대출해 주겠다는 은행들이 줄 서 있을 것이다. 그러나 추가 대출을 자제하고 대신 부채를 갚는 방법을 모색해야 한다. 심각한 경기 침체가 오더라도 남은 부채를 관리할 여력이 있어야 한다.

c. 잉여금을 전액 재투자하거나 배당금을 추가 지급해서는 안 되며, 현금 보유액을 늘려야 한다.

d. 여전히 투기적 투자, 특히 투자한 자본에 대해 훨씬 더 높은 수익이 생길 것처럼 보이는 부동산에 투자하고 싶은 마음이 클 것이다. 하지만 더 나은 장기적 전망을 제공하고 위기 상황에서 위험을 줄일 수 있는 핵심 활동에 계속 집중해야 한다.

e. 지금은 사업을 냉정하게 비판적으로 검토하고, 미래와 관련이 없거나 수익성이 없거나 현금 흐름을 창출하지 않는 자산이나 사업의 일부를 처분할 시기다. 또 비용을 검토하고, 가능하다면 비용을 절감할 수 있는 방법을 모색해야 할(또는 경기 침체를 대비해 절감 계획을 세워야 할) 시기다.

f. 가까운 미래에 사업체를 매각할 계획이 있다면, 지금 당장 계획을 세우고 매각을 실행해야 한다. 지금이 높은 가격에 합의하기 가장 좋은 시기다(그리고 좋은 거래를 성사시키기에 충분한 시간을 가질 수 있다).

6. 더 이상 대출을 늘리지 마라. 가능하다면 줄여라

a. 대출을 줄이기 시작하는 것이 이상적이다. 지금은 주기로 볼 때 은행들이 고객에게 쉬운 대출을 마구 베푸는 단계다. 하지만 그들의 유혹을 거부해야 한다. 특히 특정 기한 없이 대출기관이 재량으로 회수할 수 있는 대출은 더욱 받으면 안 된다.

자금이 부족할 때 상향 조정되는 이른바 키커 금리(Kicker rates, 2006년에 더 높은 금리로 재설정된 조정 금리 모기지가 미국의 신용 위기를 촉발시켰다) 같은 대출 약정이 있는지 주의 깊게 검토하라.

b. 모든 대출은 회사의 수입으로 쉽게 처리할 수 있어야 한다(수입에 일부 차질이 있는 경우에도). 향후 4~5년 동안 대출 상환을 연장할 필요가 있는지

점검하라.

c. 투기 열풍이 뜨거워지는 시기에 투기를 위해 돈을 빌리는 것은 극도로 위험하므로 반드시 피해야 한다.

7. 안전하고 유동적인 자산 풀을 구축하라

지금은 투자자나 사업주들이 인플레이션에 대비할 수 있는 안전하고 유동적인 자산 저장소를 구축해야 하는 단계다. 여기에는 인플레이션을 상쇄할 수 있는 수익이 가능한 양질의 채권이 포함된다. 필요하다면 포트폴리오에 이를 배치하라. 이런 자산은 비록 현재는 수익률이 낮을 수 있지만, 그 실제 가치는 선택성(Optionality), 즉 붕괴 이후에도 몇 년 동안 언제든 쉽게 매각해 다른 값싼 자산을 취득할 수 있다는 데에 있다.

8. 취약 자산을 처분해 이익을 실현하라

투기 열풍이 부는 시기는 당신의 투자 포트폴리오를 살펴보고 무엇을 보유하고 무엇을 매각할지 결정하는 시간이기도 하다. 불리한 위치에 있는 부동산이나 품질이 낮은 자산, 즉 수익이 불안정하거나 낮은 자산은 지금이 매각하기 가장 좋은 시기다. 아직은 은행 대출이 풍부하고 경제가 성장하고 있으므로 좋은 가격을 기꺼이 지불할 사람을 찾을 가능성이 높기 때문이다.

커다란 착각

효율적인 시장에서는 어느 시점에서든, 주식의 실제 가격이 그 내재 가치를 충분히 반영한다.

_유진 파마, 미국 경제학자이자 노벨상 수상자

앨런 그린스펀 박사는 미국 연준 역사상 가장 오랫동안 재임한(4회 연임) 의장이었다. 그의 재임 기간에 미국은 역사상 가장 긴 경제 확장기를 보냈다. 그 시기에 성장은 거칠 것이 없었고 영원히 지속될 것 같았다. 미국이 그런 강력한 성과를 낼 수 있었던 것은 경제의 방향을 설정하는 데 있어 그의 노련함이 큰 역할을 했기 때문임을 부인할 수 없다. 그의 전임자 중 누구도 그만큼 환영받지 못했다. 1998년 〈타임〉은 그를 클린턴(Clinton) 대통령보다 더 영향력 있는 인물로 평가했다. 금융 언론들은 그를 시장을 자신의 연주에 맞춰 춤추게 만드는 '마에스트로'라고 표현했다. 혼란스러운 탈냉전 시대에 우리 시장에 신과 같은 지혜를 지닌 사람이 있다는 것은 많은 이들에게 하나의 신조가 되었다. 그런 사람들에게 그린스펀 박사는 대제사장과 같은 존재였다.

그린스펀의 흔들리지 않는 믿음은 시장이 항상 옳다는 것이었다. 무엇을 사고팔아야 하는지, 회사를 어떻게 운영해야 하는지, 저축한 돈을 어디에 투자해야 하는지 결정을 내리기 위해 알아야 할 것은 공시된 가격뿐이라는 것이다. 이를 위해 규제, 세금 등 정부의 개입을 최소화하고 가격이 경제에 진실을 알릴 수 있도록 해야 한다는 것이다. 1990년대 초 주기의 침체 기간이 끝난 이후에는 이것이 옳은 것처럼 보였다. 9/11 같은 엄청난 사건도 이런 생각을 바꾸지 못했다. 2004년, 연준 이사로서 그린스펀을 보좌했던 벤 버냉키는 경제적 변동성(즉 비즈니스 사이클)이 제거되었다고 주장했다.[1] 2006년 2월 그린스펀이 은퇴할 때까지도 그에 대한 평판은 누그러지기는커녕 오히려 그 어느 때보다도 높았다.[2]

시장에 대한 그린스펀의 믿음(사람들은 알든 모르든 그의 믿음이 옳다고 믿었다)은 일시적인 주장이 아니라 수십 년간의 연구와 관행에 근거한 것이었다. 아이러니하게도 그 연구는 1930년대 부동산 위기에서 비롯되었다.

규제도 정보도 없는 금융시장 길들이기

우리는 앞서 프롤로그에서, 광란의 1920년대에 멈출 것 같지 않던 강세장이 어떻게 새로운 세대의 투자자들을 주식시장으로 끌어들였는지 살펴보았다. 당시만 해도 성공하기 위해 무엇을 해야 하는지에 대한 지침 같은 것이 거의 없었다. 주식의 가격이 기업의 기본 가치와 어떤 관련이 있는지에 대해 설명해 주는 금융 연구도 없었다. 오늘날의 기준으로 보면 그 시대의 투자는 마치 금융의 서부를 여행하는 것과 같았다. 금융계의 법과 질서에 해당하는 금융 규제도 거의 없었다. 전문 경영인이 대중을 대표해 투자금을 모을 수 있는 펀드도 없었다. 개별 주식의 가격 외에는 시장 전반의 성과를 알려주는 지수도 없었다. 상장 기업이 재무 정보를 공개하거나 독립적으로 감사된 재무제표를 제출할 의무도 없었다. 가짜 금융 상품을 선전하는 영업사원을 제재하는 투자자 보호 장치는 더더욱 없었다. 당시 주식시장에 대한 투자는 규제도 정보도 아무것도 없는 상태에서 이루어졌다.

1929년부터 1932년까지 부동산시장이 초래한 위기로 인해 미국 주식시장은 가치의 90퍼센트를 잃었다. 특히 절정기 2년 전부터 발생한 투기 열풍에 빠져 있던 투자자들에게는 재정적 재난이었다. 그러나 위기의 한 가지 이점은, 위기를 겪고 난 이후에 금융시장에 대한 훨씬 더 체계적인(그리고 실증적인) 연구가 이루어진다는 것이다.[3] 당시 연구의 목표는 투자자들이 1920년대 후반에 일어난 것과 같은 투기 열풍과 경제 위기의 절망을 피하는 데 도움이 될 시스템을 개발하는 것이었다. 하지만 우리가 앞으로 살펴볼 바와 같이, 이 연구의 의도는 고귀했지만 오히려 다른 결과를 가져왔다.

주식 포트폴리오의 탄생

금융시장에 대한 연구는 인간 행동을 정량화하려는 경제학자들의 폭넓은 관심과 일치했다. 1930년대가 되어서야 비로소 국민소득(또는 GDP) 같은 기본 지표에 대한 데이터가 수집되기 시작했다.[4] 그 전까지만 해도 정치인들은 경제 성장 수준에 대해 아는 것이 전혀 없었다. 대공황 동안 미국 경제가 4분의 1로 줄어들었지만, 정작 나라를 운영하는 사람들은 대공항의 피해 규모가 어느 정도인지 전혀 알지 못했다. 그러므로 그들의 대응이 느렸던 것도 전혀 이상한 일이 아니었다.

이런 정량화는 금융 연구와 관련하여 (카지노에서의 도박과는 달리) 냉정한 투자 결정을 내리기 위해 필요한 핵심 정보인 금융 위험을 측정하려는 시도에서 구체화되었다. 그러나 금융 위험이라는 것이 무엇인지, 그것을 어떻게 측정할 수 있는지 자체도 사실 명확하지 않았다.

1950년대에 박사 학위 논문을 작성하던 시카고 대학의 젊은 학자 해리 마코위츠(Harry Markowitz)는 이 문제에 대한 해결책을 생각해 냈다. 주식의 위험은 평균을 중심으로 한 오르내림, 즉 변동성(Voiatility)에 있다는 것이었다. 주식은 시장 거래자들에 의해 지속적으로 가격이 조정되었다. 물론 어떤 것은 크게 움직이고 또 어떤 것은 덜 움직이지만, 가격 변동이 클수록 위험도 커졌다. 주식을 매도하는 경우 가격 변동이 심할수록 손실을 보고 매도할 확률이 높아지기 때문이다. 수학적으로, 이러한 변동성은 주식의 표준 편차로 측정할 수 있었다.[5] 그의 첫 번째 통찰은, 변동성이 큰 주식을 더 많이 구매하는 투자자가 더 높은 수익으로 보상받아야 한다는 것이었다. 그러니까 재정적 위험과 보상의 균형이 필요하다는 것이다.

그의 두 번째 통찰은, 개별 주식의 위험을 이해하는 것도 중요하지만 투자자가 한 가지 주식만을 소유하는 경우는 거의 없다는 것이었다. 그러면서 투자자들은 개별 주식의 변동보다 전체 포트폴리오의 위험에 관심을 가져야 한다고 주장했다. 개별 주식의 위험보다는 포트폴리오 내에서 보유하고 있는 다른 주식과 어떻게 조화롭게 움직이느냐가 더 중요하다는 것이다. 그는 실제로, 서로 동일하게 움직이지 않는 일련의 주식들을 보유함으로써 포트폴리오의 전체적인 위험을 줄일 수 있음을 수학적으로 증명했다. 즉 어느 주식의 가격이 하락하더라도 다른 주식의 가격은 적어도 같은 정도로 하락하지 않기 때문에(상승할 수도 있다) 수익(또는 위험)의 전반적인 변동성이 줄어들게 된다. 그의 이러한 생각은 투자 이론의 초석이 된 이른바 분산투자(Diversification)로 이어졌다.

이후 윌리엄 샤프(William Sharpe) 등 다른 학자들이 마코위츠 이론의 수학을 개선했다. 개선의 핵심은 주식 간 공분산(Covariance)*이 아니라, 기초 시장에 대한 공분산이었다. 통계적 관점에서 이는 베타값(Beta)**이었다.[6] 이들의 연구를 통해 오늘날 널리 통용되는 투자 지식 체계인 현대 포트폴리오 이론이 탄생했다. 이는 개인 투자자들에게 일관되고 논리적인 투자 프레임워크를 제시해 준다.

이들은 보유 주식 간의 공분산으로 인해 특정 위험 수준에서 수익을 최대화하거나 특정 수익 수준에 대한 위험을 최소화하는 최적의 포트폴리오가 있음을 보여주었다. 이를 '위험 조정 수익률'(Risk adjusted return)을 최적화한다고 말하기도 한다. 수익과 위험 사이의 균형적 관점으로 볼 때 패배해서는 안 된다는 의미에서 이런 포트폴리오는 '효율적 투자선'(Efficient frontier)상에 있다고 말할 수 있다. 이

---

*   두 개의 확률 변수가 있을 때 이들 상호 간의 분산을 나타낸 값을 말한다.
**   시장 전체 종목의 움직임에 대한 개별 종목의 민감도를 말한다.

선에 도달하려면 투자가 다각화되어야 한다는 것이다.[7]

이런 통찰력은 주식의 기대 수익률을 계산하는 데에는 단지 소량의 확실하고 객관적인 데이터만 있으면 된다는 것을 의미한다. 이를 통해 사람들은 이상적인 위험-수익 비율을 조정할 수 있게 되었고, 오늘날 금융산업의 대부분을 지배하고 있는 자본자산가격결정모델(CAPM)*이 탄생하게 되었다.[8]

실제로 이 모델이 경제에 미치는 영향은 아무리 강조해도 지나치지 않다. 이 모델은 은퇴 자금을 설계하고, 자선단체 및 대학의 예산을 편성하고, 상장기업에서 경영진에 대한 보상 수준을 책정하고, 전체 산업(공공사업)을 규제하고, 심지어 에너지 사용료 청구서를 작성하는 데에도 사용된다.[9]

시장은 언제나 옳다

이 모델이 제대로 작동하려면 주식의 가격이 항상 위험에 대한 올바른 통찰력을 전달해 준다는 전제가 있어야 한다. 마코위츠와 샤프

---

* 자본시장이 균형상태를 이룰 때 자본자산의 기대수익과 위험의 관계를 설명하는 모형을 말한다.

가 그들의 연구를 마무리했을 즈음, 바로 이를 증명하기 위한 또 다른 조사가 시작되고 있었다.

사실 주가의 변덕스러운 움직임은 물리학을 전공한 연구자들에게도 오랫동안 관심의 대상이었다. 그들은 주가의 불규칙한 변동이, 19세기 영국의 식물학자 로버트 브라운(Robert Brown)이 연구한 현상(꽃가루가 특정한 패턴 없이 무작위로 움직이는 것)과 유사하다고 생각했다. 생물학에서는 꽃가루의 그런 움직임을 '브라운 운동'(Brownian motion)이라고 불렀는데, 물리학자들은 주가의 변동을 모형화하는 데 이 움직임을 사용할 수 있으리라 생각했다. 1950년대와 1960년대에 이 아이디어에 대해 많은 경제학 연구가 진지하게 이루어졌다. 그리고 마침내 현대 경제학의 아버지로 불리는 폴 새뮤얼슨은 이에 대해 다음과 같이 설명했다.

주식의 시장 가격은 … 미래에 대해 알 수 있는 모든 것을 그 자체에 이미 포함하고 있으며, 그런 의미에서 미래에 일어날 수 있는 우발적 상황을 인간이 가능한 관점에서 최대한 고려한 것이라고 할 수 있습니다. … 시장에 있는 사람들은 열성적이고 지적으로 사리사욕을 추구하기 때문에 우리는 그들이 확률적인 의미에서 자신들 앞에 그림자를 드리우게 될 미래 사건의 요소들을 고려할 것이라고 충분히 예상할 수 있습니다.[10]

새뮤얼슨은 시장이 앞으로 무슨 일이 일어날 것인지를 예상하고 가격을 책정한다고 주장했다. 그런데 그런 예상이 바뀌면서 가격도 바뀐다는 것이다. 시카고학파의 또 다른 학자 유진 파마는 이 통찰력을 받아들여 더 확장시켰다. 그는 이런 움직임이 '효율적인' 시장과 일치한다고 보았다. 즉, 효율적인 시장은 매 순간 주식의 내재 가치에 대한 새로운 정보를 지속적으로 흡수한다는 것이다. 외부인에게는 이런 움직임이 무작위로 보일 수 있다. 그러나 시장 참가자들은 항상 새로운 정보를 받고 그에 따라 매입과 매도 결정을 내린다. 시장 가격이 현재의 모든 정보를 반영하는 유일한 것이기 때문에 항상 옳을 수밖에 없다는 것이다. 이 주장을 학계에서는 '효율적 시장 가설'(Efficient market hypothesis)이라고 부른다.

이를 투자에 적용하면, 시장 가격이 실제로 가장 중요한 정보이며 어떤 투자자도 시장에서 특별하게 유리할 수 없음을 의미한다. 누구도 시장의 타이밍을 맞출 수 없다. 가장 좋은 방법은 시장 자체를 모방한 포트폴리오를 직접 소유하는 것이다. 즉, 투자를 잘 분산시켜 장기적으로 보유해 보아야 한다는 것이다.

수학적 엄격함과 정확성, 그리고 시장 정보 전달 메커니즘에 대한 믿음은 큰 영향력을 발휘했고 실제로 성공적이었다. 이는 1970년대 밀턴 프리드먼(Milton Friedman) 같은 영향력 있는 학자들이 '시장은 스스로 조정되며 관리가 필요하지 않다'고 주장한 견해와도 일치하는 것이었다.

이런 일련의 연구는 1930년대 이전의 혼란스러웠던 우주(금융시장)를 체계화하는 데 성공했다. 이 덕분에 오늘날 전 세계적으로 수조 달러에 달하는 엄청난 양의 투자자 자본을 끌어들일 수 있게 되었다는 점을 감안하면, 금융산업에 엄청난 기여를 한 셈이다.[11]

가정이 비현실적일수록 이론은 더 좋아진다

이러한 모델은 일련의 가정에 의존한다. 투자자는 새로운 정보를 기반으로 지속적으로 결정을 내리는데, 이 결정들이 항상 올바른 결정이어야 하고, 올바른 결정을 내리려면 목표와 목표를 달성하는 방법에 대해 명확한 시각을 갖고 있어야 한다. 그러니까 호모 이코노미쿠스는 합리적인 존재라고 가정하는 것이다. 그리고 투자자는 정보에 대한 완전한 접근 권한을 가지고 있어야 한다. 또 다른 가정은 매입이나 매도 결정에 영향을 미치는 다른 요인이 있을 수 없다는 것이다. 이 모델은 세금이나 거래 수수료 같은 비용을 일체 무시한다.

사실 이런 가정들에는 의문의 여지가 있다. 투자자들은 자신이 원하는 것에 대해 정말로 언제나 합리적인가? 그들은 목표를 달성하기 위해 결정을 내리는 방법을 잘 알고 있는가? 의사결정에 있어서 다른 비용도 중요한 요소가 될 수 있지 않은가? 실제로 이 모델이 전제로 한 가정의 타당성에 의문을 제기할 만한 여러 가지 이유가 있다는 것이 판명되었다.[12]

더 중요한 것은, 이 이론이 돈을 투자하는 일과 투자자가 매입하는 주식의 회사에 대한 이해를 분리하고 있다는 것이다. 투자자가 관심을 갖는 것은 가격이라고 강조하지만 사실 가격은 그 회사에 대한 주요 정보를 완전히 반영해야 한다. 이는 수익 창출 능력, 경영과 비즈니스 전략의 질, 경쟁사에 비한 강점 등 회사를 성공시키는 데 필요한 수많은 요소를 고려해야 하기에 매우 높은 기준이다. 그리고 이 이론에는 다음과 같은 내재적 역설도 있다. 그러니까 가격이 항상 적절하게 효율적이라면(그래서 아무도 회사에는 관심을 두지 않고 오직 회사의 주가에만 관심을 둔다면) 시장 가격이 올바른지 확인하기 위한 작업을 누가 한단 말인가? 경제학자들은 시장에서 가격이 결정되는 과정을 가격 발견(Price discovery)이라고 부른다. 수많은 매입자와 매도자들이 집단적 상호 작용을 통해 (얻을 수 있는 공개 및 비공개 정보를 반영하여) 가격을 '올바른' 수준으로 이동시킨다는 것이다.[13]

그러나 이러한 관점은 시장을 카지노처럼 보는 태도를 만들어 냈고, 아이러니하게도 1920년대 투자자들의 실수를 반복하게 만들었다. 주식 가격의 상승은 투자자들에게 수익을 제공하는 중요한 변수이기 때문에, 주식 가격이 오르면 경영진에게 인센티브를 주는 잘못된 제도가 생겨난 것이다. 경영자는 스톡옵션으로 보상을 받기 때문에, 경영자가 주가를 조작하는 관행을 초래할 수 있다(물론 이는 회사의 건강에 치명적 손상을 입힌다). 예를 들어 경영자는 차입을 늘리거나 자사주를 사들여 주가를 의도적으로 높일 수 있다.

이런 가정들은 우리 경제에 매우 중요한 영향을 미쳤다. 이 가정들이 정부가 시장에 간섭하지 못하게 하려는 당시의 지배적 이념에도 부합했기 때문이다. 시장이 정보의 가격을 효율적으로 책정하고 시장을 가장 잘 활용할 수 있는 사람들에게 자원을 효율적으로 할당한다면, 시장을 방해하는 일이야말로 최악의 행동일 것이다. 정부가 시장을 통제하려고 하면 어떻게 잘못될 수 있는지에 대한 명확한 사례(다소 극단적인 경우이긴 하지만)가 바로 소련이었다. 이 시나리오에서 정부의 역할은, 모든 사람이 정보를 이용할 수 있도록 하고 시장이 스스로 돌아가도록 자율에 맡기는 것이었다.

그렇다면 비현실적인 가정이 이 이론을 약화시켰단 말인가? 이 이론의 신봉자들에게는 전혀 그렇지 않다. 샤프는 몇 년 후, 밀턴 프리드먼 같은 권위자의 말을 인용해 다음과 같이 썼다.

이 이론에 대한 적절한 테스트는 가정이 얼마나 현실적이냐가 아니라, 그 가정의 의미를 얼마나 받아들이느냐 하는 것이다.[14]

시장이 정말로 효율적이라면, 가장 짧은 기간 외에는 시장을 활용할 전략이 없으므로 헤지펀드 산업은 전체가 전멸할 것이다. 시장에서 '유리한 우위'를 차지할 가능성이 없기 때문이다. 하지만 헤지펀드는 여전히 존재하며, 투자자를 위해 막대한 돈을 벌기도 한다.[15]

아마도 이 주제에 대한 마지막 결론은 50년 전에 이 혁명을 시작한 해리 마코위츠에게서 들어야 할 것이다.

자본자산가격결정모델(CAPM)은 아름다운 것이다. 여러 가지 반사실적 가정 덕분에 깨끗하고 단순한 결론을 얻을 수 있기 때문이다. 이제 40년이 지난 지금, 이 모델의 의미에 대한 실증적 문제에 직면하여, 우리는 편리하지만 비현실적인 다양한 가정을 통해 얻은 결과를 인식해야 한다. … 내 결론은 이제 다음 단계로 나아갈 시간이라는 것이다.[16]

40년이 지난 후 그는 자신의 현대 포트폴리오 이론에 대해 의구심을 갖게 되었고, 이 이론이 오늘날의 현실에서도 유용하려면 훨씬 더 광범위한 요소를 통합해야 한다는 사실을 인식했다. 그러나 그는 이 이론이 최고위층에 영향을 미치는 것을 막지는 못했다.

그린스펀의 문제

이제 우리의 영웅 앨런 그린스펀으로 다시 돌아가 보자. 마코위츠-파마 세대 경제학자들로부터 크게 영향을 받은 그린스펀은 시장이 가격 신호에 반응하기 때문에 어느 한 방향으로 너무 멀리 가면 스스로 교정할 것이라고 믿었다. 그는 시장이 외부의 간섭 없이 자신의 일을 잘해 나갈 수 있도록, 은행의 위험 부담을 완화하기 위해 대공황 이후 제정된 규제들을 푸는 데 많은 노력을 기울였다.

그린스펀은 무려 18년 동안이나 연준 의장을 지냈으며, 아이러니하게도 그의 임기 중에 두 주기 연속 토지 가격이 최고치를 기록했다. 물론 그가 연준 의장을 오래 했다고 해서 경기 주기의 원인을 파악하고 이를 헤쳐 나가는 방법을 잘 알게 되었다는 것은 아니다. 그는 주식시장 거품과 주택 거품 두 가지 모두를 겪었다. 그러나 그는 시장은 본질적으로 스스로 규제하는 특성을 지녔다는 믿음이 있었기 때문에, 특히 2000년대의 토지 붐을 막기 위해 일체 개입하지 않았다. 그는 시장의 과잉은 스스로 교정될 것이라고 믿었다. 실제로 그는 증권화라는 해로운 관행이, 위험을 감수하기를 원하는 모든 시장 참가자에게 위험을 배분하는 최고의 시장 혁신으로 판명되었다고 보았다.[17]

증권의 거래도 이 모형을 따랐다. 증권은 사람들이 가격을 관찰할 수 있는 대규모 유동 시장에서 거래되었다. 그 가격에는 이용 가능한 정보가 모두 반영되었기 때문이다. 증권은 기초 자산(주로 부동산)을 토대로 다양화되었다. 그러나 2002년, 억만장자 투자자 워런 버핏은 이를 경제 전반에 걸쳐 위험을 확산시키는 '금융계의 대량 살상 무기'라고 불렀다. 물론 이런 위험은 부동산시장과 관련이 있었다.[18] 사실 그런 거래 방법은 현대 포트폴리오 이론이 경제지대의 법칙과 맞서는 지점이었다. 결과는 호황이냐 불황이냐 둘 중 하나일 것이다.[19]

그린스펀은 몰락하는 모습도 거창했다. 2007년 말과 2008년에 금융시장이 붕괴되면서 그의 명성도 추락했다. 리먼 브라더스가 파산한 지 한 달 뒤인 2008년 10월, 여왕이 LSE를 방문해 왜 아무도 위기가 닥쳐오는 것을 보지 못했는지 묻기 불과 2주 전, 그린스펀은 미국 의회 앞에 서게 되었다.

이전에 그의 미국 의회 방문은 국회의원들에게 그의 경제 운용 능력을 찬사받기 위한 자리였다. 하지만 이번에는 그렇지 않았다. 평가는 혹독했고, 의장으로 재임하면서 가장 냉랭한 조사를 받았다. 마치 심문을 연상케 하는 일련의 대화에서, 분노한 의원들은 그의 능력과 한 가지 이념에 대한 맹목적 믿음에 대해 수차례나 의문을 제기했다. 왜 금융 규제 완화를 주도했는가? 도대체 어떻게 그런 잘못된 판단을 내릴 수 있었단 말인가? 이제라도 마음이 바뀌었는가? 등.

결국, 우리의 비극적 영웅은 자신의 오만함을 직시할 수밖에 없었고, 그의 세계관은 산산이 부서졌다.

작년 여름에 내 지적 믿음의 체계가 전부 무너졌는데… 아직도 왜 그런 일이 일어났는지 완전히 이해하지 못하고 있습니다.

그는 실수를 인정했고, 그 순간 그의 무지가 세상에 드러났다.

… 세상이 작동하는 방식을 정의하는 중요한 기능 구조라고 생각했던 모델의 결함을 발견했습니다. 나는 그것이 아주 잘 작동하고 있다는 상당한 증거를 가지고 지난 40년 동안 지내왔습니다.
… [그 결함이] 얼마나 중요하고 얼마나 오래 갈지 모겠습니다만, 나는 결함이 있었다는 그 사실이 매우 괴롭습니다.

그는 그 자리에서 자신이 발견한 결함이 무엇이었는지 명확하게 설명하지는 못했는데, 그것은 금융시장이 토지 주기와 맞물렸을 때 스스로 규제할 수 없다는 사실이다. 토지시장은 토지를 효율적으로 배분하지 않으며, 은행도 대출을 적절하게 배분하지 않는다. LSE의 가리카노 교수가 지적한 것처럼, 토지시장과 은행은 부적절한 수혜자를 만들어 낸다.[20] 이로 인해 주식시장은 토지시장과 금융시장을 맹목적으로 따라가다가 자기가 미리 내다 보지 못한 경제적 취약성에 부딪히게 되는 것이다. 실제로 호황이든 불황이든 상황을 증폭시키는 것도 이 두 요인(토지시장과 금융시장)이다. 결과적으로 증권화 같은 금융 혁신이 경제에 몸담고 있는 모든 사람이 경기 침체에 직접적으로 노출되도록 만든 것이다.[21]

아무것도 변하지 않았다

그린스펀의 인정이 시장 이념에 반한다는 점을 감안하면, 적어도 일반 투자자들에게는 위기 이후 아무것도 변하지 않았다는 사실이 그저 놀라울 뿐이다. 투자 자문가들을 만나보면 그들이 현대 포트폴리오 이론의 원칙을 상당 부분 따르고 있음을 쉽게 알 수 있을 것이다. 먼저 당신의 목표와 재정 상황에 대해 물은 다음 당신의 투자위험 감수도(Tolerance for risk)에 대해 물을 것이다. 그러고는 이 정보를 프로그램에 입력하고 당신의 프로필에 맞는 일련의 금융 상품, 즉 주식 같은 위험 자산과 채권 같은 저위험 자산을 적절하게 혼합한 금융 상품을 찾아낼 것이다. 그들은 서로 상관관계가 낮은 것처럼 보이는 자산으로 당신의 투자를 다양하게 분산시킬 것이다. 당신은 시장에서 특별히 유리한 지위를 차지할 수 없으므로 이 외에 달리 선택할 방법이 없다.

일반적으로 적용되는 관행적 매개변수 내에서 이는 건전한 과정이다. 그리고 이 방법은 한동안 효과가 있었다. 실제로 주기의 확장기 동안에는 주가가 꾸준히 상승하기 때문이다. 문제는 주기가 성숙해지면서 투기 열풍의 한가운데에 빠졌을 때 무슨 일이 일어나느냐 하는 것이다. 위와 같은 접근 방식을 뒷받침하는 지적 프레임워크와 그것이 제공하는 투자 규칙은, 비록 가격이 상승하더라도 시장 가격은 언제나 옳다는 판단하에 기꺼이 상승하는 자산을 계속 매입하도록 이끈다.

문제는 이 프로세스가 가장 필요한 시점에 그것이 당신을 실망시킨다는 것이다. 시장이 이용 가능한 모든 정보를 반영한다고 하더라도, 토지, 경제지대, 그리고 이것들이 창출하는 경제적 특혜(과도한 대출이 토지 가격을 상승시킨 것)에 대해서는 우리의 집단의식이 올바로 인지하지 못하기 때문에 시장 가격에는 여전히 결함이 있을 수밖에 없다. 극단적인 경우, 시장은 시스템의 위험이 언제 어디에 있는지도 알지 못한다.[22] 투자자들은 자신들이 시장을 통제할 수 있다고 착각하지만 실제로 투자자들은 그런 통제력을 소유하고 있지 않다.

....

이제 다시 주기 여행으로 돌아가 보자. 지금까지 투기 열풍이 2년 동안 지속되었다. 이는 종말론자들이 믿을 수 있는 것보다 더 긴 기간이다(그리고 이런 투기 열풍이 경제 활동의 새로운 표준이라고 생각하는 사람들이 생겼을지도 모른다). 이제 당신은 투자자들이 계속해서 열정적으로 시장에 뛰어드는 이유를 알았을 것이다. 착각은 어디에나 있다. 우리는 이제 주기의 최고점인 절정기를 향해 빠르게 접근하고 있다.

시장에는 때가 있다

핵심 교훈

주기의 끝 무렵에는 당신의 자산 중 상당 부분이 주식시장에 묶여 있을 것
이다. 그러므로 당신은 투자에 대한 업계의 표준적 접근 방식의 한계를 이
해해야 한다. 물론 그것이 모두 틀렸다고 말하는 것은 아니다. 투자 목표, 시
간 범위, 투자 위험 정도를 고려하는 것이 중요하다는 말이다. 이것은 매우
중요한 문제이므로, 당신의 결정에 필요한 정보를 얻기 위해서는 다음과 같
은 부의 원칙을 사용해야 한다.

1. 항상 18년 주기의 어디쯤 와 있는지 파악하라

주식시장은 경제 사이클의 어느 시점에 있느냐에 따라 크게 영향을 받고 기
업들은 경기 역학에 반응하기 때문에, 주기의 어디쯤인지를 알면 앞으로의
투자가 어떻게 될 것인지 올바른 방향을 알려줄 것이다.[23]

2. 시장에는 때가 있다

a. 시장에서 가장 큰 하락은 주기의 가장 높은 지점, 특히 회복기의 정점과
    호황기 끝 무렵의 절정에서 발생한다. 1900년 이후 미국 시장에서 주가

가 25퍼센트 이상 하락한 25번의 사례 중 23번이 주기 회복기 정점 또는 호황기 절정 직후에 발생했다.

b. 주식시장에서 아주 좋은 해는 일반적으로 주요 주기의 포인트, 즉 주기가 시작되는 시기 및 토지 붐과 일치한다.[24]

c. 초강세장은 시작기/확장기, 토지 붐/투기 열풍 단계와 일치한다.

d. 그러므로 주기가 시작된 후 약 6~7년(확장기의 끝 무렵) 및 13~14년(투기 열풍의 끝 무렵)에는 더 많은 돈을 투자하지 마라.

3. 주기에 대한 지식을 활용해, 어디에 투자하고 누구를 따를지 판단하라

a. 주기 내의 역동성에 대한 지식을 활용해 투자할 강력한 주식을 찾아내야 한다.[25]

b. 시장에는 훌륭한 차트와 분석을 제공하는 뛰어난 논평가들이 많다. 그러나 시장에 대한 그들의 지식이 경제지대의 법칙에 근거하지 않는 한 그들의 통찰력은 부분적인 효과만 있을 뿐이다. 그들의 의견을 따르는 경우, 선택적으로 따르기를 권고한다.

절정기

언제가 시장의 정점인지 아무도 알려주지 않는다.

_월스트리트 격언

이사회 의장이 회의를 소집하라는 명령을 내렸다.

"이번 회의 의제는 2026년 회계연도 사업 결과 및 직원 보상에 대한 것입니다."

화창한 전망과 고층 빌딩

CEO가 소식을 발표했다. 그는 자랑스럽게 말했다. "정말 환상적인 한 해였습니다. 우리 회사는 탄탄하고, 내년에는 더욱 강해질 것입니다. 올해로 3년 연속 이익 성장 기록을 이어가고 있으며, 다시 한번 주주 배당금을 늘릴 기회를 맞이하게 되었습니다. 우리는 이런 성장의 과실을 직원 보너스 제도에도 반영할 것입니다. 그들이 나가서 더 많은 거래를 성사시킬수록 우리는 더 많은 돈을 벌 수 있습니다. 그래서 올해 보너스 풀을 늘리기로 했으며, 12개월 후에 또 다른 기록적인 해를 보고할 수 있기를 바랍니다.”

테이블 주위에 있던 이사회 위원들이 박수를 보냈다. 회사의 주가는 이보다 높은 적이 없었다. 지난 3년 동안 회사 주가는 두 배나 올랐다. 그들의 스톡옵션 가치도 훨씬 더 좋아졌다. 그들은 CEO의 제안에 두 손을 흔들어 화답했다.

이사회의 비상임 위원 한 명이 만족스러운 표정으로 창밖을 바라보고 있었다. 건물 100층에서 바라보는 풍경은 전망이 꽤 좋았다. 저 멀리 깊고 푸른 바다 위로 반짝이는 햇빛과 선착장에 정박해 있는 수백 척의 요트들이 보였다. 반대편에서는 로열 타워라는 새로운 건물이 빠르게 솟아오르고 있었다. 그곳은 국가 경제 르네상스의 중심지였다. 그 건물은 진정한 랜드마크이자 세계에서 가장 높은 건물이 될 것이었다. 하지만 이 건물을 독특하게 만든 것은, 기존의 엘리베이터 시스템처럼 사람들을 위아래로 이동시키는 대신, 이른바 '버라이즌탈'(Verizontal) 리프트 시스템을 사용해 사람들을 위아래로뿐만 아니라 광대한 건물을 가로지르는 이동까지 효율적으로 극대화한 내부

바닥 공간이었다. 이 초고층 건물은 그 자체로 작은 도시가 될 것이었다. 이 건물이 완공되면 수백 가구의 주택, 두세 개의 호텔, 수많은 레스토랑, 사무실, 쇼핑몰들이 들어설 것이다. 세계 최초의 가상 테마파크와 자연보호구역도 조성될 것이다. 이 건물에서 임대비용이 얼마나 나올지 알고는 모든 이사회 위원들이 입을 다물지 못할 정도였으니까. 다행히 호황기였기 때문에 그 정도를 지불할 의향이 있는 회사는 많았다. (그렇지 않았다면 이 프로젝트는 처음부터 실행할 수 없었을 것이다).

새로운 하이퍼루프역인 그랜드 센트럴역(유명한 뉴욕 랜드마크를 모델로 했다)이 타워에 직접 연결될 계획이었다. 이사회 위원들은 시속 300마일(약 483킬로미터)로 달린다는 하이퍼루프 유선형 열차가 일반 고속 열차보다 얼마나 빠른지 보고도 믿을 수 없었다. 이 역은 뉴욕 일대의 모든 주요 허브를 연결하는 '루프' 라인의 하나다. 이 라인이 완공되면 출근 시간은 절반으로 단축될 것이다. 개발자들이 현지 기업들의 수요를 충족시키기 위해 사무실, 각종 매장, 레저 시설들을 건설하면서 각 역 주변에도 많은 공사가 이루어지고 있었다. 상업용 부동산 붐은 몇 년 전에 시작된 주거용 붐에 비할 바 없이 더 커졌지만, 다행히도 최근 들어 약간 식어가고 있었다(가격은 여전히 높고 떨어지지 않았지만 상승세는 멈춘 상태였다).

이 젊은 CEO를 임명한 것은 영감을 받은 선택이었다. 사실 그 자신도 처음에는 이 CEO에 대해 회의적이었음을 인정했다. CEO가 너무 어리고 경험도 부족하며, 사업을 너무 공격적으로 확장하려 하면서 이사회가 자신을 따르기만을 요구한다고 생각했다. 그러나 지난 몇 년 동안 그가 보여준 결과는 그에 대한 의심을 완화시키기에 충분했다. 이 CEO는 분명 여러모로 새로운 이 시대의 인물이었다. 그는 젊고, 야심에 차 있으며, 기술에 정통하고, 환경 및 사회적 의식까지 두루 갖춘 자기 세대의 비즈니스 리더 중 최고였다. 특히 소셜 미디어에서의 존재감은 엄청났다. 사람들은 그의 말에 귀를 기울였고, 가장 중요한 것은 주주들이 그를 좋아한다는 것이다. 그는 혼자 생각했다. '물론 나도 그를 좋아하고말고. 이젠 나도 그의 추종자가 되었으니까.'

사상 최대의 거래

의제의 다음 항목이 중요했다. CEO가 발표를 이어갔다. 그는 회사가 세계 최초의 탄소 제로 기업인 스마트 시티 운영회사를 인수하고 싶어 했다. CEO가 이를 설명하자 이사회 위원은 고개를 끄덕였다. 그러나 사실 그는 그 회사가 어떻게 돌아가는지, 즉 그 회사가 보유하고 있는 기술이 에너지 사용을 최적화하고, 청정 전기를 생산해 저장하고, 대기 탄소 배출을 억제하고, 나아가 탄소 배출권을 획득하는 데 얼마나 도움이 되는지 등에 대해 잘 알지 못했다.

그 회사의 현재 수익과 관계없이, 인수에 드는 비용은 결코 적지 않을 것이다. 그 회사는 아주 중요한 지적 재산과 함께, 탄소 배출 감소 인증서로 구성된 대규모 포트폴리오, 게다가 실제 세계와 가상 세계 모두에 걸쳐 엄청난 부동산 포트폴리오를 소유하고 있었다. 그 회사가 보유하고 있는 비즈니스 회의 장소, 대형 브랜드 매장, 가상 디스코장, 레저 시설 등 다양한 대형 메타버스 부동산 자산은 다양한 종류의 도시 관련 활동을 위한 매우 귀중한 공간이 될 것이었다. 실제로 그 회사는 이미 가상공간을 공개해 임대 수익을 내기 시작했다. 지난달에는 해당 사이트 중 한 곳에서 젊고 매력적인 할리우드 스타를 고용해 유명 디자이너의 가상 핸드백 판매 행사를 주최하면서 최고 판매 기록을 세우기도 했다. 임대료는 암호화폐로 지불되었다. 회사는 이 암호화 자산을 담보로 제공하고 가상 은행(DAO, Decentralised autonomous organization: 탈중앙화 자율 조직이라는 새로운 형태의 조직)의 자본 기반을 구축했다. 이사회 위원의 머리가 빠르게 돌기 시작했다. 그는 이 가상 은행이 가상 토지를 취득하려는 사람들에게 대출을 제공함으로써 새로운 비즈니스를 창출하리라는 것을 대충 이해했다. 이 사업은 지난 2년 반 동안 이른바 '메타버스 토지 버블' 속에서 꽤 수익성이 높았던 것으로 알려졌다. CEO는 이 인수가 전반적으로 엄청난 잠재력이 있을 뿐만 아니라, 그 기업의 탄탄한 대차대조표를 근거로 인수 가격이 높을 수밖에 없음을 강조했다.

이는 회사 역사상 가장 큰 거래가 될 것이다. 거래를 성사시키기 위해서는 막대한 돈을 빌려야 할 것이다. 자금은 국내 은행보다는 상대적으로 약정 조건이 적은 열성적인 중국 대출기관 컨소시엄에서 조달할 수 있다(비록 대출 기간은 짧겠지만, 일단 거래가 완료되면 리파이낸싱이 가능할 것이다). 최근 전 세계 중앙은행들이 글로벌 호황을 진정시키려고 시도하면서 금리가 다소 상승했지만, 현재의 금리는 여전히 합리적인 조건이었다. 이 거래는 충분히 할 만한 것 같았다.

CEO가 중국 은행에 대해 언급하자 이사회 위원은 귀를 쫑긋 세웠다. 그는 중국 은행 시스템에 문제가 있다는 소문을 들었는데, 어떻게 믿을 수 있는지 물었다. 사실 명확한 정보를 얻기는 어려웠다. 중국 당국은 내부고발자를 신속하게 체포했지만, 그는 중국 부동산 대출 규모가 과소평가되었으며 심지어는 규제를 피하기 위해 대차대조표에는 기록하지 않는 경우도 있다고 주장했다(그리고 증명할 수 있다고도 말했다). 아시아에 있는 자신의 친구들은 이런 상황을 예의주시하고 자산을 매각해 현금으로 전환하기 시작했다고 덧붙였다.

하지만 CEO는 걱정하지 않았다. 그는 중국 공산당과의 접촉에 따르면 중국 당국이 상황을 통제하고 있다며 이사회를 안심시켰다. 약간의 사기가 있었지만 규모가 작았으며, 멀리 떨어진 외곽 도시, 즉 중국의 3급 도시에서만 발생했기 때문에 걱정할 만큼 크지 않다는 것이었다. CEO는 중국 당국이 필요하다면 즉시 개입하겠다는 단호한 태도를 보였다고 말했다. "중국 당국이 2021년에 중국 부동산 개발업체 헝다그룹(Evergrande)의 몰락을 어떻게 처리하고 2022년에 부동산시장을 어떻게 구해냈는지 기억하십니까? 중국 시스템은 서구 시스템보다 훨씬 더 강력합니다. 중국은 미국이 2008년에 겪었던 '리먼 사태'를 되풀이하지 않을 것입니다."

게다가 중국 시장은 세계의 다른 나라들과 대부분 폐쇄되어 있기 때문에 문제가 되지 않는다는 것이다. CEO는 또 그 거래가 비싸다는 점을 인정했다. 그러나 지금 기업 가치는 어디에서나 높다. 엄청난 양의 은행 대출이 진행되고 있고 기업 매물에 관심을 보이는 구매자도 많았다. 그는 일부 지역에서는 투기 열풍이 일어나고 있다고 지적했다. 경매에서 디지털 예술 작품이 기록적인 가격으로 팔리고, 한 유명 화가의 그림이 거의 5억 달러에 팔렸다는 보도까지 나오는 상황이었다. 하지만 그들은 지금 예술 작품을 사려는 것이 아니라 귀중한 자산을 가진 진짜 회사를 인수하려는 것이다. 인수 가격에는 그 회사가 생성한 탄소 배출권의 높은 가치도 반영되었다. 바야흐로 전 세계가 순제로 탄소 시대에 대해 진지하게 생각하고 있으므로 탄소 시장 판매는 수익성 있는 수익원이었다. 실제로 여러 기관들이 그런 크레딧(탄소 배출권)에 대한 지속적인 수요와 그 가격에 대해 믿을만한 예측을 제공했다. 이는 지난해 전 세계에서 발생한 심각한 가뭄으로 확인된 바 있었다. 가뭄이 전 세계 식량 작물의 상당 부분을 파괴해 버리면서 농산물 가격이 급등했다. 세계는 위험한 기후 변화에 맞서기 위해 더 많은 노력을 기울여야 할 것이다. 그리고 그 회사가 보유하고 있는 실제 부동산과 가상 부동산의 가격도 높았다. 이 부분도 그 회사의 자산 평가에 반영되었다.

가격은 떨어지지 않는다

어쨌든 CEO는 몇 년의 호황이 끝나면 상황이 진정되고 은행들은 이전처럼 돈을 빌려주지 않으리라 생각했다. 세계의 중앙은행들은 시장을 성공적으로 냉각시킨 것처럼 보였고, 수익률 곡선이 제자리로 돌아오면서 경기 침체 위험도 줄어들었다. CEO가 제안한 거래가 여전히 수익성이 있다는 사실은 긍정적인 신호였다. 소비자들의 과도한 지출(대부분 차입을 통한 것임)도 점점 완화되고 있어서 투기 열풍도 줄어들고 있다. 이제부터는 모든 상황이 더욱 지속 가능한 기반에 서게 될 것이다. 산업용 금속, 금, 구리 같은 원자재 가격도 하락하고 인플레이션도 완화될 것이다.

CEO는 발표를 이어갔다. "한마디로 말씀드리자면, 우리가 이 인수 건을 진행할 수 있기를 진심으로 바랍니다. 탄소 배출권과 임대료 측면에서만 보아도 강력한 수입 흐름을 안전하게 창출할 수 있습니다. 또한 우리는 다른 경쟁사와 비교했을 때 적어도 과도한 차입을 갖고 있지 않습니다. 우리의 대출기관도 안전합니다. 우리는 지금 호황기가 어느 정도 누그러지는 지점에 도달한 것일지도 모릅니다. 중앙은행들이 새로운 조치를 취하는 현시점이 부동산시장 전체적으로 매우 좋은 상황입니다.”

그는 다음과 같은 선언으로 발표를 마쳤다.

“앞으로 가격은 현 수준을 유지하며, 결코 떨어지지 않을 것입니다.”

호황의 ‘절정기’ 분석

이제 우리는 마침내 새 주기 시작 후 14년이 지나 호황의 절정기에 도달했다. (사람들 대부분의 마음에) 사이클 중반 침체에서 시작되어 토지 붐과 투기 열풍을 지나며 더 증식된 새로운 시대의 약속이 이제 실현되었다. 세상은 우리가 주기 여행을 시작했던 때와 크게 달라졌다. 그러나 우리가 지금 절정기에 도달했다는 사실을 발표해 주는 사람은 없다. 그렇지만 지난 몇 년간 호황을 누린 건설업, 풍부한 은행 대출과 소비자들의 사치스러운 지출을 주의 깊게 관찰한다면 그것을 알 수 있을 것이다.

1. 대선언

소셜 미디어 등에서 인기 있는 한 젊은 기업가가 부동산과 자산 가격이 결코 하락하지 않을 것이라고 자신 있게 선언한다. 그의 모든 말을 철석같이 믿고 따르는 사람들은 그의 주장에 따라 계속 자산을 구매할 것이다. 절정기에서 사업은 잘되고 기업들은 고용을 늘린다. 시장이 역대 최고치를 기록하고 모두가 이익을 누리면서 그 기업가의 말이 진리처럼 보인다. 사람들은 자신들이 부자라고 느끼며 지출을 늘린다. 성장률, 일자리, 은행 대출, 세금 징수 등 다양한 지표에서 경제는 양호한 상태를 보인다.

이 시기에 정부 지도자들은 경제 관리를 잘했다며 칭찬을 받는다. 다시 말하지만 지금은 '대안정기'(Great moderation)로 불린 2004년이나 가난에서 해방된 1928년과 같은 새로운 시대다. 정치 지도자들은 예스맨들로 둘러싸여 있으며, 아무도 지도자의 견해에 이견을 제기하지 않는다. 전문가와 기업 경영자들도 지도자 찬양 일색의 성명을 발표한다.[1]

이전의 폭발적 호황에 회의적이었던 사람들조차도 지금의 상황이 계속해서 이어질 것이라는 견해를 수용한다(그들은 나중에 새로운 최고점에 도달하는 것을 보았다고 말하는 증인이 된다). 이처럼 모든 게 잘 되어가고 있는데 누가 질문을 제기하겠는가? 2009년에 여왕에게 답변한 사람들도 바로 그렇게 믿고 있던 사람들이다.

또, 투기 열풍이 불던 때에 발표된 세계 최고 건물은 지금 건축이 한창 진행되고 있다. 아마 1~2년쯤 뒤에는 문을 열 것이다. 미술품 경매는 계속 최고가를 경신하고 있으며, 투자자와 소비자들의 행동이 터무니없다는 보도가 이어진다.

2. 높은 비용이 기업과 가계를 압박하면서 지출이 줄어든다

하지만 겉으로 보이는 것과는 달리 표면 아래에는 모든 것이 좋지 않다. 토지 붐과 투기 열풍이 불던 시기에 시작된 높은 임대료, 부동산 가격, 인플레이션, 은행 대출 이자율이 지금부터 기업과 가계를 압박하기 시작한다.[2] 경제가 호황을 누리고 많은 활동이 활발하게 일어나지만, 기업 투자는 줄어든다. 특별한 이유 없이 소비자 지출이 감소하기 시작한다.[3] 지난 몇 년간 넘쳐났던 은행 대출은 비유동 자산, 특히 부동산에 묶여 있다. 이 시점에서 은행들은 대출을 최대한 확대한다. 호황기에 대출을 너무 확장한 나머지 대출 여력을 유지하기 위해 단기 자금 시장에 의존하는 은행들이나 새로운 고객을 유치하기 위해 예금 이자를 높이는 은행들이 생겨난다. 그러나 금리가 상승하면서 신규 대출의 확장 속도는 느려진다.[4]

3. 부동산시장 둔화

토지시장에서는 이제 가격이 최고점에 도달했다. 그러나 부동산시장의 신호는 혼재되어 있다. 상업용 부동산은 여전히 좋은 실적을 보이며 여전히 많은 건설이 이루어지고 있다. 대출이 진행되는 부분도 대부분 상업용 부동산이다. 따라서 원자재 가격은 여전히 강세를 보인다.

반면 주택 부문에서, 여전히 높은 가격을 요구하는 판매자에 비해 구매자는 그럴 의사가 줄어들어 판매량 감소로 이어진다. 이는 주기가 절정기에 가까워졌다는 첫 번째 신호다. 주택 가격의 상승세가 주춤한다(일부 지역에서는 하락하는 곳도 있다. 특히 그동안 공급 과잉을 보였던 외곽 지역에서 더욱 그런 현상이 나타난다). 분별력 있는 사람들에게는 인구 증가와 주택 수요에 대한 예측(항상 기본 가정에 매우 민감한 부분이다)이 더 이상 그다지 확실해 보이지 않는다. 하지만 이런 현상이 외곽 지역에서 발생하고 있기 때문에 대부분의 사람에게는 경제 중심에서 일어나는 일과는 상관없는 일로 간주된다.

가격이 펀더멘털과의 연결고리를 잃어버리고 지속적인 성장 전망에만 의존한다면, 높은 수준에서 안정을 유지할 수 없다. 일단 상승이 멈추면 하락할 수밖에 없다. 조만간 주택 건설은 둔화되고 곧이어 경기 침체가 도래할 것이다.[5] 주식시장은 전반적으로 상승세를 보이는데 주택 건설업종의 주가는 하락하기 시작한다면(투자자들이 더 이상 주택 건설업의 이익이 지속적으로 증가할 것이라고 예상하지 않기 때문에), 이는 부동산시장 둔화가 나타날 것이라는 좋은 지표다. (그래프 24)

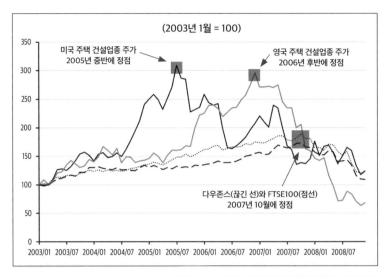

(2003년 1월 = 100)

미국 주택 건설업종 주가
2005년 중반에 정점

영국 주택 건설업종 주가
2006년 후반에 정점

다우존스(끊긴 선)와 FTSE100(점선)
2007년 10월에 정점

출처: Optuma (출처 자료에 저자의 자체 데이터 및 의견을 더함)

4. 중앙은행들은 대출을 억제하고 '연착륙'을 시도한다

인플레이션이 높아지면서 중앙은행들은 경제가 과열 위험에 처했음을 인지하고 조치를 취할 수밖에 없게 된다. 금리가 다소 인상되겠지만(사실 금리 인상은 투자 열풍 기간에 이미 시작되었을 수도 있다) 그렇다고 호황이 끝나는 것은 아니다. 중앙은행들은 인플레이션과 폭주하는 은행 대출을 통제하고 경제를 냉각시키기 위해 다른 조치로 전환할 수 있다. 하지만 땅값이 이미 정점에 이르렀기 때문에 '연착륙'은 있을 수 없다. 금리 상승은 결과적으로 땅값 하락을 초래할 것이다.[6]

5. 투자와 대출 흐름의 둔화

문제의 첫 징후는 아주 사소하거나 의외의 곳에서 나타날 수 있다. 사기 사건, 사고 또는 기상 현상 같은 작은 나쁜 소식처럼 겉보기에 중요하지 않거나 무관한 것처럼 보일 수 있다. 대개는 도심 주변이나 외곽에서 일어나기 때문에 큰 관심을 끌지 못할 수도 있다. 그러나 이런 사건이 작은 경제적 손실로 이어지고, 일부 투자자들, 특히 나이가 많고 경험이 많은 투자자들은 조용히 자산을 매각하기 시작한다. 그러면 시장이 잠시 하락세를 보일 수 있는데, 이는 이때쯤에는 사람들이 내놓는 자산을 매입할 여유 자금이 거의 떨어졌기 때문이다. 그동안 투자를 위해 빌린 돈은 이미 다 투자되었다.[7] 투기를 위해 돈을 빌린 사람들은 이제 빌린 돈을 모두 갚아야 하는 일이 일어나지 않기를 바랄 뿐이다.

절정기에서는 활동이 열광적으로 이루어지기 때문에 이런 변화는 동시에 발생하는 다른 경제 사건들로 위장될 수 있다. 아무도 실제 문제를 지적하려고 하지 않으며, 정부 당국자들의 말을 듣고 안심한 대중들은 다른 문제에 정신이 팔려 있다. 위키리크스(Wikileaks)*의 창업자인 줄리언 어산지(Julian Assange)가 2007년 아이슬란드 은행의 대출 문제를 폭로했을 때 발견한 것처럼, 세부 사항들이 드러나면 정

———

* 정부나 기업의 비리·불법 행위를 고발하는 사이트이다.

부는 이를 숨기려고 최선을 다한다. 그는 그 이후로 계속 도피 생활을 하고 있다.

．．．．．．．．．．

이제 절정기에 도착한 지금, 잠시 멈춰서 우리가 어디까지 왔는지 되돌아보자. 정말 멋진 여행이었다! 우리는 혁신과 번영의 큰 파도를 타고 여기까지 왔다. 우리는 세상이 이전에 본 적 없는 호황도 겪었다.

이제 주기 여행의 세 번째 막이 끝났다. 절정기에 있는 동안 대부분의 사람은 앞에 놓인 넓고 밝은 전망만 바라본다. 그러나 주기를 이해하는 우리는 지평선 멀리 폭풍 구름이 모이는 것을 볼 수 있다. 우리는 이제 네 번째이자 마지막 막인 위기에 들어서고 있다. 추락이 임박했다.

마지막 매도 기회

- 단계: 절정
- 대략적인 시기: 14년 차
- 지배적인 감정: 착각

감정 관리하기

가장 큰 축하의 순간은 또한 가장 큰 위험의 순간이기도 하며, 착각이 도처에 존재하는 감정적 지점이기도 하다. 회복기의 정점에서와 같은 과도한 행동들이 나타나는데, 이번에는 훨씬 더 다양하고 규모도 크다. 투자자들은 높은 가격에 익숙해졌고, 시장의 상승 모멘텀은 멈추지 않을 것만 같다. 그들은 오늘 높은 가격을 지불하더라도 내일 더 높은 가격에 팔 수 있다는 믿음을 갖고 있다. 투기라는 취미에 빠질 수단들이 시장에 널렸다. 절정기에서 그런 유혹에 견디는 것은 쉽지 않다.

투자 관리하기

당신이 주기에 대해 이해했다면 아마도 이 단계에서 그 덕택을 가장 많이 보게 될 것이다. 당신은 이 모든 감정이 실제로 무엇의 전조인지 이해할 수 있고, 다음에 일어날 일에 대해서도 어느 정도 예측할 수 있을 것이기 때문이다. 주기에 대한 지식을 잘 활용하라. 절정기에 대한 준비를 투기 열풍 시기에 이미 시작했다면, 당신은 지금쯤 충분한 준비금을 쌓아두었을 것이고, 높은 가격으로 매입하는 것을 피했고, 시장이 뜨거워졌을 때 팔았으며(또는 팔 준비를 했으며), 무분별한 차입(특히 투기를 위해)에 빠지지 않았고, 오히려 빚을 갚았을 것이다. 이 단계에서는 더 이상 매입하거나 투자를 해서는 안 되며, 더 이상 빌려서도 안 된다. 지금은 당신의 투자를 보호해야 할 때다. 지금까지 자산을 보유하고 있다면 빨리 매각하거나 아니면 향후 몇 년 동안 보유할 준비를 하라.

1. 주식 포트폴리오: 매도, 헤지 및 공매도 준비

a. 특히 토지 붐 및 투기 열풍과 가장 밀접하게 관련되어 있는 업종(특히 부동산 주식)의 주식을 아직 매각하지 않았다면, 지금이 그런 주식들을 매각하고 곧 다가올 붕괴에 대비해 현금으로 전환할 마지막 기회다. 또는 헤징이나 방어 전략을 전개할 수도 있다.[8] 더 이상 주식에 투자해서는 안 된다.

b. 곧 다가올 붕괴 시기가 되면 공매도할 취약한 기업들을 미리 선별해 놓으라. 아마도 은행 업종이나, 부채가 매우 높거나 호황기에 크게 확장한

(그래서 부채가 크게 늘어난) 업종들이 그에 해당될 것이다.

2. 팔지 못한 부동산은 안전하게 지켜라

a. 지금 바로 팔 수 없다면 이제 다음 매수자를 기다리기에는 너무 늦은 시점이다.[9] 그럴 경우, 약 4년 정도 후 다음 주기의 시작 또는 확장 단계까지 기다려야 한다. 그러나 당신이 보유하고 있는 부동산이 토지 붐 시기(또는 그 이전)에 구입한 것이고 위치도 좋은 곳이라면, 다가오는 위기 기간에도 비교적 견고한 가격을 유지할 것이다. 이런 자산은 굳이 팔지 말고 보유하는 것이 좋다. 당신의 포트폴리오는 가치 하락 시기를 견딜 수 있어야 한다. 가치 하락은 영원히 지속되지 않는다는 점을 명심하라.

b. 당신의 부동산이 좋은 임차인을 확보하고 있는지, 안전하게 여유를 가지고 은행 이자 지불을 편안하게 감당할 수 있는지 확인하라. 경기 침체가 특히 심할 경우, 임대료를 내릴 준비가 필요할 수도 있다. 거의 모든 투자자의 경우, 비록 임대 소득은 낮지만 안전하게 임대료를 지불하는 임차인이 있는 것이 임차인이 전혀 없는 것보다 낫다.

c. 부동산(특히 주택) 시장이 둔화되고, 다른 개발업자들이 동시에 재고 주택을 팔려고 내놓는 바람에 가격이 급락하는 이 시기가 부동산 개발업자들에게는 아주 위험한 시기다. 아직 재고를 보유하고 있다면 얼마나

빨리 처분할 수 있느냐가 관건이다.

d. 지금쯤이면 할 수 있는 한 대출금을 줄여야 한다. 어려운 시기가 닥쳐서 은행 대출이 심각하게 줄어들 때, 대출을 차환(돈을 새로 꾸어서 먼저 꾼 것을 갚는 것)하거나 연장하는 상황을 맞아서는 안 된다. 당신의 부채가 너무 많거나 1~2년 안에 차환해야 할 위험이 있다면 지금 자산을 팔아 대출을 줄여라.

3. 더 좋은 자산으로 갈아탈 준비를 하라

붕괴가 닥치면 많은 사람이 국채와 금 같은 양질의 안전 자산으로 대거 이동할 것이다.

a. 절정기에서는 수익률이 높고 가격이 낮은 국채를 매입하라. 위기가 닥치면 가격이 상승하므로 자산 가치 상승은 물론 안전성도 높다.

b. 미국 달러에 매도 포지션(Short position)을 취한 투자자들은 이제 다른 통화를 매도하고 낮은 가격에 달러를 매수해야 할 시점이다. 일본 엔화, 스위스 프랑 같은 '안전 자산'(Safe haven)으로 불리는 다른 통화의 매입을 고려할 수 있다.

4. 원자재, 금, 은 등은 계속 보유하라

a. 토지 붐과 투기 열풍 시기에 구매한 원자재는 계속 보유하라. 이런 원자
재들은 주식시장을 따라 정점에 도달하는 경향이 있다.

b. 아직 투자하지 않았다면 당신의 투자 포트폴리오의 일부를 금과 은에
투자하라. 금과 은은 다른 원자재들과 동반 상승한 후에, 위기가 오면 더
상승한다.

5. 미술품, 와인, 기타 수집품 등은 즉시 매각하라

a. 투자 수단으로 보유한 수집품과 대체 투자 상품이 있다면 지금 즉시 매
각하라. 붕괴가 오면 이런 자산은 매각해도 수익이 발생하지 않기 때문
에 구매자도 선뜻 나서지 않는다. 수익을 내지 못하는 자산은 가격도 큰
폭으로 떨어지게 마련이다.

b. 금리 인상은 그런 자산에 더 큰 피해를 줄 수 있다. 이런 자산에 대한 투
자는 더 넓은 시장보다 먼저 정점에 이른다는 점을 명심하라.

6. 기업은 위기에 대비해야 한다

a. 사업주들은 부채를 줄이고(꼭 필요한 만큼만 유지한다) 비용을 통제하고 운
영을 간소화하고 현금 보유고를 확보하도록 준비해야 한다. 이는 주기

중반의 정점과 침체 시기와 비슷한 준비이지만 그때보다 훨씬 더 깊고 장기적인 침체에 대비해야 한다.[10]

b. 기업들은 절정기 후 최소 2년(어쩌면 4년까지) 동안 은행에 대출을 요청하거나 차환을 해야 할 위험에 노출되어서는 안 된다. 당신 회사의 어느 부문도 대출 계약이나 기타 조건을 잠재적으로 위반해 은행에 조사할 구실을 주지 않도록 하라. 목표는 새 주기가 시작될 때까지 회사의 역량을 최대한 유지하는 것이다.

위기

CRISIS

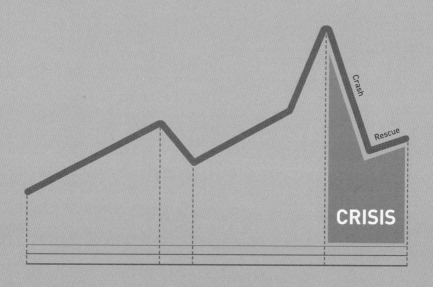

Crash

Rescue

CRISIS

4막에서는 경제가 붕괴되기 시작한다. 정부 당국은 자산 가격 붕괴를 저지하고 은행 시스템을 복원하기 위해 필사적으로 개입한다. 이 기간은 평균 4년 정도 지속된다.

15장. 붕괴의 시작에서는 주식시장이 무너지고, 부동산시장이 침체되고, 은행 시스템도 붕괴된다. 이곳저곳에서 기업들이 무너지는 소리가 들린다, 하지만 당신은 지금까지 어려움에도 굴하지 않고 잘 준비해 왔다. 그러니 굳건하게 서서 당황하지 말고 폭풍을 이겨내야 한다.

16장. 협잡꾼과 사기꾼에서는 어떻게 하면 사기꾼의 유혹에 넘어가지 않고 당신의 투자를 보호할 수 있는지 그 방법을 알려줄 것이다. 이 시기에는 당신을 속이려는 시도가 여기저기서 계속 나타날 것이다.

17장. 구제는 주기의 마지막 단계다. 정부 당국은 붕괴를 멈추고 은행 시스템과 부동산시장을 구하기 위한 제반 조치를 시작한다. 인내심을 갖고 준비하라. 이 시기에 특별히 싼 물건이 나타날 수도 있으니 매입을 준비하라.

18장. 전 세계적 주기에서는 주기의 주요 교훈과 현재 주기의 잔여기간에 대한 새로운 주제를 다룰 것이다. 하지만 기억하라. 아무리 많은 것들이 변한다 해도 근본적인 것은 바뀌지 않는다. 이 책의 교훈을 잘 배워두면, 현재든 미래든 주기의 어느 시점에서든 당신이 무엇을 해야 할지 알 수 있다.

붕괴의 시작

주변부에서부터 채무불이행이 발생하기 시작하면, 모든 시장 참가자들이 하나
같이 다른 사람에게 청구하고, 가치를 잃은 자산을 재조정하여 자신을 보호하려
는 노력에 나선다. 만일 모두가 동시에 그렇게 한다면 시스템은 자멸할 것이다.

_카타리나 피스토르, 《자본의 코드》에서

경험이 풍부한 사람들은 뭔가 낌새를 눈치 채고 걱정스럽게 말한
다. "뭔가 좋지 않은 일이 일어나고 있어."

하지만 젊은 동료들은 그들의 말에 귀를 기울이지 않는다. 올해도
여느 해와 마찬가지로 평온하게 시작되었는데 뭘. 맞아, 동쪽 끝에 있
는 한 무역회사가 난관에 부딪혔고, 어느 투자은행의 이사가 자금을
횡령한 사실이 적발됐다더군(당국은 이 소식을 재빨리 은폐했다). 하지만
그런 일들이야 가끔 일어나는 거지. 특별히 걱정할 게 뭐란 말인가?

나이 많은 사람들은 여전히 고개를 젓는다. "뭔가 잘못됐어." 그들의 주장은 대충 이렇다. "자네는 수백만 달러의 수수료를 벌었지만, 부동산 대출이 너무 많아. 우리의 전통적인 고객인 상인과 배송업체는 어떤가? 그들의 대출은 적정한 수준이지만 점점 더 많은 이자를 내야 한다네. 자네가 주장한 대로 상황이 좋다 해도 무슨 일이 일어나고 있는지 조심스럽게 살펴보게. 돈이 점점 부족해지고 있다네. 당국은 우리에게 무슨 일이 일어나고 있는지, 금리를 인상하면 어떻게 될지를 살펴보고 있지. 나는 전에도 이런 상황을 본 적이 있다네. 지금 어디선가 문제가 발생하고 있단 거야."

젊은이들은 비웃는다. "이것 보세요, 영감님들. 당신들은 언제나 과거에 갇혀 살고 있군요. 이제 세상은 달라졌다고요. 세상은 더 연결되었고 무역은 여전히 강력합니다. 최신 편의 시설과 주택을 갖춘 새로운 도시가 생겨나고 있다고요. 해야 할 일이 넘쳐납니다. 걱정은 접어두고 나가서 돈이나 버세요."

그렇게 몇 주가 지난다. 일부 은행의 대출이 예전 같지 않다는 소문이 돌지만 아무도 귀를 기울이지 않는다. 하지만 그중 일부는 유럽 변방 국가에서의 대규모 투자 프로젝트에 대한 우려여서 진짜 문제가 생길 수도 있다. 아직은 소문에 불과하지만 많은 은행들이 그 지역에 촉각을 곤두세우고 있다. 자금이 부족한 상황에서 채무 불이행이 다수 발생하면 진짜 문제가 될 수 있기 때문이다. 그러나 아직까지 아무도 그 문제에 대해 공개적으로 논의하지 않아서 적어도 겉으로는 모든 것이 괜찮아 보인다. 그들은 자신에게 말한다. "진정해. 곧 해결될 거야."

시간이 더 흐른다. 은행은 자금을 조달하기 위해 단기금융시장을 찾는다. 사람들은 놀란다. 은행이 왜 돈이 필요할까? 그들은 지금 분명 건강한 상태인데. 하지만 악성 대출에 대한 소문은 더 이상 무시할 수 없을 만큼 커졌다. 모두가 경계의 눈초리로 바라보지만 누구도 도와주겠다고 나서는 사람은 없다. 은행의 예금자들은 놀라서 서둘러 예금을 인출한다. 두려움이 맴도는 가운데 금리마저 오른다. 금리가 오르면 돈을 빌린 사람들은 갚아야 할 돈이 늘어나기 때문에 많은 대출이 '부실'로 분류될 가능성이 있다. 그러면 사람들의 공포심은 더 가중될 것이다.

게다가 은행이 이자 부과에 대한 규정을 무시했다는 이유로 불만을 품은 고객들이 대출기관을 법원에 고소하는 상황이 벌어진다. 금리가 갑자기 급등하면서 돈을 갚지 못하는 사례가 계속 늘어난다. 이전에는 은행에 대한 감독이 느슨했기 때문에 규제 당국이 법을 제대로 집행하지 않았거나, 외국에 주소를 둔 헤지펀드(Offshore vehicles) 같은 은행의 교묘한 계략에 넘어가곤 했다. 문제가 터지자 당국은 이를 억제하기 위해 수년 동안 의도적으로 무시했던 규제를 뒤늦게 집행하기 시작한다.

금리 상승의 압박으로 부동산 가격도 하락하기 시작한다. 그러자 정부는 금리를 다시 낮추려고 시도한다. 새로운 대출 지침을 발표하고, 은행들에 시장이 하락하는 것을 떠받치기 위한 자본을 별도로 확보하도록 요구한다. 정부 당국은 은행에 다음과 같은 지침을 내린다. '18개월 이내에 이 새로운 지침을 준수해야 함.' 일반적인 상황에서는 이 조치가 효과가 있을 것이다. 하지만 공황 상태에서 부동산시장의 질서 있는 매각을 보장하려는 시도는 오히려 정반대의 효과를 일으킨다. 은행에는 새로운 지침을 충족할 수 있는 충분한 시간이 주어지지만, 불안정한 시장 상황과 자금 부족으로 인해 기존의 대출금을 즉시 회수하려 하기 때문이다. 이제 이런 공포심은 거의 모든 곳으로 확산된다.

이전에 우호적이었던 은행 관리자들은 갑자기 기업을 찾아와 즉시 대출 상환을 요구한다. 다급해진 기업들은 자산을 팔 수밖에 없다. 그러나 모두가 같은 문제에 직면해 있으니, 돈이 있는 사람이 없다. 따라서 자산을 사려는 구매자도 나타나지 않는다. 그나마 안전한 상태에 있는 일부 사람들은 가격이 바닥을 칠 때까지 기다린다. 결국 자산 가격의 붕괴가 일어난다. 절정기 이전에 대출을 많이 받은 기업일수록 가장 큰 어려움에 직면한다. 해운, 광업, 건설 회사들은 건전한 기회가 눈에 보이더라도 운영 자금을 확보하기 어렵다. 대출금에 대한 차용인들의 채무불이행이 나타나기 시작한다. 전체 은행 시스템은 이미 손상되어 붕괴 위기에 처한다. 부동산에 대한 방탕한 대출이 전 세계에 만연하더니 그것이 이제 전 세계의 상업을 마비시키는 것이다.

'붕괴' 분석

지금부터 하려는 설명은 1847년, 1929년, 2008년의 대공포에 대한 설명으로 보일 수 있다. 실제로 모든 부동산 주기가 끝날 때에는 비슷한 공포가 발생하니까 말이다. 하지만 이 설명은 그 시기에 대한 설명이 아니다. 무려 2000년 전인 서기 33년 로마에서 일어난 사건이다.

고대 로마 세계와 오늘날 우리 세계 사이에는 엄청난 차이가 있지만, 결정적으로 토지 투기와 은행 대출이 만연했다는 점은 정확히 동일하다. 서기 33년의 공황은 고대 세계의 최대 금융 위기를 촉발했다. 이 이야기는 경제지대 법칙의 보편적 성격과 호황에서 불황으로 이어지는 힘을 여실히 보여준다. 오늘날 우리 세계와 마찬가지로 로마 시대에도 토지와 부동산은 민간 시장에서 거래되었다. 대규모 기반시설 투자 프로그램도 로마 시민 생활의 특징이었다. 도시 부동산의 소유권은 소수의 부유한 지주들에게 집중되어 있었고, 정교한 금융 시스템이 다양한 은행 및 금융 서비스, 그리고 투자자들이 돈을 투자할 수 있는 다양한 금융 상품을 제공했다. 당시에도 은행이 촉발한 토기 투기가 간헐적인 금융 위기를 일으켰다. 시대는 달랐지만 그런 위기 다음에는 붕괴가 전개되었다.

1. 붕괴의 전제 조건

붕괴가 일어나기 몇 년 전부터 자본이 토지시장으로 유입되었다. 이는 세이아누스(Sejanus)와 그의 추종자들로부터 압수한 경매 재산을 로마 엘리트들이 매입했기 때문이었다. 티베리우스 황제의 신임을 받아 한때 제국의 2인자 자리까지 오른 권력자였던 그는 황제의 자리까지 노리다 서기 31년에 처형당했다.

역사가 타키투스(Tacitus)는 이로 인해 로마에 '돈 부족' 사태가 발생했다고 기록했다. 결과적으로 이자율이 크게 높아졌을 것이다.[1] 절정기 이전에도 항상 자금 상황은 빠듯했다. 이자율이 높아지자 대출 이자율을 제한하는 규정이 지켜지지 않았다. 당연히 돈을 빌린 사람들은 관련 당국(집정관의 저택)에 규칙이 위반되고 있다고 불평했다. 뒤늦게 황제의 칙령으로 규정이 집행되었다.[2] 그러나 그다음에는 다음과 같은 일이 벌어졌을 것이다. 높은 이자율로 인해 부동산시장의 거래가 중단되면서 부동산 가격이 하락하고 채무불이행이 증가했을 것이다. 당시의 은행 규제에는 대출기관 자본의 일부가 부동산에 들어가야 한다는 내용이 들어 있었다. 이런 조항은 부동산 가격을 지탱하기 위해 규정에 넣었을 것이다. 이는 성숙 주기의 또 다른 특징이기도 하다.[3]

위기 직전에는, 부동산시장 둔화(모두 가진 돈을 투자했기 때문에), 이자율 상승, 압박을 받는 돈 빌린 사람들, 유동성 부족, 규제 강화 등 모든 요소가 함께 모여 완벽한 폭풍을 만든다. 앞 장에서 보았듯이, 토지나 부동산 시장이 다른 부문에 앞서 가장 먼저 정점에 도달했다. 그러나 이제 활동의 소강상태, 즉 폭풍 전의 고요함이 있다.[4] 대부분의 사람은 무슨 일이 일어날지 전혀 알지 못한 채 그저 자기 일에만 전념하고 있다. 그러나 경험이 풍부한 노련한 투자자들은 뭔가가 잘못되어가고 있다는 것을 알아차린다. 이런 상황에서 사소한 사건들이 그들에게 우려를 불러일으킨다. 홍해 폭풍으로 많은 상품을 실은 선박이 난파되면서 그 선박의 후원자들에게 문제가 생기고, 동쪽의 한 금융기관에서 은행 책임자의 사기 사건이 일어나고, 로마의 반대편에 있는 갈리아 지방에서 반란이 일어난다. 로마나 이탈리아 배후지가 아닌 제국의 다른 주변 지역으로 많은 돈이 빠져 나간다.[5]

이것이 곧 펼쳐질 붕괴의 전제 조건들이다. 이제 붕괴를 촉발하는 작은 사건 하나만 일어나면 된다.

2. 붕괴를 촉발하는 사건

주기의 절정기에서 은행 시스템은 이미 위기 상태였다. 앞으로 1~2년 이내에 붕괴가 오지 않을 수도 있지만 시스템은 이미 취약한 상태다. 때문에, 가장 취약한 지점, 즉 금리 인상으로 인한 위험에 가장 민감하게 노출되는 곳에서부터 위기가 발생할 것이다. 바로 은행에서 빌린 돈이 많은 상황에서 인상된 금리로 대출을 연장해야 하거나, 대출 이자가 상향 조정되는 사람들이다. 어느 쪽이든 더 이상 부채를 감당할 수 없다.[6] 붕괴의 시작에 굳이 거창한 사건이 일어나야 하는 것은 아니다.[7] 겉보기에 호황과 관련이 없는 것처럼 보이는 사소한 일이 절정기의 첫 징후였던 것처럼, 붕괴도 사소한 촉발 사건으로 터지기 시작할 것이다.[8] 이 사소한 사건이 (빚과 스트레스에 빠져 허우적거리는) 시스템의 문제를 있는 그대로 드러낼 것이다. 그들은 모든 안전 보호 규칙을 이런저런 이유로 회피해 왔다. 공포는 계속 이어진다. 결국 이 작은 사건이 은행, 그림자 은행, 투자기금 등 모든 금융기관들이 어떤 식으로든 무너지는 계기가 될 것이다.

서기 33년, 모든 가용 자금이 비유동 자산(부동산) 대출에 묶였다. 은행들이 더 이상 갈리아의 해운 회사들의 위기와 대출로 인한 손실을 흡수할 수 없게 되면서 위기 상황에 이르렀다. 이런 상황을 촉발시킨 사건은, 은행 두 곳이 제3자의 문제 있는 거래와 사기에 노출된 이후 비아 사크라(Via Sacra)*에 있는 은행들이 서로 대출을 하지 못하게 된 것이었다.[9] 1845년 철도 투기 열풍이 불었을 때에도 똑같은 문제가 발생했다. 시중에 떠도는 많은 철도 계획이 허구였으며, 운영 중인 철도 중에서도 상당수가 원래 주장했던 배당금을 제공할 수 없다는 사실이 밝혀졌다. 이와 비슷한 일은 1929년 영국에서도 벌어졌다. 런던의 해트리(Hatry) 그룹의 파산으로 영국 투자자들은 미국 시장 투자금을 대거 거둬들였다. 2007년 2월에 HSBC가 서브프라임(비우량) 대출 손실을 발표했을 때에도 똑같은 일이 벌어졌는데, 비정부 부문의 채권 수익률이 급등하면서 심각한 우려를 불러일으킨 것이다.

어쨌든 그 사소한 촉발 사건으로 다른 은행들도 서로의 지불 능력이나 재무 건전성에 대한 신뢰를 잃는 결과를 초래했다.[10] 유동성이 없는 은행은 경제를 지원할 수 없기 때문에(자산이 비유동적인 은행은, 예를 들어 해운 사고로 인한 손실을 흡수하기 위해서는, 다른 은행들의 도움이 필요하다) 초기의 작은 문제들이 점점 심각해지기 시작한다. 그리고 곧 금융 시스템 내의 전반적인 문제로 이어진다. 2008년 3월, 같은 이유로 미국에서 다섯 번째로 큰 투자은행인 베어 스턴스(Bear Stearns)**는 미

---

* 카피톨리노 언덕에서 티투스 개선문까지 이어지는 로마의 중심 거리이다.
** 베어 스턴스의 몰락이 리먼 파산의 원인이 되었다.

국 주택시장과 관련된 채무증서를 소유한 헤지펀드에 대한 청약 및 환매를 중단해야 했다.[11]

유동성 쇄도 사태가 일어날 일이 이제 얼마 남지 않았다.

3. 유동성 쇄도 사태

촉발 사건이 터지고 나서야 사람들은 비로소 더 늦기 전에 자산을 팔고 시장에서 빠져 나가기를 원한다.[12] 가격이 하락하면 마진 콜 (Margin call)*에 직면한 사람들은 자신이 보유하고 있는 양질의 자산까지 청산해야 하고, 그렇게 되면 그 양질의 자산 가격마저 하락한다. 이번 장의 시작 부분 인용문(컬럼비아 대학 교수 카타리나 피스토르 (Katharina Pistor)의 《자본의 코드》(The Code of Capital))에서 지적했듯이, 모든 사람이 동시에 그렇게 하면 시장의 유동성이 그것을 감당할 수 없기 때문에 금융 시스템은 자멸할 수밖에 없다. 결국 매물이 나와도 살 사람이 없다. 자산의 판매가 불가능해지면 사람들은 보유 자산의 가치를 재평가하게 된다. 이런 악순환에 돌입하면서 가격 하락이 가파르게 진행된다. 일단 작은 거래라도 이루어져야만 거래가 늘어날

---

* 투자자는 중개회사로부터 주식 등을 담보로 돈을 빌려 보유 현금의 두 배 상당의 주식을 매수할 수 있는데, 이때 투자자가 계좌에 보유해야 하는 최소 자본을 유지증거금 (Maintenance margin)이라고 한다. 만약 주가가 하락해 계좌의 자본금이 유지증거금 이하로 떨어지면 중개회사는 투자자에게 유지증거금 조건을 충족하라는 '마진 콜'을 요구할 수 있다.

수 있지만, 현금이 있는 사람들은 가격이 최저점에 도달할 때까지 움직이지 않을 것이다.[13]

4. 은행 시스템의 붕괴

부동산 가격과 담보로 제공한 다른 자산의 가치가 계속 하락하고 은행의 대출 탕감이 늘어나면, 금리를 내려서 문제를 억제하려는 당국의 초기 시도는 효과가 없어진다. 과거 은행 대출이 토지 붐을 촉발시킨 이후 토지 가격이 얼마나 하락할지 현재로서는 아무도 모른다. 분명한 건 정도의 차이는 있지만 모든 사람이 부동산시장 하락에 노출되었다는 것이다.

예금자들이 돈을 인출하기 시작하면 은행은 유동성이 부족해 부실해질 수 있다. 심지어 예금자들의 지불 요구를 충족하지 못할 수도 있다. 은행은 문을 닫거나 어딘가에서 긴급 자금을 수혈해야 한다. 가장 먼저 무너지는 은행은 토지 붐과 투기 열풍 시기에 가장 낮은 이자로 투기 부동산에 대출을 제공한 은행들이다.

1920년대 말 대공황이 닥쳤을 때에도, 은행이 농민들의 채무불이행과 플로리다 부동산시장의 붕괴에 노출된 것을 시작으로 다른 많은 은행 시스템으로 공포가 확산되면서 은행의 연쇄 붕괴가 일어났다. 그런 다음 문제가 잠복되고 시장이 해결을 위한 자구책에 나서면서 잠시 평온이 유지되는가 했으나, 문제가 근본적으로 해결되지 않

붕괴의 시작

433

왔다는 인식이 나타나면서 시카고와 디트로이트를 중심으로 은행의 연쇄 붕괴가 다시 시작되었다. 그리고 마침내 가장 큰 파도가 덮치면서 경제 전반에 걸쳐 패닉을 불러왔다.

다행히 오늘날에는 중앙은행들이 더 빠르게 개입해 위험에 처할 것으로 간주되는 기업들에게 먼저 대출 창구를 제공한다. 2007년, 미국의 연준과 다른 나라의 중앙은행들은 9월에 뱅크런에 직면한 영국의 노던록(Northern Lock) 은행의 공황을 진정시키기 위해 일반 상업은행들에게 대출 창구를 열었다. 이로 인해 한동안 상황이 안정되었지만, 투자 은행들의 유동성이 부족하다는 보고가 이어지자 2008년 초에 또 다른 패닉이 촉발되었다. 중앙은행들은 대출 창구를 더 확장해야 했지만, 그해 여름 채권보증회사(Monoline insurers)* 같은 전문 금융기관들부터 시작해 7월에는 패니메이(Freddie Mac)와 프레디맥(Freddie Mac) 같은 주택담보 금융업체들에게까지 확대되었고, 마침내 10월 미국 4대 투자은행 중 하나였던 리먼 브라더스 파산 사태가 일어나면서 공포는 전 세계로 퍼져나갔다.

5. 기업의 도산과 경제 불황

은행 시스템이 동결되면서 은행들은 대출을 중단하고 운전자본을

---

* 채권이나 다른 부채 증권의 부도 위험에 대한 보험을 파는 회사를 말한다.

확보하기 위해 신용 대출을 회수하기 시작했는데, 심지어 건전하게 운영되는 회사까지 대출을 회수했다(앞서 말했듯이 2009년에 우리 가족 회사도 그런 경험을 해야 했다). 이런 상황에서는 중소기업들이 도산하기 쉽다. 기업들의 이익도 주기를 타기 때문에 침체나 붕괴가 오면 이익도 증발한다. 주요 비용들(임대료, 임금, 이자, 세금 등)이 고정적이어서 적어도 단기적으로는 쉽게 줄일 수 없기 때문이다. 이익을 바탕으로 운영되는 기업은 완전히 무너질 수밖에 없다. 상황이 좋지 않은 기업들은 노동 인구의 약 2/3밖에 고용하지 못하게 되고, 이에 따라 실업률이 급격히 상승한다.[14]

어떤 나라에서든 건설업은 주요 내수 산업(토지 붐 시기에는 내수 경제의 최대 20퍼센트를 차지하기도 한다)으로 부동산시장이 얼어붙으면 가장 먼저 무너지는 산업이다. 특히 저숙련 노동력을 많이 고용하기 때문에 건설업이 무너지면 많은 일자리가 사라진다. 대개 위기 이후 실업률이 평균 10퍼센트 증가하는 것으로 나타났다.[15]

은행으로부터의 차입금에 가장 크게 의존하는 기업들이 가장 먼저 도산한다. 이런 회사들은 호황기에 너무 많은 돈을 빌렸기 때문에 이자를 지불하거나 대출을 연장하기 힘든 부채를 가진 회사들이다. 내부 자금에 의존하는 기업들은 그나마 폭풍을 견딜 수 있는 더 강력한 위치에 있지만 이익이 급격히 떨어지기 때문에 비용을 줄여야 한다.

은행 대출이 없는 경제는 제대로 기능할 수 없다. 결국 경제는 장기적 성장 추세 이하로 떨어지면서 침체에 빠진다.

6. 주식시장의 붕괴

주식시장은 대개 문제가 현실적으로 드러나기 전에 먼저 하락하기 시작한다. 주기의 어느 기간이 끝나면 주식시장은 다음에 다가올 끔찍한 경제 상황을 빠르게 평가한다.

1929년 10월과 2007년 10월에 그랬던 것처럼, 일단 촉발 사건이 일어나면 주식시장에서 가장 먼저 패닉의 냄새가 풍기는 매도가 나타난다. 그러다가 잠시 문제가 해결된 것처럼 보이고 투자자들이 (문제가 체계적이지 않다고 보고) 저점이라고 판단한 선에서 다시 매수를 시작하면서 시장은 반쯤 회복한다. 하지만 고점이 하락하는 것(Lower top)은 더 심각한 하락 또는 이어질 하락의 전조다(프롤로그의 그래프 1 참조). 그러나 주식시장의 본격적 붕괴는 은행 붕괴 이후에 일어난다. 각 주기에서 평균적으로 약 46퍼센트 하락한다.[16]

은행이 붕괴되고 기업들이 줄도산하면서 주식시장은 또 한 차례의 심각한 하락을 겪는다. 부동산시장 하락에 가장 많이 노출된 기업(부동산 회사, 주택 건설업체, 은행 및 기타 금융 회사)의 주가가 가장 많이 하락한다.

정부가 은행 시스템을 적절히 지원하고 기업이 회복을 시작할 수 있을 만큼 시스템에 충분한 유동성이 회복되었다는 확신이 서면 시장은 비로소 최저점에서 벗어난다. 일본의 쌀 상인에 대한 옛 이야기에 이를 적절히 요약한 다음과 같은 구절이 있다. "시장이 절반으로 줄어들고 구매자들이 80퍼센트를 가져간 다음, 20퍼센트 할인을 받을 때 구매하는 것이 안전하다."

7. 부동산시장 붕괴

위기의 여파로 부동산(주택) 가격은 실질적으로 평균 약 35퍼센트 하락한다. 하락 기간은 대개 6년으로 주식 하락장보다 길다. 그리고 이건 평균 하락률이다. 외곽 지역의 부동산과 토지 가격은 훨씬 더 큰 폭으로 하락한다.[17]

....

주기의 절정기에서부터 최저점까지 떨어지는 붕괴 기간은 약 2년이 걸린다. 이 과정에서 이전 호황기에 자행되었던 엄청난 사기 행위가 폭로되면서 일반 투자자들의 고통은 더욱 가중된다. 주기 때마다 사기꾼들은 많은 사람이 힘들게 벌어들인 저축을 유인하는 데 성공한다. 당신이나 당신이 아는 누군가도 그 영향을 받았을 가능성이 있다. 그들은 당신의 투자를 잘못된 방향으로 이끌어 당신의 재정 건전성에 큰 해를 끼친다.

다음 장에서는 잠시 주기 여행에서 벗어나 이들 사기꾼으로부터 안전하게 우리 자산을 지킬 수 있는 방법을 살펴볼 것이다.

침착하게 기다려라

- 단계: 붕괴

- 대략적인 시기: 15~16년 차

- 지배적인 감정: 공포, 두려움

감정 관리하기

붕괴 단계에서는 두려움이 극에 달하므로 침착함을 유지하는 것이 중요하다. 절대 공포에 빠질 필요 없다. 충분히 대비했다면 당신의 이익은 안전하게 보호될 것이다. 당신은 양질의 자산을 보유하고 있고, 과도한 차입도 하지 않았다. 자신감 있고 확고한 태도를 취하라. 상황은 결국 반전될 것이다.

투자 관리하기

붕괴 단계에서의 성공 여부는 이전 단계에서 얼마나 잘 준비했는지, 그리고 감정을 얼마나 잘 관리했는지에 달렸다. 당신이 이 단계에서 살아남는다면, 미래에 아주 좋은 위치에 서게 될 것이다. 따라서 당신의 자본을 잘 지키는 것이 중요하다. 이 시기에 대부분의 자산 가치는 하락한다. 그러므로 하락장 매도 행렬에 가담해서는 안 된다.

1. 최저점을 기다려라

그동안 잘 준비했다면, 당신은 지출을 관리하고 부채를 차질 없이 상환하고 투자 포트폴리오도 탄탄해서 여유 현금까지 확보했을 것이다.[18] 붕괴 기간 동안에는 새로운 대출을 받는 것이 (불가능하지는 않겠지만) 어려울 수 있으므로 대출 상환 연장을 기대해서는 안 된다. 특히 기업의 경우, 현금 보유가 핵심이다. 수입이나 수익이 감소할 때 현금 보유는 필수이며, 특히 대출이 줄어들 경우 현금만이 그 차이를 메워줄 수 있다. 지금은 생존이 핵심이자 주요 목표다.

2. 약세 종목 공매도

시장의 난폭한 움직임에 편승하고 싶다면 다음과 같이 움직여라.

a. 가능하다면 시장 하락에 따라 가치가 상승하는 트래커 펀드(Tracker fund)*를 사용해 주식을 공매도하라. 투자자들이 가격 하락을 활용할 수 있도록 돕는 여러 가지 펀드들이 나와 있다.

---

* 주가지수의 변동과 동일한 배당이 돌아가도록 설계된 펀드를 말한다.

b. 부동산과 은행주를 공매도하라. 하락하는 부동산시장에서 은행과 부동산 업계가 직면하게 되는 문제를 고려할 때 이 단계에서 이 두 종목이 가장 크게 하락할 것이다. 하지만 약세장은 영원히 지속되지 않는다는 점에 주목하라. 너무 오래 기다리지 말고 지금 바로 이 주식들을 공매도해 이익을 챙겨라.

c. 특히 첫 번째 패닉 이후 랠리가 시작된다고 해서 저점 매수를 하지 마라. 미국 시장이 50퍼센트 하락하지 않았다면 아직 붕괴의 끝이 아닐 가능성이 높다. 인내심을 갖고 구제금융이 주기의 다음 단계에서 시스템을 안정화시킬 때까지 기다려라.

3. 부동산 포트폴리오 관리

부동산 포트폴리오를 계속 잘 관리해서 임대 수익을 창출하라. 경기 침체 중이라도 어느 시점에는 좋은 위치에 있는 부동산의 임대 수입이 증가할 것이다. 사람들이 일자리를 찾아 움직이기 시작하고, 부동산을 사려는 사람보다 임차하려는 사람들이 더 많기 때문이다. 이 점을 세심히 살펴야 한다.[19]

4. 안전자산을 계속 보유하라

패닉 상태에서 가치가 높아지는 국채와 안전 통화(일본 엔화, 스위스 프랑 등)를 계속 보유하고 있어야 한다.

5. 금은 계속 보유하되 다른 원자재들은 매각하라

a. 금과 은은 계속 보유하라. 금융 시스템의 건전성에 대한 우려가 있고 디플레이션 위협(지나친 부채 증가로 인한 경기 침체의 결과로 발생할 수 있음)이 있을 때 가치가 상승한다.

b. 그러나 다른 원자재는 매도할 시점이다. 원자재 가격은 1800년 이후 단한 차례의 주기만 제외하고는 미국 주식시장의 추세를 따라 최고점을 기록했다. 경제가 불황으로 접어들면 원자재 가격은 하락할 것이므로 너무 오랫동안 보유하지 않는 것이 좋다.

협잡꾼과 사기꾼

썰물이 지나고 나면 누가 발가벗고 헤엄쳤는지 알 수 있다.

_워런 버핏

하루아침에 부자가 될 수 있다는 제안

예전에 한 투자자가 자신의 지인에게 독점적인 기회를 제안받았다. 그것은 암호화폐 채굴 계획이었는데, 그 지인은 코인을 생성하는 데 사용될 채굴 기술에 대한 자세한 정보를 그에게 제공했다. 그의 지인은 암호화폐 전문가로 소셜 미디어에서 많은 팔로어를 거느린 사람이었다. 투자자는 그 제안을 받고 매우 기뻐했다. 적어도 표면적으로는 수익성이 높은 계획으로 보였다.

하지만 투자자는 빠른 결정을 내려야 한다는 압박을 받았다. 그 지인은 엄청난 수익을 얻을 수 있는 독점 기회는 영원히 제공되지 않는다고 말했다. 그러나 재정 문제에 정통한(적어도 자신이 생각하기에는) 투자자는 그런 계획이 실제로 무엇을 수반하는지에 대해 상당한 주의를 기울여야 한다는 것을 잘 알고 있었다. 그는 세 가지 의문을 품었다. 첫째, 그는 이전에 그 지인에게 투자한 적이 없었고, 그래서 그 지인이 자신의 돈을 가지고 도망갈 수도 있지 않을까 하는 생각이 들었다. 둘째, 그 자신은 사실 그 계획에 대해 잘 이해하지 못했다. 투자 내용을 간단하게나마 설명해 주는 투자 설명서나 서면 자료가 전혀 없었다. 셋째, 그는 그 지인이 왜 다른 사람이 아닌 자신에게 그렇게 수익성이 좋은 기회를 제안했는지 궁금했다.

내가 전문가니 나만 믿으세요

암호화폐, 특히 암호화폐 채굴은 이 투자자가 잘 아는 분야가 아니었다. 물론 지난 12개월 동안 많은 사람이 암호화폐 분야에서 큰돈을 벌었다는 것을 들어서 알고 있었으므로 자신도 그들 중 한 명이 되고 싶었다. 하지만 그 지인(암호화폐 전문가)은 '기타 수입원'에 대해 모호하게 이야기할 뿐이었다. 그 사람의 공개 프로필에는 암호화폐의 움직임을 예측하는 데 어느 정도 성공한 사람으로 기재되어 있었다. 더 많은 정보가 없는 상황에서(추가 질문에 대한 답변도 다소 모호했으므로) 이 투자자는 그런 추가 수입이 채굴된 코인의 거래에서 나오는 것이라고 추정했다. 그는 그 지인의 전문 지식을 신뢰했고, 소셜 미디어에서 그렇게 많은 팔로어가 있는 사람이 나쁜 일을 해서 자신의 평판을 위험에 빠뜨리게 할 리는 없을 것이라고 생각했다. 게다가, 그는 자신의 일에도 바빴기 때문에 더 이상의 조사를 수행할 시간도 방법도 없어서 다음과 같이 생각을 정리했다.

1. 이 제안은 큰 보상이 생길 것이 확실시되므로 머지않은 미래에 보상이 지급될 것이다.
2. 혹시 그 계획이 효과가 없을지 모르니 손실을 감수할 수 있는 소액만 투자할 것이다.
3. 이익을 나누는 방식도 합리적으로 보인다(이 계획이 성공하면 내 계좌를 관리할 이 전문가는 이익의 10퍼센트를 수수료로 받는 조건인데 충분히 그럴 만한 자격이 있다고 생각한다).

결국 그는 투자하기로 결정했다. 그러나 이 일의 냉혹한 현실은, 그가 그 제안을 받고 예상 수익에 대한 이야기를 처음 들었을 때부터 이미 큰돈을 벌 수 있다는 기대에 감정적으로 묶여 있었다는 것이다. 하지만 공식적인 결정이 내리기까지는 꽤 많은 시간이 걸렸다.

결정을 내리자 온라인 플랫폼에 계좌를 개설하라는 요청을 받은 다음, 그들이 서로 채팅을 나누는 앱의 메신저 기능을 통해 그 계획에 투자하기 위해 자신의 비트코인을 이체 받을 수 있는 암호화폐 지갑에 대한 세부 정보를 제공받았다. 초기 투자금은 즉시 코인(암호화폐)으로 그의 암호화폐 지갑(계정)에 입금되었다. 투자한 돈이 그냥 사라질지도 모른다는 그의 첫 번째 우려는 신속하게 불식되었다.

더 투자하세요

코인이 입금되자 계정 관리자(지인)는 채팅을 통해 자신이 투자한 계획에 또 다른 계층이 있음을 말해 주었다. 이 투자자가 참여한 계층도 확실히 좋은 계층이었지만 최고는 아니었다. 투자금을 조금 더 높이면 예상 이익이 두 배 이상 늘어났다. 관리자는 그렇게 하라고 부드럽게 압력을 넣었다. 그러면서 무엇이 최선일지 생각해 보라고 권했다. 이 시점에서 투자자는 다시 의구심이 일었다. 여기서 투자를 더 한다면 자신이 애초에 감수할 수 있다고 생각한 손실 이상의 돈을 투자하는 셈이 되기 때문이다. 그러나 계정 관리자의 말은 설득력이 있었다. 그는 투자자가 성공하기를 원했고 그러기 위해서는 자신을 믿어야 한다고 말했다. 투자자는 이런 생각이 들었다. 그는 내 지인이고, 나는 내 친한 친구를 통해 그를 알게 되었지. 그는 나를 진정으로 돕고 싶은 거야. 투자 기간도 길지 않고, 또 투자하기로 약속했지 않은가. 그리고 이미 내 계좌에 코인이 들어왔고. 그러니 한번 해보도록 하자.

그는 계속하기로 결정했고, 며칠 되지 않아 거의 즉시 채굴 수익을 창출하기 시작했다. 투자자는 계좌 관리자에게 정말로 고마웠다. 이로써 계좌 관리자가 약속한 것을 이행할 수 없을지도 모른다는 그의 두 번째 우려도 다소 완화되었다. 며칠 만에 초기 투자금 전액을 회수할 수 있을 만큼 충분한 수익이 창출되었고 계속해서 증가했다. 하지만 흥미롭게도 그의 계좌에 입금된 수익은 어림수로만 표시되었다. 지인은 약간의 위험이 수반된다고 말했지만, 투자 수익은 계속 한 방향(상승)으로만 진행되었다.

왜 그렇게 되는지 물었더니 계정 관리자는 단지 일이 순조롭게 진행되고 있기 때문이라고만 말했다. 그는 친절했고 매일 투자자에게 일이 얼마나 잘 진행되고 있는지 설명해 주었다. 그러나 이 계획이 왜 그렇게 잘 진행되는지에 대해서는 자세한 내용을 밝히지 않았다. 어쨌든 이미 이익을 꽤 많이 올렸기 때문에 투자자는 더 이상 그를 의심하고 싶지 않았고, 행여 그를 신뢰하지 않는 것처럼 보여서 그동안의 좋은 관계를 위태롭게 하고 싶지 않았다. 그의 계좌에 이익이 계속 쌓여 나갔다. 하지만 자신이 그 돈을 마음대로 통제하는 독립 당사자가 아니라, 돈이 계정 관리자의 회사에 예치되어 있다는 사실 때문에 약간 취약하다는 생각이 들기도 했다. 하지만 곧 자신의 것이 될 이익을 생각하니 매우 기분이 좋았다. 이제 나는 훨씬 더 큰 주식 포트폴리오를 구축하게 될 거야. 내 자산 포트폴리오에 이걸 추가하면 큰 노력을 기울이지 않고도 경상 소득을 효과적으로 충당할 수 있겠지. 아마도 몇 년 안에 옛날이야기에 나오는 것처럼 '오래오래 행복하게 살 수 있을 만큼' 충분한 돈을 갖게 될 거야.

계획이 끝나기 약 일주일 전, 관리자는 방금 새로운 채굴 기회가 발생했는데 이를 최대한 활용하기 위해 마지막 며칠 동안 추가 투자를 할 의향이 있는지 물었다. 큰 금액은 아니었지만 투자자는 거절했다. 아직 아무런 위험은 없었지만 그렇게 많은 이익이 그렇게 짧은 기간 동안 쌓일 수 있다는 사실에 여전히 일말의 의구심을 품었기 때문이다. 사실 아직까지도 그 계획이 무엇과 관련되어 있는지도 잘 몰랐기 때문에 그에 대한 우려가 완전히 불식된 것도 아니었다. 그는 이 계획에서 번 돈을 어떻게 투자할 것인가에 대한 장밋빛 생각에 잠긴 채, 가능한 한 빨리 초기 투자금만큼의 이익만 회수하기로 마음먹었다. 그러면 만일 일이 잘못되더라도 적어도 초기 자본금 손실은 없을 것이라고 생각했다. 나머지 돈에 문제가 생긴다고 하더라도 여전히 이익일 것이고, 그렇지 않다면 더 좋을 것이었다.

투자금이 지급되기로 한 날, 관리자에게서 연락이 와서 그가 큰 이익을 얻었고 곧 큰돈을 만지게 될 것이라고 축하했다. 이제 돈을 찾는 일만 남았다! 당초 계약에 따라(공식적으로 계약서를 쓴 것은 아니지만) 관리자도 다른 암호화폐 기반 거래 계획과 마찬가지로 수익의 10퍼센트를 수수료로 받을 것이다. 투자자는 기꺼이 그 약속을 지킬 것이었다. 이 계획이 그렇게 큰 수익을 냈다면 관리자의 수수료 10퍼센트가 오히려 적다는 느낌이 들 정도였다.

아직 돈을 인출할 수 없습니다

문제는 그동안 쌓인 이익을 인출하기 전에 수수료를 선불로 지불해야 한다는 점이었다. 이익이 많이 쌓였기 때문에 그 이익에 대한 10퍼센트는 투자자의 초기 투자액을 훨씬 초과했다. 그러자 이 계획을 듣고 투자자가 처음 품었던 두려움이 다시 나타났다. 그는 화가 나서 관리자에게 수수료 지불을 하지 못하겠다고 항의했다. 그러나 많은 논의가 오간 끝에 결국 수수료 문제만 해결되면 불과 몇 분 후에 얼마나 많은 이익을 얻을 수 있는지 강조하는 관리자의 설명에 설득될 수밖에 없었다. 그러면서 관리자는 수수료의 절반을 자신의 개인 대출로 먼저 충당하겠다고 제안했다. 그는 자신이 투자자에게 특별한 호의를 베풀고 있으며, 투자자를 믿기 때문에 나중에 투자자가 자신의 대출을 갚아줄 것으로 믿는다고 말했다. 결국 투자자는 그의 말에 다소 안도하면서 수수료의 절반을 지불하기로 결정했다.

그리고 투자자는 계좌에 쌓인 이익이 자신의 개인 통장에 들어오기를 기다렸다. 그러나 그는 작은 문제가 생겼다는 통보를 받았다. 계정 관리자는 결제 과정에서 몇 가지 문제가 있다고 말했다. 이제 뭔가 크게 잘못되었다는 것이 분명해졌다. 투자자는 그 관리자가 사기에 연루되었는지 알아보기 위해 자신과 관리자를 모두 아는 친구에게 연락을 취했다. 지금까지 여러 차례 의심이 들었지만 투자자는 다른 친구에게 도움을 요청하는 것을 꺼렸었다. 그 계획이 큰 이익을 볼 수 있어도 이 사실을 그대로 설명하면 친구들이 자신이 개입한 방식에 대해 어처구니없어할 것이라고 생각했기 때문이다. 그 친구는 우선 그에게 동정을 표했다. 그 친구 역시 투자자이자 기업가로서, 얼마나 많은 사람이 이 같은 사기를 당해 어려운 상황에 처했는지 잘 알고 있었다.

친구가 그를 위해 그 계획의 뒤를 캐보았다. 친구는 이익금 지불이 지연되는 것이 정상이 아니라는 점에 동의했다. 어쩌면 투자자와 그 친구를 모두 아는 관리자가 스스로 감당할 수 없는 일에 빠져서 신규 투자자를 끌어들여 이전 투자자들의 이자나 배당금을 돌려막는 폰지사기(Ponzi scheme)를 저질렀을 가능성이 있었다. 아니면 어떤 법을 위반해 조사를 받는 중일 수도 있었다. 어느 쪽이든 그 큰 이익은 즉시 들어오지 않을 가능성이 높았다. 마치 복잡한 수수께끼 같았다.

하지만 진실은 훨씬 간단했다. 그 계정 관리자는 전혀 그들이 아는 사람이 아니었다. 그는 그 투자자와 친구를 모두 아는 전문가의 프로필을 위조하고, 이를 이용해 소셜미디어 팔로워들의 돈을 빼돌리는 사기 투자 계획을 일삼는 전문 사기꾼이었다.

플랫폼과 계정 모두 가짜였다. 이익은 애당초 없었다. 이체한 비트코인은 모두 도난당했다. 그 세계의 특성상 추적이 불가능했기 때문에 다시 찾을 수 없었다.

당신을 속이려는 시도가 여기저기서 일어난다

위의 예를 보면 이 시기에 무슨 일이 일어나는지 분명히 보일 것이다. 그것은 분명한 사기였다. 투자의 모든 단계에서 위험 신호를 읽었어야 했다. 그 투자자는 자신은 재정적인 문제에 밝기 때문에 결코 속지 않으리라 생각했다. 이번 단락에서는 그가 처음부터 그런 함정을 피하기 위해 무엇을 했어야 하는지에 대해 몇 가지 살펴볼 것이다. 그가 놓친 것들이 바로 그런 사기 행위에서 공통으로 나타나는 현상이기 때문이다.

어떤 경고 신호들은 지나고 나서 보면 아주 명확히 보인다. 어느 분야에서 다른 사람들이 많은 돈을 벌었다는 소문이 무성하면, 당신도 그 분야에 투자해서 빠른 이익을 얻을 것이라는 유혹이 강력한 매력으로 부상하며 당신의 판단을 흐트러지게 만든다. 이 이야기의 순진한 투자자가 바로 나였기 때문에 그에 대해서 너무나 잘 안다.

지금도 그때 생각만 하면 씁쓸하다. 상당한 돈을 날렸다는 사실도 충격적이지만, 더 힘든 것은 나 자신의 어리석음을 인정해야 한다는 것이다. 하지만 아직도 가시지 않은 그 사건의 충격을 가다듬고 내

이야기를 감히 여러분에게 들려주고자 한다. 굳이 이렇게 하는 이유는, 피해자들이 자신의 어리석음을 공개하는 것이 부끄러워 스스로 침묵을 지킨다면 다른 사람들에게 사기를 당하지 않고 안전을 지킬 방식에 대한 교훈을 주지 못할 것이기 때문이다(사실 그것이 사기꾼들이 의도하는 바이기도 하다).

사기와 협잡에는 다양한 유형이 있다. 이번 예에서처럼, 당신에게 서류상의 이익을 먼저 제공한 다음 훨씬 더 큰 이익을 보장한다면서 선불 수수료를 요구하는 경우도 있고, 장기간에 걸친 비현실적인 이익을 약속하고 새로운 투자자로부터 돈을 빼내 기존 투자자에게 돈을 지불하는 폰지 사기도 있다. 또 다른 일반적인 사기 형태는 수익, 재고, 회사 자산(또는 부채)에 대한 호도성 공개 자료를 기반으로 회사의 가치(또는 주가)를 높여주겠다고 약속하는 기업 사기다. 그러나 이모든 사기는 와전된 자료(지나치게 낙관적인 예측에서부터 노골적인 거짓말까지 다양함)에 의존하며, 다양한 신용 사기 수법이 동원된다.

대부분의 투자자는 크게 잘못될 수도 있는 일에 돈을 투자한다. 사실 그런 불확실성은 투자 자체의 일부이기도 하다. 시크릿 핸드북 ⑯에는 안전을 유지할 가능성을 높여주는 여러 가지 규칙이 정리되어 있으니 주의 깊게 읽어보기 바란다(물론 모든 경우에 이 사항들을 모두 준수하는 것이 불가능할 수도 있음을 인정한다).[1, 2]

．．．．．．．．．．

붕괴 시기에는 말 그대로 온 세상이 붕괴되면서 토지 붐과 투기 열풍 시기에 자행된 사기 행위들이 적나라하게 드러난다. 2년 정도의 경제 불황 동안 들려오는 뉴스는 참으로 암울하다. 지금이 우리가 최고의 두려움에 빠지는 지점이다. 그러나 터널 끝에는 빛이 있기 마련이다. 정부 당국은 경제를 되살리기 위해 안간힘을 쓴다. 서기 33년의 위기에서나 2008년에 발생한 위기에서나, 정부는 은행 시스템의 문제를 해결하기 위해 유사한 조치를 취했다. 이제 우리는 18년 여정의 마지막 단계인 구제 단계로 가고 있다.

사기꾼을 조심하라

- 단계: 시작부터 절정까지의 모든 단계, 특히 토지 붐과 투기 열풍 단계

- 대략적인 시기: 주기의 1~14년 차, 특히 10~14년 차

- 지배적인 감정: 설렘, 좋은 기회를 놓칠지 모른다는 두려움

시크릿 핸드북에 나오는 대부분의 비결은 어떻게 하면 가장 적절한 시기에 투자하여 돈을 버느냐에 관한 것이다. 하지만 반대로, 18년 주기의 어려운 시점에 어떻게 하면 자신의 투자를 보호할 수 있느냐에 관한 것도 있다. 시크릿 핸드북 ⑯은 당신에게 사기를 치려는 사람들로부터 자신을 보호하는 방법에 관한 것이다. 물론 사기는 주기의 어느 시점에서나 발생할 수 있지만, 가장 속기 쉬운 시점(토지 붐과 투기 열풍)에 발생할 가능성이 가장 높다. 시대가 변하고 있다는 느낌이 강하게 들고, 새로운 투자 이야기가 무성하며, 다른 사람들이 많은 돈을 벌고 있다는 소문이 난무할 때이기 때문이다. 토지 붐과 투기 열풍 시기가 바로 그런 시기다. 과거의 놀라운 사기꾼들(찰스 폰지(Charles Ponzi), 크루거(Krueger), 밀켄(Milken), 트럼프, 맥스웰(Maxwell), 매토프(Madoff) 등)이 등장한 것도 주기의 바로 이 시기다.[3]
시크릿 핸드북에 나온 대부분의 부의 비밀과 마찬가지로, 중요한 것은 감정과 투자를 주의 깊게 관리하는 것이다.

감정 관리하기

1. FOMO(좋은 기회를 놓칠지 모른다는 두려움)에 저항하라

사기는 언제든지 일어날 수 있지만, 특히 토지 붐과 투기 열풍 기간 동안 사기에 당하기 쉽다.

이 단계에서는 모두가 돈을 벌고 있어서 감정이 고조되어 있다. 당신 친구들은 자신들이 어떤 투자에서 얼마나 벌었는지 이야기하기 바쁘다. 신문에서는 최근에 갑자기 백만장자(또는 억만장자)로 떠오른 사람에 대한 기사가 심심찮게 등장한다. 사방에 건물들이 올라가고 있다. 매일매일 새로운 기업들이 앞다퉈 생겨난다. 당신의 친지들은 더 좋은 집, 값비싼 가구, 더 좋은 자동차를 사느라 여념이 없다. 감정적으로, 당신은 많은 돈을 벌 수 있다는 계획을 제시하는 사람의 접근에 훨씬 더 마음을 연다.

하지만 이럴 때일수록 남들이 더 잘나가고 나만 뒤처지지 않을까 하는 생각에서가 아니라, 당신이 이해하는 건전한 기회에 투자하고 있는지 확인해 보아야 한다.

2. 현실적인 기대를 가져라

시장이 걸어온 길을 이해하고 비정상적인 수익을 약속하는 계획에 주의하라. 비록 주변 사람들이 암호화폐 같은 자산에 투자하여 터무니없는 이익을 얻고 있더라도, 이것은 말처럼 쉬운 일이 아니다. 사실 그런 이익들은 너무 좋아서 사실처럼 보이지 않는다. 몇 년 이상 계속해서 시장 수익률을 넘는 투자 대상은 거의 없다. 장기간에 걸친 시장 수익률은 연간 11퍼센트를 넘지 않는다는 점을 기억하라.[4] 투자를 권유하는 펀드 운용자들이 주장하는 기회의 실적을 비판적으로 조사하라. 진정한 실적에는 좋은 해도 있고 나쁜 해도 있는 법이다. 어느 시점에서든 어려움을 겪지 않는 투자는 거의 없다. 독자 여러분들은 이제 18년 주기의 역동성을 이해했기 때문에 다른 사람들보다 내 말을 더 잘 이해할 것이다. 어떤 해는 왜 좋았고 어떤 해는 왜 나빴는지에 대해 자세히 알아보고 설명을 요청하라. 물론 새로운 펀드는 실적이 없을 수도 있다. 그렇다고 해서 반드시 문제가 되는 것은 아니다. 다만 그 운용자가 앞으로 시장의 침체가 있을 수 있다는 점을 이해하고 있는지, 그럴 경우 대처할 방법을 설명할 수 있는지 확인해 보아야 한다.

수익이 높을수록 위험도 높아진다는 점을 명심하라. 만약 그들이 위험은 낮고 불합리하게 높은 수익을 약속한다면(이런 경우 대부분의 사람은 '확실한 투자'라고 강조한다) 이는 경고 신호임이 틀림없다.

투자 관리하기

1. 당신이 무엇에 투자하고 있는지를 정확히 이해하라

모든 제안을 철저하게 조사하라. 돈은 어디로 가고 무엇에 투입되는가? 어떻게 해서 돈을 벌 수 있는가? 당신이 알고 싶은 것을 모두 질문하라. 관리자가 응답을 거부한다면, 이는 경고 신호다. 그들이 당신의 질문을 피하기 위해 사용하는 전형적인 두 가지 트릭은, "나를 믿지 못하겠다는 말입니까?"라고 말하는 것과 "빨리 결정하지 않으면 기회를 놓칠 수 있습니다."라고 말하는 것이다.

좋은 평판을 지닌 전문 운용자는 자신의 전략이 무엇인지 명확하고 간단하게 설명할 수 있다. 만약 화려한 용어, 금융 전문 용어, 기술 언어, 투자와 관련된 이해할 수 없는 특수 용어들을 자주 사용한다면, 투자자들이 그 계획에 꼭 참여해야 할 만큼 이면에 매우 정교한 것이 있다고 생각하게 만들기 위해 그렇게 행동하는 경우가 많다는 점을 주의하라.

자신에게 간단한 질문을 해보라. 운용자가 하는 말이 이해가 되는가? 이해하지 못한다면 절대 투자하지 마라. 투자를 통해 돈을 번다는 것은 장기적으로 큰 보상을 얻을 수 있는 꾸준하고 인내심 있는 활동이다. 이 책에 있는 아이디어를 하나하나 따른다면 거기에 도달하게 될 것이다. 그 과정에서 단기적인 횡재 이익을 추구할 필요가 없다고 확신하게 될 것이다. '어떤 것은 절대 따르지 않는다.'는 규칙을 세워라. 사기 계획에 연루되지 않는 유일하게 확실한 방법은 그런 계획에 투자하지 않는 것이다.

사기를 피하는 것은 근본적으로 당신이 얼마나 총명한가에 대한 문제가 아니다. 어떤 면에서는 당신이 똑똑하다는 것이 단점이 될 수 있다. 스스로 똑똑하다고 생각하는 사람은 무지한 것처럼 보이고 싶지 않아서 단순한 질문을 피하는 경향이 있다. 바로 내가 그런 실수를 했다.

2. 친구에게 조언을 구하거나 상담하라

당신은 이 문제에 관한 한 혼자가 아니다. 다른 사람들의 조언을 구하라. 금융 경험이 있는 친구가 아니더라도, 질문을 좋아하고 기회를 설명하는 것을 좋아하는 사람을 찾아 도움을 청하라. 당신이 투자하려는 계획을 그들에게 설득하는 데 어려움이 있다면, 당신은 그 계획을 이해하지 못했거나 불합리한 가정을 했을 가능성이 높다.

3. 위험을 계산하라

어떤 것에 투자하기로 결정했다면, 그 금액이 감당할 수 있는 수준인지 확인하라. 그러니까 투자한 돈을 잃는다고 해도 당신이 재정적으로 파탄하지 않아야 한다. 그리고 절대 돈을 빌려서 그런 계획에 투자해서는 안 된다. 올인도 금물이다. 파탄하거나 올인하는 것을 피하려면, 그 계획이 당신이 직접 생각해 낸 것이거나 당신이 직접 통제할 수 있어야 한다.

4. 의사결정자와 관리자는 다른 회사여야 한다

이것이 항상 가능하지는 않을 수도 있지만, 당신의 투자금을 안전하게 유지할 가능성을 높이는 한 가지 방법은 당신의 투자금 사용 방법을 결정하는 사람과 당신의 돈을 관리하는 사람을 분리하는 것이다. 사기꾼들은 투자자에게서 돈을 빼돌리거나 손실을 만회하기 위해 돈을 유용하다 적발되는 경우가 많다. 그리고 이것이 폰지 사기가 작동하는 방식이기도 하다. 하지만 관리인이 다른 회사라면 그렇게 쉽게 사기를 칠 수 없다.

이상적으로 관리인은 투자 포트폴리오의 정보에 대해 지속적이고 실시간으로 접근을 제공하는 대규모 조직이어야 한다. 내 경험에서도 알 수 있듯이, 수익이 발생하는 것처럼 보여주는 플랫폼을 위조하는 것은 그리 어려운 일이 아니다(돌이켜보면 어림수로만 표시된다는 자체가 모든 것이 위조되고 있음을 명백히 보여주는 것이었다).

5. 투자금이 당신의 이름으로 관리되는지 확인하라

당신의 돈이 다른 사람의 돈과 섞여서는 안 된다. 당신의 돈은 오직 당신의 이름으로만 관리되어야 하며, 당신의 돈이 어떻게 해서 수익을 내는지 명확히 알아야 한다. 필요한 경우 언제든 당신의 돈에 접근할 수 있어야 하며, 돈을 인출할 수 있는 옵션이 있는 것이 가장 바람직하다.

6. 관리자를 무조건적으로 신뢰하지 마라

투자 관리자가 말하는 것을 무조건 믿지 마라. 그에 대한 신뢰는 입증된 자금 관리 실적이 있느냐 하는 것뿐이다. 중요한 것은, 투자와 직접 관련이 없는 요인에 근거해서 신뢰해서는 안 된다는 사실이다. 당신의 투자 관리자는 중요한 사람들과 잘 어울리는 사람일 수도 있고, 신앙이나 직업적 관계로 믿는 사람일 수도 있고, 지역사회에서 중요한 인물로 여겨지는 사람일 수도 있고, 소셜 미디어에서 팔로어가 많은 인기 프로필을 가진 사람일 수도 있고, 자선 단체에 관대하게 기부하거나 업계에 이름이 잘 알려진 유명한 사람일 수도 있다. 이러한 것들은 모두 훌륭한 조건들이지만 투자 결정과 직접적으로 관련이 있는 것은 아니다.

신화적인 이야기, 특히 가난뱅이에서 하루아침에 부자가 되었다는 이야기는 한 번쯤 의심해 볼 필요가 있다. 그런 이야기들 중에는 정직한 노동자나 세상 물정에 밝은 사람이 그렇게 되었다는 얘기들도 간혹 들어 있다. 곳곳에 눈에 띄는 유명 상호나 브랜드에 의존해 투자를 권유하는 것도 경고 신호일 가능성이 있다. 예쁘거나 잘생긴 파트너(애인)를 동반하고 다니거나 값비싼 자동차를 모는 등, 외적인 성공을 과시하는 것 또한 함정일 수 있으니 일단 의심해 보는 것이 좋다.[5]

7. 서두르지 마라

"여기 독점적 기회가 있습니다. 하지만 지금 결정하지 않으면 안 됩니다 (Time-limited)." 이런 권유의 핵심 영업 전략은, 오직 자신들을 통해서만 투자할 수 있으며 빨리 투자 결정을 하지 않으면 기회를 놓치리라고 생각하게 만드는 것이다. 독점성과 긴박감을 조성하는 투자 권유는 투자자가 질문하거나 생각할 시간을 갖지 않고 신속하게 결정하도록 교묘하게 설계되어 있다. 이것은 나쁜 신호다. 어떤 좋은 기회라도 너무 긴급해서 며칠 동안의 철저한 검토도 허용하지 않는 기회는 없다. 좀 더 세심하게 조사하는 데 시간을 들이느라 기회를 놓쳤다면 그냥 놓쳐도 좋다. 괜찮다.

8. 중개인이 비효율적이고 비용이 많이 들면 사기 위험이 높다

당신과 의사결정자 사이의 거리가 멀어질수록 일의 비효율성은 더 커진다. 투자하는 데 중개인을 거치는 것은 질문에 대한 빠른 답변을 얻을 수 없기 때문에 문제가 될 수 있다. 또한 모든 연결 고리에는 수수료가 붙기 때문에 비효율적이다. 이로 인해 수익은 줄어들고 사기 발생 가능성은 높아진다.

9. 회계 부정 위험이 없는지 주시하라

사업주들이 흔히 겪는 문제 중 하나가 회계 부정이다. 회사의 회계원이 장부를 조작해 회삿돈을 개인 주머니로 빼돌리는 것이다. 부정을 저지르는 회계원은 흔히 급여를 제대로 받지 못했기 때문에 자신이 받아야 할 돈을 직접 챙긴 것이라고 자신들의 행위를 정당화한다. 그것이 실제로 정당한 이유든 아니든, 양심적인 회계 사원을 고용하고 적절한 급여를 지급하는 것은 아무리 강조해도 지나치지 않다. 그것이 장기적인 관점에서 비용과 문제를 줄이는 방법이다. 또 회사의 매출 채권(미수금)과 채무(미지급금)를 외부 기관에 맡기면(소규모 기업에서는 어려울 수 있지만) 부정행위를 어느 정도 예방할 수 있다. 이 경우 부정행위를 저지르려면 내부 사람과 외부 사람의 공모가 필요하기 때문에 장기간 지속되기도 어렵다. 여기에 감사 기능까지 분리시켜

세 당사자에게 업무를 나누면 위험은 더욱 줄어들 것이다.

10. 계속 질문하라

투자라는 것은 단순히 돈에 관한 문제가 아니다. 투자할 때에는 대개 감정이 개입되는데, 이 감정이 당신의 판단력을 손상시킬 수 있다. 사기꾼들은 자신의 권유를 따르면 당신이 얼마나 많은 돈을 벌 수 있는지 보여주는 방식으로 당신의 탐욕과 갈망에 호소하면서 당신의 감정을 자극한다. 그렇게 함으로써 사기꾼 본인들과 당신(피해자) 모두 한동안 부유하다고 느끼는 특이한 상황이 벌어진다.[6]

결국 그들의 권유에 따라 투자가 잘되고 있다는 행복감에 빠지면 두 번째 문제가 생긴다. 바로 그 투자에 빠져서 당신은 아무런 의심도 하지 않게 되고, 의심쩍은 질문으로 평지풍파를 일으키는 일을 더더욱 하지 않게 된다는 것이다. 특히 관리자가 당신의 돈의 관리하는 사람인 경우에는 더욱 그렇다. 당신은 그 사기꾼과 좋은 관계를 유지하기를 원하고, 그들은 당신의 그런 마음을 이용해 "나만 믿으세요."라는 주장을 펴거나 당신이 의심의 징후를 보이면 화를 낼 것이다.

11. 이미 투자한 계획에 더 이상 투자하지 마라

일단 사기 계획에 투자하면 어느 시점에서 더 많은 투자를 하라는 요청을 받게 될 것이다. 사기는 두 가지 방법 중 하나로 계속 이어진다. 기존 투자자들에게 돈을 지불하기 위해 새로운 투자자를 끌어들이거나, 기존 투자자에게 더 많은 돈을 투자하라고 요구하는 것이다. 사기꾼들은 지속적인 돈의 흐름이 필요한데, 새 투자자를 끌어들이는 것보다 기존 투자자에게서 돈을 빼내는 것이 훨씬 더 쉽다. 그들이 당신에게 더 많은 자본을 투자하라고 요구하는 경우, 추가 투자가 처음부터 명확하게 계획된 것이거나(연속적인 자금 조달 라운드) 추가 자금이 어디에 사용되는지 당신이 정확히 이해하고 있지 않은 한, 아주 중차대한 위험 신호다.[7]

당신에게 더 많이 투자하라고 요구하면서, 그들은 돈을 조금만 더 투자하면 이익(이미 서류상으로 받은 이익)이 훨씬 더 크게 늘어난다고 주장할 것이다 (그들은 투자에 손실이 있었다는 말은 절대로 하지 않는다). 그들은 여전히 당신의 투자금을 잘 관리하고 있으며 당신이 더 많은 혜택을 받기를 원한다고 주장할 것이다. 대개 추가 투자 요구 금액은 초기 투자 금액보다 적다. 그래야 투자자를 설득하기 쉽기 때문이다. 당신이 추가 투자를 하지 않으면 그들이 약속하는 엄청난 이익에 비해 훨씬 적은 수익에 만족해야 할 것이다. 게다가 그 많은 수익이 내 손에 들어올 날도 얼마 남지 않았다. 이때 당신은 현재의 수익에 만족하기보다는 더 큰 수익을 위해 좀 더 투자해야 한다는 압박감을 받게 되고, 여기서 좀 더 투자하지 않으면 초기 투자까지 위태로워질지 모른다는 생각에 빠지기 쉽다.

그동안 당신이 받은 이익은 당신의 손에 들어오기까지는 서류(또는 사이버 공간)상에서만 존재한다는 점을 기억하라. 내 경험에서 볼 수 있듯이, 서류상의 수익은 얼마든지 쉽게 위조할 수 있다.

12. 사기가 명백해지면 손을 털고 떠날 준비를 하라

당신이 사기 행위를 발견한 후에는 돈을 빼내는 것이 거의 불가능하다. 물론 당신이 이용할 수 있는 합법적인 경로를 모두 이용할 수 있지만 그 과정이 쉬울 것이라고 기대하지 마라.

당연한 얘기처럼 들리지만, 더 이상 돈을 넣어서는 안 된다. 하지만 의심은 들지만 사기를 당하고 있는지 확실하지 않은 경우가 있다. 그럴 경우 투자가 성공적으로 마무리되려면 돈을 좀 더 투자해야 한다는 압박감을 느낄 수 있다. 하지만 절대 추가로 돈을 넣어서는 안 된다. 더 큰 손실만 볼 뿐이다. 나중에 큰 타격을 입는 것보다 지금 작은 타격을 입는 것이 차라리 더 좋다.

13. 자신을 용서하라

사기임을 깨달았을 때 그 끝은 씁쓸하다. 당신은 세상을 원망할 뿐 아니라 당신 자신에 대해서도 매우 비판적인 생각이 들 것이다. 마지막 규칙은 감정 관리에 관한 것이다. 자신에게 친절을 베풀어라. 당연히 주의를 기울여야 했지만 놓쳤거나 고의로 무시한 경고 신호가 많을 것이다. 돌이켜 보면 그 신호들은 너무나 분명한 것이었는데 왜 보지 못했을까. 당신이 한 일과 하지 않은 일에 대한 후회가 당신을 괴롭게 할 것이다. 잃어버린 돈으로 할 수 있는 게 너무 많았을 것이라는 생각을 하면 화가 날 것이다.

그러나 궁극적으로 우리가 사는 세상은 신뢰를 바탕으로 돌아간다. 우리는 세상이 다른 방식으로 돌아가는 것을 원하지 않는다. 특히 소셜 미디어 시대(사기 계획을 고안하고 수백만 명의 사람들을 끌어들이는 데 드는 비용이 매우 낮다)에 사기는 불가피할 뿐 아니라 너무나 널리 퍼져 있다. 자신의 실수를 온전히 인정하고 자백하라. 사기꾼들에게 당신이 처음이 아니었던 것처럼 당신이 사기를 당할 마지막 사람도 아닐 것이다. 하지만 당신 자신을 용서해야 한다. 그것이 당신이 계속 앞으로 나아갈 수 있는 유일한 방법이기 때문이다. 잃어버린 돈은 영원히 돌아오지 않을 수 있지만, 당신의 자존감마저 잃어버려서는 안 된다. 그렇지 않으면 사기꾼은 당신에게서 돈보다 훨씬 더 가치 있는 것을 빼앗아 간 셈이 될 테니까 말이다.

구제

우리가 이 일(은행 구제)을 하지 않으면 월요일부터 경제가 없을 수도 있습니다.

_벤 버냉키, 미연방준비제도이사회 의장, 2008년 9월 18일 (목요일)

1973년은 현대 경제사의 흐름을 바꾼 한 해였지만, 그 이유는 대부분의 사람이 생각하는 것과는 달랐다. 이 해에 발발한 제4차 중동전쟁(Yom Kippur War)에서 서방 국가들이 이스라엘을 지원한 것에 대한 보복으로 아랍 국가들이 석유 수출을 줄이고 가격을 30퍼센트 인상했다. 공식적인 기록에 따르면 이로 인한 금융 시스템의 충격으로 1973~1974년의 금융 위기가 가속화되었고, 이어진 경기 침체가 세계에 새로운 유형의 위기를 초래한 것으로 분석되었다. 바로 높은 인플레이션과 경기 침체가 함께 불어닥친 것이다. 결국 1973년에 국제 정치 질서가 재편되면서 산유국들은 유가를 통제하기 위해 석유 카르텔(OPEC)을 공식 창설하기에 이르렀고, 미국은 중동 개입을 더 강화했다.

실제 있었던 이야기

그동안 주기에 대해 배웠기 때문에 이제 주기에 대해 더 잘 이해하게 되었을 것이다.

1950년대 후반에 땅값이 최저점을 찍은 지 14년 후, 위기가 찾아왔다. 이후 전후 투자 증가와 함께 경제 붐, 건설 붐이 이어졌고, 특히 1970년대 초반 2년 동안 토지 가격이 급격하게 상승했다. 게다가 당시 미국 정부는 베트남 전쟁비용을 충당하기 위해 엄청난 돈을 찍어내고 있었다. 그리고 긴 주기의 상승 국면에 때맞춰 일어난 원자재 붐은 국제 시스템에 돈이 흐르고 있음을 의미했다. 여러 나라에서 동시에 호황이 일어났다.

당시 정부의 대출 통제 조치로 주요 은행들의 대출에 제한이 있었지만, 새로운 금융 수단인 REIT(부동산 투자신탁)를 통해 자본은 여전히 부동산시장에 넘나들었다. REIT 자산은 1969년에 이미 두 배로 늘어났고, 1970년과 1971년에 다시 두 배로 늘어났다. 이것만 보아도 이 시기가 경제 사이클의 투기 열풍 시기였음을 금방 알 수 있다.

그러자 은행 부문에 대한 규제가 완화되면서 자본 흐름은 더욱 늘어났다.[1]

영국에서는 주요 은행의 대출이 제한되었기 때문에 '2차 금융기관'들, 즉 저축은행들이 그 공백을 메웠다. 부동산 붐은 치열했다. 1971년에서 1973년 사이에 건축 부지 가격은 300퍼센트 올랐고 주택 가격은 평균 두 배나 올랐다. 전후 경제 기적을 이룬 일본에서는 정부가 건설을 장려하면서 기업들은 여러 곳의 은행 대출을 받느라 행복에 겨울 정도였다. 도시의 땅값은 2년 만에 50퍼센트 이상 상승했다. 호주, 유럽 등 다른 지역에서도 사정은 거의 비슷했다.[2]

중앙은행들은 경기 호황을 완화하려고 노력했지만 이미 손을 쓰기에는 너무 늦어버렸다. 미국 주식시장은 계속 상승해 1973년 1월 정점을 찍은 뒤에야 하락하기 시작했다. 오일쇼크가 일어나기 수개월 전이었다. 경제는 다시 불황에 빠졌고 위기가 닥치면서 은행 대출도 함께 붕괴되었다. 이는 절정기 이후의 일반적인 현상이다.[3] 전쟁과 지정학적 긴장이 이미 쇠퇴하기 시작한 경제에 결정적 타격을 가했지만 그것이 경기 침체의 원인은 아니었다. 노동조합의 무리한 임금 요구에 대해 공식적 비난이 제기되면서 인플레이션 상승을 가속화했지만 이 또한 절정기에 늘 수반되는 일이었다. 경기 침체의 실제 범인인 토지시장의 투기꾼들을 탓하기보다는 외국인과 노동자의 탓으로 돌리는 것이 더 쉬운 일이었을 테니까 말이다.

그렇다면 1973년의 위기가 역사의 흐름을 바꾼 이유는 무엇이었을까? 그것은 바로 정부가 은행 시스템을 살리기 위해 대응한 방식 때문이었다.

위기로부터 은행 시스템을 구제하다

그해 말부터 경제의 붕괴가 시작되었다. 영국에서는 런던앤카운티 증권회사(London and County Securities)가 자금 조달을 제대로 하지 못하고 파산하면서 저축은행들이 단기금융시장에서 단기 대출을 차환하는 데 어려움을 겪었다. 이는 투자자들이 경계심을 나타낼 때 흔히 발생하는 자금 부족 현상인데, 이로 인해 은행 간 시장의 문제점이 노출되면서 모든 은행이 같은 문제(자금 부족)에 직면했다. 그러자 영국 중앙은행은 시장에 유동성을 공급하기 위해 런던의 태환은행* 들과의 대응을 조율해 문제를 해결했다.

부동산시장이 급락하고 있었기 때문에 이 조치는 한동안만 효과가 있었다. 그러나 영국 중앙은행이 단지 유동성 문제(은행이 단기 자금에 접근할 수 없는 것)로만 생각했던 문제는 실제로는 지불 능력의 문제였다. 은행 대차대조표의 건전성은 크게 손상되어 있었다. 이렇게 된 데

---

* 금본위제에서 발권 은행이 언제든지 액면 금액의 금을 지참인에게 지불할 것을 약속한 채무증권을 태환은행권이라고 하고, 이런 태환은행권을 발행할 수 있는 은행을 태환은 행이라고 한다.

에는 파업, 예산 부족, 높은 유가 등 국내 혼란도 어느 정도 문제가 되긴 했지만, 실제 원인은 부동산시장 하락이었다. 런던만의 문제는 아니었다. 미국의 프랭클린 내셔널뱅크(Franklin National Bank), 텔아비브의 이스라엘-브리티시 뱅크(Israel-British Bank), 독일의 헤르슈타트 은행(Bankhaus Herstatt), 이탈리아의 시그노 신도나(Signor Sindona) 은행 그룹 등 파산의 물결이 전 세계를 휩쓸었다. 언제나 그렇듯이 이 붕괴 시기에는 사기와 비리가 곳곳에서 드러났다. 은행 시스템의 문제는 주식시장의 폭락으로 이어졌다. REIT는 80퍼센트 이상 폭락하면서 하락세를 주도했다.

영국 중앙은행을 위시해 각국의 중앙은행들은 일제히 은행 구제에 나서 은행 시스템(저축은행들뿐만 아니라)에 대한 지원을 대폭 확대했다. 정부는 부동산 가격 하락을 저지하는 데에도 노력을 기울였다. 인플레이션을 막기 위해 1975년 3월에 16퍼센트까지 인상됐던 금리는 6월까지 5퍼센트로 인하됐다. 윌슨 정부는 인프라 지출을 늘려 토지 가격을 부추겼다. 미국에서는 1976년 세제개혁법(Tax Reform Act)을 발표하고 투자자들의 주식 매각을 막기 위해 세금 감면을 연장하는 조치를 취했다. 프랑스는 임대료 규제를 철폐했고, 호주는 정부가 직접 토지시장에 구매자로 나서 토지 수요를 촉진했다.

정부의 이런 조치들로 인해 전 세계적으로 부동산 가격은 매우 빠르게 회복되었다. 오히려 반응이 너무 빨라, 1975년은 주식시장에

'매우 좋은 해'로 역사에 기록되었다.[4]

새로운 제도의 등장

1973년이 현대사의 흐름을 바꾼 이유가 바로 여기에 있다. 이때까지 정부는 금융 위기에 비교적 느리게 대응해 왔다. 하지만 현대 정부들은 금융 위기에 관한 한, 신속하고 포괄적으로 행동하겠다는 의지를 표명했다. 그것은 한 주기가 끝날 무렵의 부동산시장 침체에 대한 정부 대응의 속도와 폭에 대한 새로운 모형과 기대치를 설정한 것이다. 앞으로는 부동산 대출을 과도하게 한 은행이라도 파산하도록 내버려 두는 일은 거의 없을 것이었다. 정부의 그런 은행 구제책이 은행 대차대조표를 개선시켰을 수는 있지만, (다음 페이지의 그래프 25에서 볼 수 있듯이) 적어도 다음 토지 붐이 일어날 때까지 부동산 가격이 다시 감당할 수 있는 수준으로 조정되는 시장 기능을 마비시켜 버렸다. 프레드 해리슨은 이를 다음과 같이 설명했다.[5]

이전의 구조적 불황에서는 토지 가치가 크게 폭락하면서 생산 요소들 간의 소득 분배가 재조정되어 다음 회복을 촉진시켰다. 임대료는 실제 경제적 잉여와 일치하는 수준으로 줄어들었고, 자금을 10~15년 동안 묶어둘 생각이 없는 한 토지 판매 가격을 추측하는 것은 거의 의미가 없었다. 결과적으로 투자자들은 자본에서 발생하는 수익률 상승에 매료되었고 이는 새로운 투자, 새로운 일자리로 이어지면서 경제 성장의 엔진이 다시 가동되었다. … 그러나 이번에는 독특한 일이 일어났다. 이전 주기가 끝날 무렵인 1973~1974년 붕괴 이후 토지 가치는 빠르게 회복되어 5년도 안 된 시점, 그러니까 여전히 경기 침체가 지속되는 중에 벌써 1973년 투기 최고치에 도달했다. 그 결과 새 주기 경제 성장의 통상적인 전주곡인 구조조정도 그 궤도에서는 전혀 찾아볼 수 없었다.

결국 부동산 가격이 평균 수준의 임금 소득자들이 구입할 수 없는

그래프 25. 미국과 영국의 실질 주택 가격, 1970~1989년

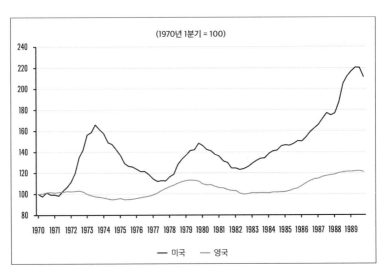

출처: Federel Reserve, Bank of England, Nationwide

수준이 되었음에도 새로운 구제 방식이 유행하게 되었고 오늘날까지 계속되고 있는 것이다.

위기는 또, 존 메이너드 케인스의 사상에 기초한 전후 경제 인식(높은 수준의 세금과 규제를 가진 행동주의 국가에 의한 경제 운영)을 종식시켰다. 새 정책은 밀턴 프리드먼(Milton Friedman)의 가르침(작은 정부, 낮은 세금, 최소한의 규제, 경제와 사회의 모든 영역에서 작동하는 시장의 힘)에 기반을 두었다. 영국은 차관 대출을 위해 IMF에 아쉬운 소리를 해야 했기 때문에 이미 이에 대한 맛을 본 상태였다. 구제금융의 대가로 공공 지출, 특히 사회 복지 지출을 크게 줄여야 했다. 결국 새로운 정책은 은행은 구했지만 다른 사람들을 크게 파멸시킨 또 다른 예가 되었다.[6]

어쨌든 이 새로운 경제 논리가 다음 두 차례의 부동산 주기를 주도하게 된다. 아이러니한 점은 은행 시스템과 대형 금융기관을 구제하기 위한 정부 지출이 전시를 제외하고는 그 어느 때보다 높았다는 사실이다.

'구제' 분석

정부의 개입으로 극단적인 매도(투매)가 중단되는 시점에서 붕괴가 끝난다. 지난 장에서 보았듯이 이 단계에 시간이 꽤 걸린다. 이미 몇 차례 경험을 통해 정부가 규제에 대한 자신감을 갖게 되었기 때문에 오히려 문제를 제대로 인식하지 못하고 시간이 더 오래 걸릴 수 있다.[7]

정부 관료들은 금융 시스템에 올바른 메시지를 보내는 것을 우려할 수도 있다. 내부의 문제를 해결해야 하기 때문이다. 그들은 도덕적 해이가 일어나기를 원치 않는다. 그러니까 문제가 있을 때마다 정부가 구제에 나선다면 은행들은 큰 두려움 없이 더 큰 위험을 감수하려 할 것이다.[8] 실제로 그들은 경제에 대한 토지의 중요성을 이해하지 못하기 때문에 위기의 체계적 성격을 전혀 인식하지 못한다.

그러나 도덕적 해이에 대한 우려는 곧 사라진다. 위기가 계속 반복됨에 따라 사람들은 정부의 구제가 얼마나 빠르고 광범위해야 하는지에 관심을 기울일 뿐이다. 정부는 개입이 효과를 발휘하는지 알아보기 위해 몇 차례 시도를 해본다. 예를 들어 현재의 문제를 억제하기 위한 일련의 연속적 조치, 즉 문제가 있는 기관을 구제하거나 일단의 금융기관에 대출 한도를 부여하는 것이다. 하지만 이는 다른 곳에서 더 큰 문제가 나타날 때까지 잠시 동안 도움이 될 뿐이다. 머지 않아 문제가 금융기관 전체로 산불처럼 번지면서 모든 기관에 무차별 피해를 입힌다.

1. 차입비용(금리)이 낮아진다

문제에 대한 첫 번째 정부 대응은 금리 인하다. 정부가 금리를 인하하는 이유는 사이클 중반 경기 침체에 성공적으로 대응한 기억이 남아 있기 때문이다(앞서 살펴본 바와 같이, 당시에는 부동산시장에 문제가 없었기 때문에 금리 인하가 효과가 있었다).

하지만 금리 인하만으로는 충분하지 않을 것이다. 위기 상황에서는, 특히 수요가 붕괴되는 상황에서는 누구도 돈을 빌리려고 하지 않기 때문이다. 은행도 대출을 원하지 않는다. 부동산시장이 하락하면 대손상각하거나 감가상각해야 할 대출 손실이 크기 때문이다. 은행 입장에서는 대출을 위해 담보로 잡은 담보 가치 하락을 먼저 막아야 하고, 대출업무를 재개하기 전에 충분한 자본을 확보해야 한다. 그러기 위해서는 손실에 대한 대손상각이 허용되거나, 부실 자산을 장부에서 떨어낼 수 있어야 한다.

어쨌든 정부는 시장의 급격한 하락을 막기 위한 방향으로 모든 노력을 기울인다.

2. 시장 붕괴에 대처한다

시장 공황과 붕괴를 막고 은행 시스템의 대차대조표를 보호하기 위해 정부는 은행과 기타 금융기관들에 자금을 투입하는 조치를 시행한다. 유동성 위기가 지불 능력 위기로 전환되면 안 되기 때문이다. 정부에게 중요한 것은 누구에게 긴급 자금을 얼마만큼 어떤 조건으로 제공하며 어떤 담보를 지켜내야 하는가의 문제다. 이러한 결정을 내리는 시간이 길어지면 후속 구제 조치가 더 커질 수밖에 없다.

패닉을 진정시키기 위한 또 다른 조치로는 주식 매매 금지(예: 거래소 폐쇄), 인출 중지(은행 휴무 명령), 가격 변동 제한(주식시장 서킷 브레이커) 등이 있다. 이전 주기들에서는 건전한 모습을 보여주고 차분한 느낌을 유도하기 위해 의도적인 거짓 전략(Confidence trick)이 시도되기도 했다.[9]

이런 조치들은 더 깊은 붕괴로 이어질 수 있는 무질서한 매도를 막아주고, 보다 적절하고 체계적인 구제 계획을 설계할 시간을 벌어준다. (공포감이 커지면 어떤 조치도 설계하기 어려우므로 우선 공포감을 잡아야 한다.)

3. 금융 시스템을 구제하고 은행 붕괴를 막는다

패닉이 끝나면 구제 패키지 설계에 초점이 맞춰진다. 구제 조치는 주기마다 다르지만, 은행 매각, 부실 대출 회수, 부실 은행 국유화, 주주들에 대한 자본 증액 요구 등을 들 수 있다. 영국 중앙은행은 1973년에 제2금융권을 구제했고, 1990년에는 의회가 저축대부은행들에 대한 구제안을 통과시킨 바 있다. 이런 프로그램에 부여된 이름만 봐도 그것이 구제 조치임을 금방 알 수 있다. 대개 '재건', '복구', '구명 작전' 같은 이름이 붙기 때문이다. 최근의 위기 상황에서 정부는 좀 더 모호한 이름인 '양적완화'라는 단어를 선택했지만, 은행 시스템의 회복과 자본 확충을 지원한다는 목표는 다르지 않다.

일단 정부의 이런 조치들이 완료되면 은행들이 다시 경제에 대출을 확장할 수 있는 준비를 갖추게 된다. 물론 대차대조표가 복원된 은행들만이 대출을 재개할 수 있다. 담보 손실로 인해 훼손된 대출장부는 적절한 시기에 조용히 상각처리될 것이다. 이런 조치를 여러 차례 거듭해 온 정부는 이제 이런 종류의 개입을 매우 효율적으로 잘 처리할 수 있는 능력을 갖추게 되었다.[10]

4. 부동산시장을 살린다

부동산 가격은 금리에 민감하다. 유동성 공급과 함께 금리 인하는, 적어도 좋은 위치에 있는 부동산들이 더 이상 하락하는 것을 막는 데 도움이 될 수 있다. 이를 통해 은행 대차대조표에 대한 압박이 완화되고 질서 있는 구제가 진행된다. 단기 금리가 하락하면 경기 부양 효과는 물론 은행에 대한 규제 완화와 더불어 은행 수익(또는 손실 회복)에도 긍정적인 영향을 미친다. 그러나 은행 주식의 가격은 여전히 낮은 수준을 유지할 것이다(특히 배당금 발행이 허용되지 않는 경우).[11]

부동산 가격을 다시 상승시키기 위해 정부가 시도하는 또 다른 조치로는 모기지 구제(Mortgage relief),* 공동지분계획(Shared equity

---

* 대출금 납부 지원, 재산세 체납 지원 등이 포함된다.

schemes),* 세금 감면, 저렴한 주택 건설, 인지세 특별 감면(Stamp duty holidays), 생애 첫 주택 구입자 보조금 등이 있다. 이 모든 조치는 새로운 주택 구매자 집단이 주택시장에 재진입할 수 있도록 설계된 것들이다. 하지만 누구도 실제 원인(애초에 호황과 불황을 유발한 경제지대의 개인적 착취)을 찾으려 하지 않는다. 주기의 구제 단계에서 다양하고 복잡한 조치들이 시행되지만, 문제를 포괄적으로 처리할 수 있는 유일한 방법, 바로 적절하게 설계된 토지 가치세를 진지하게 제안하는 사람은 아무도 없다.

한편, 시장이 그렇게 어려운 상황에서 세계에서 가장 높은 빌딩이 문을 열었다. 그 건물은 붐이 끝나지 않을 것처럼 보이던 시기, 즉 투기 열풍이 한창이던 시기에 착공되었다. 하지만 이제는 높은 임대료를 지불할 임차인을 찾을 수 없다. 건물은 텅 비어 있다. 문제를 해결하기 위한 구제 절차가 진행되고 있는 현시점에서 초창기의 어리석음과 오만함을 보여주는 기념물로 전락한 채로.

구제 절차가 진행되면서 정부는 부양책을 통해 경제를 되살리기 위한 각종 조치를 취할 것이다. 그리고 다음 위기를 예방할 것이라고 주장하는 새로운 은행 규제안을 만들 것이다. 그러면서 우리는 한 걸

---

* 대출자에게 그 지분의 일정 부분을 양도해 주는 주택자금대출이다. 주택 매각 시 미지급한 대출 금액을 지급하고 난 후, 차입자는 그 수입 금액의 나머지 부분을 대출자와 분배한다.

4막 · 위기

음 앞으로 나아간다. 그리고 지금까지 그래왔던 것처럼 새 주기의 시
작으로 돌아간다.

....

　정부의 구제는 대개 2년 동안 지속되고 그러면서 18년 전체 주기
가 마감된다. 하지만 위기의 진정한 원인은 진단되지도 해결되지도
않는다. 정부가 행한 모든 조치는 앞으로 반복될 또 다른 호황과 불
황을 위해 시스템을 보존하는 것에 불과할 뿐이다. 국가가 지속적으
로 발전하고 번영하면서 주기는 이전보다 더 광범위하고 커질 것이
다. 이 여정을 마무리하는 마지막 장에서 우리는 바로 이 문제와 현
주기의 나머지 부분 및 그 이후에 대한 전망을 살펴볼 것이다.

항상 준비하라

- 단계: 구제
- 대략적인 시기: 17~18년 차
- 지배적인 감정: 절망

감정 관리하기

붕괴 시기의 공포감은 가라앉고, 그저 절망을 덤덤하게 받아들이는 것으로 대체된다. 상황은 여전히 좋지 않으며 나아질 것 같지도 않다. 뉴스는 암울하고 경제는 빈사 상태이며 일자리 감소는 계속되고 문을 닫는 기업들이 늘고 있다. 그러나 모든 위기에는 기회가 있는 법, 주기가 어떻게 진행되는지 (지금까지 배웠듯이) 알면 기회를 찾을 수 있다.

이 시기에는 불필요한 감정을 재워야 한다. 그런 감정들은 무시하고, 시스템을 구제하는 정부 조치들이 취해지는 이 시기 동안 향후 20년 동안 (부동산이나 주식을) 매입하기 가장 좋은 시기를 준비하라.

투자 관리하기

붕괴 시기에 그랬던 것처럼, 호황 중에 미리 준비를 시작하면 당신에게 매우 유리한 기회를 포착할 수 있을 것이다.[12] 구제의 끝은 다음 주기의 시작과 겹치기 때문에 시크릿 핸드북 ①의 행동 지침이 이 단계에서도 그대로 적용될 수 있다. (그 반대도 마찬가지다.)

1. 주식을 매수하라

구제 기간이 끝나기 전에 주식시장이 최저점에 도달할 수 있다(주식시장은 대개 상승세가 시작되기 전 회복 상태에서 가격이 매겨진다).

부정적인 뉴스에서 최저점이 상승하는(Higher lows) 시점을 찾아라. 지금이 매수하기에 좋은 시점이다(시크릿 핸드북 ①의 1항 참조). 매도 포지션을 종료하고 모든 이익은 이미 취했어야 한다.

2. 부동산 매입 (준비)

이 단계에서 부동산시장은 계속해서 하락할 가능성이 높지만, 가장 저렴한 물건은 시장에 오랫동안 남아있지 않기 때문에 시장이 살아날 조짐을 보일 때 대비하는 것이 중요하다. 당신의 부동산 중개인과 자주 연락을 취하고, 새 주기가 시작될 때 당신이 매입하고 싶은 지역을 미리 검색해 놓으라.

a. 임대료 상승은 해당 지역이 살아나고 있다는 신호다. 그러나 매입을 결정하는 데에는 신중을 기하라. 은행이 아직 대출을 해주지 않을 수 있으

므로 현금으로 구매해야 하는 경우가 생길 수 있다.

b. 모든 주기의 시작 시기 초반에는 값싼 부동산을 찾을 수 있는 새로운 지역이 선호되는 경향이 있다. 수익률이 높으면서도(임대료에 비해 저렴한 부동산) 투자가 진행되는 지역을 찾아라. 물론 이런 지역은 더 유리한 지역에 인접해 있을 것이다.[13] 대형 개발사들의 관심이 어디에 있는지, 건설 활동이 다시 재개되는 곳이 어디인지 주의 깊게 살펴보라.

c. 은행은 부유한 고객(또는 기업)에게 재정적 어려움에 처한 고객의 부동산을 구입할 기회를 제공하기도 한다. 임차인이 많은 좋은 위치의 부동산은 다음 주기 내내 엄청난 투자 기회가 될 것이다. 그런 조건을 충족하는 자원이 있다면 바로 매입하라.

3. 금 등 안전자산 매각 준비

은행 시스템 구제 절차가 완료되면, 이제 붕괴 기간을 최대한 활용하기 위해 사두었던 금이나 기타 안전자산을 처분해 이익을 실현할 때가 되었다. 이는 새로운 주기가 시작될 때 새로운 투자를 하기 위한 현금 풀을 제공할 것이다.

4. 살아남은 기업은 부실 자산을 인수할 준비를 하라

지금까지 살아남아서 여전히 양호한 상태를 유지하고 있는 기업들은 이제 유리한 조건으로 인수할 기업을 찾아 확장할 준비를 해야 한다.

전 세계적 주기

아무리 많은 것들이 변한다 해도 근본적인 것은 바뀌지 않는다.[1]

_장 밥티스트 알퐁스 카

이제 우리는 18년 주기 여행의 끝에 도달했다. 이 책을 쓰는 현시점(2023년 3월)까지 주기는 매우 순조롭게 진행되고 있다. 러시아-우크라이나 전쟁, 인플레이션, 생활비 위기, 임박한 경기 침체에 대한 우려, 높은 공공부채, 중국의 대규모 통제와 위기라고 부를 만한 다양한 사건들이 일어나고 있음에도 불구하고, 여전히 토지 붐이 일고 있고 앞으로 더 커질 것을 예고하고 있다.

앞으로 몇 년 안에 토지 붐이 더 커질 것이다. 우리는 이제 주기를 최대한 활용할 수 있는 지식과 지침을 가지고 있지만, 그렇다고 해서 주기가 정확히 똑같이 반복되지는 않는다는 점을 인식할 필요가 있다. 또한 역사가 결코 똑같이 반복되지는 않더라도 리듬이 있다는 것 또한 우리는 잘 알고 있다. 주기도 마찬가지다. 만약 모든 것이 똑같이 반복된다면 앞으로 일어날 일을 모를 사람이 누가 있겠는가? 주기는 반복되지만 모양과 느낌이 조금씩 다르게 나타날 뿐이다. 표면(사건) 아래에서 작용하는 더 깊은 힘은 결코 변하지 않는다. 그 힘이 사건들을 일어나게 만들어 주기가 제때에 반복되는 것이다.

그럼 이번에 우리가 맞게 될 주기의 스토리에 포함될 새로운 줄거리를 간략하게 살펴보기로 하자(물론 이것이 완전한 목록은 아니라는 점을 인정한다).

반복되는 이야기의 새로운 반전

이번 주기는 중국이 주도할까?

지난 세기 동안 미국은 다른 국가들보다 먼저 절정기에 도달하고 구제 단계를 빠져나가는 등 세계의 주기를 이끌었다. 따라서 미국에서 무슨 일이 일어나는지 모니터링함으로써 자국의 문제에 대해 최소한 몇 달 전에 미리 알 수 있었기 때문에 다른 나라의 투자자들에게는 매우 유리했다.

　미국이 세계의 주기를 이끌어 온 것은, 미국이 단연 세계 최고의 경제 대국이자 세계 최대의 부동산시장이며, 세계 부채의 주 채권자이고 1945년 이래 기축 통화국이자 가장 많은 준비금을 보유한 나라라는 점에 기반을 두고 있다. 그러나 앞으로 수십 년 이내에 이런 요소 중 일부는 더 이상 유효하지 않을 수 있다. 지금까지 중국의 숨 막히는 발전 속도가 21세기 경제 이야기의 큰 줄거리 중 하나가 되었기 때문이다.

　중국 경제가 언젠가는 세계 최대 규모가 될 것이라는 점은 자명해 보인다. 어떤 측면에서는 이미 세계 최대가 되었다. 실제로 중국은 지금 세계 최대의 부동산시장이다. 중국에도 부동산 주기가 일어날까? 중국에서도 투자자와 부동산 개발업체들이 부동산 투기에 많은 관심을 보이고 있으며 다른 국가와 다를 바 없는 문제에 직면하고 있다.[2] 중국 정부는 서방 국가들에 비해 훨씬 더 많이 경제에 개입하고 있는데, 최근의 여러 사건으로 인해 이런 인상은 더욱 강화되었다(기술 및 교육 회사에 대한 통제, 특정 부동산 개발업체 지원 등). 아마도 중국 정부의 강력한 개입이 토지 붐이나 투기 열풍으로 인한 과잉 투기 현상을 억제하고 있을 수도 있고, 그럼으로써 경제 사이클을 관리할 수도 있다. 그 모든 것은 시간이 말해 줄 것이다. 그러나 우리는 과거에 다른 나라의 정부들이 주기는 없어졌다고 주장했을 때에도 역사는 그들이 틀렸음을 입증했다는 사실을 기억해야 한다. 진짜 위험한 것은, 많은 사람이 중국 당국이 전능하다고 생각하고 그런 가정하에 행동한다는 것이다. 이 가정이 사실이 아니라는 것이 세상에 드러난다면 그로 인해 발생하는 신뢰의 위기는 엄청나게 심각할 것이다.[3]

중국은 이제 다른 많은 나라에 금융을 공급하는 세계의 채권국이 되었다. 여러 제한이 있지만 중국은 국경 간 금융의 거대한 원천이다. 앞으로 수년 안에 중국이 자본 통제를 완화하게 되면, 중국 자금의 국외 흐름이 홍수를 이룰 수 있다. 아마도 수조 달러는 족히 될 것이다. 중국 예금자들은 다각화 전략의 일환으로 외국 금융시장에 투자할 것이고, 중국의 은행들도 중국 기업들을 따라 외국으로 나갈 것이다. 중국 자본은 부동산에 깊이 관련된 것으로 보이기 때문에 중국 은행의 외국 진출은 예상 가능한 결과를 가져올 것이다. 게다가 중국 은행들은 다른 나라에서 통화 완화 조건(쉬운 대출)을 부추기고 통화 완화를 관리하려는 시도를 거부할 것이다. 주기의 절정기에 도달하면 자본 흐름의 둔화(중국 당국이 대출을 제한하기로 결정하는 경우)가 다음 붕괴를 촉발할 수 있다.

흥미로운 점은 글로벌 금융 위기 이후 중국 경제가 가장 빠르게 회복되는 모습을 보였다는 점이다. 아마도 이것이 중국이 미래에 부동산 주기를 이끌 것이라는 첫 번째 신호일지 모른다. 그러나 글로벌 경제 리더십의 계승은 결코 빠르게 이루어지지는 않을 것이다. 19세기 마지막 수십 년에 걸쳐 미국은 영국을 제치고 세계 최고의 경제 대국이 되었지만, 런던은 이후 1939년 제2차 세계대전이 발발할 때까지도 여전히 지배적인 금융 중심지로 남아 있었다.

미국 달러가 앞으로도 계속 글로벌 금융을 지배할까?

미국의 헤게모니에 대한 도전이 커짐에 따라 국제 금융 시스템에서 달러의 역할이 사라질 것이라는 예측을 하는 사람들이 많아졌다.[4] 우리는 지금 다극화된 세계에 살고 있고, 긴 주기의 상승기 마지막 몇 년에 접어들고 있으며, 강대국 간 갈등의 시대가 도래했다. 긴 주기와 강대국 간의 갈등 모두 미국 달러의 지배력에 영향을 미치는 요소들이다. 그러나 모든 기대와 과장에도 불구하고 적어도 당분간은 모든 나라가 달러를 필요로 한다는 점은 자명한 현실이다. 오늘날 모든 국제 무역의 절반은 미국 기업의 참여 여부와 관계없이 달러로 결제된다. 특히 원자재 가격은 대부분 달러로 책정된다. 그리고 전 세계 모든 나라가 막대한 금액의 달러를 보유하고 있다. 무언가를 사기 위해 달러를 팔기도 하고 필요할 때 달러를 사들이기도 한다. 위기 상황에서 사람들은 달러를 원한다. 달러가 부족하면 시장이 하락세를 보인다.

연준의 정책은 전 세계 경제 사이클의 전개에 여전히 강력한 영향을 미친다. (각국 통화의 환율이 서로에 대해 반대로 변동하기 시작한) 1971년 이후, 미국의 통화 완화 정책은 토지 붐을 일으켰고 주기 후반부에 달러화를 약화시켰다. 달러 약세는 글로벌 무역(및 GDP)을 촉진하고 궁극적으로 부동산 가격을 상승시킨다.

기술이 주기를 바꿀 것인가?

기술 변화의 속도가 경제 사이클의 흐름을 가속화한다는 것이 공통된 견해인 것 같다. 은행 업무, 금융, 통신, 비즈니스 업무 수행, 무역, 운송이 그 어느 때보다 빨라진 것은 사실이다. 그러나 이는 긴 주기의 상승기에 있다는 전형적인 신호다. 다른 유사한 시기에는 혁신의 영향이 훨씬 더 크게 미쳤다. 예를 들어, 19세기 중반을 생각해 보라. 철도가 생기기 전에는 미국 대륙을 횡단하는 데 최소 3주가 걸렸다. 그러나 철도 개통 후에는 불과 3일밖에 걸리지 않게 되었다. 전신은 며칠 걸리던 장거리 통신을 단 몇 분 만에 가능하게 했다.[5] 이 모든 획기적인 기술이 경제에 미치는 영향력은 엄청났지만 그렇다고 해서 주기를 더 짧게 만들지는 않았다. 이번에도 마찬가지일 것이다.

기술로 인해 부동산의 위치와 경제지대의 가치가 크게 높아졌고 그에 대한 투기 수단도 매우 다양해졌다. 이는 비용 절감이나 생산량 증가(또는 둘 다)를 통해 각 경제 현장에서 잠재적으로 생성될 수 있는 순이익을 증가시킨다. 교외 지역을 확대해 새로운 부지를 토지시장에 끌어들인다.[6] 기술로 기업과 사람들이 정착할 장소를 변경할 수는 있지만, 여전히 어딘가에는 정착해야 하므로 그곳이 어디에 있든 생산을 위한 고정 요소, 즉 토지에 대한 수요는 증가할 것이다. 사람들이 새로운 지역으로 이주하고 그곳의 경제가 성장함에 따라 그 지역에서 토지 붐이 일어난다.

이뿐만 아니라 기술은 다른 효과도 가져온다. 언젠가는 집을 사는 것이 주식을 사는 것만큼 간단한 일이 될 수 있다. 결제도 며칠 만에 완료될 것이다. 또 부동산이나 기타 자산의 일부에 대해서도 광범위한 소유권이 허용되어 거래소에서 거래할 수 있을 것이다. 로보어드 바이저(AI 알고리즘)가 당신의 포트폴리오를 책임져 줄 것이다. 당신의 투자 성향과 목표를 고려한 최고의 투자를 위해 지구를 샅샅이 뒤져 몇 초 만에 전략을 실행할 수 있을 것이다. 그러나 이런 프로그램들이 주기를 제대로 이해하지 못하는 한('쓰레기를 입력하면 쓰레기만 나올 뿐이다'라는 옛 격언을 기억하라), 결국 호황과 불황을 그 어느 때보다 더 크게 반복하게 만들 뿐이다.

부동산 가격이 오를수록 은행은 더 많은 돈을 벌 수 있다. 어떤 시대에서든 은행이 부동산 대출을 생성하는 속도와 용이성에 따라 새로운 발전이 이루어졌다. 오늘날에는 모바일 뱅킹이 성행하면서 은행 지점의 필요성이 거의 사라졌다. 안전하고 분산된 원장을 갖춘 블록체인은 은행 업무에 또 다른 혁명을 예고하고 있다. 블록체인 기술은 중개자를 효율적으로 우회하고 어디서든 대면할 필요 없고 비용도 들지 않는 방식으로 상품 및 서비스에 대한 지불이 가능한 새로운 글로벌 디지털 통화 출시의 기반이 될지도 모른다. 그 통화는 급기야 부동산시장으로도 유입될 것이다. 특히 은행이나 금융기관들이 그런 통화에 신용을 부여할 경우, 부동산 가격의 상승은 불가피할 것이다.

세상은 지대를 좇고 이를 위한 새로운 수단을 만드는 데 중독되어 있다. 최근 몇 년 동안 자산을 인수하기 위한 자금을 조달하는 스팩 (SPAC)과 환경 가치를 증권화하는 것을 목표로 하는 자연자산기업 (NAC)까지 등장했다. 이에 그치지 않고 채굴을 위해 위치, 궤도 경로, 심지어는 천체의 일부까지 통제하는 민간 기업들의 우주 진출도 급격히 늘어나고 있다. 이런 식의 지대 추구는 이 문제에 관한 유일한 국제 조약(외기권우주조약, Outer Space Treaty)에 의해 명시적으로 금지되어 있지만 지대 추구를 지원하는 입법 활동은 계속될 것이다. 인류는 이제 주기의 영향력이 미치는 범위를 태양계의 더 먼 곳까지 확대하고 있다.

호황과 불황의 반복은 전 세계적 현상이다

전 세계 주요 도시와 국가에서 주택 가격의 상관관계가 눈에 띄게 높아졌다. 대출 조건이 완화될수록 주택 가격도 함께 상승한다.[7]

이는 국가와 지역의 경제 성장이 점점 더 비슷해지고 있기 때문이다. 실제로 지난 주기에 대부분의 국가는 거의 동시에 위기를 벗어났는데, 2020년 사이클 중반의 침체 때부터 이런 현상은 더욱 뚜렷해졌다. 모든 국가가 거의 동시에 성장하면서 토지와 부동산 가격도 동시에 오른다. 대출, 건설, 원자재 수요가 모두 동시에 호황을 맞게 된다. 대형 국제 은행들은 세계에서 빠르게 성장하는 지역에서 비즈니스 기회를 찾는다. 그들은 현지 당국의 직접적인 감독을 받지 않기 때문이다. 국내외 은행들이 서로 경쟁함에 따라 대출 기회가 풍부해지고 새로운 형태의 금융도 등장한다. 강력한 수익을 기대하는 새로운 투자자들이 시장에 몰려든다. 대부분의 나라가 대규모 투자 프로그램들을 앞다퉈 선보이면서 국내에 배치된 자본의 양을 증가시켜 경제 성장과 함께 토지 가격을 부추긴다. 연기금과 고액 자산가 등 큰손들이 최고의 투자처를 찾기 위해 국경을 넘나들면서 금융시장과 국제 무역 사이에 더 깊은 관계가 형성된다. 결국 이런 국제 자본 흐름이 많은 국가의 부동산시장으로 흘러 들어가면서 토지 붐은 전 세계적으로 확산된다.

결국 세계 경제는 동시에 절정기에 이르고 동시에 붕괴된다. 이것이 문제를 더 어렵게 만든다. 예를 들어 어느 국가의 경제는 건강해 보이지만, 다른 어느 나라에서 문제가 생기면 금융 시스템을 통해 그 문제가 신속하게 전파된다. 그것은 대부분의 사람이 위험을 느끼지 못하는 투자와 관련된 문제일 수도 있고, 원자재 같은 다른 부문의 문제일 수도 있다. 예를 들어, 대출 담보로 잡힌 원자재의 가격이 하락함으로써 문제가 되는 대출이 증가하면 다른 사람들도 자본이 부족해지지는 않을지 경계하게 된다. 주요 도시의 주택이 점점 더 금융자산처럼 취급되기 때문에 주택시장은 그 어느 때보다 글로벌 금융 상황에 더 많이 노출되어 있다. 주택 공급이 중단되면 은행 시스템의 문제는 더 널리 확산된다.

결국 글로벌 호황은 글로벌 불황으로 바뀌게 되고, 규제 당국은 그들이 무엇을 놓쳤는지, 그렇게 감시했는데도 왜 다시 재난이 발생했는지 궁금해한다.

···········

이제 우리의 여정은 끝났다. 아주 값진 여행이었다. 당신은 이 여행을 통해 주기의 봉우리와 골짜기 등 다양한 윤곽을 알게 되었다. 처음에는 박자가 느리고 불안정하고 가면서 멈추기도 하다가, 시간이 지나면서 속도가 빨라지고 강도가 강해지며 절정으로 빠르게 치닫다가 마침내 모든 게 끝난다. 이제 독자 여러분들은 물리적 우주에 중력이 있는 것처럼 경제의 근본으로써 토지가 주기의 핵심인 이유를 이해했을 것이다. 그리고 우리 지도자들이 이에 대해 얼마나 무지했는지(어쩌면 의도적으로 외면했는지 모른다) 알았을 것이다. 하지만 독자 여러분들은 이제 주기가 반복되리라 확신하게 되었을 것이다.

우리는 현대 경제가 주로 은행 대출과 정부 투자를 통해 어떻게 주기를 증폭시켜 호황기 동안 위기에서 벗어나는지를 살펴보았다. 또 상황이 좋을 때에는, 일이 잘 진행되고 있다는 자신감을 이용하거나 당신도 금방 부자가 될 수 있다고 믿게 만드는 의도적인 거짓 전략을 가진 사기꾼들이 당신을 잘못된 길로 이끌기 위해 많이 모인다는 것도 알고 있다. 위기가 닥치면 호황의 도취감이 얼마나 빨리 공황 상태로 변하는지도 살펴보았다. 경제적 파멸이 가까워질 때 두려움을 느끼는 것은 고대로부터 내려오는 인간의 특성이다. 우리는 또 정부가 경제를 구하기 위해 일련의 필사적인 개입을 하면서 주기가 어떻게 끝나는지도 알게 되었다. 그 어둡고 어려운 시기에 사람들은 또다시 오래된 질문에 직면한다. 왜 아무도 그것이 오는 것을 보지 못했을까?

하지만 이제 당신은 볼 수 있을 것이다. 나는 이 책이 혼돈 속에서도 질서를 보는 데 도움이 되기를 바란다. 당신은 현재 주기의 나머지 기간을 겪으면서, 또한 2026년, 2045년, 2063년, 2082년, 2099년까지 미래의 호황과 공황을 겪으면서 무엇을 해야 할지 알 수 있을 것이다.

이것이 당신이 남보다 돈을 더 벌 수 있는 비밀이다.

아무리 많은 게 변해도
근본적인 건 바뀌지 않는다

재정적으로 통합된 세상이란 앞으로 몇 년 동안 눈부신 호황과 파괴적인 불황이 전 세계적으로 동시에 온다는 것을 의미한다. 당신이 이에 준비할 수 있도록 마지막 부의 비밀을 알려주고자 한다. 이는 우리가 지금까지 배운 내용을 요약한 것이며 앞으로 다가올 주기를 탐색하는 데 도움이 되는 몇 가지 최종 지침이다.

핵심 교훈

1. 경제는 경제지대의 법칙에 따라 움직인다는 것을 명심하라

경제의 숨은 질서는 경제지대의 법칙이다. 토지는 그 독특한 특성으로 인해 발전으로부터 이익을 취한다. 도시의 토지는 현대 경제에서 가장 중요한 지대의 원천이지만, 천연 자원(원자재), 글로벌 코먼스(Global commons)*, 기타 자연의 선물(전자기 스펙트럼), 정부 시행 라이선스, 인터넷이라는 가상공간

---

* 해저·대기·오존층·삼림 등의 지구 환경을 인류가 공유하는 재산으로 보고 그 개발에 따른 의무도 함께 부담해야 한다는 국제환경법상의 개념을 말한다.

같은 다른 지대들도 있다.[8] 하지만 지대에 관심을 두는 사람이 없기 때문에 여전히 경제의 방향을 예측하는 데 어려움을 겪는 것이다.

2. 똑똑한 사람이라도 맹목적으로 따르지 마라. 그들은 주기를 보지 못한다

당신은 소위 전문가라는 사람들이 주기를 보지 못한다는 사실을 이제는 안다. 그들은 주기를 보는 교육을 받지 못했다. 따라서 현대 경제의 문제에 대한 그들의 진단은 틀릴 수밖에 없다. 그러나 우리가 본 바처럼 상황은 훨씬 더 악화될 수 있으며 이는 우리 모두에게 영향을 미친다. 세상의 모든 정부는 스스로 지대를 가져갈 권리를 추구하는 사람들이 장악하고 있기 때문이다. 정부의 정책은 시간이 지남에 따라 주기가 반복될 가능성만 높인다. 하지만 상황이 도를 넘어 나빠져도 아무도 이 문제를 지적하는 사람이 없다. 정치 지도자들은 예스맨들로 둘러싸여 있다. 각종 미디어는 부유한 자들(특히 은행과 부동산업)에게서 나오는 광고 수익에 의존한다. 이익에만 관심이 있는 일반 대중들도 좋은 시절이 지속되지 않을 것이라는 말에 별로 관심을 두지 않는다.[9]

3. 주기가 반복될 것이라는 확신을 가져라

실제로 무슨 일이 일어나고 있는지 알려고 하거나 관심을 보이는 사람이 없다면 주기는 멈추지 않고 계속될 것이다. 절정기 단계에서 두각을 나타낸 젊은 기업가들은 부동산시장이 결코 침체되지 않을 것처럼 결정을 내린다.

실제로 그들의 경험으로는 그럴 수밖에 없다. 그들은 지난 주기의 위기 이후에 성년이 된 세대이기 때문이다.

오직 대규모 전쟁만이 주기의 리듬을 멈추게 했을 뿐이다. 주기를 제거할 수 있는 유일한 방법은 경제지대를 국민에게 반환해(경제지대의 이익을 세금으로 거둬들여) 추가 개발 자금을 조달하고 다른 세금은 폐지하는 조세 정책이다. 이 두 가지 방법 중 어느 하나라도 취하지 않으면, 주기는 때가 되면 변함없이 반복될 것이다.

4. 돈이 어떻게 창출되고 어디로 흘러가는지를 이해하라

모든 돈은 (주로 민간 은행에 의해) 무에서 창출된다. 대부분은 비생산적인 목적으로 흘러 들어가 토지 가격을 올리고 인플레이션을 부추기며 호황을 키운다. 또 부동산 가격이 하락하면 은행이 취약해져서 궁극적으로 구제금융을 받는데, 이는 납세자에게 엄청난 비용을 초래한다.

돈은 정부가 지출할 때에도 창출된다. 자국 통화를 발행하는 정부는, 원한다면 무제한으로 돈을 발행할 수 있다. 이 돈이 경제를 개선하는 생산적인 투자에 사용된다면 인플레이션을 일으키지 않지만, 그렇지 않으면 인플레이션이 발생한다. 매 주기의 후반부에는 대규모 공공 투자와 은행의 대출 활동이 활발해진다. 은행에서 대출을 받으라고 권하는 전화를 받으면 우리가 이 주기의 어느 지점에 있는지 알게 될 것이다(물론 당신은 그 요청을 거절해야 한다).[10]

5. 당신이 생각하는 것보다 일이 더 커질 수 있다

각 주기를 거칠 때마다 숫자가 더 커진다. 실제로 그럴 수밖에 없다. 토지는 발전의 이익을 흡수하는데, 경제가 매우 정교해짐에 따라 이런 이익은 그 어느 때보다 커진다. 이는 토지 가격이 높아지고 토지를 담보로 한 부채가 늘어나며 회사 가치가 높아진다는 것을 의미한다. 결과적으로 상황이 나빠질 때 시스템을 구제하는 비용은 궁극적으로 이전 주기의 호황기 동안의 부동산 대출 규모와 연결되어 있기 때문에 주기가 거듭될수록 높아질 수밖에 없다.

다양한 경제 데이터가 매번 '기록적인' 수준에 도달했다는 소식을 듣거나 이전에 결코 일어나지 않았던 새로운 일이 일어났다고 해서 놀랄 필요 없다. 그렇게 될 수밖에 없으니까. 이것이 주기가 반복되면서 일어나는 일이다.

이는 또한, 일반적으로 가능하다고 생각하는 것보다 호황이 더 길고 더 광범위하게 지속될 수 있음을 의미한다. 절정기가 시작되면 모든 사람의 대출이 늘어나고 전체 경제가 높은 임대료와 상승하는 이자비용으로 압박을 받게 된다. 자본 흐름이 둔화되면 자산 가격의 하락이 일어나고(이것이 위험의 첫 번째 신호다) 이어서 본격적인 붕괴가 뒤따른다.

6. 주의 깊게 관찰하라. 시스템은 가장 약한 부분에서부터 균열이 생긴다

아마도 다음 절정기가 시작될 때쯤이면, 금융 규제기관이나 중앙은행이 경제의 가장 중요한 지표를 조사하고는 상황이 건강해 보인다는 결론을 내릴 것이다. 은행의 차입 수준이 규제 한도 내에 있고, GDP 대비 은행 대출 비율도 합리적인 수준이며, 중위 소득 대비 주택 가격도 안정적으로 보일 것이다(물론 소득 수준과 주택 가격 모두 필연적으로 상승해 있겠지만).

그러나 이제는 주기가 특정 국가가 아니라 세계 전역에서 동시에 발생한다는 점을 감안할 때, 시스템의 균열과 후속 붕괴로 이어지는 촉발 사건은 전혀 다른 곳에서 발생할 수 있다. 아마도 시스템의 가장 약한 지점이 될 것이다. 2000년대에는 대출이 증권화되면서 전체 금융 시스템이 도심 외곽 지역에 대한 과도한 부동산 대출에 노출되었다. 1980년대의 가장 큰 문제는 일본에서 발생했지만, 겉으로는 막강한 경제력을 지닌 일본 특유의 기업 자본주의 방식에서 발생하는 현상으로 보였다. 1920년대에는 농업용 대출은 열악한 상황에서 상업용 건물에만 엄청난 과잉 대출이 이루어지기도 했다. 가장 약한 지점이 어디일지, 시스템이 어떻게 부서질지 예측하는 것은 어렵다. 이전 주기와 동일한 장소와 동일한 경로를 통해 발생하지도 않는다. 그러나 모두 토지 투기라는 동일한 근본적인 원인을 갖고 있다. 모래 위에 지은 집은 결국 무너지게 되어 있다.

7. 감정을 관리하고 계획을 잘 지켜라

우리는 각 장 후반의 '시크릿 핸드북'에서 주기의 각 단계에서 지배적인 감정이 무엇인지, 그리고 상황에 따라 적절한 결정을 내리기 위해 무엇을 해야 하는지에 대한 몇 가지 지침을 배웠다. 당신은 이 지침들을 잘 지켜야 한다. 다른 사람들이 두려워할 때 자신감을 갖고, 다른 사람들이 기뻐할 때 신중해야 한다는 것을 명심하라.

당신은 이제 지금이 주기의 어느 때인지 알고 있다. 당신이 투자자이든 기업가이든, 부를 쌓는 것은 장기적인 과정임을 잊어서는 안 된다. 주기를 주의 깊게 탐색해 적절한 시기에 사고팔고, 성급하게 흥분하거나 속는 일을 피한다면 성공할 것이다.

APPENDIX

역사적으로 살펴본 부동산 주기

영향을 받은 국가	시작	절정기	위기	종료
21세기				
전 세계 (2026년 이후는 이 책을 쓴 시점 즉 2023년에서의 예측임)	2011~2012	2026	2027~2028	2030
20세기				
제2차 세계대전 이후				
자본주의 선진국들	1992	2006~2007	2008	2011~2012
	1975	1989~1990	1991	1992
	1955(대략)	1972~1973	1973	1975
제2차 세계대전 이전				
미국	1933	(제2차 세계대전으로 주기 중단)		
영국	1923	(제2차 세계대전으로 주기 중단)		
미국과 호주, 오스트리아, 덴마크, 핀란드, 프랑 스, 독일, 일본, 스위스 포함	1911	1926~1927	1930~1931	1933
영국과 노르웨이 포함	1902	(제1차 세계대전으로 주기 중단)		

19세기				
미국과 호주, 캐나다, 독일, 이탈리아, 일본, 스웨덴 포함	1894	1907	1907	1911
영국과 독일, 네덜란드, 노르웨이 포함	1884	1899~1900	1900~1902	1092
미국과 아르헨티나, 호주, 이탈리아, 일본 포함	1877	1890~1892	1893	1894
영국	1867	1880	1880~1884	1884
미국과 캐나다, 스웨덴 포함	1858	1872	1873~1876	1877
영국	1848	1864	1865~1867	1867
미국과 캐나다, 덴마크 포함	1839	1854~1856	1857	1858
영국	1832	1845~1846	1847	1848
미국	1822	1836	1837	1839
영국	1812	1825~1826	1828~1831	1832
미국	1800(대략)	1818	1819	1822
18세기				
대영제국	1781	1792		1798
	1762	1776		1781
	1744	1753		1762
	1727	1736		1744
	1711(대략)	1724		1727

#출처에 대한 참고:
일부 출처는 부동산 주기를 직접적으로 언급하지 않았지만 주기의 일부, 특히 위기에 대한 시점을 알아내는 데 유용했다. 분석한 데이터 세트에 따라 또는 국가마다 인용된 시점이 다른 경우가 있었는데, 그런 경우 해당 주기에 대한 증거의 비중이나 기타 역사적 통찰력을 바탕으로 저자가 시기를 최종 판단했다.
제2차 세계대전 이후 미국은 모든 주기를 먼저 시작하고 먼저 끝까지 통과했다. 그 전에는 미국과 영국이 서로 주기를 앞서거니 뒤서거니 했고, 다른 국가들이 이를 따랐다. 연속 데이터 세트는 미국과 영국 두 국가만 가능했지만, 다른 국가의 데이터가 부족하다고 해서 해당 주기가 존재하지 않았다는 의미는 아니다. 위 표의 목록은 주로 해당 기간 동안 체계적으로 더 확립된 은행 시스템과 토지시장을 보유한 부유한 국가를 대상으로 작성했다.

#주요 출처:
Anderson(2008), Dalio(2020), Dimsdale and Hotson(2014), Harrison(1983), Harrison(2010), Hoyt(1933), Quinn and Turner(2020) Reinhart and Rogoff(2009), Vague(2019), Werner(2020)

감사의 말

책을 펴내는 작가라면 누구나 그 책이 수천 가지의 영향력이 각자 나름대로 최종 창작에 중요한 영향을 미친 결과물이라는 것을 잘 알고 있습니다. 이 자리에서는 불과 몇 사람의 이름만 언급할 수 있을 뿐이지만, 수년 동안 저를 도와주신 모든 분들께 깊은 감사 말씀을 드립니다.

특히 다음 분들께 감사드립니다.

내 친구이자 사업 파트너 필립 J. 앤더슨(Phillip J. Anderson)의 저서 《부동산과 은행업이 생존하는 비결》(The Secret Life of Real Estate and Banking)은 내가 세상을 보는 방식을 근본적으로 바꿔 놓았습니다. 내 책이 다른 사람에게 미치는 영향이 그의 책이 나에게 미친 영향의 절반이라도 된다면 그보다 더 기쁜 일이 없을 것입니다. 10년 전 처음 만난 이후 수년 동안 필립과 나는 많은 프로젝트에서 협력했으며 구독자들이 '미래를 기억'하도록 돕기 위해 'Property Sharemarket Economics'(PSE)라는 사이트를 함께 구축했습니다. 그와 긴밀히 협력하며 연구한 결과, 경제적 사건과 시장 활동, 그리고 그것들이 경제 사이클에 어떻게 들어맞는지 해석하는 일에 관한 한 필립에 필적할 사람이 없다고 자신 있게 말할 수 있게 되었습니다.

PSE 동료들인 애경(Agung), 앨런(Alan), 에이마(Ama), 안나(Anna), 캐시(Cathy), 다렌(Darren), 글로리아(Glorya), 어팬(Irfan), 쿠키(Kuki), 마야(Maya), 멜다(Melda), 티오(Tio), 트리샤(Tricia)에게도 감사의 말을 전합니다. 그들은 우리가 구독자에게 가치 있는 서비스를 구축하는 일을 돕기 위한 노력을 아끼지 않았습니다. 그리고 수년 동안 내 글을 읽어주신 독자 여러분의 지속적인 관심과 훌륭한 질문, 그리고 무엇보다도 새로운 것을 배우고자 하는 열망에 감사드립니다.

또 책을 내겠다는 생각을 현실로 만들어 나의 특별한 도전에 도움을 주신 해리먼 하우스(Harriman House) 직원 분들께도 감사의 말을 전합니다. 특히 이런 유의 책을 구성하고 집필하는 데 현명한 조언을 해주신 크레이그 피어스(Craig Pearce)에게, 그리고 정확한 질문과 인내심 있는 편집으로 내 자신의 생각과 최종 원고를 만들고 다듬는 데 많은 역할을 해주신 닉 플레처(Nick Fletcher)에게 감사드립니다.

이 외에 조언, 격려, 책임감, 자양분으로 저를 도와준 많은 친구와 지인들에게 감사드립니다(이 책은 정말 다음 모든 분들이 팀을 이뤄 기울인 노력의 산물입니다).

크리스틴 알 칼릴(Christine Al Khalil), 루시 앨런(Lucy Allen), 스

테프 베이커(Steff Baker), 이졸다 비로(Izolda Biro), 팀 보니치(Tim Bonnici), 조나단 브라운(Jonathan Brown), 아다피아 데리코(AdaPia d'Errico), 롭 딕스(Rob Dix), 샐리 파자컬리(Sally Fazakerley), 제임스 플레처(James Fletcher), 로웨나 간굴리(Rowena Ganguli), 라파엘 겔라인(Rafaelle Gelein), 자야 고빈단(Jaya Govindan), 미쉬 그루비사(Mish Grubisa), 프레드 게틴(Fred Guetin), 벤 홀미-크로스(Ben Hulme-Cross), 쿠키 헌달(Kuki Hundal), 안드레아 이로(Andrea Iro), 앨리슨 존스(Alison Jones), 수지 켈러(Suzi Keller), 앨런 롱본(Alan Longbon), 엘로디 로페(Elodie Loppe), 페리 마샬(Perry Marshall), 멜리나 만델바움(Melina Mandelbaum), 니키 모후드(Nikki Mawhood), 케이트 맥퀘이드(Kate McQuaid), 줄리아 밀스(Julia Mills), 줄리아 모노소바(Julia Monosova), 앨리스 먼로(Alice Munro), 모린 머피(Maureen Murphy), 사라 나스랄라(Sara Nasralla), 제레미 네일러(Jeremy Naylor), 닉 오코너(Nick O'Connor), 앤디 판콜리(Andy Pancholi), 프리실라 패리쉬(Priscilla Parish), 제이슨 피치노(Jason Pizzino), 팀 프라이스(Tim Price), 맨딥 라이(Mandeep Rai), 셸리 레빌(Shelley Revill), 수잔나 로빈슨(Susanna Robinson), 폴 로드리게스(Paul Rodriguez), 랜디쉬 산두(Randeesh Sandhu), 루이스 스키프(Lewis Schiff), 보아즈 쇼샨(Boaz Shoshan), 에

밀리 스미스(Emily Smyth), 캐시 스테이시(Cathy Stacey), 아나스타샤 테일러-린드(Anastasia Taylor-Lind), 제시카 템플턴(Jessica Templeton), 존 티펫(John Tippett), 윌슨 왕(Wilson Wang), 캐롤라인 워드(Caroline Ward), 나이젤 윌콕슨(Nigel Wilcockson), 스티븐 윌킨슨(Steven Wilkinson), 제니퍼 던 윌리엄스(Jennifer Dawn Williams), 알렉스 윈스턴(Alex Winston), 제임스 영(James Young), 장 피에르 지그랑(Jean-Pierre Zigrand)에게 감사드립니다.

그리고 마지막으로, 내 가족들에게 감사드립니다. 가족이 없었다면 이 책 작업뿐만 아니라 그 어느 일도 가능하지 않았을 것입니다. 부모님 낼리니(Nalini)와 거리(Girish), 여동생 아카나(Archana)와 처남 라나 채터지(Rana Chatterjee)에게 감사드립니다. 그리고 매일 산책해 달라거나 먹을 걸 달라거나 관심을 기울여 달라고 보채는 우리 집 개 이지(Izzy)는 내게 작가의 이기적인 일상보다 삶에 중요한 것이 더 많다는 사실을 지속적으로 일깨워 주었습니다. 내 조카 사이언(Syon)과 케야(Keya)에게도 감사를 전합니다. 이 책의 핵심은 그들과 그들 세대를 위한 것이며, 그들이 성장하면서 시스템을 더 정확하게 이해하고, 다가올 수십 년 동안 폭풍우가 몰아칠 바다를 항해하고, 삶이 그들에게 제공하는 기회를 최대한 활용하고, 그들의 세상을 더 나은 것으로 만드는 데 도움이 되기를 바라는 마음으로 이 책을 썼습니다.

그러므로 이 책을 그들과 앞으로의 모든 세대들에게 헌정하는 바입니다.

런던에서

2023년 3월 1일

INTRODUCTION

1 투즈(Tooze, 2018), pp. 156, 160~163. 기타 출처: 영국은 2008년 4월 경기 침체에 빠졌고 5년 동안 위기 이전 수준의 생산량을 회복하지 못했다. 실업률은 2013년 7월 8.4퍼센트로 최고치에 달했다. 미국 실업률도 10퍼센트로 최고치를 기록했다. 영국의 싱크탱크 IPPR(Institute for Public Policy Research)은 '금융 위기와 개발도상국'이라는 보고서에서 신흥국에 미치는 영향에 초점을 맞췄다.

금융 위기와 2020년 팬데믹과의 비교는 다음을 참조하라. 첫 번째는 '대봉쇄: 대공황 이후 최악의 경제 침체', IMF 블로그, G. 고피나스(G. Gopinath, 2020년 4월 14일, URL: www.imf.org/en/Blogs/Articles/2020/04/14/blog-weo-the-great-lockdown-worst-economic-downturn-since-the). 두 번째는 'IMF는 글로벌 코로나로 28조 달러의 생산량 손실이 발생했을 것으로 추정', 〈가디언〉, L. 엘리엇(L. Elliott, 2020년 10월 13일, URL: www.theguardian.com/business/2020/oct/13/imf-covid-cost-world-economic-outlook).

2 레만(N. Lemann, 2017), '스티브 배넌의 그의 아버지에 관한 이야기의 문제점', 〈뉴요커〉(The New Yorker).

PROLOGUE

1 배그(Vague, 2020), 로저스(Rogers, 2015), 라이언(Payne, 2015). 이 실패는 전기, 통신, 운송 인프라의 주요 투입물인 구리 가격의 급격한 하락과 관련이 있다. 구리 가격의 하락은 미국과 기타 국가의 주택시장 둔화에 따른 불황에 기인한다. 이에 대해서는 호이트(Hoyt, 1933)를 참조하라.

2 앤더슨(Anderson, 2008), p. 214.

3 앤더슨(2008), 부록 1, pp. 385~386. 당시 신문, 특히 〈뉴욕 글로브〉(New York Globe)와 〈커머셜 애드버티저〉(Commercial Advertiser)에서 인용: "우리가 대부분의 금융 공황의 원인을 분석해야 한다면, 나는 미국 여성들이 돈을 현명하게 잘 쓰지 못했기 때문에 공황이 발생했다는 사실을 알아야 한다고 생각한다."

4 프리드슨(Fridson, 1998), p. 27.

5 호이트(1933)와 앤더슨(2008), p. 216.

6 연방준비제도는 대출 금리를 1921년 7퍼센트에서 1924년 최저치인 3퍼센트에 도달할 때까지 계속 인하했다. 미국의 가장 부유한 기업가이기도 했던 앤드류 멜론(Andrew Mellon) 재무장관은 모든 종류의 세금을 삭감했다.

7 앤더슨(2008), p. 221.

8 칼벌리(Calverley, 2009), p. 27.

9 해리슨(Harrison, 1983). 배그(2020), pp. 19~20도 참조: 뉴욕 개발업체들은 부동산세를 10년 동안 면제 받았다.

10 기술을 사용해 은행 업무를 더욱 효율적으로 만드는 방법에 대해서는 앤더슨(2008) 참조. 배그(2020)에는 대출 붐이 일어난 기간 동안 GDP 대비 부채 비율에 대한 데이터가 있다.

11 페리스(Peris, 2018), p. 5.

12 프리드슨(1998), pp. 6, 39: '가치' 투자의 아버지인 벤 그레이엄 같은 냉철한 투자자들조차 강세장에 참여할 정도로 열풍이 불었다. 그레이엄의 일반적인 접근 방식은 가치 있는 주식만 사는 것이었지만, 그조차도 호황기에 매수를 거부할 수 없었다.

13 개프니(Gaffney, 2009), p. 31: 토지시장의 투자 열풍을 가장 잘 보여주는 변수는 토지 구획 계획이 얼마나 많은가였다.

14 배그(2019), pp. 43~44: 일본에서는 철도와 전기 발전에 이어 주택 붐이 일어났다. 논에도 투기 바람이 불었다. 오사카의 도시 토지는 호황기에 연간 20~30퍼센트 상승했다가 1929년에 74퍼센트 추락했다.

15 호이트(1933), p. 398: 문화는 인구 증가, 임대료 인상, 신축 등 호황을 이끄는 요인들이 추세 반전을 준비하고 있다는 사실에 기인한다.

16 주식시장은 대개 토지시장이 정점을 찍은 직후에 정점에 달한다. 그러나 1920년대는 달랐다. 주식시장의 호황이 토지시장 호황보다 3년이나 더 오래 지속되었다. 앤더슨(2008)에 따르면 토지 주기는 1926년에 정점을 찍었다. 그 해는 건설 활동이 최고조에 달한 해였다. 1926년 이후 상업용 부동산 붐이 빠르게 지속되는 동안 주택 건설은 감소했다. 이는 부분적으로 플로리다 토지 붐이 중단되었기 때문이다(1926년과 1928년에 발생한 대형 허리케인으로 인해 궤도가 멈췄음).

17 앤더슨(2008), p. 243: 부실 경영과 이사진의 사기도 있었다. 미국 은행의 경우 예금자들은 8주 동안 돈을 인출했고, 결국 은행은 파산했다.

18 앤더슨(2008), pp. 249~251.

19 호이트(1933), pp. 3~4.

20 호이트(1933), pp. 39, 74, 119~120, 180, 218, 268~270.

21 해리슨(1983), pp. 110~111.

22 개프니(2009), p. 23: 토지 구획 계획에 대한 데이터에서 관찰된 유사한 패턴에 대해서는 어니스트 피셔(Ernest Fisher)의 연구를 인용했다.

23 앤더슨(2008), esp. pp. vii and Chapters 1~4에서는 미국이 어떻게 토지 매매와 토지 투기를 통해 정착했는지에 대해 설명한다. 메이크웰(Makewell, 2013), p. 50도 참조: 도시 외곽의 넓은 지대가 사용되지 않은 상태로 남아 있었기 때문에 새 정착민들은 토지를 얻기 위해 수백 킬로미터 더 멀리 변방까지 모험을 떠나야 했다. 이로 인해 먼 서쪽이 가까운 중서부 지역보다 더 빠르게 개발되었고, 두 해안 사이에 광대한 빈 땅이 있는 이상한 개발 패턴이 생겨났는데, 이런 특징은 오늘날까지 남아 있다. 1790년에 토머스 제퍼슨(Thomas Jefferson)은 미시시피 강 서쪽 땅에 사람이 정착하려면 1000년은 걸리리라 생각했다. 그러나 토지 투기꾼들은 1923년 국경이 폐쇄되면서 불과 123년 만에 대륙 전체에 사람들이 정착하게 만들었다.

24 해리슨(1983), p. 81.

25 해리슨(1983), p. 81.

26 부록에는 명시적 증거가 있는 국가에서 주기가 일어난 연도가 잘 정리되어 있다.

1장

1 중국의 부양책은 특이했다. 지방 정부에 달성해야 할 엄격한 목표가 주어졌는데, 이 목표 중 대부분은 토지 매각과 광범위한 도시 건설 및 부동산 개발 프로그램을 통해 이루어졌다.

2 루이스(p. Lewis, 2009), '금융 위기가 닥치면서 두바이에서 6년간의 건설 붐이 멈췄다.' 〈가디언〉 2월 13일, www.theguardian.com/world/2009/feb/13/dubai-boom-halt에서 검색.

3 맥월드 샌프란시스코 2007, 기조연설. 자세한 내용은 www.thesecretwealthadvantage. com을 참조하라.

4 최악의 붕괴는 종종 국가나 대륙의 주변부에서 발생한다. EU에서는 남쪽 주변(그리스, 이탈리아, 스페인, 포르투갈)과 서쪽 주변(아일랜드)이 가장 큰 영향을 받았다. 그러나 국내 정치 문제로 인해 독일을 중심으로 한 북유럽 국가들은 해당 국가들의 은행 시스템 구제를 거부했다.

5 투즈(2018), pp. 167, 170~171, 184~185, 193. G20 포럼을 통해 다른 국가들과의 추가 조정이 있었다. 이는 반복되는 역사였다(앤더슨(2008), p. 302 참조).

6 2010년 7월, 미국에서는 금융개혁 및 소비자 보호법(Wall Street Reform and Consumer Protection Act, 도드-프랭크 법이라고도 함)이 통과되었다. 2013년에는 영국의 은행개혁법(Banking Reform Act)이 통과되었다. 스위스 국제결제은행(Bank for International Settlements)이 소집한 바젤 은행 감독위원회에서 새로운 국제 규정(바젤 III)도 통과되었다. 게다가 은행들은 다양한 경제 시나리오에서 지급 능력을 유지할 수 있음을 입증하기 위해 정기적인 스트레스 테스트를 실시해야 했다. 이 규정을 만든 바젤 감독위원회는 1974년(1970년대 부동산 위기 이후)에 설립되었다.

7 투즈(2018), p. 367.

8 〈아이리시 인디펜던트〉(Irish Independent, 2014), '최고 거래가를 기록, 미국 회사가 앵글로 (Anglo)의 영국 대출 장부를 42억 유로에 인수'. 미국 펀드는 2월 26일 대출 포트폴리오에서 60센트 등을 지불했다.

9 CEPR(2013), '라인하르트-로고프의 GDP 대비 부채 이야기: 왜 그것이 중요한가', 4월 18일. 공공 지출에 대한 이러한 관점이 잘못된 이유는 9장에서 다룬다.

10 코퍼레이트 파이낸스 인스티튜트(Corporate Finance Institute), '베르니 매도프(Bernie Madoff)', https://corporatefinanceinstitute.com/resources/career-map/sell-side/capital-markets/bernie-madoff/에서 검색.

11 〈뉴욕타임스〉(2014년 8월 22일). 미국에서는 1500억 달러의 벌금이 부과되었다. 총 벌금액에는 시장 조작 등 기타 사기행위에 대한 벌금도 포함되었다. JP모건은 133억 달러의 벌금을 부과받았다.

12 2만 명이 넘는 분노한 시민들이 푸에르타 델 솔을 점령했다. 20~30만 명의 시민들이 아테네 신타그마 광장에서 시위를 벌였다.

13 〈가디언〉(2013), '존 폴슨은 더 이상 마이다스의 손을 가진 사람이 아니다', 4월 21일.

14 (대부분의 경제 모델에서 가정하는 것처럼) 인간이 합리적인 방식으로 행동하지 않는다는 데에 연구 초점을 맞춘 흥미롭고 비교적 새로운 경제학 분야가 있다. 여기에서도 투자자들이 투자하기를 주저하는 주기의 시작 시기보다는, 사람들을 수시로 사로잡는 투기 열풍의 기간에 더 초점을 맞추고 있다.

15 주기의 전환기에는 항상 토지 가격의 하락을 수반한다. 문제는 주기의 전환점을 보여주는 변수 중 하나인 토지 가격을 경제학자와 통계학자들이 의미 있는 방식으로 제대로 측정하지 않는다는 것이다. 그 이유는 5장에서 알아볼 것이다.

16 위의 6항을 참조하라. 다른 주기에는 최초의 국제 규정인 바젤 I(1992년 시행), 글래스-스티걸 법(Glass-Steagall Act)(1933), 연방준비제도의 창설(1913)이 있었다.

17 첫 번째 조치들은 새로운 주기가 어디로 가고 있으며 그중 많은 조치가 어디에서 발생하는지를 알려준다. 예를 들어 중국에서는 항공 여행, 철도, 광업, 해운 등 교통 분야가 엄청나게 확장되었다.

18 오바마가 집권한 후 몇 년 이내에 데이비드 캐머런(영국), 아베 신조(일본), 시진핑(중국), 나렌드라 모디(인도), 에마누엘 마크롱(프랑스) 등 모든 주요 국가에서 새로운 세대의 지도자들이 권력을 잡는 것을 보았다. 누구도 오바마 당선과 같은 역사성을 갖지는 못했지만, 모두 새로운 주기의 시작을 예고했다.

19 내부 및 외부 이주자들이 늘어나면 수요도 늘어난다. 자금의 부족으로 사람들은 임대 시장으로 몰린다. 이전 주기의 절정기 직전에 대규모 공급 과잉이 있었음에도 불구하고 갑자기 주택이 크게 부족해진다. 도시 주변과 외곽 지역은 이전 주기의 토지 붐 시대에 계획되어 반쯤

완성된(또는 비어 있는) 주택 프로젝트로 인해 황폐해진 상태다.

20 호지킨스(Hodgkinson, 2008): 다른 대체 투자 자산이 부족하고 부동산 가격의 추가 하락을 방지하려는 정부의 노력으로 인해, 투자자들이 여전히 토지에 돈을 투자하고 있으므로 임대료·토지 가격의 하락 속도는 매우 느리다. 따라서 기업이 과도한 부채 부담에서 벗어나 회생할 수 있는 수준까지 부채가 낮아지는 데는 다소 시간이 걸릴 수 있다. 토지시장의 회복이 지연되고 있어, 경제 성장은 여전히 더디다. 이는 또한 상업용 부동산이 회복하는 데 더 오랜 시간이 걸리는 이유이기도 하다.

21 새로운 주기를 위한 준비는 이전 주기가 완료되기 전에 시작해야 한다(시크릿 핸드북 ⑫, ⑭, ⑰ 참조).

22 시간이 지남에 따라 한 주기에서 다음 주기로의 전환 과정이 발생한다. 물론 새로운 주기의 시작일이라고 정의할 수 있는 날은 없다. 따라서 시크릿 핸드북 ①에 있는 제반 조치들은 17장(주기의 마지막 단계인 구제를 다루고 있음)의 조치들과 겹친다. 17장의 구제 단계에서는 준비에 중점을 두고 지금 단계에서는 실행에 중점을 두고 있지만, 실제로는 두 단계 사이의 경계가 모호하다. 특정 상황에 따라 일부 조치들이 더 빨리 취해지고 다른 조치들은 나중에 취해질 수 있다.

23 시크릿 핸드북 ⑦과 ⑩을 참조하라.

24 이는 1955년 이후 세 차례의 주기를 거치면서 7대 경제국(미국, 영국, 일본, 독일, 프랑스, 캐나다, 호주) 주식시장의 최저점(주기 시작)부터 최고점(사이클 중반 정점 및 절정기)까지의 평균 상승률이다. 이 책에 인용된 다른 평균 백분율 변화 통계도 동일한 데이터에서 발췌한 것이다.

25 프리드슨(1998). 그가 분석한 연도에는 18년 부동산 주기가 시작되는 해가 포함되어 있다. 바로 1908년, 1933년(및 1935년), 1975년이다. 그는 역년(1월 1일부터 12월 31일까지의 기간)의 성과를 기준으로 연도를 선택했지만, (2년에 걸쳐 있더라도) 12개월 동안의 성과를 기준으로 한다면 2009~2010년도 포함될 수 있으며, 1990~1991년은 이 정의에 따를 경우 주기 저점으로부터 30퍼센트밖에 성장하지 못했기 때문에 제외된다. 결과는 분명하다. 주기 시작의 첫 1~2년이 주식시장에 있어서 중요한 해라는 사실이다.

26 간(Gann, 1923), p. 93은 강세 주식을 식별하는 방법에 대한 예를 제공한다.

27 메타버스에서의 발전은 초기 단계에 있지만 가상 부동산을 시장에서 사고팔고 임대할 수 있다. 이 또한 미래에 이 가상 구성요소를 포함하는 18년 주기로 이어질 것이다.

28 건물 연면적이나 건평을 늘리면 토지 가치가 높아진다. 기반시설이 들어서면 땅값이 오른다. 이것이 2장에서 설명한 흡수의 법칙이다.

29 시크릿 핸드북 ②를 참조하라.

2장

1 상세한 내용은 세계은행 데이터 마이크로사이트 data.worldbank.org/country/PS에서 가져왔다. '사업보고서 2020' www.doingbusiness.org/en/data/exploreeconomies/ west-bankand-gaza에서 검색. UNCTAD(2020), '지난 10년 동안 이스라엘의 가자 지구 점령 비용은 167억 달러 – UNCTAD 추정치', unctad.org/news/israeli-occupation-cost-gaza-167-billion-past-decade-unctad-estimates에서 검색.

2 이 이야기의 세부 내용은 2016년 11월 25일 금요일, 영국 TV 〈채널 4〉에 방송된 '보고되지 않은 세계: 가자의 자산 사다리'에서 발췌했다. www.thejc.com/news/uk/it-s-boom-not-bombs-in-gazafor-channel-4-documentary-1.44234.

3 리카도는 여러 곳의 농지에서 수확량을 분석했는데, 토양의 비옥도 차이에 따라 수확량이 달랐다. 토지 가치는 위치뿐만 아니라 토양의 자연적 생산력 차이와도 관련이 있다.

4 해리슨(2006), p. 47: "경제적으로나 사회학적으로나 국가의 운명은 한계점에 달려 있다. 이곳에서 사람들은 가장 어려운 도전에 맞서 싸운다. 여기서 그들은 경제적으로 살아남기 위해 비용을 절감할 수 있는 독창성과 결단력을 발휘해야 한다. 한계점에서 노동과 자본의 가격은 사회 전반에 걸쳐 사람들의 생활수준을 형성하는 방식으로 결정된다. 그렇기 때문에 한계점에서의 삶이 모든 면에서 좋도록 만드는 것이 우리의 모든 이익에도 부합한다."

5 애덤스(2015), p. 7.

6 땅값은 과연 얼마나 높이 올라갈 수 있을까? 얼마가 되든 사람들이 지불할 의사가 있는 곳까지 올라갈 것이다. 토지는 자연에 의해 무료로 공급되었기 때문에 토지를 만들기 위한 생산비도 들지 않는다. 특히 좋은 위치에서는 더 이상 토지를 만들 수 없기 때문에 사람들이 지불할 의향이 있는 만큼의 금액을 청구할 수 있다. 경쟁에 대해 걱정할 필요도 없다. 더 많이 만들 수 없기 때문에 생산비를 기준으로 가격이 책정되지도 않는다(아무도 토지를 생산하지 않으므로, 일반 상품처럼 가격이 올라도 생산량을 늘릴 수 없다).

7 라일리(Riley, 2001), p. 9.

8 라일리(2001), pp. 22~25. 그는 지역 부동산 중개인으로부터 정기적인 피드백을 받고, 자신의 부지에 대한 정기적인 평가를 실시하고, 철도 노선을 따라 새로 건설된 5개 역(워털루, 서더크, 버몬지, 런던 브리지, 캐나다 워터) 주변의 거래 가격을 관찰함으로써 이 연구를 수행했다. 그는 상세한 연구를 통해 새로운 노선이 건설되는 동안 지역 토지시장에서 무슨 일이 일어나는지 정확하게 계산할 수 있었다. 이와 유사한 대부분의 실증적 연구는 미개발 토지가 아니라 부동산 가격의 상승률만 조사할 뿐, 토지 가치의 절대적 증가치는 계산하려고 하지도 않는다.

9 부동산 가격 상승은 대부분 기본 토지 가치의 상승으로 인해 발생한다. 건물의 가치(대체비용에 반영됨)는 일반적인 인플레이션 수준에 따라 시간이 지나면서 상승하지만 그런 상승은 마모 및 노후화로 상쇄된다. 따라서 지난 수십 년 동안 부동산 가격이 그렇게 극적으로 상승한

것은 주로 토지 가격 상승에 기인한 것이다.

10 해리슨(1983).

11 모데리우스카(Modelewska, 2016), 표 2.3, pp. 74~83. 이 표는 다양한 교통 개선, 특히 철도가 부동산 가격에 미치는 영향을 분석한 많은 실증적 연구에 대한 포괄적인 검토를 제공한다. 그 결과, 경험적으로 볼 때 상업용 부동산 가격에 미치는 영향이 특히 역 근처에서 더 크다는 점을 보여준다(주거용 부동산에 대한 영향은 겉보기에는 낮아 보이지만 훨씬 더 먼 지역까지 확장된다). 또 은행이나 기타 고급 지원 서비스 산업이 위치한 지역에서 가장 큰 영향을 발견할 수 있었다. 검토된 55개 연구 중에서 토지 가치에 대한 영향을 고려한 연구는 단 하나뿐이었다. 개발의 규모도 토지 가치가 높은 지역에서 가장 컸다. 마찬가지로, 가격에 가장 큰 영향은 주로 건설 단계 직전인 경우가 많았다. 그리고 프로젝트의 가장 큰 영향은 경제와 인구 성장의 상승세 가 시작될 때 발생했다(p. 89). 인용된 연구 중 두 건은 쥬빌리 라인 연장이 부동산 가격에 미치는 영향을 확인했는데, 상업용 및 주거용 부동산 가격에 긍정적인 영향을 미친 것으로 나타났다. 그중 하나는 그 상승률을 42퍼센트에서 71퍼센트 사이로 추정했다.

12 〈세빌스 뉴스〉(Savills News), '글로벌 부동산 가치는 326조 5000억 달러로 5퍼센트 증가', 2021년 9월 21일.

13 라일리(2001), pp. 79~81.

14 라일리(2001), p. 83.

15 이 주제에 대한 추가 참고 자료는 www.thesecretwealthadvantage.com을 참조하라.

16 해리슨(1983), p. 129.

17 시크릿 핸드북 ⑩의 2항을 참조하라.

3장

1 IMF가 대출 제한을 제안했다. 주택 가격이나 가계 소득과 연계한 모기지 대출 제한, 모기지 대출에 대한 은행 자본 요건 상향, 외국인 구매자에 대한 추가 인지세 등. 이런 조치 중 일부 가 일부 국가에서 적용되어 시장을 냉각시켰다.

2 런던의 60퍼센트, 맨해튼의 30퍼센트에 비해 독일의 '빅 7' 도시(베를린, 쾰른, 뒤셀도르프, 프랑크 푸르트, 함부르크, 뮌헨, 슈투트가르트)의 상승률은 2019년까지 10년 동안 123.7퍼센트를 기록했다. 상승률이 가장 낮은 곳은 뒤셀도르프로 97퍼센트였고, 가장 높은 곳은 뮌헨으로 178퍼센트였다.

3 예를 들어 토지세 개혁을 추진하는 비영리기구인 프로스퍼 오스트레일리아(Prosper Australia) 가 시행한 일련의 세부 분석에 따르면, 멜버른의 공실률은 전체 주택 재고의 4퍼센트에서 6퍼센트 사이에서 변동했다.

4 〈시티 에이엠〉(City A.M. 2014년 7월 7일): 모든 주기에는 은행 시스템의 혁신이 있었다. 1980년 대 영국에서는 최초의 텔레폰 뱅킹이 시작되었고, 2000년대에는 인터넷 뱅킹이 도입되었다.

5 유럽중앙은행(ECB)은 2014년에 금리가 마이너스 영역까지 인하했다. 또 중소기업에 대출을 제공하기 위해 유로존 은행에 4000억 유로의 낮은 고정 금리 대출을 확대했다. 이는 영국 중 앙은행의 대출 자금 조달 프로그램을 모델로 한 안이었다. 일본 신임 총리 아베 신조는 통화 공급 증대, 공공 지출 확대, 노동 시장 개혁(여성 고용의 증대 등), 대기업 구조 조정(농업, 제약, 공 익사업), 자유 무역 계획 지원 등, 일본 경제를 되살리기 위한 일련의 정책인 이른바 '아베노믹 스'의 착수에 들어갔다.

6 이는 접근하기 어려운 석유 매장지에서의 채굴을 가능하게 해주는 '프래킹'(Fracking)이라는 혁신적인 기술을 사용해 미국의 석유 생산이 크게 늘었기 때문이기도 하다. 이 같은 생산량 의 증가로 미국은 세계의 한계 생산자가 되었다. 파쇄비용이 낮아지면서 가격도 낮아졌다. OPEC은 석유 가격 인하로 미국 파쇄업자들이 실패하리라 생각해서 감산에 대응하지 못했 다. (하지만 미국의 파쇄업자들은 저비용 대출을 충분히 받을 수 있었기 때문에 살아남았다.) 동시에 세계 석 유 수요, 특히 중국의 수요가 크게 감소했다.

7 마틴 프리드먼은 2014년 8월 5일 〈파이낸셜타임스〉와의 회견에서, 투자자들은 위험에 대해 특별히 좋은 보상을 받지 못하리라는 것을 잘 알고 있었지만 수익률 요건을 충족시킬 수 있 는 좋은 대안이 없었다고 말했다.

8 〈뉴욕포스트〉, '월스트리트저널, 2014년 8월 22일', 2014년 4월 26일. 이것은 역사의 반복이 었다. 이전 주기인 1990년대와 2000년대에는 러시아에서 자금이 유입되어 서방 국가의 부 동산 붐이 크게 일어났다.

9 파팅턴(R. Partington, 2018), '연구에 따르면 청장년층의 주택 소유가 붕괴되었다', www. theguardian.com/money/2018/feb/16/homeownership-among-young-adults-collapsed-institu te-fiscal-studies에서 검색. 본문의 그래프 8도 참조하라.

10 생애 첫 주택을 구입하기 위한 젊은이들의 어려움은 주기마다 공통적으로 나타나는 현상이 다.

11 개프니(2009): 토지 가격이 상승함에 따라 토지 이용이 더욱 밀집화된다. 즉, 같은 부지에 더 많이 짓거나 더 높이 짓는다. 이는 토지를 효과적으로 자본으로 대체하는 방법이다. (임금이 상 승할 때도 유사한 과정이 발생한다. 기업은 자본 설비에 투자함으로써 노동을 자본으로 대체한다.)

12 위키피디아, '2015~2016년 중국 주식시장 난기류', en.wikipedia.org/wiki/2015~2016_China_stock_market_turbulencefiStock_market_bubble에서 검색. IndraStra Global(2017), '2015년 중국 주식시장 붕괴 원인 분석', 10월 13일, www.indrastra.com/2017/10/Understanding-Causes-of-China-s-Stock-Market-Crash-2015-003-10-2017-0016.html에서 검색.

13 〈야후 파이낸스〉(2016), '피터 틸: 내가 회사에 제공하는 자본의 대부분은 건물주에게 돌아

간다', 3월 16일, uk.finance.yahoo.com/news/peter-thiel-vast-majority-capitalgive-companies-just-going-landlords-134709786.html에서 검색.

14 투즈(2021), p. 121.

15 단기 및 장기 수익률이 어떻게 움직이는지에 따라 강세장 평탄화인지 약세장 평탄화인지 다양하게 분석된다. 그러나 18년 경제 사이클과 관련해 보면, 새 주기에 진입한 지 몇 년 지난 이 단계에서의 평탄화는 일반적으로 향후 몇 년 동안 견고한 성장을 나타내는 좋은 신호다. (6장의 미주 12도 참조하라).

16 1911년과 1974년에 시작된 주기에서, 미국 시장은 후반기까지 강세장이 나타나지 않았다. 그러나 후반기의 강세장은 훨씬 더 컸다(1920년대와 1980년대).

17 18장 참조: 세계 경제에서 중국 경제가 차지하는 비중이 더 커짐에 따라, 이것이 미래에 어떻게 변할지는 지켜봐야 한다.

18 추가적인 정보는 www.thesecretwealthadvantage.com을 참조하라.

19 시크릿 핸드북 ⑥을 참조하라.

4장

1 사울(H. Saul, 2015), '코트니 러브는 자신이 탄 택시가 파리에서 우버 반대 시위대의 공격을 받고 택시 기사가 시위대에 의해 '인질로 잡힌' 사건을 경험한 후 프랑수아 올랑드 프랑스 대통령에게 불만을 토로했다', 〈인디펜던트〉, 6월 25일, www.independent.co.uk/news/people/courtney-love-s-taxi-attacked-by-antiuber-protesters-and-driver-held-hostage-in-paris-10345040.html에서 검색.

2 2장을 참조하라.

3 크리스토퍼(Christophers, 2020).

4 모라프(C. Moraff, 2008), '택시 면허에 얽힌 금융 이야기' 5~6월 매일 모니터링함. https://www.monitordaily.com/article-posts/medallion-financial-stor/에서 검색.

5 살람(E. Salam), "'그들이 우리 것을 훔쳐갔어요", 빚을 내 택시 면허를 산 뉴욕의 택시 운전수', 〈가디언〉, 2021년 10월 2일, https://www.monitordaily.com/article-posts/medallion-financial-stor/#nancial-stor에서 검색

6 첨리(C. Chumley), '뉴욕시 블룸버그 시장이 택시 운전기사들에게: "내가 당신네 산업을 파괴해 버릴 거야", 〈워싱턴 타임스〉, 2013년 5월 22일, https://www.washingtontimes.com/news/2013/may/22/mayor-bloomberg-cabbie-ill-destroy-your-expletive-/에서 검색.

7 은행업 면허 소지자인 은행들의 역할에 대해서는 8장에서 살펴볼 것이다. 또 은행 간 경쟁이

없다 보니 적절하게 경쟁하는 시장에서보다 서비스 품질이 낮아지는 경우가 많다. 피스토르(Pistor, 2019)는 시간이 지남에 따라 거의 모든 것에서 임대 기반 자산을 창출하기 위한 법이 채택되었다고 주장한다(비록 그가 '임대료'라는 용어를 사용하고 있지는 않지만 이것이 그가 의미하는 것이다).

8 지금까지는 노동(파이버), 자본(에어비앤비), 상품(아마존), 관심(구글과 메타)을 교환하는 네 가지 플랫폼 범주가 있다. 크리스토퍼(2020), pp. 186~188 참조.

9 스탠딩(Standing, 2019), p. 259; 크리스토퍼(2020), pp. 266~269. 네트워크 효과는 영토에 새로운 정착민이 유입되면서 식민지 세력이 이익을 얻는 것과 동일하다. 범위의 경제는 새로운 토지, 특히 항해할 수 있는 수로에 접근하는 것과 같이 새로운 이익을 가져다주는 토지를 획득하거나 강제로 빼앗는 세력과 비슷하다.

10 크리스토퍼(2020), pp. 206~207.

11 그들은 정부에 로비 활동을 하고, 경쟁업체를 피하고, 조세 회피 계획을 짜고(세금 제도의 허점을 이용해 저세율 국가에서 이익을 계상하고), 노동법의 차이를 이용해 디지털에 어두운 소매업자에 대한 경쟁 우위를 창출하는 데 매우 효과적이다. 게다가 그들은 수익의 상당 부분을 새로운 형태의 지대(금융 서비스 및 우주 채굴에 대한 투자)로 전환했다. 이런 모든 것들로 인해 그들은 지배력을 유지한다.

12 이 데이터를 수집하고 비공개로 유지하는 것은 신규 경쟁 업체에게 진입 장벽으로도 작용한다. 사용자의 행동 방식과 어떤 제품이 그들의 요구 사항에 가장 적합한지를 관찰할 수 없기 때문이다.

13 크리스토퍼(2020), p. 7: 영국 증권 거래소에 상장된 30개 대기업은 적어도 하나 이상의 경제 지대 방식을 운용하고 있다. 6개 회사는 은행업 면허를 가지고 있고, 7개 회사는 천연 자원에서 지대 수익을 내고 있으며, 11개 회사는 지식 재산권 라이선스로 이익을 얻고 있다. 또 이들 중에는 플랫폼 회사가 2개, 공공 서비스 계약자가 3개, 인프라 제공 업체가 3개, 토지 회사 1개가 포함되어 있다.

5장

1 모노폴리의 기원에 관한 이야기의 세부 내용은 필롱(Pilon, 2015)에게서 가져왔다.

2 모노폴리의 규칙 설명에 대한 모든 세부 내용은 현재 경제 시스템에 대한 후속 논의, 그리고 우리가 18년 주기를 식별할 수 없는 이유와 관련이 있다.

3 헨리 조지의 인생 이야기에 대한 자세한 내용은 바커(Barker, 1991)에게서 가져왔다.

4 그러므로 자금이 토지 투기 시장에 빨려 들어가지 않을 것이다. 이익과 대출은 생산 증가를 위해 기업에 재투자될 것이다. 토지 소유자는 부지를 방치하지 말고 생산적으로 사용해야 한

다. 그래야만 새로운 기업과 일자리 창출의 기회를 만들 수 있고, 경쟁이 더 치열해지면서 노동에 대한 수요도 증가할 것이다.

5 이것은 이 게임의 또 다른 교훈이었다. 주택의 가치는 실제로 입지적 가치를 반영하는 지상 임대료와, 제공되는 주택의 질을 반영하는 주택 임대료라는 두 가지 개별 요소로 구성된다. 현재의 모노폴리 게임에는 이 두 가지가 융합되어 있어 부동산에 대한 중요한 통찰력을 간과하게 만든다. 이 게임이 부동산 투기를 소재로 한 게임이라는 점을 감안할 때 이는 아이러니하다.

6 전체 제목은 이렇다. 《진보와 빈곤: 산업 불황의 원인과 부의 증가에 따른 빈곤 증가의 원인에 대한 조사: 구제책》. 원문은 www.henrygeorge.org/pcontents.htm에서 볼 수 있다.

7 케임브리지 대학에서 열린 행사의 일환인 트리니티 칼리지 다과회에서 조지는 총리의 딸이자 자문역인 메리를 만났다. 그녀는 전년도 여름에 《진보와 빈곤》을 읽고 가족과 함께 그에 대해 이야기한 적이 있었다. 그녀는 '당대 가장 당혹스럽고 혁명적인 책'이라는 평판에도 불구하고 그 책을 읽자마자 '깊은 감탄의 감정과 절박한 감동을 느꼈다'고 말했다. 바커(1991), pp. 404~405 참조.

8 1904년에 처칠은 자유당의 자유 무역 옹호와 함께 이 문제에 대해서도 의회와 다른 생각을 가지고 있었다. 조지는 자유 무역에 대해서도 열정적이고 설득력 있는 글을 썼다.

9 T. 호지스킨(Hodgskin, 1832), 《재산권의 상반성, 천부적 권리인가 인위적 권리인가》(The Natural and Artificial Right of Property Contrasted), https://oll.libertyfund.org/title/hodgskin-the-natural-and-artificial-right-of-property-contrasted에서 검색.

10 사실, 그의 시대에 경쟁적인 대안을 제시하는 사람들, 즉 사회주의자들과 마르크스주의자들과 가깝게 지내지 않은 것은 그가 사업가(자본가)를 공격하지 않고 시장과 기업에 대해 지지를 표명했기 때문이다.

11 프린스턴의 역사학자 에릭 골드먼(Eric F. Goldman)은 《진보와 빈곤》의 영향에 대해 다음과 같이 말했다. "1952년 이전 몇 년 동안 미국 개혁의 역사를 연구하고 있었는데 그때 나는 여러 차례에 걸쳐 다음과 같은 사실을 알게 되었다. 앞으로 많은 인도적 활동 분야에서 20세기 미국을 이끌게 될 수많은 청춘 남녀들(서로 현저히 다른 사람들)이 자신들의 인격이 형성되는 시기에 《진보와 빈곤》을 읽고 자신들의 생각의 방향이 바뀌었다고 말하거나 그런 글을 썼다는 사실이다. 이런 관점에서 볼 때 이 책에 견줄 만한 영향력을 지닌 책은 없었다.", web.archive.org/web/201605 13073711/http:/www.earthrights.net/wg/q-about-george.html에서 검색.

12 위키피디아, 《큰 죄》(A Great Iniquity), en.wikisource.org/wiki/A_Great_Iniquity에서 검색.

13 밀러(Miller, 2000), pp. 377~379.

14 개프니(1994), pp. 50~53. 개프니는 학자들이 조지를 후원하면서도 조지가 학자가 아니거나 경제학을 이해하지 못한다는 이유로 그가 틀렸다고 주장하기 위해 엄청난 노력을 기울

였다는 아이러니를 지적했다. 클라크는 조지의 생각에 반대한다는 점을 공개적으로 밝혔다. 30년도 채 안 되는 기간 동안 그는 조지를 지적 공격의 대상으로 삼아 24건 이상의 기사나 책을 썼다. 패튼은 조지가 "잘 알려진 경제 이론들을 사용하는 것만큼 [조지의 옹호자를] 기쁘게 만드는 것은 없다. … 따라서 경제 이론은 반드시 재구성되어야 한다."고 말한 리카도의 통찰력을 사용하는 것에 대해 우려를 표명했다(밀러, 2000, p. 381). 여기에는 노골적인 의도가 있었다.

15 다른 경제학자들(전미경제학회 회장이자 미국 인구조사국 국장이 된 프랜시스 워커(Francis Walker) 같은 학자들)은 토지와 노동의 구분을 없애려고 했다. 예를 들어 업무의 질이 다른 장소가 다른 임대료를 받는 것은 업무의 질이 다른 직원이 다른 임금을 받는 것과 다를 바가 없다고 주장했다. 단지 기술 수준의 차이에 따라 다른 보상을 받는 것이므로, 토지와 노동은 서로 유사하며 다르게 취급되어서는 안 된다는 것이다. 그는 심지어 이에 대한 용어도 만들었다. 특히 숙련된 직원은 더 뛰어난 관리 기술을 통해 '능력의 지대'를 번다는 것이다. 이는 기술 차이가 소득 격차를 가져오는 것처럼 사람들 사이에 엄청난 소득 격차가 생기는 것을 정당화한 주장이었다.

16 해리슨과 개프니(1994), esp. pp. 45ff.

17 해리슨과 개프니(1994), p. 7. 허드슨 외(1994), p. 7도 참조: "그 어느 때보다 더 많은 사람들이 대학을 졸업하고 있지만, 사회과학 커리큘럼은 좁아져서 교육받은 무능력(미국의 사회학자 소스타인 베블런(Thorstein Veblen)은 전문 경제학자들은 훈련된 무능함으로 우리 경제에 심어진 결함을 인식하지 못한다며 이 용어를 사용했다))만 생산할 뿐이다."

18 사실, 주택 자체는 자연적 마모와 건축 자재의 손상으로 인해 그 기간에 걸쳐 가치가 하락하게 될 것이다.

19 이언 콜린스(Ryan-Collins) 외(2017), p. 50.

20 환경론자들은 우리의 토지 사용이 문제를 엄청나게 악화시킨다는 사실을 인식하지 못하면서 오염과 기후 변화에 대해서만 걱정한다. 유행병학자들은 경제적 힘이 지속 불가능한 토지 개발을 통해 바이러스 전염을 초래한다는 사실을 이해하지 못하면서 질병 확산만을 걱정한다.

21 이에 대한 가장 최근의 예는 토마 피케티(Thomas Piketty)의 《21세기 자본》(Capital in the Twenty-First Century)으로, 18세기 이후 유럽과 미국의 부와 소득 불평등을 분석하기 위한 인상적인 데이터 세트를 축적해 놓았다. 그의 주요 연구 결과는 자본 수익률이 경제 성장률을 초과할 때 부의 집중이 증가한다는 것이다. 이 책은 현대 경제학 서적으로서는 이례적인 성공이었다. MIT 대학원생인 매트 로그니(Matt Rognlie)는 이런 집중이 전적으로 주택(즉, 토지) 때문이라고 지적했다. 피케티는 조지의 통찰력을 우연히 발견했지만 이를 제대로 표현하지는 못했다.

22 작은 나라나 지방 차원에서는 주목할 만한 예외가 있다. 이 아이디어는 호주, 캐나다, 미국, 덴마크의 일부 지역에서 시행되었지만 나중에 홍콩, 싱가포르, 대만에서 경제적 기적을 이루

었다. 이 아이디어는 대영제국의 심장부에서는 실행될 수 없었다. 결국 20세기의 혁명적 순간은 훨씬 더 어두운 방향으로 바뀌면서 공산주의 전체주의로 전락했다. 그 대가는 수천만의 영혼에 달하는 생명의 손실로 계산될 것이다.

23 노반(Donovan, 2019), p. 95. 두 번째 규칙 세트를 읽으려면 www.thesecretwealthadvantage.com을 방문하라.

24 타이드먼(N. Tideman) 외, '미하일 고르바초프에게 보내는 공개서한', www.wealthandwant.com/docs/Tideman_et_al_Gorbachev.htm에서 검색. 웹페이지 www.thesecretwealthadvantage.com도 참조하라.

25 프롤로그 참조. 해리슨은 18년 토지 주기에 관한 호이트의 이론을 부활시켜 최신 정보를 가져왔다.

26 벨턴(Belton, 2020). 소련이 무너지고 절도의 규모가 명백해진 후에도 옐친 정부는 도난당한 재산이 어디로 갔는지 확인하려는 노력을 거의 하지 않았다.

27 구스타프손(Gustafson, 1999), p. 183; 해리슨(2008), pp. 25~26.

28 호도르코프스키는 옐친 정부에서 잠시 에너지 차관을 지냈다. 따라서 그는 자신이 구매하는 것의 실제 가치가 얼마인지, 그리고 그것이 잠재적으로 무엇이 될 수 있는지에 대해 정확히 알고 있었을 것이다.

29 TV로 방영된 한 악명 높은 행사에서 호도르코프스키는 푸틴에게 굴욕감을 안겼다. 나중에 그는 체포되었다. 호도르코프스키에 대한 혐의는 그가 유코스를 통해 러시아의 자원을 훔쳤다는 것이었다. 여기에는 어느 정도 진실이 있었다. 그가 한 일이 법적으로 허용되는 것이었다고 해도 공동 재산에 대한 러시아 국민의 도덕적 권리 때문에 호도르코프스키에게 그런 비난을 제기할 수 있었다.

30 벨턴(2020), p. 474. 러시아 네트워크와 트럼프 조직 간의 관계에 대한 자세한 내용은 p. 448을 참조하라.

6장

1 전시된 요트 중 가장 큰 배는 길이가 111미터에 달하는 거대한 선박으로, 화려함이 물씬 풍겼다. 18명의 승객이 베르사유풍의 금색 대리석 인테리어에서 호화로운 시간을 보낼 수 있고, 대형 수영장에서 수영을 즐기거나 고급 리조트에서 볼 수 있는 스파를 즐길 수 있다. 이런 초고급 요트는 경제지대의 소유권이 얼마나 집중되어 있는지를 완벽하게 보여준다. 특히 그중 다수가 러시아 기업가들의 소유다.

2 스태티스타 리써치 디파트먼트(Statista Research Department), '2000년부터 2021년까지 미국의 기업 이익', 2022년 10월 11일, https://www.statista.com/에서 검색.

3 라우틀리(N. Routley), '지난 20년간 초고층 빌딩 기록', 비주얼 캐피탈리스트(Visual Capitalist), 2020년 6월 13일, www.visualcapitalist.com/charting-the-last-20-years-of-supertall-skyscrapers에서 검색.

4 G7 국가(+호주) 중에서 이탈리아에서만 평균 주택 가격이 이전 주기의 절정기 때보다 낮았다.

5 크레디트스위스(Credit Suisse), '글로벌 부 보고서 2019', https://www.credit-suisse.com/about-us/en/reports-research/global-wealth-report.html에서 검색, '글로벌 부 보고서 2016' https://www.credit-suisse.com/about-us/en/reports-research/global-wealth-report.html에서 검색.

6 글로벌 PMI는 2016년 하락 이후 가장 낮은 수준이자, 주기의 시작 시기에 확인된 수준이었다. 세계 경제의 주요 지표를 선도하는 중국, 일본, 독일 제조업의 수준은 50 이하로 떨어지며 위축을 나타냈다. 징후는 분명했지만, 많은 사람이 지난 몇 년간의 통화 정책과 양적완화의 정도를 고려할 때 수익률 곡선이 여전히 신뢰할 수 있는 지표가 될 수 있는지 의문을 제기했다.

7 이는 정반대 현상을 보인 12개월 전(주식시장이 강세를 보이던 해 직전)과는 뚜렷한 대조를 이룬다.

8 왕(L. Wang)과 하즈릭(V. Hajric), '무료 주식 거래로 개미들이 엄청난 구매 열풍을 일으키고 있다', 〈블룸버그〉, 2020년 2월 21, https://www.bloomberg.com/news/articles/2020-02-21/free-stock-trades-are-stirring-an-epic-mom-and-pop-buying-frenzy에서 검색. 일일 거래량이 5개월 만에 거의 두 배로 늘어났다.

9 1955년 이후 7대 경제 대국에서 세 차례의 주기 시작-정점 단계가 있었는데, 주식시장이 새로운 최고점(이전 최고점 초과)을 달성하지 못한 것은 스물한 번 중 네 번뿐이었다.

10 이는 1955년 이후 세 차례의 주기 동안 7대 경제 대국 주식시장에서의 최저점부터 최고점까지의 평균 상승률이다. 1장 미주 24 참조.

11 1970년 이후, 사이클 중반 정점까지 새로운 최고 평균 가격을 달성하지 못한 경우는 1990년 붕괴 이후의 일본 부동산시장뿐이었다. 다른 선진국(미국, 영국, 독일, 프랑스, 캐나다, 호주) 부동산시장은 사이클 중반 정점에서 사상 최고치를 기록했다.

12 일반적으로 장기 채권의 수익률이 단기 채권의 수익률보다 높다. 단기 및 장기 채권의 수익률을 그래프로 표시하면 일반적으로 완만하게 상승하는 곡선으로 나타난다. 이처럼 수익률 상승은 투자자에게 더 긴 기간 동안 수익을 보상해 준다. 장기 채권의 가격은 이자율 변화에 더 민감하기 때문에 단기채권보다 더 위험하다. 장기 채권의 수익률을 결정하는 요소는 채권 만기까지 예상되는 단기 이자율의 평균이다. 이자율이 상승해 높은 수준을 유지할 것으로 예상되는 경우 채권 만기가 길수록 채권 수익률이 높아진다. 이는 수익률 곡선의 상승 기울기가 평소보다 가파르다는 것을 의미한다. 반면 금리가 하락할 것으로 예상되면 수익률 곡선의

기울기가 평소보다 완만해진다. 그리고 금리가 크게 하락할 것으로 예상되면 수익률 곡선은 하향 기울기로, 즉 역전된다. 수익률 곡선의 역전은 경기 침체가 다가오고 있다는 신호다. 페퍼(Pepper, 2006), pp. 46~47을 참조하라.

13 그 책 《다우 36,000》(Dow 36,000)의 저자는 제임스 글래스먼(James Glassman)과 케빈 해셋 (Kevin Hassett)이다.

7장

1 세계보건기구(2020) '중국에서 원인 불명의 폐렴 발생', 1월 5일. https://www.who.int/ emergencies/disease-outbreak-news/item/2020-DON229에서 검색.

2 3월 16일 다우존스지수는 백분율 기준으로 역사상 세 번째로 큰 하락폭을 기록했는데, 이는 1929년 블랙 먼데이 폭락보다 더 큰 폭이었다. 더구나 3월 12일 10퍼센트 하락한 지 불과 4일 만에 일어났다. 거래자들이 신뢰할 수 없는 국내 인터넷 연결을 사용해 집에서 일하고 있기 때문에 패닉은 더욱 가중되었다.

3 매도 압력의 대부분은 외국, 특히 아시아에서 나왔다. 이에 따라 자국 통화를 달러로 교환할 수 있는 다른 중앙은행과 유동성 스와프 협정을 체결함으로써 아시아 국가들은 자국 관할권에 있는 기관의 달러 수요를 현지에서 충족할 수 있게 되었다.

4 투즈(2021), p. 131; 카심 외(Z. Cassim. et al, 2020)도 참조. '10조 달러의 구제: 정부가 영향을 미칠 수 있는 방법', 맥킨지(McKinsey&Company), 6월 5일, www.mckinsey.com/ industries/publicand-social-sector/our-insights/the-10-trillion-dollar-rescue-how-governments-can-deliver-impact에서 검색.

5 1장, '은행은 구제받고 국민들은 파산하고' 참조.

6 시크릿 핸드북 ① 참조.

7 NBER(2021), '비즈니스 사이클 시점을 표기한 위원회 발표 2021년 7월 19일', https:// www.nber.org/news/business-cycle-dating-committee-announcement-july-19-2021에서 검색. 마찬가지로, 영국도 기록상 가장 깊은 불황을 겪었고, 제2차 세계대전 이후 가장 강력한 성장을 경험했으며, G7 선진국 중 가장 빠르게 성장했다. 바넷(J. Barnett, 2021), 'OECD: 영국이 G7을 제치고 경제 성장 1위를 차지함', 시티 에이엠(cityam.com), 2021년 9월 21일, https://www.cityam.com/oecd-uk-muscles-out-g7-to-top-economic-growth-rankings/에서 검색.

8 투즈(2021), p. 12: 부동산시장은 견고하며 모든 것이 상승하기 시작했다고 지적했다. 그는 또 은행들이 2008년만큼 나쁜 위치에 있었다면 위기는 재앙이었을 것이라고 지적했다. 그러나 다행히 그렇지 않았다. 은행들은 그때보다는 훨씬 더 건강한 상태였다. (우리가 주기 말 붕괴

및 구제 단계가 아니라 사이클 중반 침체기에 있었기 때문이다.)

9 스티브 한케(S. Hanke)와 그린우드(J. Greenwood), '과도하게 풀린 돈이 높은 인플레이션을 예고한다', 카토 재단(Cato Institute), 2021년 7월 20일, www.cato.org/commentary/too-much-money-portends-high-inflation에서 검색

10 가스콘(C. Gascon)과 하스(J. Haas) '코로나 19가 주거용 부동산시장에 미친 영향', 세인트루이스 연방준비제도, 2020년 10월 6일, www.stlouisfed.org/publications/regional-economist/fourth-quarter-2020/impact-covid-residential-real-estate-market에서 검색. 정부의 지원 조치로 인해 가계 저축률이 급등하면서 미국 역대 최고 수준인 30퍼센트에 도달했다(유럽도 비슷한 수준에 도달했음).

11 주식 매수자가 항상 분별력이 있는 것은 아니다. 중국의 한 중소기업의 주가는 한때 2500퍼센트나 올랐다. 매수자들이 이 회사의 식별 코드 'ZOOM'을 화상 회의 시설을 제공하는 기술 회사 '줌'(Zoom, 식별 코드 ZM)으로 착각했기 때문이다. 또 다른 예로, (레딧 같은 소셜 미디어 플랫폼을 사용하는) 공동 구매로 인해 게임스탑(GameStop)이라는 회사의 주가가 급등했다. 사실 이 회사는 상업적으로 어려움을 겪고 있는 회사로, 뉴욕 증권 거래소에서 가장 심하게 공매도된 기업 중 하나였다. 그러나 기술에 정통한 개별 투자자 집단의 공동 구매로 인해 수십억 달러를 관리하는 대규모 헤지 펀드가 막대한 손실을 입으며 공매도 포지션을 청산(Short cover)할 수밖에 없었다. 공매도를 반대하는 사람들은 공매도하는 사람들을 무너뜨리려는 욕망에 의해 동기를 부여받는다. 핀피드(Finfeed.com), '로빈후드와 코로나 바이러스가 어떻게 젊은 신규 투자자들 사이에서 그렇게 완벽한 폭풍을 일으켰는가', 2020년 10월 16일, finfeed.com/features/how-robinhood-and-coronavirus-created-perfect-storm-young-new-investors에서 검색. 퍼거슨(N. Ferguson), '게임스탑, 로빈후드 그리고 윈드 트레이드의 귀환' 〈블룸버그〉, 2021년 2월 7일, www.bloomberg.com/opinion/articles/2021-02-07/niall-ferguson-gamestop-robinhood-reddit-and-the-wind-trade?sref=x에서 검색.

12 그리고 기술 회사들은 서비스에 대한 수요가 영구적으로 증가하는 것을 보고 노른자위 상업 공간을 사들였다. 디지털 혁신이 가속화되면서 도심 외곽의 창고 및 물류 공간에 대한 수요가 급증했다.

13 라터(D. Larter), '미 해군이 점점 더 군사화되는 북극으로 돌아옴', 디펜스뉴스(defensenews.com), 2020년 5월 12일, https://www.defensenews.com/naval/2020/05/11/the-us-navy-returns-to-an-increasingly-militarized-arctic/에서 검색.

14 밀러(2000).

15 경기 침체기로 접어드는 주요 지점에서 경찰의 강압적인 태도가 그런 항의와 폭동을 촉발하는 경우가 많다. 2011년 런던 폭동을 촉발한 마크 더건의 죽음이나 1992년 LA 폭동을 촉발한 로드니 킹(Rodney Glen King)에 대한 폭행을 보라. 하지만 그것이 폭동의 진짜 원인은 아니다.

16 예를 들어, 영국은 미국이 2001년 말에 겪었던 지난 주기의 사이클 중반 침체를 피했다.

17 1921년 멜론 재무장관이 미국을 전후 및 전염병 불황에서 벗어나게 하기 위한 조치, 1981년 높은 인플레이션 문제를 해결하기 위해 폴 볼커(Paul Volcker) 연준 의장이 취한 조치, 앨런 그린스펀이 낮은 금리를 유지하고 조지 부시로 하여금 9/11 여파 후의 세금 감면을 시행한 것 등. 사이클 중반에 정부가 취하는 조치들이 당면 과제를 해결하는 데 효과적이었던 것으로 보인다.

18 시크릿 핸드북 ① 참조.

19 경기 회복이 본격화되면 기업 이익이 높아질 것이라는 기대감으로 주식시장이 상승한다. 예를 들어 경기 침체 이후인 1921년, 1962년, 1982년, 2002년의 사이클 중반 최저치에서 모두 이런 현상이 발생했다.

20 프릭(W. Frick), '경기 침체에서 살아남고 그 후에도 번창하는 방법', 〈하버드 비즈니스 리뷰〉(Harvard Business Review), 2019년 5~6월호, hbr.org/2019/05/how-to-survive-a-recession-and-thrive-afterward에서 검색.

8장

1 이 일화의 세부 내용은 마틴(2014)에게서 가져왔다.

2 마틴(2014): "동전의 가치는 주로 크기에 따라 결정되었지만, 곡물의 순도와 석회석의 백색도에 의해서도 영향을 받았다."

3 호지킨스(2008), p. 142.

4 이는 물물교환에서도 마찬가지다. 한 사람이 자신이 원하는 물건을 받기 전에 자신의 물건을 먼저 넘겨주기 때문이다. 그 기간 동안(기간이 얼마나 길든지 간에) 그 사람은 자신이 받아야 할 상품을 받는 순간까지 상대방에게 신용을 갖게 된다.

5 이는 회계 단위를 제공하는 화폐의 중요한 기능이다. 그리고 이는 수량을 통해 이루어지며, 때로는 무게나 토큰 수를 통해 이루어지기도 하고, 표준화된 토큰에 새겨진 명칭을 통해 더욱 효율적으로 이루어지기도 한다. 화폐의 또 다른 중요한 기능은 가치 저장소로서, 원하는 교환을 미래로 연기하는 것이다(원하는 것을 얻기 위해 돈을 언제 배치할지 선택할 수 있다). 이런 모든 기능을 수행하려면 돈은 휴대 가능해야 하며(그것을 몸에 가지고 다닐 수 있어야 한다), 신뢰할 수 있고(사람들이 인정해 주어야 한다), 내구성이 있어야 한다(쉽게 파손되지 않아야 한다).

6 조지(George, 2004), p. 229. 마틴(2014)도 참조: "돈은 일시적으로 유효하고 일정 모습을 취하고 있지만, 화폐의 본질은 신용 계좌와 청산이라는 기본 메커니즘이다."

7 하지만 모든 신용이 돈은 아니다. 다만 대부분의 경우 신용 부여에는 돈이 따른다. 티펫(Tippet, 2012), p. 87 참조.

8 마틴(2014).

9 1863년 국립은행법(National Banking Act)의 제정은 사실상 연방(주정부가 아닌) 은행 시스템을 창설한 것이며, 주 은행이나 민간 은행의 지폐 발행을 종료한 것이다. 당시 미국은 "1600개의 서로 다른 주 은행들이 발행한 7000여 종의 진짜 지폐가 유통되고 있었다."(호이트, 1933, p. 76). 이 법 제정 이후 국립 은행 시스템이 지폐를 발행할 수 있게 되었다. 그러나 그들의 지폐도 1930년대 이후 폐기되었다.

10 라이언 콜린스 외(2011), pp. 12ff. 은행에 대한 일반 대중의 인식은 저축자와 차용자 사이의 통로로, 또는 저축을 늘려주는 것, 또는 금 세공사가 자신에게 맡겨진 금을 안전하게 보관한다는 증서로 영수증을 발행하는 관행에서 발전한 개념일 것이다. 하지만 그들은 곧 맡겨진 금보다 더 많은 영수증을 발행할 수 있다는 사실을 알아냈다(pp. 38~40).

11 위의 자료, p. 4.

12 영국 중앙은행 분기보고서, '현대 경제에서의 화폐: 서문', 2014년 3월 14일.

13 이런 의미에서 모든 부채와 대출금을 상환한다는 것은 본질적으로 디플레이션적이다. 어쩌면 돈의 가치를 파괴해 버릴지 모른다.

14 라이언 콜린스 외(2011), pp. 77~80에서 이 방식에 대한 자세한 설명을 제공한다. 실제로 중앙은행은 은행 시스템이 얼마나 많은 돈을 창출하는지에 대해 거의 통제할 수 없다.

15 이는 은행들이 가능한 한 많은 대출을 제공함으로써 수익을 극대화하길 원하기 때문이다. 은행업에 대한 이러한 관점에서 볼 때, 중앙은행은 은행이 스스로 과도하게 대출을 확장하지 않도록 준비금의 액수를 설정할 것으로 예상된다.

16 라이언 콜린스 외(2011), pp. 84~88.

17 1장 미주 6 참조.

18 베르너(Werner, 2020). 은행 통계학자들은 은행이 창출한 모든 돈을 포괄하는 광범위한 화폐를 지칭하는 것이다.

19 화폐의 양은 생산과 거래의 양에 따라 증가해야 하며, 이는 경제의 생산 능력 한계까지 올라가야 한다. 경제가 확장되고 모든 생산 요소가 소진되면(경제는 완전 고용 상태로 운영되고 기업은 최대 생산 능력에 도달한다) 운전자본 이상으로 추가 대출이 필요하지 않다. 이뿐만 아니라, 창출된 돈은 동일한 수준의 상품과 서비스를 추구하기 때문에 은행 돈은 인플레이션을 끌어 올릴 것이다. 이때부터 불건전한 돈이 만들어지기 시작한다.

20 은행의 관점에서 보면 부동산에 대한 대출이 큰 의미가 있다. 은행은 대출이 건전한지 평가해야 하는데 이로 인해 특정 비용이 발생한다. 수익성 관점에서 보면, 그 비용은 장기 대출에 대해 한 번만 발생하는 것이 합리적이다. 부동산을 담보로 대출을 해주고 수년에 걸쳐 이자를 받는 경우가 바로 그런 경우에 해당된다. 기업에 대한 대출은 위험도 더 높고 기간도 더 짧을 뿐만 아니라, 대출 기간 동안 사전 평가 및 모니터링 측면에서 훨씬 더 많은 비용이 들어간다. 하지만 부동산 대출은 기업이 생산을 위한 자본 장비를 획득하기 위해 받는 대출과는 여

러 가지로 다르다. 자본은 생산에 소모되지만 토지는 영구적이다. 은행은 부동산을 담보로 대출을 해주고 대출이 상환되면 동일한 부동산에 대해 다시 대출해 줄 수도 있다(가격이 오르면 더 많은 대출도 가능하다). 이것은 은행 시스템에 매우 수익성이 높은 수익원이다.

21 음영 처리된 부분은 미국 역사상 각 주기의 절정기를 나타낸다(부록 참조). 특히 2차 세계 대전 이후 기간에 다른 국가의 비율에서도 비슷한 패턴을 볼 수 있다(자세한 내용은 www.thesecretwealthadvantage.com 참조). 각 주기의 절정기 이전 비율의 상승은 민간부채의 급증에 따른 것이다. 절정기 최고점 이후 추가 증가는 GDP 감소(및 부채 초과) 때문이다.

22 베르너(2020), p. 112: 은행이 대출 장부를 확대하려고 할 때, 은행은 대출자에게 대출을 강요할 수 없고 대출 금액도 경제의 기초 체력에 달려 있기 때문에 생산적인 대출을 크게 늘릴 수 없다. "그러나 비생산적인 대출은 은행 마음대로 늘릴 수 있다. 이 경우 그들이 해야 할 일은 차용자에게 상당한 자본 이득의 전망을 제공하는 것뿐이다. 비생산적 대출은 토지나 주식같이 자산 분류가 대출 할당 도구로 사용될 수 있는 담보대출 중심으로 수행된다. 은행은 토지 평가에 대한 대출 가치의 비율을 높임으로써 수익을 낼 수 있다고 생각하는 차용자를 더 많이 유치한다. 은행이 담보의 평가 가치를 높이면 담보의 가격도 올라가 차용자에게 자본 이득을 제공하고 투자 수익성을 높여준다. 은행과 대출자들은 서로 이런 활동에 더 적극적으로 참여할 것을 권장하고, 소문이 퍼지면서 점점 더 많은 개인과 회사가 이 게임에 참여하기를 원한다."

23 은행이 제공하는 필수 서비스가 유동성이다. 다양한 상품과 서비스는 서로 생산 기간이 다르므로 돈에 대한 수요와 대출에 대한 수익도 다 다르다. 그래서 은행은 자금이 필요할 때마다 언제든 자금 공급이 가능해야 한다. 화폐에 대한 수요가 조정되지 않는다는 것은 은행 시스템의 기능에 매우 중요한 요인이다. 그러나 부동산 붐이 일어나는 기간 동안에는 은행 대출의 상당 부분이 상대적으로 비유동적인 부동산 대출에 들어가 장기간에 걸쳐 상환되기 때문에, 시스템의 유동성이 현저하게 줄어든다. 이로 인해 은행은 단기 자금 조달을 위해 단기 금융시장에 대한 의존도가 높아진다. 실제로 모든 사람이 동시에 예금한 돈을 인출하려 한다면 은행은 의무를 이행하지 못할 것이다. 문제는 주기가 끝날 무렵, 예금자들이 은행 시스템의 건전성을 우려할 때 그런 일이 발생한다는 것이다. 평상시에 은행들은 저렴한 비용으로 서로 자금을 조달할 수 있지만, 은행이 서로의 건강을 의심할 이유가 있다면 시장은 하룻밤 사이에 얼어붙고 은행 간 대출 금리가 급등하게 된다.

24 앤더슨(2008), pp. 228, 281~282, 317.

9장

1 《마르코 폴로의 여행기》, 2권, 18장.

2 베르너(2020), pp. 53~55.

3 〈인디펜던트〉, '리암 번의 유명한 사과 '돈이 없어서 걱정입니다", 2015년 5월 10일.

4 1983년 10월 보수당 콘퍼런스에서 마가렛 대처 총리가 한 연설에서 인용했다.

5 현대 공공 재정에서 지출은 일반적으로 직접적인 서비스 제공, 수혜자에 대한 지급금 이전, 상품 및 서비스 조달로 구성된다.

6 행정적 조치는 국가마다 다르지만 본질은 동일하다. 세금 수입이 공공 재정의 기초가 아니다.

7 라이언 콜린스 외(2011), 부록 2, p. 153. 세금 및 공공 지출의 흐름과 관련하여, 관습과 관행의 문제로 존재하는 제도와 세금/지출이 발생할 수 없는 제도를 구별하는 것이 중요하다. 징수된 국고금에 세금을 부과하기로 한 영국의 결정은 전자의 예다. 공공 지출에 자금을 조달할 필요는 없다. 9장에 설명된 대로 수행될 수 있기 때문이다.

8 투즈(2018), pp. 515~516.

9 켈튼(Kelton, 2020), pp. 32~35.

10 그래버(Graber, 2014), pp. 49~50: 이는 종종 정부가 군대에 식량과 장비를 제공할 필요가 있을 때 시작되었다.

11 켄톤(2020), p. 117.

12 빌 미첼(Bill Mitchell): "현재의 제도적 장치하에서 전 세계 정부는 매 기간별 순지출 흐름을 달러 대 달러로 맞추기 위해 자발적으로 민간 채권시장에 채권을 발행한다." 하지만 진실은 "법정 통화 체제 내의 주권 정부는 채권을 발행할 필요가 없으며, 공공부채를 제로로 유지하면서 재정 적자를 계속(영원히) 운영할 수 있다."는 것이다. billmitchell.org/blog/?pfl34945에서 검색.

13 고들리는 1970년대에 우울한 경고를 하면서 명성을 얻었다. 그는 1970년대 초의 경제 호황은 1973년에 끝나고 1980년대 초에는 실업자가 300만 명에 이를 것이라고 예측했다. 이 경고로 인해 그는 '펜스의 카산드라'라는 칭호를 얻었다. 그리스 신화에 나오는 트로이의 카산드라처럼, 그의 끔찍한 예측이 실현될 때까지 아무도 그를 믿지 않았으며, 실제로 그런 일이 벌어졌을 때 행동하기에는 이미 너무 늦어버렸다.

14 켈튼(2020), pp. 104~105.

15 이는 의심의 여지없이 팬데믹 경기 부양 프로그램이 초래한 결과로, 저축이 늘어났고 그다음에는 지출이 늘어났다. 그러나 동시에 경제는 공급망이 중단되고 수백만 명이 직장을 떠나는 사태가 이어지면서 심각한 공급 충격을 견뎌내야 했다. 그 결과 통화 공급이 필요 이상으로 늘어났고 인플레이션이 발생했다.

16 2장 참조.

17 5장 참조. 이것이 애초에 공공 지출에 의해 창출된 토지 임대료가 더 이상 시장 가격으로 자본화되지 않는 유일한 방법이다. 필요한 모든 토지를 시장에 가져와 생산적으로 사용할 수

있게 될 것이기 때문이다. 더욱이, 경제에 대한 정부 개입의 필요성도 훨씬 줄어들 것이며, 따라서 공공 지출(화폐 창출)도 낮아질 것이다. 징수되는 세금만이 정부의 사전 투자로 발생하는 지대가 될 것이며, 이는 은행이 생산량을 늘리기 위해 기업에 대출하는 것과 유사하다.

18 시크릿 핸드북 ① 및 ⑦을 참조하라.

10장

1 히스토리 하우스(History House), '철도를 이용해 여행한 최초의 영국 군주는 누구였을까?', historyhouse.co.uk/articles/monarch_travel_by_rail.html에서 검색.

2 퀸(Quinn, 2020)과 터너(Turner, 2020), p. 59.

3 윈턴(Winton), '철도 투기 열풍', 2018년 9월 18일. www.winton.com/longer-view/railway-mania에서 검색.

4 딤스데일(Dimsdale, 2014)과 핫슨(Hotson, 2014), p. 60. 주식시장이 기업실적 회복을 예측하고 있음을 보여주는 사례다.

5 철도 경로에 속한 토지의 소유자가 토지를 판매하도록 유도해야 하기 때문에 의회의 승인이 필요했다.

6 퀸과 터너(2020), pp. 60~63. 철도 네트워크의 상호 연결성은 기존의 모든 노선의 가치(주가 포함)를 증가시켰다.

7 퀸과 터너(2020), pp. 63~64. 이런 정기 간행물 중 일부는 이후의 불황을 거치면서 사라졌다. 이는 그런 간행물들이 경기 호황 상황을 이용해 왔음을 보여준다.

8 딤스데일과 핫슨(2014), p. 65.

9 해리슨(2010), pp. 104~105.

10 배그(2019), p. 131; 앤더슨(2008), p. 159에서 예시를 볼 수 있다. 1850년대 중반 최고조에 달했던 미국 붐 속에서 오마하(Omaha, 철도가 지난다는 이유만으로 존재 가치가 떠 올랐던 서부 개척지의 지방 도시)의 최고 중심가 부지가 불과 12개월 만에 열 배 오른 5000달러에 팔렸다고 전해진다. 다음 주기인 1873년까지 10년 동안 시카고 전체의 토지 가치는 다섯 배 증가했지만, 시카고 외곽 지역의 토지는 열 배 오르는 것이 흔한 일이었다.

11 〈이코노미스트〉, '버블의 미학', 2008년 12월 20일.

12 킨들버거(Kindleberger, 2015)와 앨리버(Aliber, 2015), p. 69ff. "대체는 전망, 기대, 예상 이익 기회, 행동을 변화시키는 외부 사건이나 충격을 말한다. 그 충격은 경제 전망에 영향을 미칠 만큼 충분히 커야 한다. 매일 일어나는 사건들은 전망에 약간의 변화를 가져왔지만 충격이라고 부를 만큼 중요한 변화를 가져오는 사건은 거의 없다."

13 다른 예로는 정치적 발전(1688년 명예혁명), 새로운 증권의 놀라운 성공(1819년 영국 은행이 계약

한 최초의 중요한 국외 대출인 베어링 론(Baring loan)), 은행 및 금융기관에 대한 규제 완화, 파생상품, 뮤추얼 펀드, 헤지펀드, 부동산 투자 신탁(REIT)의 탄생 등을 들 수 있다.

14 2장 참조.

15 완성된 건물의 시장 가격은, 제곱미터당 건설비용 수준을 고려하여 개발자가 투자한 자본에 대해 충분한 수익을 확보할 수 있는 수준이거나 그 이상이어야 한다. 주기 전반기에는 외곽 지역의 부동산 가격이 너무 낮아 개발자를 유인하지 못하지만 하반기에는 상황이 달라진다. 하반기에는 낙관적인 수요 예측에 힘입어 투기적인 성격을 띠면서 그런 지역에서 큰 호황이 일어난다.

16 부동산 경제학자 로이 웬즐릭(Roy Wenzlick)이 지적한 것처럼, 사무실 시장의 공간 부족은 기업 확장 몇 년 후에야 발생하며, 여전히 임대 조건이 상업용 부동산 가치 상승을 지연시킨다. 기업 확장이 잘 진행된 후에야 비로소 상업용 임대료로 인한 순이익이 건설비용 대비 충분히 높아진다. 상업용 부동산이 주기의 전반기보다 후반기에 더 강한 성과를 보이는 경향이 있는 것은 바로 이 때문이다.

17 12장 참조.

18 달리오(Dalio, 2020): 미국의 GDP 대비 부채는 2000년대 호황기에 연간 12.6퍼센트 증가했다. 배그(2019)는 다른 예를 보여준다(pp. 49, 68, 73, 165, 184~185 참조). 2007년 주기의 정점에 진입하면서 GDP 대비 민간부채 증가율은 26퍼센트(미국), 34퍼센트(영국), 72퍼센트(스페인)였다. 1990년 주기의 정점에 진입할 때에는 21퍼센트(미국), 41퍼센트(영국), 38퍼센트(일본)였다.

19 위키피디아, '영국 의회 비용 스캔들', en.wikipedia.org/wiki/United_Kingdom_ parliamentary_expenses_scandal에서 검색. 많은 국회의원들이 부동산 붐으로 땅값이 크게 상승한 런던에 두 번째 주택을 갖고 있으면서 이에 대한 비용을 비정기적으로 청구하고 있었다. 그들은 주택담보대출을 갖고 공간을 추가해 세입자에게 임대함으로써 양도소득세를 피할 수 있었다. 또 정보 공개 규정에 따라 공개해야 하는 자신들의 비용 청구를 공개 대상에서 빼기 위해 노력했다. 1970년대와 1980년대 일본의 붐에 대한 사례는 해리슨(1983), p. 159와 우드(Wood, 2006), pp. 54~55 참조. 미국의 다른 주기의 사례는 앤더슨(2008), 특히 pp. 76~77, 116~118, 164, 434ff를 참조하라.

20 통화의 자유로운 유동이 상대적으로 새로운 현상이라는 점을 고려하면, 증거가 그렇게 명확하지는 않다.

21 시크릿 핸드북 ①을 참조하라.

22 9장 참조. 민간 부문 수익은 무역수지 흑자와 정부 지출로 인해 증가할 것이며, 외국 대출기관에 대한 세금이나 이자 지불로 상쇄되지 않는다.

23 시크릿 핸드북 ⑪을 참조하라.

24 시크릿 핸드북 ②를 참조하라. 아파트만 많이 지을 수 있는 건 아니다. 개발 계획 규제나 기타

지역 요인에 따라 달라진다. 그러나 대도시처럼 땅값이 비싸거나 규제가 느슨한 곳에서는 토지 붐 기간 동안 다세대 아파트 단지가 엄청나게 건설될 것이다. 또, 땅값이 높기 때문에 건축 품질이 낮아질 가능성이 높다(개발자가 수익을 낼 수 있는 방법을 찾아야 하기 때문이다). 품질이 낮은 건축물은 나중에 문제가 발생할 수도 있다.

25 원자재와 관련한 추가 행동에 대해서는 시크릿 핸드북 ⑪을 참조하라.

11장

1 마카셰바(N. Makasheva, 1998), p. xxxii. 쿨락은 토지를 소유한 농민 계급이었다. 콘드라티예프는 '쿨락당 교수'라는 혐의로 유죄 판결을 받았다. 그는 정부가 경제를 완전히 통제해야 한다는 스탈린의 생각과는 반대로 산업화에 대한 시장 주도적 접근 방식(레닌이 선호했던 접근 방식)을 선호했다. 그는 1930년에 8년의 징역형을 선고받았고 그중 마지막 6년을 수즈달에서 복역했다.

2 메이슨(Mason, 2015), pp. 33~34. 앞으로 살펴보겠지만 이는 다음 긴 주기의 시작과 일치한다. 긴 주기에 대한 연구는 1980년대에 투자 업계 일부에서 널리 퍼졌고, 2008년 글로벌 금융 위기 이후에도 다시 확산되었다.

3 긴 주기가 시작되기 전, 기술 혁신 과정은 초기 단계에서부터 광범위한 채택으로 이어졌다. 페레즈(Perez, 2003)는 이러한 폭발에 대해 다음과 같이 언급했다. "강력하고 눈부신 새롭고 역동적인 기술, 제품, 산업이 경제 전체 구조에 격변을 일으키고, 장기적인 발전을 촉진할 수 있다. 이런 기술 혁신들이 강력하고 밀접하게 연결되어 실질적으로 모든 경제 활동에 대한 잠재적 생산성의 비약적인 도약을 촉진한다."(p. 8). 기술 주기와 기술 발전의 '급증'에 대한 페레즈의 연구는 슘페터와 콘드라티예프의 영향을 많이 받았다.

4 10장에서는 긴 주기의 시작과 동시에 일어난 영국의 철도 열풍을 다루었다. 이후 미국을 포함한 다른 나라의 철도 붐은 긴 주기의 상승기에 일어났다. 5장에서 살펴본 것처럼 헨리 조지는 이미 1860년대 후반 긴 주기가 정점에 달했을 때 호황이 토지 가치에 미치는 영향을 관찰한 바 있다.

5 1장 서두에 있는 간의 인용문을 참조하라.

6 2장 및 4장 참조.

7 2장 참조.

8 그러나 1980년대와 1990년대의 농업 불황(긴 주기의 이면) 이후 많은 정부가 채무 불이행을 하거나 부채를 갚을 수 없게 되면서 1970년대에 좋은 시절은 끝났다.

9 예를 들어 MRI와 CAT 스캐너(X선 체축 단층 촬영 장치), TV 위성 안테나, 연기 감지기, 동결 건조 식품, 무선 도구, 휴대용 정수 필터 등이 있다.

10 우주의 사례는 이런 갈등을 지구에서 어떻게 없앨 수 있는지를 보여준다. 1967년의 우주 조약은 우주를 전 인류의 공유 자산이자 공동 유산으로 보존해야 한다고 규정하며, 특정 국가의 전유나 경제적 이익의 포획을 금지한다. 그러나 우주의 지대를 선점하려는 우주 자원에 대한 민간의 상업적 관심은 점점 더 커지고 있다. 특정 국가가 이런 이익을 일단 확보하면, 군사적 수단을 동원해서라도 방어할 것이다.

12장

1 이때 일본은 서방 동맹국으로부터 아낌없는 지원을 받았다. 엔화는 달러당 360엔이라는 낮은 환율로 달러화에 고정되어 있었고, 일본 기업들은 자신들의 제품을 거대한 미국 경제에 쉽게 수출할 수 있었다. 재정 지원과 기술 이전의 도움을 받아 산업 기반을 재건한 일본은 먼저 섬유, 다음엔 철강 및 해운, 자동차, 마지막으로 고급 전자 제품에 이르기까지 여러 산업 분야에서 경쟁 국가들을 능가했다. (베르너(2020), p. 90도 참조).

2 이것이 '외부 부문의 성장이 내수 부문의 성장에 의해 대체되었다.'라는 9장의 주제와 어떻게 연결되는지 주목하라. 정부의 역할도 줄어들었기 때문에 성장을 유지하기 위해서는 은행 대출에 대한 접근을 늘려 민간 내수 부문의 성장을 장려해야 했다.

3 베르너(2020), p. 95.

4 배그(2020), p. 75.

5 베르너(2020), p. 107.

6 베르너(2020), pp. 110~112: 일본에서는 1927년 은행 위기 이후 대다수의 차용인들은 토지를 담보로 설정한 경우에만 대출을 받을 수 있었다(당시 은행들은 돈이 어떻게 사용될 것인가에 대해서는 관심이 없었다). 이는 재무부가 항상 은행의 안전도를 확보하기 위해 설정한 한도였다. 은행 직원들은 각 지역의 공시된 토지 가격인 로젠카를 확인한 다음 해당 가치의 최대 70퍼센트까지 대출을 허용했는데, 대출 담당자는 현재 가치 평가가 향후 오를 것을 예상하고 이 문제를 우회했다(아래 9항 참조).

7 베르너(2020), p. 107: 토지와 주식 시장에 대한 투기 업무를 하기 위해 회사 재무부서가 보강되었다.

8 일본의 은행 시스템은 서구 자본주의 노선을 따라 설립되었지만 독특하게 일본적이었다. 19세기 산업화된 일본의 밀집된 사회 및 계층 구조를 바탕으로 세워졌기 때문이다. 은행 개혁이 시행될 때까지 국가는 창구 지도 시스템 안에서 경제 성장에 가장 도움이 되는 방식으로 은행의 대출을 감독했다. 그리고 목표는 개별 기업의 이익이 아니라 기업 전체의 성장이었다. 국가는 기업이 전 세계적으로 성공할 수 있도록 지원하기 위해 적극적으로 개입했다. 그들은 (외국 기업에 대한) 규제 장벽을 만들고, (국내 기업에 대한) 보조금을 제공하고, 대기업과

네트워크를 육성하기 위한 각종 자금 접근을 제공했다.

9 대출 담당자는 다음 해에 예상되는 가격 상승률을 계산해(대개 지난해의 증가율을 내년까지 가정함) 담보대출 제한 문제를 해결했다. 결국 토지 구입 대금의 100퍼센트까지 대출을 확대해주는 경우가 많았다. 이런 거품이 계속되면서 때로는 2년간의 가격 상승분을 적용하기도 했다.

10 과잉의 또 다른 징후: 은행은 심지어 야쿠자들에게도 대출을 해주었다(때로는 대출 상환을 요구하다가 은행원들이 위협을 받기도 했지만). 은행 관리자에게는 공격적인 대출 성장 목표가 주어졌다. 심지어 대출 제한을 통과하기 위해 사기성 예금 증서까지 나돌았다.

11 주가수익률(P/E)은, 해당 회사의 주당 이익의 배수로 가격을 표시하므로 해당 회사의 주가가 얼마나 비싼지를 나타내는 척도다. 따라서 가격이 높을수록 주가수익률도 커진다.

12 셰이드(B. Scheid), '주요 주식 가치 평가 비율이 1929년 붕괴 이전 수준을 넘어서다', 에스앤피글로벌(S&P Global), 2020년 12월 4일, URL: www.spglobal.com/marketintelligence/en/news-insights/latest-news-headlines/key-stock-valuation-ratio-climbs-above-1929-pre-crash-level-61586487.

13 이와모토(Y. Iwamoto, 2006), 《상승세의 일본》(Japan on the Upswing), 아고라(Algora).

14 베르너(2020), p. 106.

15 우드(2006), p. 129

16 배그(2019), p. 72; 베르너(2020): 토지 가격은 1985년에서 1989년 사이에 245퍼센트 상승했다.

17 그리고 도쿄의 황궁 바로 아래 땅의 가치만 해도 캘리포니아주 전체 땅의 가치보다 더 큰 것으로 추산되었다.

18 더 팩 데이터베이스(The Pack Database), '일본 테마 파크 버블', https://www.theparkdb.com/blog/japanesethemeparkbubble/에서 검색

19 베르너(2020), p. 99.

20 미국에서 세간의 이목을 끈 일본 기업의 인수 건으로는 미쯔비시가 페블비치 골프 코스를 8억 3100만 달러, 록펠러 센터를 14억 달러에 매입한 것과 소니가 컬럼비아 픽처스를 34억 달러에 매입한 것 등을 들 수 있다.

21 이런 불안을 표현한 영화로는 〈블레이드러너〉(Bladerunner)와 〈라이징 선〉(Rising Sun)도 있다.

22 알트(Alt, 2020), pp. 159~160.

23 야테스(R. Yates), '일본에서 골프는 초원이 넓은 지역에 사는 사람들만 즐길 수 있는 취미다', 〈시카고 트리뷴〉, 1990년 5월 31일, www.chicagotribune.com/news/ct-xpm-1990-05-31-9002140319-story.html에서 검색

24 반 고흐의 그림은 〈가셰 박사의 초상〉(Portrait du Dr Gachet)이었다. 이 가격은 2004년까지 예술 작품에 대해 지불된 최고 가격으로 기록되었다. 르누아르의 그림은 〈물랭 드 라 갈래트의

무도회〉(Bal du Moulin de la Galette)였다.

25 다 코스타(C. da Costa), '시가이아 오션 돔은 세계에서 가장 큰 실내 해변이었다,' 〈가젯 리뷰〉(Gadget Review), 2022년 6월 27일, www.gadgetreview.com/the-seagaia-ocean-dome-was-the-worldslargest-indoor-beach에서 검색.

26 해리슨(2010), p. 89.

27 8장 참조. 이 점에 대한 추가 자료를 보려면 www.thesecretwealthadvantage.com을 방문하라.

28 따라서 은행이 규정을 준수하더라도 대출 대상 프로젝트가 어디에 있는지에 따라 대출 위험은 더 커질 수 있다.

29 개프니(2009), p. 32: "대출 여력이 동난 은행은 대차대조표가 아무리 건전하더라도 채무자가 기존 대출을 갚기 전에는 새로운 대출을 할 수 없다."

30 투기적 거품에 대한 하이먼 민스키의 공식에서는 이곳이 헤지 금융과 반대로 금융이 투기적으로 변하는 지점이다. 투기 금융은 미래 날짜에 자산을 (동일하거나 더 높은 가격으로) 매각해야만 상환할 수 있다. 그 수익으로는 원금의 일부는커녕 기껏해야 이자를 충당할 수 있기 때문이다.

31 호이트(1933), p. 383: 건설이 급격히 증가하고 있다. 건설 활동량이 가장 바쁜 해는 가장 조용한 해에 비해 다섯 배 더 높다.

32 호이트(1933), pp. 385~386.

33 개프니(2009), pp. 34~37에는 전체 순서가 기록되어 있다. 토지 가격이 지나치게 비싸지기 때문에(토지는 생산되는 것이 아니며 과대평가되었는지를 확인하기 위한 생산비용도 없다) 주변 지역의 토지까지 시장에 들어오고, 개발업체들이 외곽 지역으로 이동함에 따라 확산을 유도한다. 건설은 자본 부족을 초래하고 무차별 확산이 활동을 더 넓은 공간으로 분산시키기 때문에 경제 효율성을 떨어뜨린다. 외곽 지역에 대한 투자는 경제 전반에 걸쳐 수익률을 감소시킨다. 자본수익률이 감소하는 효율적이지 않은 경제는 위기에 더 취약하게 된다.

34 개프니(2009), p. 31 참조. 토지 과잉 공급 상태가 된다.

35 개프니(2009), p. 32: 이 같은 시장에는 균형이 있을 수 없다. 가격이 계속 오르지 않는다면 하락할 수밖에 없다. 아이러니하게도 권위 있는 평론가들이 나와서 세계의 토지 가격이 어떻게 이렇게 높은 가격의 고원에 도달했는지에 대해 이야기할 때에는 이미 주기의 정점에 가까운 시기다.

36 베르너(2020), p. 106: "땅값이 오르면 그 땅을 소유한 기업의 가치도 높아진다." 2006년에 (맥도날드 같은) 대규모 부동산 포트폴리오를 보유한 미국 대기업의 주주들이 경영진들에게 호황기에 매각 및 임대 활동에 참여해 보유 자산의 가치를 실현하라고 강요했을 때에도 같은 일이 일어났다.

37 1920년대 동안 주식시장에 투자하는 미국 가구의 비율은 열 배 증가했다. 1960년대에도

뮤추얼 펀드가 크게 증가하면서, 1980년대에는 파생상품 거래자들에 의해, 2000년대에는 ETF로 인해 이런 현상이 나타났다.

38 경제학자들은 이를 '부 채널 효과'(Wealth channel effect)라고 부르는데, 이것이 정책 입안자와 중앙은행이 주식시장의 움직임에 주목하는 이유 중 하나다. 주식시장이 상승하면 사람들의 지출이 늘어나 경제 성장을 촉진할 가능성이 있기 때문이다.

39 초고층 빌딩은 금융 위기와 심각한 불황을 나타내는 가장 단순하고 신뢰할 수 있는 지표다. 그런 건물이 생기려면 세 가지 조건이 필요하다. 바로 높은 토지 가격, 많은 (저렴한) 대출, 장밋빛 성장 예측을 뒷받침하는 웅장한 계획이 바로 그것이다. 두바이의 부르즈 칼리파(2010), 런던의 원 캐나다 스퀘어(1991), 시카고의 시어스 타워(1974), 그리고 가장 유명한 1931년의 뉴욕 엠파이어 스테이트 빌딩도 각 주기의 정점에서 등장했다. 그러나 건축 기간을 고려하면 이런 건물들은 대개 정점이 지난 이후의 침체기에 문을 열었고 소유자는 세입자를 찾는 데 어려움을 겪으면서 몇 년 동안 비어 있었다.

40 더 넓게 보면 이 시대는 투기 계획이 난무하는 시대로 특징지어진다. 시가이아 리조트의 여파가 아직 남아있고 부르즈 칼리파 빌딩이 건축되고 있을 때, 두바이는 몇 개의 인공섬을 건설할 계획을 가지고 있었다. 하지만 개발이 늦어졌고, 몇 년이 지난 지금 매립지는 미개발 상태로 남아 바닷속으로 서서히 가라앉고 있다.

41 배그(2020), 그림 1.3; www.bankingcrisis.org에서 데이터를 볼 수 있다.

42 이런 인플레이션의 원인은, 예를 들어 전염병으로 인한 공급망 중단이나 2022년 2월에 시작된 러시아-우크라이나 전쟁으로 인한 원자재 가격 상승과 관련된 원인과는 다르다.

43 수익률 곡선 역전에 대해서는 6장 미주 12를 참조하라.

44 예를 들어, 2000년대에는 패리스 힐튼과 그 친구들의 활약이 큰 주목을 받았다.

45 스와럽(Swarup, 2014), pp. 113~115에는 여러 가지 행동 편향이 요약되어 있으며, 그중 일부는 강세장의 후반 단계에 적용될 수 있다. 여기에는 인지 부조화, 확증 편향, 쾌락 편향, 통제 환상, 과신 등이 포함된다.

46 14장 참조.

47 시크릿 핸드북 ⑩과 ⑭도 참조하라.

13장

1 "지난 20여 년 동안 경제 상황에서 가장 눈에 띄는 특징 중 하나는 거시경제적 변동성이 크게 감소했다는 것이다." 벤 버냉키, 연방준비제도이사회, 2004년 2월 20일, https://www.federalreserve.gov/boarddocs/speeches/2004/20040220/에서 검색.

2 미국 토지시장이 정점에 있던 2006년 2월 1일, 그린스펀은 절묘한 타이밍 감각으로 후임자

벤 버냉키에게 자신의 자리를 넘겼다. 그는 전설이었다. 당시 영국 재무부 장관이었던 고든 브라운은 그를 '명예 고문'으로 임명했다. 그것은 그에 대한 엄청난 찬사였다. 그린스펀은 브라운이 '세계 경제 정책 입안자 중 독보적인 인물'이라며 그의 호의에 보답했다. 경제 사이클을 길들였다고 자신 있게 주장했던 사람이 바로 고든 브라운이었다.

3 페리스(2018), pp. 63~87. 이런 연구로는 그레이엄(Graham)과 도드(Dodd)의 〈증권 시장 분석〉(1934), 존 메이너드 케인스의 〈고용, 이자 및 화폐에 관한 일반 이론〉(1936, 자본 시장에 관한 장도 포함되어 있음), 존 버 윌리엄스(John Burr Williams)의 〈투자 가치 이론〉(1938)을 들 수 있다. 어빙 피셔의 〈이자론〉(1930)도 중요한 기여를 했다.

4 국민소득을 측정하는 시스템이 개발된 것도 바로 이때였다. 이 연구는 사이먼 쿠즈네츠(Simon Kuznets)가 주도했으며, 오늘날 널리 사용되는 국내총생산(또는 당시 국민총생산) 측정으로 발전했다.

5 마코위츠는 변동성이 위험의 유일한 척도일 수 있다는 데에 회의적인 입장을 표명하고 다른 척도를 제안했다. 그러나 그의 주장은 널리 받아들여지지 않았다.

6 베타는 시장 벤치마크에 대한 주식의 공분산, 즉 전체 시장에 대한 민감도를 측정한 것이다. 베타는 모든 주식에 대한 중요한 데이터 포인트다. 베타가 낮은 주식은 시장보다 변동성이니 위험이 더 적은 경향이 있다. 베타가 높은 주식은 더 위험하다.

7 이는 수학적으로 당신의 포트폴리오가 특정 주식에 수반되는 특정 위험에 노출되지 않았음을 의미한다. 당신의 포트폴리오는 전체 시장과 동일한 위험만 가지고 있다.

8 CAPM에 필요한 유일한 하드 데이터는 주식의 베타 가치와 시장 위험 프리미엄(무위험 자산 수익률(미국 국채수익률)의 비율을 초과하는 시장 위험의 정도)이다. 투자자가 더 많은 수익을 원한다면 시장 움직임에 대한 민감도가 더 높은(베타가 더 높은) 주식을 선택할 것이다. 민감도가 높을수록 투자자의 높은 위험을 보상하기 위한 기대 수익률도 높아진다.

9 페리스(2018), pp. 67~69.

10 새뮤얼슨(1965), '적절하게 예상된 가격이 무작위로 변동한다는 증거', 〈인더스트리얼 매니지먼트 리뷰〉(Industrial Management Review), Vol. VI, Spring, pp. 41~50.

11 위글즈워스(Wigglesworth, 2021).

12 경제와 금융의 새로운 흐름은 최근 이 가정에 강력하게 의문을 제기했다. 사실 인간은 체계적으로 비합리적이며 그런 비합리성은 예측 가능하다는 것이다. 시간이 지남에 따라 모델은 더욱 정교해졌으며 더 광범위한 요인, 인간의 편견, 시장 마찰을 모두 통합했다.

13 이는 그로스만-스티글리츠 역설(Grossman-Stiglitz paradox)이라고도 알려져 있다. 또 다른 문제는 회사의 위험을 측정하는 방법에 대한 가정이다. 이를 측정하는 방법이 단 한 가지뿐인가? 주식 가격의 일일 움직임이나 변동성을 측정하는 가장 좋은 방법이 있는가? 당신이 투자자라면 매일같이 사고팔지는 않을 것이다. 따라서 일일 가격 변동은 실제로 당신과는 그다지 관련이 없다.

14 샤프(1964), '자본 자산 가격: 위험 조건하의 시장 균형 이론', 〈더 저널 오브 파이낸스〉(The Journal of Finance), Vol. 19, Issue 3, pp. 425~442.

15 학계에서는, 상당 기간에 걸쳐 산업으로서의 성과가 시장의 성과보다 나은지(그리고 만약 그렇다면 이것이 단순히 더 높은 베타 기업에 투자한 것인지)에 대해 활발한 논쟁이 있다. 파나(Fana)는 시장 가격 효율성을 옹호하면서도 CAPM이 틀렸으며, 투자는 베타 이외의 것, 즉 투자 스타일·수익의 질·회사 규모에 대해서도 집중해야 한다고 강력히 주장했다.

16 마코위츠(2005), '시장 효율성: 이론적 구분, 그리고 그 다음은?', 〈파이낸셜 애널리스트 저널〉 (Financial Analysts Journal), Vol. 61, No. 5, pp. 17~30.

17 CAPM 가정이 그들의 설계에 반영되었다. 모든 트랑쉐(Tranche)에는 다양한 부동산 포트폴리오가 포함되어 있어 한 차용인이 채무를 불이행하더라도 다른 차용인이 채무를 불이행하지 않도록 함으로써 임대료 흐름을 유지한다. 트랑쉐는 보험사가 한꺼번에 트랑쉐 불이행에 직면하지 않을 것이라는 가정하에 다시 손실에 대해 보장한다. 그런 증권의 가격 책정은 기본 위험 등을 정확하게 반영하는 것으로 가정된다.

18 "그러나 우리가 보기에 파생상품은 현재는 잠재되어 있지만 치명적인 위험을 수반하는 대량 살상 금융 무기와 같다." 워런 버핏.(2002), 〈버크셔 헤서웨이 2002 연례보고서〉, www.berkshirehathaway.com/2002ar/2002ar.pdf에서 검색.

19 역사적으로 그래왔듯이 대출은 토지시장에서 축적되었다. 사실 시장에 대한 믿음에도 불구하고 그는 너무 오랫동안 금리를 낮게 유지함으로써 토지 가격을 부추기고 대출과 자본을 토지시장으로 더 많이 끌어들이는 결과를 초래했다. 게다가 금융시장에 직접 개입함으로써 연준이 당장 금리를 낮추고 시스템에 유동성을 넘쳐나게 할 것이라는 인식을 사람들에게 심어주었다. 이것이 토지 가격을 더욱 상승시키는 결과를 낳았다.

20 프롤로그 참조.

21 시장이 자율적으로 규제되기 위해서는 원활하고 지속적으로 새로운 정보에 적응해 한 영역에서의 과잉이 가격 책정 메커니즘을 통해 수정될 수 있어야 한다. 그러나 과잉이 보이지 않는다면 그 조정이 원활하지 않아서 가격이 매우 빠르게 강화되는 피드백 고리로 들어가 큰 손실을 초래한다.

22 최근 학술 연구에 따르면, 시장 변동성이 장기간에 걸쳐 평균보다 낮을 경우 몇 년 후 위기가 발생할 수 있으며, 투자자들이 변동성이 낮은 기간에 자신감이 생겨 더 위험하고 더 높은 레버리지 포지션(조용한 기간이 끝나면 풀 것이다)을 구축할 것으로 추정된다. 문제는 그들이 왜 그렇게 하는지, 그리고 그것을 언제 풀 것이냐 하는 것이다. 이를 위해서는 18년 주기와 토지 및 대출 시장과의 연관성에 대한 지식이 중요하다.

23 주기 진행 상황에 대한 정기적인 업데이트는 www.thesecretwealthadvantage.com을 참조하라.

24 '매우 좋은 해'에 대한 정의는 시크릿 핸드북 ①을 참조하라.

25 시크릿 핸드북 ①, ③, ⑩, ⑰을 참조하라.

14장

1 이전 주기의 예로, 미국 경제자문위원회 의장 크리스티나 로머(Christina Romer)는 "낮은 인플레이션과 지난 25년 동안 비즈니스 사이클이 사실상 없어진 것은 특히 연방준비제도의 입장에서의 더 나은 정책이 직접적인 원인이다."라고 말했고(2007년 9월), 나이젤 로슨(Nigel Lawson) 영국 재무장관은 "간단히 말하자면 예상외의 급격한 성장 2년 후인 내년에는 성장이 지속 가능한 수준으로 돌아올 것으로 예상된다."고 말했으며(1988년 11월), 피어스 애로우 자동차(Pierce-Arrow Motor Car Company)의 마이런 포브스(Myron Forbes) 사장은 "우리의 영원한 번영은 중단되지 않을 것."이라고 말했다(1928년 1월). 1825년까지 거슬러 올라가자면, 영국 총리 벤저민 디즈레일리(Benjamin Disraeli)는 "뛰어난 지식 덕분에 붐이 무너지지 않을 것."이라고 주장했다(앤더슨(2008), p. 228).

2 개프니(2009), pp. 32~35.

3 앤더슨(2008), p. 355.

4 베르너(2020), p. 114: "자산 가격은 새로운 자금이 시장에 유입되는 동안에만 상승한다. 대출로 인한 자산 거품을 터뜨리기 위해서는 대출 증가율을 늦춰야 한다. 그러면 대출 피라미드 전체가 카드로 만든 집처럼 무너질 것이다."

5 개프니(2009): 모든 주기에는 사실상 두 번의 부동산 정점이 있다. 주거용 건축은 둔화되지만 비주거용 건축 지출의 급증으로 인해 경제 변수가 견고해지면서 이는 잘 보이지 않는다.(p. 8). 토지 가격은 경기 침체 12~36개월 전에 최고조에 달한다(앤더슨(2008), p. 355).

6 그들은 토지 주기를 보지 못하거나 토지시장에 초점을 두지 않기 때문에, 자신의 행동이 어떤 영향을 미칠지, 시스템의 주요 위험이 어디에 있는지 알지 못한다. 프롤로그에서 언급한 트리셰와 13장에서 언급한 그린스펀의 인용문에서 보았듯이, 중앙은행들은 경기 주기의 주요 단계별로 경제를 관리할 도구나 지식이 없었다. 앤더슨(2008)의 인용문 pp. 203, 269도 참조하라.

7 그러한 사건의 예는 다음과 같다. 1857년 9월 철도 파업으로 호황을 누리던 플로리다 부동산시장의 건축 자재 공급이 중단되었고, 1926년 초에는 마이애미 항구에서 건축 자재를 싣고 가던 선박이 뒤집혔고 대체품 운송이 지연되었다. (1925년에는 뉴욕으로 향하던 증기선이 침몰하여 400명의 승객이 사망하고 보험에 들지 않은 160만 달러의 금 손실이 발생했다.) 1926년 9월, 마이애미에 대규모 허리케인이 발생했다. 앤더슨(2008) 및 주요 관찰 내용을 참조: "여기에 군중의 심리가 잘 나타나 있다. 시장의 추세가 상승하면 나쁜 소식은 무시되는 경향이 있다. 경기 침체기에는 대중의 마음도 침체되어 빛이 깜박이는 기미를 보지 못한다. 투기, 특히 땅 값이 걷잡

을 수 없는 상황에서는 재난이 생생한 의미를 갖는다."(p. 122).

8 시크릿 핸드북 ⑫를 참조하라. 부동산 관련 주식은 절정기 전에 매도해야 한다. 더 넓은 시장이 새로운 최고점에 도달하면 부동산 관련 주식은 하락세를 보이기 때문이다(이는 실제로 절정기가 다가오고 있다는 신호 중 하나다). 특히 미국이 주기를 주도하고 있기 때문에 미국 주식시장의 상황에 집중하라.

9 상업용 부동산은 주거용 부동산 이후에 정점에 도달하기 때문에 이 시장에 대해서는 좀 더 시간을 가질 수 있다. 구매자를 찾을 수 있다면, 자금이 부족해 자금을 조달해야 하는 차용인에게 높은 가격을 제시하기보다는, 자원이 풍부한 구매자에게 빠른 매각을 하는 것이 우선이다.

10 시크릿 핸드북 ⑥의 4항, ⑦의 3항, ⑫의 5항을 참조하라.

15장

1 타키투스(Tacitus), 《연대기》(Annals), Book VI, 17. 8장에서 살펴본 것처럼 은행 시스템의 본 기능은 유동성을 제공하는 것이다. 그런데 부동산 대출은 장기적이므로 은행은 예금자의 수요와 단기 자금 조달 요구를 충족하기 위해 단기 금융시장에 유동성을 의존하게 된다.

2 그 당시에도 지금처럼, 투기 열풍이 불면 은행 규제를 우회하는 경향이 있었다. 정부 역시 자신이 만든 시스템의 일부이지 그 위에 있는 것이 아니다. 따라서 이를 '관리'하려는 노력은 필연적으로 상황을 악화시키게 되어 있다. 그래서 주기의 절정기가 되면 정부는 실제로 계속 시행했어야 할 규제를 뒤늦게 다시 부과하는 일이 발생한다. 이는 일반적으로 통화 공급의 수축으로 이어지며, 주기의 이 시점에서 침체와 붕괴를 촉발하게 된다.

3 앤더슨(2008), p. 316: 1792년과 1819년의 사례 – 당국은 대출 공급을 줄이기 시작했다. 1986년에 미국 정부는 부동산 과잉 건설을 조장했던 1981년 법률을 뒤집었다(p. 286). 킨들버거(2015), p. 126: 1990년에 일본은행은 부동산 대출의 증가를 완화시키기 시작했다.

4 부동산시장의 문제를 알고 있는 사람이라도 그 영향이 얼마나 광범위할지는 짐작할 수 없을 것이다. 그러나 현실은 은행의 대출과 차용인이 지나치게 넘쳐나고 있다는 것이다.

5 라이트너(Lightner, 1922), p. 20: "알렉산드리아의 세우테스앤선(Seuthes&Son)이라는 회사는 홍해에서 폭풍을 만나 향료를 가득 실은 배 세 척을 잃고 어려움에 직면했다." 그는 또 다른 문제도 언급한다. "안디옥과 에베소에 지부를 두고 있는 레바논 튀로스의 마코스앤코(Malchus&Co.)라는 회사도 페니키아 노동자들의 파업과 자유민 관리자의 횡령으로 갑자기 파산했다." 킨들버거(2015), p. 124에도 다른 사례들이 기록되어 있다. 이는 종종 날씨와 관련이 있을 수 있다: 14장 미주 7 참조.

6 배그(2020). 앤더슨(2008), p. 317도 참조하라: "대출기관들은 실제로 토지 가격이 얼마나 높

은지는 신경 쓰지 않는다. 그들은 대출을 해준 다음 그것을 시장에 증권화한다. 이자율 상승은 어느 시점에서 이 사슬의 약한 고리를 발견하게 되는데, 이 약한 고리는 불가피한 높은 이자율로 인해 토지 가격이 하락하면 명확하게 드러날 수도 있고 그렇지 않을 수도 있다. 하지만 내부자는 알고 있으므로 가능하다면 해당 차트를 참고하는 것이 도움이 될 것이다. 관련 주식시장 지수를 시작으로 개별 은행, 금융 회사, 모기지 브로커의 차트 순으로 참고하라.

7 칼벌리(2009), pp. 136~137: 행동경제학자들은 물리학의 아이디어인 임계 상태 이론(Critical state theory)을 사용한다. 모든 것이 과도하게 확장되는 주기의 절정기에서 시장이 '임계 상태'에 도달하면 큰 촉발 사건 없이도 붕괴가 시작된다는 것이다. 어느 작은 사건이 거품을 터뜨릴지 미리 아는 것은 어렵다. 그 사건은 대개 너무 사소해서 겉으로는 위험과 관련이 없는 것처럼 보이기 때문이다. 부동산 주기를 이해하면, 가장 큰 위험은 궁극적으로 토지시장에 있으며, 그런 촉발 사건이 이전 주기의 절정기나 붕괴 이후 약 20년쯤 지나면 발생하는 경향이 있다는 걸 알게 될 것이다.

8 앤더슨(2008), p. 355. 킨들버거(2015), p. 124에서는 매도자들의 가까운 원인(Causa proxima, 직접적인 원인)에 대해 이야기한다(가까운 원인이란 더 근본적이지만 덜 직접적 원인인 먼 원인(Causa remota)과는 반대 개념이다). 먼 원인은 사람들이 미래 성장에 대한 기대를 뒤집게 만든다. 큰 손들은 매도에 나서면 가격이 하락하기 시작한다. 이들이 매도하는 가장 중요한 먼 원인은 토지시장의 투기다.

9 라이트너(1922), pp. 21~22: 막시무스앤비보(Maximus&Vibo) 은행과 피티우스앤피티우스(Pittius&Pittius) 은행; 거래 문제는 사치품(상아와 타조 깃털)의 가치 하락과 고가의 화물을 운반하는 선박 3척의 손실로 인해 발생했다. 비아 사크라(거룩한 길)는 로마의 중심이자 제국의 금융 중심지였다.

10 베셀(Wessel, 2009), pp. 100~101. 8월 9일 프랑스 은행 BNP 파리바(BNP Paribas)는 미국 서브프라임 모기지에 투자했던 3개 펀드의 인출을 중단했다. "BNP 파리바는 '미국 증권화 시장의 특정 시장 부문에서 유동성이 완전히 증발'했기 때문에 펀드 자산에 가치를 부여할 수 없다고 말했다. 이 소식은 1907년에 이 은행이 문을 닫으면서 현금 금고가 바닥났다고 말했을 때 예금자들이 그랬던 것처럼, 2007년의 투자자들을 불안하게 만들었다. 다른 은행도 비슷하게 위험에 노출됐다는 소문이 나돌았다. 현금이 있는 은행들은 돈을 아꼈고, 돈을 돌려받을 수 있을지 확신할 수 없었기 때문에 다른 은행에 대한 대출도 꺼려했다."

11 칼벌리(2009): 부채담보부증권(CDO) 시장이 말라붙어 가격이 아예 없었기 때문에 투자은행들은 펀드 가치를 평가하는 데 2개월이 걸렸다. 2007년 7월 보유하고 있는 펀드의 가치를 보고했을 때 90퍼센트 이상의 손실이 드러나면서 시장은 충격을 받았고, 모든 자산이 재평가되기 시작했다.

12 절정기에 모든 사람에게 상황이 무너지는 일은 결코 없을 것이라고 주장했던 미디어 친화적인 젊은 전문가는 이제 당황하기 시작한다. 그리고 귀가 얇은 그의 추종자들은 여전히 그를

따라 한다. 이 시기에는 소셜 미디어가 공황을 크게 전파할 수 있다.

13 베르너(2020), p. 114: "그러면 전체 신용 피라미드가 무너질 것이다. … 자산 가격도 하락할 것이다. 이로 인해 많은 투기꾼들이 큰 위험에 노출될 것이다. 대출금 상환은 물론 대출 이자를 갚기 위해서는 자산 가격 상승이 필요하기 때문이다. 이제 그들은 자산을 매각해야 하는데, 많은 투기꾼들이 매각에 가담할수록 자산 가격은 더 하락한다. 투기적 차입이 더 늘어나고 결국 많은 투기꾼들이 파산하게 된다. 이로 인해 은행은 막대한 부실 부채를 떠안게 된다. 문제의 궁극적인 규모가 얼마나 될지 추정하는 것은 어렵지 않다. 거품이 꺼지면 모든 투기 대출이 부실 부채로 변할 것이다."

14 호지킨스(2008), p. 317: "침체는 사업 실패로 인해 한계에 몰린 기업들을 사정없이 파괴해 버린다. 한계에 몰린 기업들은 더 이상 일반적인 임금률을 지불할 수 없다. 고용 상태에 있는 노동자의 상태는 크게 악화되지 않겠지만 실업률은 증가한다. 그러므로 비즈니스 사이클은 단순히 생산량과 소득의 작은 조정만이 아니라, 기업가 정신과 고용 측면에서의 큰 조정을 야기한다." p. 319도 참조: 토지 가격 상승은 투기 자금을 끌어들이고 가격을 더욱 부추긴다. 투자자는 주식과 채권을 팔고 자금을 토지시장으로 전환할 수도 있다. 기업은 현금 흐름 수요를 충족하기 위해 일시적으로 차입할 수 있지만 이는 오래 지속될 수 없다. "조만간 일부 기업의 이익이 붕괴되고 대출이 줄기 시작한다. 은행들은 선지급을 요구하고 기업은 외사 거래를 줄인다. 기업들이 문을 닫기 시작하면 중간재와 노동에 대한 수요가 급격히 감한다. 불황의 과정은 충분히 익숙하지만, 불황을 심화시키는 땅값의 숨겨진 움직임은 그다지 익숙하지 않다."

15 라인하르트(Reinhart, 2009)와 로고프(Rogoff, 2009), 그림 14.4, p. 230.

16 라인하르트와 로고프(2009)는 은행 위기에 대한 체계적 분석에서, 평균적으로 위기가 3.4년 동안 지속되면서 주식시장이 실질 기준으로 55퍼센트 이상 하락한다는 사실을 발견했다.

17 라인하르트와 로고프(2009), 그림 14.2, pp. 226~227. 데이터는 총 21개 은행의 위기에 대한 체계적 분석에서 추출되었다. 모든 부동산 침체의 데이터가 포함되어 있지는 않지만 인용된 모든 사례는 부동산 주기 하락과 일치한다. pp. 160~161(좀 더 큰 데이터 세트를 기반으로 함)에서 그들은 신흥국과 선진국에서 하락 정도가 눈에 띄게 다르지 않다는 점을 지적한다.

18 준비해야 할 주요 사항에 대해서는 시크릿 핸드북 ⑫와 ⑭를 참조하라.

19 시크릿 핸드북 ①과 ⑰도 참조하라. 이 현상은 주기의 붕괴, 구제, 시작 단계의 후반부에서 발생한다.

16장

1 피셔(2009), 킨들버거와 앨리버(2015), 7장, p. 143ff, 앤더슨(2009), 특히 pp. 387~440 참조.

2 모든 경우에서 모든 규칙을 위반하는 것은 아니지만 대부분의 경우 의사결정자의 관리 규칙이 지켜지지 않는다. 그러므로 올바르게 수행하라. 투자가 잘 되지 않더라도 상황이 잘못되면 최소한 돈의 일부를 돌려받을 기회가 있어야 한다.

3 이런 사기 중 일부는, 가해자가 적어도 처음에는 약속한 엄청난 수익을 정말로 얻을 수 있다고 생각했을 수 있었다는 점에서 처음에는 '정직'했을지도 모른다. 단지 위험을 관리하는 기술이나 능력이 부족했을 것이다. 그런데 체면을 유지하거나 계획을 계속 진행하기 위해 새로운 자본을 끌어들여 기존 투자자들에게 돌려막는 거짓 진술을 했을 것이다. 매 주기의 토지붐과 투기 열풍 단계에는 당신의 돈을 끌어들이기 위해 속임수를 사용하려는 사람들이 있게마련이다. 이 시기에 이런 사람을 보는 것은 불가피하다.

4 주식, 채권 및 부동산의 장기 수익률에 대한 데이터는 https://pages.stern.nyu.edu/~adamodar/New_Home_Page/datafile/histretSP.html에서 확인할 수 있다.

5 예를 들어 트럼프의 건물 내부가 금과 샹들리에, 화려한 소품, 사치와 과잉의 냄새로 가득 차 있는지, 그리고 세계적 부호인 워런 버핏은 왜 지금도 수수한 사무실을 쓰고 있고, 소박한 차를 운전하며, 그리 크지 않은 집에 살고 있는지에는 다 이유가 있다. 이 두 사람 중 한 사람은 수십 년 동안 매우 성공적인 투자자였지만, 다른 한 사람은 부동산 주기가 붕괴될 때마다 화상을 입었다.

6 갤브레이스((J. K. Galbraith, 2009), pp. 132~133: "다양한 형태의 절도 횡령에는 시간이라는 유일한 변수가 있다. 범죄가 발생한 후 발견되기까지는 몇 주, 몇 달 또는 몇 년이 걸릴 수 있다. (이 기간에는 횡령을 한 사람과 횡령을 당한 사람 모두 아무런 손해도 느끼지 않는다. 그저 마음속으로 부가 증가하고 있다고 착각하는 기간이다.)

7 이를 실행하는 일반적인 방법은 훨씬 더 큰 보상을 약속하면서 선불 수수료를 요청하는 것이다. 예를 들어, 비록 종이나 데이터에 이익으로 표시될 뿐이지만 더 큰 금액을 약속하고 그에 대한 일정 비율의 수수료(또는 세금)를 요구하는데, 선불로 요청하기 때문에 이익금에서 지불할 수 없다. 초기 투자를 하기 전에 이 사실이 명확하게 드러나는 경우는 거의 없다.

17장

1 1960년대 후반에는 은행 대출이 어려웠다. 그래서 REIT가 처음에 부동산 거래 자금 조달 수단으로 인기를 얻었다. 그러나 1970년대 초에 대출 제한이 완화되면서 시중의 상업은행들은 부동산 거래용으로 자유롭게 대출을 해주었다. 이는 은행에 제한이 가해지더라도 투자자들이 이를 우회하여 부동산시장에 자금을 투입할 방법을 찾고 있음을 보여준다.

2 해리슨(1983); 베르너(2020), p. 92. 닉슨 대통령이 달러의 금태환성(Gold convertibility)을 폐지한 1971년 '닉슨 쇼크' 이후, 일본은행은 경기부양책에 의존했다. 그러나 사실 부양책은 필요

없었다. 경제가 최대 능력을 발휘하고 있었기 때문이다. 늘 그렇듯이 정부 정책은 투기 열풍 단계를 촉발시켰다. 은행 시스템에서 벗어난 대출은 정책의 지원을 받아(정부는 '일본열도 재건 계획'에 착수했다) 곧바로 땅으로 투입되었다.

3 해리슨(1983), pp. 97, 131.

4 시크릿 핸드북 ①의 1항을 참조하라. 우리가 이제는 알게 되었지만, 이는 시스템이 부동산시장에 문제가 있다는 확신을 갖게 되면 주기의 저점에서 흔히 발생한다. 프리드슨(1998), pp. 174~187.

5 해리슨(1983), p. 246.

6 1장 참조.

7 킨들버거와 앨리버(2015), p. 239: "규제 목록에는 작은 전화번호부를 채울 정도이며, 자본 요건, 준비금 요건, 유동성 요건, 포트폴리오 다각화 규정, 한 차용인에 대한 최대 대출 규모 제한, 내부자에 대한 대출 제한, 위험한 증권 거래 제한 등이 포함된다. 또 은행이 예금에 대해 지불할 수 있는 이자율에 한도나 상한선이 설정되었다. 한때는 은행들이 현지 시장 영역을 넘어 확장할 수 있는 능력이 제한되었지만, 대부분의 제한은 더 이상 존재하지 않는다. 게다가 미국을 위시한 여러 나라의 은행들은 자산과 부채가 보고된 금액과 일치하는지 검사를 받는다. 매 위기 때마다 새로운 규제가 생기는 패턴이 반복되는 것이다."

8 위의 자료 pp. 236~237. 러셀 네이피어(Russell Napier)는 이제는 투자자들이 위기가 오면 정부가 으레 구제에 나설 것이라고 믿고 있다고 지적한다. 위기는 광범위한 영향을 미치기 때문에 정부가 경제적 어려움에 직면한 시민들의 반발에 압도되지 않도록 개입해야 한다는 점에서, 정부의 결정은 궁극적으로 정치적이라고 할 수 있다.

9 19세기의 한 가지 예는, 계산하는 데 오랜 시간이 걸리는 낮은 액면가 화폐(예: 6펜스 동전)를 사용해 예금을 상환하는 것이었다. 또는 사람들이 구매하고 있음을 보여주기 위해 가식 행위를 연출함으로써 돈을 인출하기 위해 줄을 서서 기다리는 다른 사람들의 공포감을 완화시키기도 했다.

10 1990년대 일본과 2010년대 유로존은 은행 시스템에서 문제가 있는 대출을 해결하는 비효율성을 보여주는 대표적인 사례다. 이것이 바로 이들 지역에서의 회복이 다른 지역보다 훨씬 더 오래 걸린 이유다.

11 그러나 주기의 이 시점에서 배당을 하지 않는 것은 주식시장 최저점이 지났음을 의미한다(앤 더슨, 2008, p. 300).

12 시크릿 핸드북 ⑫와 ⑭를 참조하라.

13 주요 부동산 타이밍 신호는 캠벨(Campbell, 2010), p. 48을 참조하라.

18장

1 이 유명한 문구의 원어는 'Plus ça change, plus c'est la même chose.'이다

2 부채가 많은 부동산 개발업체가 2021년과 2022년에 국외 대출을 상환하는 데(또는 연장하는 데) 겪었던 어려움을 보라.

3 배그(2020), pp. 190~191.

4 이 견해는 최근 미국이 러시아의 달러 보유고에 대해 부과한 제재 조치로 인해 더욱 강화되었다. 미국 정부가 언제든 달러 준비금을 빼앗아 갈 수 있다면 중앙은행들이 왜 달러 준비금을 보유하겠는가?

5 〈디 아틀랜틱〉(The Atlantic), '지도로 보는 미국 대륙 횡단 열차 여행 역사', 2월 21일, 2013년.

6 2장의 그래프 7 참조.

7 IMF 연구 보고서(WP/18/250), '주택 가격 움직임의 동시성, 은행 통합과 글로벌 금융 조건': 경험적 연구에 따르면 "적응을 잘 하는 금융 조건으로 인한 풍부한 유동성은 국가나 도시 간에 주택 가격 움직임이 동시에 일어나는 것과 상관관계가 있다. … [이는 또한] 외부 충격이 국내 경제에 더 강력하게 전달되고 있음을 시사한다. … [그리고 이] 상관관계는 … 글로벌 금융 위기 이전에는 더 강했다"(p. 26). 부동산 주기에 대한 지식을 여기에 겹쳐보면, 토지 붐 기간 동안 대부분의 국가에서 주택 가격이 함께 오른 것을 알 수 있다.

8 2장, 4장, 11장 참조.

9 경제 부패에 관해서는 5장을, 당신의 투자 자문가가 당신에게 적절한 조언을 제공할 수 없는 이유에 대해서는 13장을 참조하라.

10 민간 은행의 화폐 창출에 대해서는 8장을, 정부의 화폐 창출에 대해서는 9장을, 시스템을 구제하는 비용에 대해서는 1장과 17장을 참조하라.

부를 창출하는 경제 사이클의 비밀

초판 1쇄 인쇄 2025년 2월 5일
초판 1쇄 발행 2025년 2월 12일
지은이 | 아킬 파텔
옮긴이 | 홍석윤
펴낸이 | 金滇珉
펴낸곳 | 북로그컴퍼니
주소 | 서울시 마포구 와우산로 44 (상수동), 3층
전화 | 02-738-0214
팩스 | 02-738-1030
등록 | 제2010-000174호

ISBN 979-11-6803-109-8 03320